# 滦平文物志

滦平县博物馆
滦平县文物保护管理所 编著

沈军山　主编

文物出版社

图书在版编目（CIP）数据

滦平文物志 / 滦平县博物馆、滦平县文物保护管理所编著；沈军山主编 . —
北京： 文物出版社 , 2018.12
ISBN 978-7-5010-5706-1

Ⅰ . ①滦… Ⅱ . ①滦… ②沈… Ⅲ . ①文物—概况—
滦平县 Ⅳ . ① K872.224

中国版本图书馆 CIP 数据核字 (2018) 第 221698 号

# 滦平文物志

编　　著：滦平县博物馆　滦平县文物保护管理所
主　　编：沈军山
责任编辑：李　睿　宋　丹
封面设计：田之友
责任印制：苏　林
封面题签：赵俊海
出版发行：文物出版社
地　　址：北京市东直门内北小街2号楼
网　　址：http：//www.wenwu.com
邮　　箱：web@wenwu.com
经　　销：新华书店
印　　刷：北京京都六环印刷
开　　本：787mm×1092mm　1/16
印　　张：30.5
版　　次：2018年12月第1版
印　　次：2018年12月第1次印刷
书　　号：ISBN 978-7-5010-5706-1
定　　价：600.00元

# 凡　例

## 一、指导思想

《滦平文物志》以马克思主义、毛泽东思想为指导，坚持辩证唯物主义和历史唯物主义观点，实事求是，秉笔直书，力争做到言之有据，准确无误。

## 二、时限内容

文物考古，自旧石器始，以迄清及民国，较为详尽记述本县境域发现的主要历史遗迹、遗物。同时，记述1949年后文物保护、研究、管理与利用情况，时间止于2014年。

## 三、结构体裁

采用章节目结构，全志除概述、大事记、附录外，其百科部分共设自然概貌与历史沿革、古代遗址、古代城址、古代墓葬、古代窖藏、古代建筑、石刻砖雕、馆藏文物、文物保护与利用、文物研究、人物，共11章41节；采用记述体形式，述而不论，与历史典籍有机结合。事以类分，横排竖写，力争做到横不缺项、竖不断代。语言力求简明、流畅、规范，符合文法。

## 四、纪年与地名

纪年，清代及以前采用朝号，用汉字书写，括内加注公元年号。中华民国用民国年号，年月日为公历。1949年后采用公历，用阿拉伯数字书写；地名，1949年，县城行政区划及名称多次变化，故一律采用2007年后的规划地名。

## 五、用字

以1986年10月国家文字工作委员会公布的《简化字总表》为准。

滦平县地图

滦平不可移动文物分布图

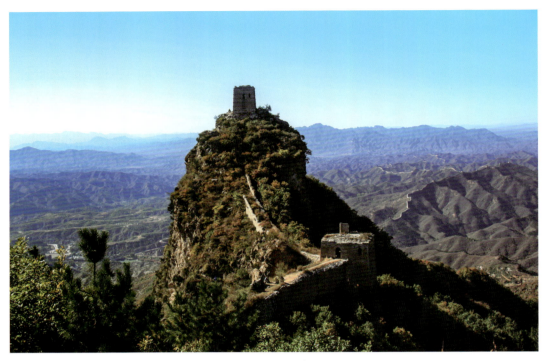

金山岭长城望京楼

金山岭长城全景

雾中金山岭

石雕女神像（新石器时代）

石雕女神像（新石器时代）

石雕女神像（新石器时代）

编发石雕女神像背面（新石器时代）

编发石雕女神像正面（新石器时代）

石雕筒形罐（新石器时代）

白玉双节弦纹琮（新石器时代）

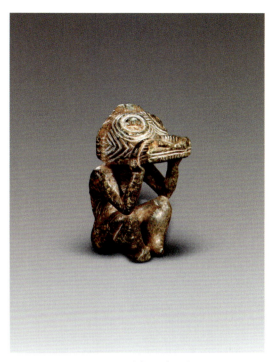

蛙面石人（春秋战国）

螭形双环首云纹扁茎双翼格柱脊直刃剑（春秋）

绿松石项链（春秋战国）

四角兽首镂空镶嵌卷云纹兽面格短剑（春秋）

青铜蛙形牌饰

扁茎浇镶银斑片铜剑（春秋）

半月形金项饰（春秋）

绿釉双系双人刻花卉马镫壶（辽）

绿釉双系贴龙凤纹马镫壶（辽）

瓠种器（金）

紫檀雕松竹梅岁寒友嵌春水山玉如意（清）

# 目录

CONTENTS

# 概　述

　　滦平县位于河北省北部、燕山山脉中麓。这里北靠内蒙古草原、南临华北平原，是中原文化与北方少数民族文化的过渡地带，又是中原通往北方草原及辽西地区的交通要道。先后有远古人、华夏、肃慎、山戎、东胡、匈奴、乌桓、鲜卑、奚、契丹、渤海、女真、蒙古、满、汉等民族在这里生息繁衍、开发建设。历史悠久，文物古迹丰富多彩。

　　滦平属浅山区，为旧石器的人们提供了优越的生存条件，近年在滦平镇王家沟、西瓜园、南瓦房、三地沟门、刘营、大屯镇等地发现了8处旧石器遗址，采集到部分标本，有砍砸器、尖状器、石核等，器物皆有明显的使用痕迹。年代距今3～5万年左右。滦平还发现了许多古生物化石，博物馆收藏的这一时期的动物化石有东北野牛、鹿、野猪等。滦平发现的旧石器与承德市营子区四方洞旧石器遗址属于同一时期，即晚期智人或新人时期。

　　新石器时代是滦平历史的一个繁荣时代。这个时期燕山南北地区、辽西地区、内蒙古东部地区同属一个文化区，代表性的文化遗址有：辽西和内蒙古东部的兴隆洼文化、赵宝沟文化、红山文化，河北省的东寨遗址、西寨遗址、孟各庄遗址、岔沟门遗址，北京平谷上宅遗址。滦平发现的石佛梁遗址、药王庙遗址、后台子遗址等。

　　（1）药王庙遗址位于滦平县张百湾镇北火车站东侧，采集的遗物以石器为主，其中打制石器居多，器型较大。琢制和磨制石器略少。陶器多见筒形罐，纹饰以压印"之"字纹为主，口沿多饰附加堆纹等。遗址中出土的石罐的形状、大小与内蒙古林西县白音长汗遗址兴隆洼文化遗址出土的石罐非常相似。有肩锄形器、铲形器及口沿多饰附加堆纹的敞口直壁筒形罐，以及细石器、石网坠、石磨盘、石磨棒、石斧、石刀等与兴隆洼文化同类器物雷同，年代距今约7000年。

　　（2）石佛梁遗址位于滦平县城西12公里的大乔麦沟石佛梁。地表采集的遗物大多数为石器，按种类可分为细石器、打制石器、磨制石器、琢制石器。陶器只发现数件陶器残片。细石器有刮削器、尖状器、石片、石核；打制石器有铲形器、锄形器、盘状器、耜、刀、砍砸器等；磨制石器种类有石罐、石斧、斧形器、石锛、石凿、磨石等；琢制石器有磨盘、磨棒及凹坑石等。陶片为夹砂陶，质地疏松，表面粗糙，呈灰褐或黄褐色，内壁较细腻，皆呈黑色。陶片表面纹饰，皆刻划连续弧线纹。石雕筒形罐大小不一，数量较多，有的口沿部浮雕双股绳索纹、几何纹等，生动自然，具有鲜明的地方特色。这种石容器在燕山南北地区偶有发现，如迁西东寨遗址发现数件，药王庙梁遗址发现3件，丰宁县发现1件，内蒙古白音长汗遗址发现1件等。石佛梁遗址石罐与东寨遗址石罐无论从质料、大小、造型、纹饰等方面都极为相似，而与其他遗址石罐大小、质料等方面存在差别。这说明石佛梁遗址与东寨遗址更为接近，当属于同一文化、同一类型、同一时期。打制石器中的梯形或近似长方形铲形器、三磨面的石磨棒，与白音长汗遗址所出的造型颇相似，只是白音长汗遗址所出多为磨制。在内蒙古东南地区的赵宝沟遗址，也发现了与石佛梁遗址打制石耜雷同的磨制石耜。石佛梁遗址与白音长汗、赵宝沟遗址之间应有发展关系。

（3）后台子遗址。1983年5月初，滦平金沟屯镇西村砖厂用推土机清除后台子耕地表土时，发现一处重要的新石器时代聚落遗址。坐落在滦河北岸馒头山阳坡第二台地上，当地人称"后台子"。房址直接挖在生土上，多呈不规则的圆角矩形，属于半地穴建筑，边长一般为4.5米×5.5米左右。遗物主要有石器、骨器和陶器。石器分为细石器、打制石器、磨制石器。细石器有镞、尖状器、石叶、刮削器、石核等。打制石器有网坠、盘状器、敲砸器、砧石。磨制石器有石雕女神像、斧、铲、凿、勾磨石、盘状磨石、磨盘、磨棒、球等。骨器有锥形器、条形器、镞。陶器以夹砂陶居多，泥质陶较少，夹砂陶有夹粗砂与细砂之分，个别的夹滑石粉。陶色以褐色为多，其次为灰、黑色，少量泥质陶呈桔红色。纹饰多为"之"字纹，其他有戳印纹、篦纹、网格纹、叶脉纹、指甲纹、压抹条纹、弦纹等。器类主要有筒形罐、圈足碗、饼形器等。后台子遗址是中国考古的重大发现，石雕女神像是母系氏族社会发展的标志，中国考古界几十年来一直盼望有女性崇拜的偶像出现。到1983年，终于在滦平率先发现了，后台子遗址发现7件，大屯镇发现1件，陈栅子发现1件。另外，兴隆县发现1件，平泉县发现1件，赤峰林西县发现1件。滦平发现数量之多、保存之完整，不仅在中国，在全世界也是首次。后台子遗址出土的石雕女神像与牛河梁红山文化出土的陶制石雕女神像是继承和发展关系。后台子文化被益为中华民族文明的曙光，石雕女神像被益为中国的老祖母。滦平还发现了新石器中晚期的文化遗存，年代在距今5000年至4000年，基本上属于红山文化、小河沿文化、龙山文化的遗存。虽然没有发现比较完整的、典型的遗址，但零星发现这一时期的石器有百余件，说明滦平在新石器时代人口相对密集、社会经济相对发达。

夏朝，是中原地区建立的第一个奴隶制国家。滦平地处夏之北疆，不属于夏的领域，考古学文化为夏家店下层文化。夏家店下层文化为中国北方地区的青铜时代文化，以内蒙古赤峰地区为中心，主要分布在辽西及内蒙古东南部以及燕山南北地区。滦平发现的夏家店下层文化最早在夏中后期，未发现较大的遗址，文化层较薄。2011年4月20日～9月30日，河北省文物研究所、承德市文物局、滦平县文物保管所于兴州小城子西山古墓群发掘，发现一夏家店下层墓葬，竖穴长方形土圹一椁一棺墓，椁内出土有陶折肩鬲、折肩罐、簋形豆、尊及玉羊、金臂钏、水晶管饰件、绿松石镶嵌饰件等器类，其中鬲、罐、尊器表均有彩绘纹饰。该墓葬文化性质属大坨头文化，大坨头文化是燕山以南地区夏家店下层文化的类型。燕山以北属首次发现，对于更全面认识该文化性质意义重大。另有金沟屯镇后台子遗址发现夏家店下层文化的陶片等。

商代，滦平为商之北土，仍属夏家店下层文化。发现完整器物的遗址有虎什哈镇水泉沟出土2件陶鬲、1件陶罐；兴州小城子出土1件罐形鼎；红旗镇白旗村出土1件陶鬲等，均属商早期遗物。

夏商时期，滦平属方国文化偏远地区，文化遗存较少。

西周时期，滦平为燕国领域。西周初，燕国势力尚达不到燕山以北地区，夏家店下层文化到了商末周初时也基本上灭迹了。一直到西周中期，滦平的考古学文化罕见。到西周中后期，滦平发现了夏家店上层文化，即山戎文化。这个文化一直到战国末期被燕文化取代。目前，考古界将滦平等地区发现的带有直刃匕首式青铜短剑的墓群，认定为山戎文化，年代在春秋至战国末期。也有专家认为赤峰地区率先发现命名的夏家店上层文化属山戎文化。滦平是山戎文化率先发现地，也是山戎墓地发现最多的地区。同时，还发现了很多同一时期的夏家店上层文化遗址，或曰山戎文化遗址。

（1）营房村遗址。1960年河北省文物考古队到滦平考古调查，在虎什哈营房村发现一处春秋战国时期的遗址。省、县文物部门联合对这个遗址进行了主动发掘。根据文化层的叠压和包含遗物的不同，可以较清楚地分出上下两个不同的文化层。第二层发现一个圆形直径2.3米的似如居住址的灰坑。坑内有灰堆及分布均匀的烧土墼，并布满炭屑末和少量骨块。从坑内出土的遗物有完整的半月形双孔石刀、穿孔角椎和骨制装饰器等，陶片全部是加砂粗陶，素面，而且陶质低，均为手制，器型简单，制造粗糙，属于夏家店上层文化。该遗址还发现一件圆雕蛙面石人，蛙首人身，半人半神，是山戎族图腾崇拜偶像，也是山戎图腾文化考古的重要发现。

（2）苘子沟门山戎墓群。1976年10月，兴州（公社）小城子村搞农田基本建设，与小城子村苘子沟门山阳坡发现山戎墓群，河北省文物管理处、承德地区文保所、滦平县文保所联合对墓群进行了发掘。共发掘古墓葬百余座，出土文物1000余件，主要有青铜短剑、动物形牌饰、削刀、玉石饰件等。年代为西周至春秋时期。主持发掘工作的考古学家郑绍宗先生首次提出该墓群为山戎氏族墓群。这次发掘对于山戎文化的发现与研究具有重要意义，揭开了山戎文化这一千古之谜。

（3）虎什哈镇炮台山山戎墓群。1978年5月，河北省文物研究所、承德地区文化局、滦平县文物管理所又对滦平县虎什哈镇炮台山山戎墓群进行了发掘，共发掘墓葬35座，出土文物561件。主要有西瓜敦、陶豆、麟趾金、三穿铜戈、圆径直刃剑与扁茎直刃剑、方柄削刀、斧、凿、车马饰件、项饰等。炮台山古墓群，年代晚于苟子沟古墓群，文化内涵也有变化。苟子沟墓群具有鲜明的土著民族特色，而炮台山古墓群出土的遗物虽然主流上仍保持着土著文化特点，但带有明显的中原文化特征，反映出两个墓地存在、继承和发展关系。

（4）营坊村梨树沟门山戎墓地。1990年4月，滦平县虎什哈镇营房村搞小流域治理，在营坊村梨树沟门发现山戎墓地，承德地区文保所、滦平县文保所配合农田建设进行了抢救性发掘清理工作。清理发掘墓葬27座，出土文物1000余件，年代在春秋或春秋战国之际。1993年，滦平县博物馆配合虎丰地方铁路工程建设，对铁路线路内占用的梨树沟门墓地再次进行了清理发掘，共清理墓葬30余座，出土文物400余件。据考古调查，梨树沟门山戎墓地约有山戎墓200余座。滦平发现山戎文化遗存较多，20个乡镇均有发现。年代上限到西周，下限到战国后期。山戎文化在滦平存在时间约600～800多年，是滦平有史以来，延续时间最长、分布最广、最具鲜明特色的古文化遗存。

战国后期，燕将秦开为质于胡，回来后领兵却胡于千里之外。燕修长城、建辽东五郡，燕文化覆盖了承德地区、辽宁大部分地区和内蒙古东部地区。从此，这些地区进入了文明社会。滦平原有的土著文化基本不见了，被先进的燕文化所取代。目前，滦平发现战国后期文化遗存有：遗址和墓葬20余处、烽燧100余处、遗物数百件，另有燕国刀币2000余枚。

（1）滦河土城子城址。滦河镇附近有一战国至秦汉时期古城遗址，清康熙帝和一些文人都提到过此城，称其为喀喇河屯古城，当地称土城。20世纪80年代初文物调查时还有残垣长约6米，高1米余，夯层15厘米，夯土中夹杂战国至秦汉时期的陶片，城址内发现战国时期的绳纹瓦片、灰陶片、鱼骨盆陶片等。该城方形，每边长不足0.5千米，从夯土层分析，城墙建于秦汉时期，该遗址始于战国时期。鉴于燕国建立渔阳郡时没有设县，该遗址当为村镇一级的遗址。城址北山坡上曾发现战国贵族墓葬，西北山坡出土过战国刀币，发现过汉代墓葬。周围山上发现几个战国至西汉时期的烽燧。秦汉时期的城墙表明，该遗址当为县级治所，对于研究秦汉考古有重要意义。

（2）滦河战国贵族墓。1958年5月，承德钢厂建厂房，在施工中发现一战国墓，承德专属文教局、滦平文教局、承德避暑山庄博物馆组织了清理小组，进行了调查与清理。出土的陶器已破碎，经黏对复原完整的共计19件，皆为陶仿青铜礼器。按照周礼只有帝王、卿大夫方可按规定使用礼器。此墓随葬了多件陶仿青铜礼器，是战国时期礼崩乐坏的表现。

（3）虎什哈营房村战国货币窖藏。1979年10月，河北省滦平县虎什哈公社营坊大队在农田建设时，于地下约60厘米深处发现一个素面夹砂黑陶罐（已碎），内盛战国刀币800余枚，重约17斤。这批刀币的发现对于研究滦平战国时期的社会经济情况提供了重要依据。

（4）烽燧。亦称烽火台。滦平发现的烽燧130多座，以战国时期所建较多，秦汉继续用之，增建较少。有三条线路自北通往东南、西南。通往的目的地，东南当是右北平郡，西南当是渔阳郡。烽燧一般建在较高的山顶上，建筑形式呈圆台形，底直径10～15米，残存高1～2米。圆台外边用自然石块砌筑，中间添以石土。烽燧附近一般都有陶片、红烧土等遗物、遗迹，由此分析，烽燧当有看守士兵吃住的简易建筑设施。战国至秦汉时期的烽燧，是研究这一时期北部边塞军事情况的重要资料。

秦代统一全国，建立郡县，统一度量衡。滦平属渔阳郡白檀县。以前以为白檀始于西汉，近年陕西省文物部门在整理秦朝档案时发现了秦代"白檀丞印"印泥，表明白檀始于秦。秦代时间较短，仅有15年时间，滦平居民还是战国末期来到这里的燕国人，滦平发现了很多燕文化，带有秦代文字标记的秦代遗物甚少，很可能秦文化包含在燕文化里面。烽燧大部分是战国时建的，秦代修了长城，并沿用战国时燕国的烽燧。滦平发现了几枚秦代半两圆钱。说明秦代统一货币、度量衡在燕山地区普遍实行。在滦平荒地村发现过秦权，大屯营房村后山发现过秦墓，可惜文物于"文化大革命"期间遗失。

西汉时期滦平为北方要塞，建制当有白檀、滑盐两个县和要阳都尉，多为汉人所居。东汉为渔阳郡与护乌桓校尉共管区域，居民为汉人和少数匈奴人和乌桓人。目前，考古文化只见汉文化。汉文化在战国秦文化基础上进一步发展，县内发现汉代遗物遗迹较多。

（1）小城子汉城址。位于大屯镇小城子村内，由内、外二城构成，呈"回"字形。外城东西长470米，南北宽440米。内城东西长220米，南北宽124米。民国25年日本人驹井和爱等人曾来此考察。有专家认为是汉代白檀县城址，也有专家认为是汉代要阳都尉治所。

（2）小城子西山古墓群。位于小城子村西，距小城子汉城址200米西山。1978年秋和1979年春，省、地、县文物主管部门，先后两次对此墓群进行了发掘，共发掘清理了春秋、战国及汉代墓葬50座，出土了各种生产工具、生活用具、兵器等随葬品近千件。2011年4月20日～9月30日河北省文物研究所、承德市文物局、滦平县文物保管所联合对滦平县小城子西山墓群进行的主动发掘。除夏家店上下层遗存外，还清理西汉时期墓葬50座。汉代墓葬，从形制特征及随葬品推断属西汉早期，属几个单元的平民家族墓葬。该批墓葬既具有中原同时期中小型汉墓的共性，又表现出较为浓郁的地域风格，是研究中国北方地区西汉时期葬制葬俗的重要实物资料。

（3）东营子墓地。东营子墓地位于河北省滦平县付营子乡的王营子—东营子村一线北侧的山坡上，京承高速公路穿过这里。2004年6月18日~8月3日，受河北省文物局委托，河北省文物研究所会同承德市文物局、滦平县文保所组成联合考古队，配合京承高速公路京冀界至承德市段，对该墓地进行了抢救发掘。共揭露3268平方米，清理墓葬37座，共出土文物32件，分为铜、铁、玉、陶四类。包括龙形玉佩、铁剑、铜带钩、陶鬲、陶罐、陶盆、陶豆等。年代在战国中晚期至西汉前期。

（4）征集、出土汉代遗物主要有：铁犁、铁镢、三股叉、铁镰、长方形铁铲、铁斧、昭明镜、家常富贵镜、铜桥形纽方印、彩绘陶盖壶、陶罐、陶匜、陶豆等。

文物考古期待在考证白檀、滑盐县、要阳都尉城址方面有所突破。

三国时期燕北五郡地区基本属于曹魏政权辖地，仍为汉人居住区域。

两晋时期，两百多年的时间，滦平一带战争频繁，基本上是鲜卑人的控制地。鲜卑是游牧民族，居无定所。是时人烟稀少，遗物遗迹罕见。

北魏时期，孝文帝改革，燕山地区的土地得以大规模的开垦，滦平及附近地区农业经济迅速发展起来。汉人主要从事农业生产，鲜卑人主要从军打仗。北魏后期，库莫奚族自北南迁到承德各县及辽西地区。北齐、北周时滦平主要为奚人居住地，人烟稀少，经济落后。这一时期滦平考古发现主要有：

（1）北魏修建军事防御工事"广长堑"。北魏为防备北方草原上的柔然族和契丹族进攻，于魏明帝泰常八年（423年），修筑北长城。北魏长城也称"长堑"。滦平境内有一段自然石砌筑、中间填土的长城，长约四十华里。按《水经注》记载，此段长城当为北魏的广长堑。艾冲认为，"广长堑应在今滦平县北部潮河与兴州河的分水岭上"。"因此，北魏长城当在今滦平县北部'要阳县故城'西北。横跨今兴州河，经今隆化县城附近、承德县北部东去。这是魏朝安州境内的长城"（摘自《长城国际学术研讨会论文集》）。目前，尚未发现其他遗物佐证。北魏广长堑是中国长城考古的重要课题，如能考证确定此为广长堑，则是中国考古重要发现。

（2）北齐修建的长城东西穿过滦平南境，滦平境内长约45千米，线路基本是现在的明代长城，包括金山岭长城。

（3）这个时期的遗物主要发现了北魏时期的农具，有铧冠、圆肩宽刃铁铲、犁镜、錾犁铧，还有鎏金立型菩萨像等。

隋、唐、五代时期滦平主要为奚人居住区域。唐前期为唐饶乐都督府管理区域，唐在古北口设守捉，在滦平墨斗岭设墨斗军，以防奚人骚扰。墨斗军驻守遗迹遗物有待考古发现。唐末、五代时期，滦平属东奚王府西省地，受契丹辖制。隋、唐、五代时期的遗迹遗物少见，只发现几件唐镜。奚族遗物罕见，有待考古发现。

辽代是滦平历史的繁荣时代，建制有兴化县白檀镇、利民寨。遗物遗迹很多，主要有：

（1）荒地遗址与石头地遗址。两个遗址为一个城址，隔河相望。位于滦河沿荒地村，面积约50000平方米。据口碑资料，荒地遗址与石头地遗址皆有一条南北走向的街道，两个遗址以河桥相连。曾出土黑釉大缸、白釉瓷罐、铁犁铧、铜币、鸡腿瓶、小石磨、石佛、铲皮刀、铜盆、铁手铐、铁脚镣等遗物，20世纪60年代挖大沟时曾挖出满缸的唐、宋大钱，有几千斤重。该遗址规模较大，出土刑具，有专家认为是辽利民寨治所。

（2）碾子地遗址。位于长山峪乡碾子沟村南侧，面积约9000平方米，文化层距地表1米，断层暴露，灰坑数个，遗物有黑白釉瓷片、灰陶片、大布纹瓦、条砖等。还出土过铜币、铁犁铧、铁甲片、铁镞、铁铃、马衔、马蹬、铁剪、鎏金车马饰件等。年代为辽代。出土的鎏金车马饰件。制作精细，质量很高，非一般辽人所能拥有，当属辽贵族遗物。

（3）渤海冶铁遗址。1988年5月，根据史料记载，承德地区文化局滦平文管所对红旗镇半砬子东沟一处业已破坏的残存炼铁炉进行了抢救性发掘，炉口基本为圆形，直径1.9米。西北部炉口破坏严重，炉壁不清，在炉口东西两面有两道对称的40厘米宽的深灰色痕迹，炉内壁黏结大量不规则的坚硬炼渣。宋使辽使王曾在《行程录》中记载：（柳河馆）西北有冶铁，多渤海人所居，就河漉砂石炼得铁。还说："滦平深谷中多烧炭为业"，当主要为冶铁用。该遗址为滦平发现最早的冶铁遗址，为研究辽代冶铁情况提供了十分重要的实物资料，同时也反映出辽代滦平社会经济的发展。

（4）虎什哈镇梓树下村西山小村辽墓。1981年5月，河北省滦平县虎什哈镇梓树下村的两位村民来到县文物管理所，报告说，西山村挖土时发现一座古墓，出土好多文物，有些被人买走了。文管所成立调查组，三次去北京，费尽了周折终于找到了买主，追回了文物。西山古墓出土的文物有白釉花口凤首壶，绿釉贴龙凤马蹬壶等12件珍贵文物。马镫壶制作精细，造型美观，保存完整，尤其是贴花龙凤纹，极为少见。龙凤纹饰非一般百姓所能用，只有皇亲贵族方可使用。龙凤马镫壶表明该墓是主人是辽皇家贵族。同时出土的另一件相当于国宝级文物的是白釉花口凤首瓶，也是辽仿定瓷最漂亮的一件。此墓破坏严重，墓形制无从考证，墓志铭下落不明。

（5）银窝沟辽墓群。银窝沟为辽墓群，曾出土两件绿釉划花马镫壶，属国家一级文物。1991年3月，银窝沟村农民张占祥在自家院内取土时，发现一座辽代砖室墓。滦平博物馆进行了抢救性清理发掘。出土器物主要有：鸡冠壶、白瓷碗、唾盂、玛瑙管、骨刷把等。该墓应属于辽代中晚期墓葬。该墓群为辽代官宦家族墓群，为深入研究本地区辽代葬俗提供了重要资料。

（6）驿道遗址。此御道途径滦平115千米，期间有驿馆3处，即新馆（平坊乡硷场沟门）、卧如来馆（在大屯镇窑岭村）、柳河馆（红旗镇东三里房山沟门）。有中顿3处，即古北馆至新馆之间的中顿（张家沟门村后阳坡），新馆至卧如来馆的中顿（滦平镇西瓜园），卧如来馆至柳河馆的中顿（滦河沿大石头地）。滦平辽驿道有几个重要关口，一是古北口，即今滦平县北门村水泉沟梁。宋史编修官路振《乘轺录》：古北口“北五里有关。虏率十余人守之”；二是十八盘梁，古曰“思乡岭”或曰“德胜岭”“摘星岭”“辞乡岭”，是南北交通要道，也是辽南府与北府的分界线。山口石板路面上的古道车辙，仍历历在目，与附近的“偏枪岭”遥相呼应，形成双道防线，地理位置十分险要。十八盘梁山口南边西侧有辽寺庙建筑遗址，宋辽使臣到此皆各置酒三盏。山口南侧发现一辽代石刻（图六），长100厘米，宽42厘米，厚32厘米，阴刻：大康八年九月十日□十差到通引官行首直属□□今□新来一十人四□十八万古永记。另一石刻为阳刻梵文六字箴言，据专家考证为元代石刻。宋使臣每登上十八盘梁时无不抒发感慨，吟诗作赋。还有宋史的行程记录，对滦平当时社会和自然景观多有记述，是研究滦平辽代历史的珍贵资料。滦平因有辽驿道而成为辽战略要地，从而也形成了以辽驿道为中心的辽文化。

（7）古城川长城。北起火斗山黑龙潭向南沿炮手沟方向延伸。长约7.5千米。现地上部分大都无存，古城川溪河以北段落，保留少量残垣。墙体为毛石砌边，中间夯以沙土。现存底宽4米，高2米左右。以前多认为是北齐长城，但没有证物。近年来，文物部门多次对此段长城进行调查，多发现辽金时期的大布纹瓦、条砖、白瓷片、三角钉、铁甲叶等遗物。有学者认为是辽代古北口东15千米的奚关。

（8）发现的辽代珍贵文物主要有：绿釉双系贴龙凤马蹬壶、白釉花式口凤首壶、绿釉双系双人刻花卉马蹬壶、竹柄莲托缠枝三足蜡台、圆形熏炉、绿釉唾盂、鸡冠形护手熨斗、带冠双面鎏铧、束腰仰莲花结伽趺坐执钵佛像等。

金代滦平建制有宜兴县、利民县。遗迹遗物也很多，重要发现有：

（1）兴州古城遗址位于大屯镇兴洲村，为金宜兴县故址，现大部被民房覆盖。现存城墙504米，基宽18米，现高6米。民国26年驹井和爱曾于附近农田发现兽面瓦当及无纹平瓦片。1949年后，城内出土文物多为方砖、大布纹瓦、金牛拜月瓦当、白釉黑花瓷瓶、瓷碗、白瓷瓶、陶片、铁制生产工具等。兴州城墙建于金代中后期，在城墙夯土层中发现有辽金时期的瓷片。此城址是研究滦平金代历史的重要资料。

（2）虎什哈杨树沟石棺墓和北李营石棺墓。虎什哈杨树沟石棺墓出土了3个近似正方形的石棺。边长60厘米，高45厘米。棺槽较浅，棺座较厚。内盛骨灰块。有阴刻铭文，"太和八年立墓人，妻王牙子建"。石棺上雕刻的门窗、人物造型与北李营石棺墓基本相同。女真人的服饰宽边旗袍，头饰发髻。有的手托礼品、有的作启门欲出式。情景如画，栩栩如生。雕刻的棺盖为歇山顶式脊两边刻出兽头。四角飞檐、四面雕出瓦垅。顶长95厘米，宽80厘米。北李营石棺用一块沙成岩条石雕凿而成，通长182厘米。通体凿刻席纹。棺头正中刻成一个楼阁式的建筑。脊下刻七条瓦线、两边为亭式飞檐，脊檐间雕刻云纹图案。楼阁式建筑中间刻一半开门，站立一似长发髻的女人，身着旗袍、手扶门框，作启门欲出姿势。此石棺墓与虎什哈杨树沟金泰和八年石棺墓纹饰大体相同，所不同的是杨树沟石棺墓方形歇山屋顶形盖，石棺墓是女真人葬俗的特点，女真人早期盛行火葬，中期以后逐渐汉化。早期墓葬火化后，以石棺葬其骨。中后期石棺如汉人木棺，不再火化，亦仰身直肢葬了。虎什哈杨树沟石棺墓带有鲜明的女真人葬俗特点，北李营石棺墓，晚于杨树沟石棺墓。即属于汉人葬俗，又带有女真族特点，是研究女真族葬俗发展变化的珍贵资料。

（3）窖藏。1976年11月，滦平县大屯镇岑沟村村民边丛林在院内挖菜窖时，发现一个高68厘米，口径22.7厘米的大腹蟹青釉瓷缸。口上盖有一块素面大铜镜。内有陶器、瓷碗、木桶、铁器、钱币、瓠种器（俗称点葫芦）等17件。其中，瓠种器属草本植物，很难保存，故极为珍贵，我国目前发现仅此一件，填补了我国农机考古的空白。还有一件双鱼铜镜，双鱼纹饰栩栩如生。镜缘边刻有"亿司官盅"（押记），为金双鱼镜上品。

（4）滦平出土金代珍贵文物还有：六錾环底铁釜、青釉鸡腿瓶、长方纽"都提控所"印、长方纽"副统所"方印、长方纽"神字号行军万户所印"方印、四婴铜饰件等。六錾铁釜制作精良，保存完整，为此类器上品。四婴铜饰件寓意欢乐吉祥、多子多福，为金代女真人始创，流传甚广，至今仍受人们喜爱。

元代滦平是宜兴州所在地，为战略要地，有元大都（今北京）至上都（内蒙古锡盟正蓝旗）的驿道，即古北口驿路，也称东道二路。所谓东二路，是有两条路，一是由黑谷上行线为皇帝赴上都所走路线，这条路总长375千米，设有以下18处纳钵：大口、黄垸店、皂角、龙虎台、棒槌店、官山、车坊、黑谷、色泽岭、程子头、颉家营、沙岭、失八儿秃（牛群头）、郑谷店、泥河儿（明安纳钵）、双庙儿（李陵台纳钵）、六十里店（桓州捺钵）、南坡（望都铺捺钵）。在辇路上，除了两端与驿路相合部分没有设驿路，官山至沙岭段只有捺钵，因为禁止无关人行走，所以不需要设驿站。皇帝每年捺钵皆走此路，是皇帝专用御道。二是出古北口赴上都的"御史按行"东道，由大都出发，第一站为顺州（今北京顺义县），"西北至上都八百里，西南至大都七十里"，所以全程应为435千米。顺州东北行35千米至檀州（今北京密云县），由檀州再东北行45千米，即古北口。出古北口后，至宜兴州（今滦平县兴州村），随后沿滦河西北上行至上都。元代宜兴驿站设在兴州小城子。再者，元代滦河漕运经滦平，两岸水手、纤夫自当不少。还应该设有水路码头、餐饮等服务设施。元代考古发现较少，大部分与辽金时期的文化遗存混在一起。较重要的发现有凡西营窖藏，七十年代末凡西营村村民在当地人称为"奚城"的地方劳动时，于地表50厘米深处发现一个大瓷缸，缸内装有陶罐、白瓷壶、孔雀蓝釉龙凤瓷罐、鸡腿瓶等文物，缸口用石板覆盖。其中，出土的孔雀蓝釉龙凤罐属重要发现。磁州窑孔雀蓝釉艺术瓷，堪称磁州窑装饰艺术皇冠上的璀璨明珠。而凡西营出土的孔雀蓝釉龙凤罐，属磁州窑孔雀蓝釉之上品，存世罕见。另外，滦平镇安匠屯西台村，出土的白釉黑花龙凤罐，制作精细、保存完整，亦属磁州窑瓷上品。

明初，滦平为宜兴州兼制宜兴卫，后降为宜兴守御千户所，永乐年所废。明代滦平小兴州大迁民，建制、人口皆内迁，遗迹遗物少见。明代为滦平留下了世界文化遗产，即金山岭长城。明代修建的万里长城途经滦平南部边界，全长47.5千米。西南与北京密云东南与河北承德县以长城为交界。其中，金山岭长城西起龙峪口东至望京楼，全长10.5公里。此段长城因属京师北大门边墙，是京师的最后一道防线，经几次重修。具有敌楼密集、建筑奇特、蜿蜒起伏、视野开阔、保存完整而闻名世界。被誉为中国长城之最。1987年列入世界文化遗产名录，1988年国务院公布为全国重点文物保护单位。自1983年开始保护抢险维修，1986年旅游开放，2005年评为国家4A旅游景区。滦平在长城调查和长城维修清理中发现了许多长城文物。主要有：隆庆三年戚继光、刘应节、吴汶等修建长城碑，隆庆四年戚继光、王燮等修建长城碑，隆庆三年谭纶、王稻等修建长城碑。崇祯十年密镇造号西洋铁炮、双箍铁炮、菱花乳丁纹"流芳"铭文铜镜、山东东路铸四子玩莲镜等。长城碑记载了修建长城从上到下层层负责的官员职务名字，是研究长城的重要资料。

清代是滦平历史上最辉煌的时代，乾隆七年（1742年）建县（喀喇河屯厅），乾隆四十三年（1778年）改名滦平县。满族人口占百分之五十以上，文物古迹历历在目。

（1）清帝早期北巡御道，有五条御道经滦平分别通往内蒙古和东北，一是出古北口过十八盘至鹤鹑沟（今滦平县安纯沟门乡），向西行经丰宁直至内蒙古多伦。二是出古北口过偏岭至张百湾东北行，经金沟屯镇、红旗之后，逆伊逊河而行到木兰围场。三是出古北口逆潮河而行，直达内蒙古中部。四是自王家营（今滦平县五营子村）起，经付营子、桦榆沟、陈栅子，再东行至热河之后，沿武烈河去木兰围场。五是出古北口，经巴克什营，两间房、鞍子岭、王家营、喀喇河屯（今承德市滦河镇）后，向北经大、小三岔口、兰旗营（滦平县小营乡），沿伊逊河进入木兰围场。兴州行宫是康熙早期北巡的一处驻跸之所，也是早期北巡仅存的一个行宫，为研究清帝北巡举行木兰秋狝活动的重要资料。热河行宫建立后，修建了专门御道，经巴克什营、长山峪再至喀喇河屯向东行至热河行宫，再经隆化县至木兰围场。御道设行宫、驿站，滦平境内有行宫八处，即巴克什营行宫、两间房行宫、长山峪行宫、鞍子岭行宫、王营子行宫、桦榆沟行宫、喀喇河屯行宫、蓝旗营行宫。隶属军机处的驿站三处，即鞍匠屯、红旗、王家营。行宫、驿站地面建筑皆无存，大部分基址保存完好。御道被现101公路掩埋，唯青石梁尚存一段石板路。御道青石梁山势险峻，林木秀美，风景如画。道旁树枝遮地。皇帝出塞每经这里都要下马徒步而行。文人骚客到此必诗兴大发，清代有关赞美青石梁的诗达百首之多。喀喇河屯行宫是塞外最早的行宫，位于滦河和伊逊河交汇处，此地是南北交通要道，也是清代滦平的政治中心。清顺治七年（1650年）摄政王多尔衮出猎塞外，驻跸喀喇河屯，并于此筹建喀喇河屯"避暑城"，当年因病"薨于喀喇城"。康熙四十年（1701年）在"避暑城"的基础上扩建喀喇河屯行宫。此是清帝在塞外最早的活动场所，热河行宫未建之前，喀喇河屯行宫是清廷塞外的政治中心，有人称为"行都"。

（2）寺庙。清代滦平修建具有一定规模的寺庙30座，其中敕建8座，公建13座，还有私建、商建、民建等。县城（今滦河镇）建寺最多，达11座，最著名的是，康熙四十三年（1704年）敕建的穹览寺，是清廷于塞外最早修建的寺院。康熙御书穹览寺碑文（此碑现藏于山庄博物馆）。还有康熙四十五年敕建的琳霄观，乾隆年间建的老爷庙、药王庙、财神庙、龙王庙、雹神庙等。其他寺庙也建在距县城较近的地方，比较著名的有小营星宄岩寺，该寺于康熙年间敕建，就岩镌三世石佛，康熙御书"星宄岩寺"鎏金铜质，每字长50厘米，重5公斤。据说，民国十七年被奉系军阀盗走。还有小营静妙寺，金沟屯镇福寿寺、陈栅子峭壁寺、金沟屯镇庆成寺、大屯观音寺等。目前，穹览寺保存基本完整，庆成寺前后殿保存基本完整，兴州观音寺后殿保存完整，其他建筑大都无存。

（3）征集出土文物主要有吴国文墓出土文物、行三麻子墓出土文物。吴国文为清朝二品官员，墓出土珍贵文物多件，如：二品补子、茶沫釉洗子、青玉兽面连云纹璲、玛瑙烟壶、祭兰釉瓷鼻烟壶、刻人物山水水晶烟壶、黄料烟壶、翡翠翎管、琥珀朝珠等。行三麻子与清嘉庆皇帝有结拜之交，其墓出土珍贵文物有：紫檀雕松竹梅岁寒三友嵌春水山玉如意、锦缎蟒袍服等。其他零散征集有铜鎏金"穹览寺"匾额、铜鎏金"性澄觉海"匾额、酱釉荷花大瓷缸、青花二龙戏珠炉、鎏金坐形菩萨像、福寿寺碑等。蟹青釉墨龙天球瓶、透雕福寿圆形佩等。清代滦平人以满族为主，至今满族人口仍占百分之五十以上，满族文化源远流长，带有鲜明的民族特色。

滦平文物工作开展较早，1953年文化馆设文物组；1977年建立文物保护管理所，1983年建立博物馆（与文管所两块牌子一套人马）；1996年建立文物局先后与旅游局、文化局合属办公。半个多世纪以来，新老文物工作者以文物保护与传承为神圣职责，始终坚持"保护为主、抢救第一、合理利用、加强管理"的方针，发扬艰苦奋斗、奋发图强的工作精神，认认真真、扎扎实实地努力工作，使滦平先人留下来的珍贵文化遗产得以有效地保护和利用。

1956年全国文物普查，滦平是重点县，省文物调查队与文化馆文物组发现了营坊遗址、西山古墓群、兴州古城址、小城子汉城址等重要文物遗存。50年代和60年代，县文化馆文物组先后征集文物近1000件，除"文化大革命"中被红卫兵破坏一部分外，多数被保存下来。1958年5月，承德钢厂建厂房，在施工中发现一战国墓，有承德专属文教局、滦平文教局、承德离宫博物馆组织了清理小组，进行了调查与清理。当时没有交通工具，用肩挑驴驮，就近送到承德避暑山庄博物馆收藏。1960年省、地、县联合对虎什哈营房村遗址进行了发掘，此次发掘是滦平是承德地区首次主动考古发掘。70年代大搞农田基本建设，这一时期发现很多文物，1976年全县文教系统抽几十名干部分成几个组到各乡村进行文物调查和征集工作，先后征集文物2000余件。根据普查情况，1977年县政府公布了第一批县级文物保护单位，共43处。1976年，省文物研究所在滦平举办考古发掘培训班，前后历时3年，发掘了兴洲苘子沟山戎墓地，之后又发掘了虎什哈镇炮台山春秋战国时期山戎墓地。70年代后期，古北口附近拆长城砖修营房，使长城受到严重破坏，县两间房乡教师李宪章给中央写了一封信，要求保护长城，受到中央领导重视，国务院副总理赵紫阳批示："请星坦、庆彤同志阅，此事国务院应该管一下。请找有关方面研究，采取措施"。从而有力地推动了长城保护工作。1978—1980年，地县文物部门组成长城调查队，对明代长城进行了详细调查，征集长城文物近1000件。这次调查发现了金山岭长城。在长城沿线建立了保护组织，挨家挨户登记存用的长城砖，为修复开发金山岭长城做准备。1983年5月，地、县文管所联合对后台子遗址进行抢救性清理发掘。1985年全国文物普查，由本县自己组织调查，文管所与各乡文化站干部分别对乡镇进行了文物调查。1989年秋，虎什哈营房村发现春秋、战国时期山戎墓群，地、县文管所联合进行了抢救性清理发掘。1993年进行全国第二次文物普查，由省文物局组织调查队。滦平调查队共9人，分3个组，历时3个月，对滦平区域内文物遗存进行了较为详细的调查。2004年6月18日—8月3日，受河北省文物局委托，河北省文物研究所会同承德市文物局、滦平县文保所组成联合考古队，配合京承高速公路京冀界至承德市段，对该墓地进行了抢救发掘。2008年至2011年底，进行全国第三次文物普查，省文物局组织调查队，分5个组，另有一旧石器调查组，共15人，对滦平区域进行了拉网式调查。2011年4月20日至9月30日，河北省文物研究所、承德市文物局、滦平县文物保管所于兴州小城子西山古墓群发掘。截至2014年底，我县已建档登记的不可移动文物439处，其中国家级重点文物保护单位1处、省重点文物保护单位12处、县级文物保护单位78处、一般文物单位348处。滦平县博物馆现有馆藏文物8521件，三级以上文物381件，其中一级文物11件、二级文物38件、三级文物332件，参考品及一般文物8140件，另有古钱币5万余枚。属河北省文物大县。

有效保护、合理利用。目前，文管所对四百多处不可移动文物建立了完整档案；县级文物保护单位聘请了义务保护员；省级以上文物保护单位聘请了专职文物保护员，树立了保护标志。近年来，多方筹集资金，对金山岭长城、庆成寺、兴州观音寺、穿览寺、星宄岩寺、清静寺等古建筑进行了抢救维修。金山岭长城的保护与开发利用工作在20世纪70年代末开始，在国家文物局、河北省文物局的大力支持下、在县委县政府的正确领导下，对金山岭长城两千多米段落按照一清理、二抢救、三修旧如旧的原则，多快好省地进行了维修，受到了国家文物局、省文物局的表彰，使金山岭长城得到了有效的保护和利用。1988年1月13日，国务院公布金山岭长城为全国重点文物保护单位。1976年举办《滦平出土文物展》、1981年举办《长城图片展》、1987年举办《滦平改革开放成果展》、《承德地区摄影绘画展》；滦平博物馆于1989年完成基本陈列，即《滦平历史与文物陈列》，得到领导和专家的好评，认定为全省县级博物馆一流水平。1991年《举办滦平县满族文史展》、1994年与丰宁等五县联合举办《清帝木兰秋狝秘史展》到广东虎门林则徐纪念馆等巡展两年、1995年在避暑山庄博物馆举办《清帝北巡御道行宫珍品文物展》、1997年举办《铁血筑长城——河北人民抗战图片展》、2004年在避暑山庄博物馆举办《中国考古重要发现——滦平发现石雕女神像、山戎人体装饰品展》；2005年滦平博物馆基本陈列改陈，举办《灿烂的滦平古代文明展》；2012年滦平博物馆基本陈列改陈举办《神秘的山戎文化、滦平出土文物珍品展》，此次改陈使用了现代科技手段，基本陈列水平大有提高。根据国家博物馆免费开放要求，每年举办临时展览四个以上，其中举办《滦平神秘的山戎文化展》到外地巡回展出。较好的发挥了博物馆作用，使优秀民族历史文化遗产得以传承与发展。

深入研究，成果累累。滦平文物考古研究始于20世纪二十年代，瑞典传教士、考古学家T·J·IRNE（阿尼），在滦平和张家口宣化两县收集了一批山戎青铜器，经过研究于1933年出版了《中国滦平和宣化发现的古青铜器》一书。日本学者江上波夫和水野清一在我国长城地带进行过考古调查，编著的《内蒙古长城地带》一书，公布了他们收集和研究的"绥远青铜器"文物资料，其中一部分含直刃匕首式青铜短剑的文物资料，是在承德、张家口及附近地区收集的。外国人肆意到中国考古，一方面说明了外强对中国的文化侵略，另一方面促进了中国历史与考古研究的开展。新中国成立以来，滦平文物工作者在文物调查与考古发掘的基础上，认真整理，潜心研究，先后在省级以上刊物发表有关滦平历史与考古论文100余篇，出版金山岭长城宣传册、文物考古专著四部。其中，论文《试论山戎族蛙崇拜》（作者：沈军山）获河北省博物馆学会首届科研成果优秀论文奖；论文《河北滦平县后台子遗址发掘简报》（执笔：沈军山）获河北省社会科学院第五届社会科学科研成果三等奖；论文集《滦平历史钩沉》（主编沈军山、王月华）获承德市社会科学院科研成果三等奖等。中央、省、市、县广播电台、电视台多次报道滦平考古发现与研究成果。2011年中央电视台《国宝档案》节目组来滦平拍摄了六集滦平考古重要发现与研究的专题片：《山戎青铜器》《山戎图腾文化——蛙面石人》《滦平发现的石雕女神像》《滦平发现的辽代马镫壶》《滦平发现的金代瓠种器》《金山岭长城文字砖》，在中央电视台四频道、十频道播出，从而，滦平文物名扬国内外。

滦平文物工作多次受到上级领导表扬和主管部门表彰。滦平在金山岭长城的保护与开发方面成绩显著，1983年，长城联保会议、全国长城保护工作会议同时在滦平召开，国家文物局领导、省文物局领导对滦平县长城保护工作给予高度评价。多次受到市、县主管部门的表彰和奖励，1991年县文保所（博物馆）评为河北省文物工作先进单位，2012年评定为承德市爱国主义教育基地。

弘扬民族历史文化，彰显地方历史文化特色。2012年开始，县政府投资8000万元建设了具有地方特色的山戎文化博物馆，面积8000余平方米。滦平博物馆将成为展示滦平历史文明与现代文明的平台，滦平文物工作将迈上一个新的台阶，为滦平两个文明建设发挥更大的作用。

# 大 事 记

**民国5年**

7月17日，热河都统署令滦平县知事，对所在行宫派员随时稽查保管，并会同热河园庭事务公所逐一查验殿宇、林木、并拟保管办法。同时，将宫内用品运至热河归库。

8月23日，热河都统署批示：照准县公署所拟保护办法，即县警察第一区、第三区第一分驻所，分别驻扎喀喇河屯、巴克什营行宫；毅军巡防队左哨驻扎长山峪行宫；王家营、两间房行宫另觅人看管。

9月2日，县公署布告周知："照得行宫重地，砖瓦木料多端，树木同入清册，保护看守为严，如有损坏窃取，有拿者重惩不殆"。

11月1日起，停发看宫官兵薪饷，转为民人并分配土地，每人30亩，县域共413人分得土地，总土地12399亩。

是年，全县5处行宫经逐一丈量，共存殿宇436间，宫基占地267亩，前后照山，围场及宫属荒地3941亩，总计4208亩。宫属树木11003株（不含巴克什营宫属树木）

**民国9年**

修建县公署，拆卸喀喇河屯行宫云碧岫殿9间，修监狱等拆卸值房等。

**民国14年**

修建警察署，拆卸喀喇河屯行宫西大殿、配殿、新宫前层殿，中层殿等30间。奉军第九军拆毁逍遥楼、河北正殿、殿后亭子等。

自11年始至是年，巴克什营行宫原存35间殿宇，除15间自然倒塌外，其余20间被奉军拆毁作为炊薪烧掉，宫内所有26株古树亦被砍尽为柴薪。

**民国18年**

因各处行宫殿宇遭自然人为损坏，宫内外树木遭直奉战争期间两军砍伐为炊薪，警察已无保护必要而划归建设局管理使用。

**民国23年**

10月9日，日本"满蒙调查团"于县域北门外挖掘陶罐一个，内盛燕明刀币，钱币2000余枚，大部被掠往日本东京大学（750枚）和朝鲜（日本）总督府博物馆。少部分落入伪县公署外国传教士及其他头面人物手中。

**民国26年**

7月2日至8日，日本文化侵略，派驹井和爱、乌村孝三郎等一行6人来县域双塔山、平台子、东山头（洞）、小城子、兴州等地以"考察"为名，发掘若干石器、陶器、骨器、瓦片等带回日本交由东京大学。后写出文章，发表在（1941年）日本国《考古学报上》。日本侵略滦平期间，将喀喇河屯行宫遗址夷平改建军营。将其他各处行宫遗址砖石令百姓运走修建部落。行宫遗址再遭破坏。

**1951年**

10月，县文化部门学习、贯彻中央人民政府政务院颁《禁止珍贵文物图片出口暂行办法》。

**1953年**

县文化馆设立文物组，负责县内文物调查、征集和保护工作，文物组组长苗济田。

**1954年**

11月，滦平县农民将刨地时出土的铜币送到古北口供销社作为废铜卖掉，共30余公斤。币长14厘米、宽1.7厘米，两面铸有钱文，当属刀币。惜滦平县文化馆人员未及时赶到，与其他废铜运走。之后，该供销社又收购铜币5公斤余，运回滦平县文化馆保存。

**1956年**

9月7日，省政府公布明代长城为省级文物保护单位。

**1957年**

春季，县文化馆文物组对全县进行第一次文物普查，此次文物普查也是全国第一次文物普查。发现古遗址、古墓葬、古建筑43处，征集文物300余件。

**1958年**

5月，修建承德钢铁厂时发现战国贵族墓，出土文物有鼎、豆、簋等陶仿青铜礼器20余件。文物交于山庄博物馆收藏。

**1960年**

5月，县文化馆文物组对全县进行第二次文物普查，发现古遗址、古墓葬5处。

7月，省、县文物部门对虎什哈公社营房村西遗址进行考古发掘，该遗址有两个文化层，上层春秋至战国、下层新时期时代。出土文物有双孔石刀、素面加沙灰褐色陶罐、骨质装饰品等。

**1973年**

11月，县文物部门协同县公安部门破获盗掘巴克什营清墓（吴国文墓）一案。追回文物207件。

**1976年**

1976年6—7月，滦平县进行第三次文物普查。县文教局举办近百人参加的文物普查培训班。参加培训的有各公社文教助理、各中学负责人。同年10月上旬，由文教局、文化馆10余名干部，组成四个小组，对七个重点公社进行文物普查。征集文物150余件。

1976年10月—1979年10月，省文物研究所、承德地区文化局、县文保所联合对兴州·荷子沟门、小城子西山、虎什哈炮台山、营坊村北遗址进行考古发掘。同时举办考古发掘培训班，承德地区各县派一名干部参加培训，连续6期，为各县建立文物管理所培养了人才。共清理墓葬221座，出土文物6216件（目前，多数文物在省文研所）。

10月下旬，县文化馆文物组举办滦平出土文物临时展览。

11月，窑上公社岑沟村民边丛林，在院内挖菜窖时发现蟹青釉大瓷缸，内藏17件金代文物，其中有一级文物瓠种器，填补了中国农机考古的一项空白。

11月19日，县革委会发滦革字第190号文，成立河北省滦平县文物管理委员会。主任李霞、副主任张玉山。

12月2日，县文教局、供销合作社联合通知，（76）滦革文字第17号、（76）滦革合字第46号。要求在农田建设中发现文物和废品收购部门回收到文物，要及时上交文化部门。

### 1977年

6—9月，县教育局、文化馆文物组进行第四次县内文物普查，成立5个调查组共12人，历时4个月，对全县进行文物普查。征集零散文物850余件，确定不可移动文物49处。同时，调整了保护组织、增补了文物档案。

12月，陈栅子公社将"文革"期间查抄陈栅子大队地主靳景福鎏金银饰件、银元宝、玉饰件、瓷器等，捐赠给文物管理委员会，委员会给陈栅子大队300元奖励费。

县两间房教师贾云峰看到古北口一带毁城之风日趋严重，给国务院领导写了一封信，反映长城破坏情况。中央政治局常委、中央军委副主席、国务院副总理李先念看后批示："长城不能毁，要保护好。"

### 1978年

1月，县革命委员会下发《滦平县文物保护单位的通知》，公布滦平县文物保护单位49处。

2月，县教育局经省文物局批准，下文批准建立滦平县文物保护管理所，编制4人，文管所所长苗济田。

3月11日，金台子公社杨树沟大队出土金代石棺3个。

4—7月，文化馆文物组举办《滦平历史文物展》《荷子沟古墓群发掘出土文物展》。展出文物1200多件。

5月中旬，滦平县召开全县文物工作经验交流会，会期四天，出席会议的有17个公社、20个大队和县直有关单位和部队特邀代表40人。

5月，付营子公社凡西营养猪场发现一窖藏，出土套蓝釉黑花龙凤纹瓷罐等文物6件。

5月22日，县文管所到虎什哈征集炮台山出土文物，铜剑、铜斧等50余件。

5月，国家文物局根据李先念的批示，向全国、各省、直辖市、自治区发了《加强长城保护的通知》（78）第61号。

6月，承德地区在滦平县举办文物专题讲座班，时间七天，北京大学教授佟柱臣、中国社会科学院考古研究所研究员刘观民等授课。

6—8月，县文保所组织人员对小城子西山古墓群、小城子汉城遗址进行勘探调查，发现遗址6处、石板墓3处、土坑墓132座。

7—9月，县文保所成立调查组，对县内明长城进行专项调查。

7—10月，王月华到避暑山庄中国社会科学院考古所学习文物修复技术。

**1979年**

3月，平坊乡银窝沟村曹万良取土时发现辽石椁墓一座，出土文物18件，其中两件绿釉马镫壶定为一级文物。

3月15日，正式下文苗济田任县文管所所长。（79）滦组字第57号。

4月，承德市文化局于滦平文管所建立文物代购站。

5月，县两间房中学教师李宪章给中央写信，反映古北口一带长城严重破坏情况。

6月，县文保所继续进行长城调查。

6月27日，人民日报发表了李宪章《不要毁坏长城》的来信，同时登载《国家文物局关于长城的答复》。

7月9日，县革命委员会下发《关于加强对万里长城保护的通知》，（79）滦革字第67号。

7—8月，深入开展文物保护"四有"工作，全县建54个文物保护小组，378名保护员，在重点文物保护单位竖立了12个铁质保护标志。

8月，苗济田到内蒙古呼和浩特市参加《全国保护研究长城座谈会》，介绍了滦平县长城保护工作。散会后国家文物局罗哲文、陈滋德等领导和专家返京绕道到金山岭长城进行考察。罗哲文说："这段长城太好了，我从事长城研究这么多年，还没见过这么好的长城。"国家文物局文物处处长陈滋德说："现在党中央实行改革开放政策，形势很好，我希望各位记者为促进这段长城开发建设大造舆论，向各媒体写稿进行宣传。"

8月5日，滦平县革命委员会发布《加强文物保护管理工作的布告》，（79）滦革布字第19号。

9月4日，苗济田参加绥中、抚宁、秦皇岛联合保护长城的会议。

9月上旬，承德地区文化局在滦平县召开了长城保护工作现场会，长城沿线的四个公社派代表参加了会议。

10月，省文研所副所长郑绍宗带队，承德市、县文物部门各派一人文物干部参加，考察承德战国至秦汉长城，考察了滦平北里营长城。

## 1980年

1980年5月14日，国务院副总理赵紫阳批示："请星坦、庆彤同志阅，此事国务院应该管一下。请找有关方面研究，采取措施。"5月17日，中宣部顾问陆定一批示："任重同志：长城是世界奇迹之一，是中国人民的骄傲。建议中宣部会同有关方面去实地调查一下，决定如何保护。对于当地群众，要好好进行宣传，和适当解决其困难，如何请酌。"5月22日，中央书记处书记王任重批示："请黄震同志阅处。"

5月，赵志厚任县文管所所长。

6月6日，滦平县革命委员会下发《关于进一步加强长城保护工作的通知》。滦革字（80）第55号。

7月5日，县革命委员会召开长城保护工作会议。参加会议的有巴克什营公社、古城川公社、涝洼公社、营盘公社负责人，及长城沿线优秀护城员。

9月16日，全国农业展览馆借展文物5件，展期2年。

10月15日，中科院、北京社会科学研究所、北大地理系、北京文物考古队李宝田、王玲等一行16人，来滦平考察小城子、兴州城址。

10月22日，国家文物局罗哲文、郭旃、王泽，财政部高处长等一行到巴克什营镇花楼沟村研究金山岭长城保护开发问题。

11月29日，县革命委员会上报国家文物局《关于修复花楼沟沙岭口一带长城的请示》，（80）滦革字第37号。

## 1981年

1月6日，县革命委员会上报《关于将花楼沟沙岭口一带长城列为国家重点文物保护单位的请示》。

3月20日，国务院副总理陈慕华同志在国家旅游局局长韩克华、省旅游局马局长、孟副局长、承德地区副书记赵雨霖、县委书记王春堂等部门领导陪同下，亲临金山岭长城视察，在维修保护、开发利用等方面作了重要指示。陈慕华说：中央和地方共同开发，形成北京—金山岭—承德—木兰围场黄金旅游线。

5月，虎什哈梓树下村民于长水等挖土时，发现一座辽代砖室墓，出土辽白釉凤首执壶、绿釉马镫壶等12件文物。绿釉马镫壶被文物贩非法收买，文管所几经周折，从北京市文物工作队将文物追回。白釉凤首执壶、绿釉马镫壶皆定为一级文物。

6月21日，县文管所上报《关于修复花楼沟沙岭口一带长城的请示》。

8月20日，河北省于山海关召开三省六市长城保护工作会议，县文化局苗济田局长与会发言，题目是《立足长远，坚持经常把长城保护工作向前推进》；潮洼公社苏景和秘书与会发言，题目是《采取有效措施，开展长城保护工作》。

9月1日，中央新闻电影纪录制片厂拍摄金山岭长城和长城文物。

9月3日，县文管所9件文物参加省博举办的《河北省出土文物汇报展览》。

9月26日，县政府召开长城工作总结会议，会期3天，长城沿线社队领导及优秀保护员30余人参加会议。

10月13日，省委书记伊哲、省文物局长肖和到金山岭长城视察。

10月15日，省局拨付金山岭长城维修抢险资金5万元。

11月24日，承德地区文化局于隆化举办"辽史读书班"，时间15天，县文保所赵志厚、沈军山、王月华参加学习。

1982年

1月，县文管所在各供销社收购门市、土产收购站、公社文化站发展义务文物保护员35名。

2月8—28日，河北省文物局举办"玉器、青铜器、瓷器鉴定班"，县文管所沈军山参加学习。

5月16日，县文管所梁荣、沈军山先后参加承德地区"辽驿道调查"，12月28日调查结束。

5月20日，赵紫阳总理一行从承德返京在省、市、县和部门领导陪同下参观考察了金山岭长城，赵紫阳说：不错，可观，名不虚传。赵紫阳还对金山岭长城旅游开发工作做了重要指示。

6月26日，县文管所征购滦平镇东街村第4生产队旧房地三亩三分四厘，为建博物馆做准备。

6月，县文管所赵志厚、沈军山组成文物调查小组，对滦河流域进行文物调查征集文物50件。

7月23日，省政府公布小城子城址、兴州古城址、小城子西山古墓群为省级文物保护单位。

9月1日，国家文物局副局长沈竹、顾问陈滋德来滦平视察长城保护工作。

9月17日，省副省长王东宁来滦平视察文物保护工作。

9月23日—11月，制作长城保护标志七块，分别安装在长城沿线的重要关口上。

10月23日，省文物局召开全省文物工作会议，县文管所评为省文物工作先进单位，赵志厚所长评为先进个人。

10月23日，国务院副秘书长王伏林、国家文物局副局长沈竹等到金山岭长城视察。

10月，兴州公社东沟村驻军在营建施工中发现金代古墓一座。县文保所沈军山、王月华等立即进行了抢救性清理挖掘，取回完整资料。

11月，文管所梁荣、王月华、苗楠组成调查组，对营盘公社卧虎岭至古城川公社望京楼一段长约22.5千米的长城进行调查、补照、绘图。

12月7日，县政府下发《关于重新公布滦平县重点文物保护单位的通知》，确定滦平县重点文物保护单位42处。

12月22日，县政府召开文物工作总结表彰会议，会期3天，县文物干部、文物保护员50人参加会议。

1983年

1月15日，省局批准建立滦平博物馆，文管所与博物馆为一套编制两个牌子。

2月，整理行政档案8册、科学档案6册、描绘立体长城图2册、长城图片相册2册。

3—4月，县文管所对古城川长城进行调查，地面采集辽金遗物多件。

5月，金沟屯镇西村砖厂取土发现新石器时代聚落遗址，苗济田、沈军山及时到现场调查，征集石雕女神像等文物。下旬，承德地区文保所组织各县文物干部进行了抢救性清理发掘，负责人地区文保所长成长福。石雕女神像是中国考古重要发现。

6月上旬，在金山岭长城四方楼、砖垛楼、北门，及省保单位6处，竖立水泥钢筋永久性保护标志11块。

6月，文管所举办滦平县《长城图片和长城调查资料展》《滦平县发掘出土文物展》。

6月10—13日，河北省唐山市、秦皇岛市、承德地区长城联合保护工作会议在滦平举行。会议期间考察了滦平县金山岭长城，参观了滦平长城文物和长城档案资料。

6月14日—17日，国家文物局在滦平召开全国长城保护工作会议，国家文物副局长沈竹、顾问陈滋德主持，全国各省市79人参加会议。会后国家文物局副局长沈竹、顾问陈滋德、省文物局主要负责人李晓东等，与滦平县政府有关领导商定由国家文物局逐年拨款维修金山岭长城事宜，并决定拨款13万元修建滦平博物馆。

7月，国家文物局拨金山岭长城维修款10万元，滦平博物馆建设资金13万元。

7月，国家文物局专家朱希元受国家文物局委派协助金山岭长城维修工作。举办两次维修绘图培训班，朱希元授课。

8月24日，滦平县人民政府批准成立滦平县金山岭长城管理处，滦发（1983）139号。下设两个组，即文物保护组、旅游开发组。负责金山岭长城文物保护与旅游开发工作，文物组隶属县文管所、旅游组隶属政府办。

10月，县文管所抢救性清理虎什哈水泉沟墓群，出土文物一百余件。

11月，于长城沿线调查收集长城旧砖16517块。

12月9日，文化部、国家文物局领导、专家视察金山岭，并在此座谈。参加座谈会的有国家文物局副局长沈竹、全国政协委员高级工程师罗哲文、高级工程师杜仙洲、齐英涛、文物专家杨烈、朱希元以及有关工程技术人员、文物出版社、文物政策研究室的同志。

12月底，县文管所增加编制3人，文管所编制共7人。

1984年

5月21日，滦平县人民政府关于聘请罗哲文、朱希元担任滦平县金山岭长城管理处顾问。滦政（84）第98号。

1984年5月，县文化局、矿山局、人行、供销社联合行文：《关于加强古钱币抢救保护工作的紧急通知》滦文字（84）4号。

8月，收到国家局拨金山岭长城维修经费10万元。

8月22日，中共河北省委宣传部、河北省文化厅、河北省广播电视厅、河北省旅游局、河北日报社、滦平县金山岭长城管理处联合举办爱我中华修我长城社会捐款活动。

8月12—26日，承德地区文保所于金山岭长城举办长城考古培训班。省长城考察队、各县文物部门等20余人参加，朱希元先生授课。

10月，河北省委书记高占祥视察金山岭长城。

11月，国家文物局拨金山岭长城维修费30万元。全年修复了西方台至库房楼城墙460米，库房楼下124米垛口，维修敌楼4座，修补库房楼至小金山592米马道，清理东西方台松树洼厂楼子219米的墙体，修临时招待所3间、办公室7间。

1985年

4月21日，第二次全国文物普查开始，此次全国文物普查由各县自行组织。承德地区文化局在滦平县举办文物普查培训班，参加人员有各县文物干部，时间七天。

5月，县文保所计划用两年时间分期完成全县文物普查，本年成立2个调查小组，首先对县东部兴州河、滦河、伊逊河流域各乡村进行调查。

5月22日，滦平县成立"爱我中华，修我长城"指导委员会，县人大主任白清任主任、副主任郭喜民、苗济田。

5月22日，副省长王东宁视察滦平县文物工作。

5月24日，省文化厅、省医二院等单位60余人在金山岭长城举办赞助活动。

6月，县文管所编辑出版《金山岭长城》宣传册，印制35000本。

7月，中国作家协会副主席陆文夫，当代著名作家浩然、人民日报副总编翟向东及苏、杭、津等地作家，参观游览金山岭长城。

8月17日，县公安局移交文物8件。

8月，县博物馆沈军山、苗楠参加成人高考分别考入复旦大学、河南大学历史系文博专修科全日制学习二年。

8月23—28日，省文化厅召开文物工作双先会，县文管所评为先进集体。

12月2日，滦平博物馆竣工验收。

12月统计，本年省、地、县各部门赞助长城款共31544.32元。

**1986年**

2月22日，国家文物局局长庄敏来滦平座谈金山岭长城保护工作。

4月，金山岭长城文物保护组划归长城管理处。长城文物保护工作由长城管理处负责。

4月，县文保所派人参加省文物局在易县文物管理所举办文物藏品保管培训班，由中国历史博物馆史树清、省博物馆姚宛珍、王金科、张学考授课，学期十天。

4—5月，县文管所9人分3个组，对24个乡（镇）进行全面文物普查，此次普查也是全国第二次文物普查。新发现古遗址、古墓葬8处。征集文物182件。

5月14日，河北省文化厅书记高无际、副厅长赵德润到金山岭长城考察。

7月，日本著名影星高仓健一行4人，游览金山岭长城。

7月5日，国家旅游局局长韩克华、省副省长叶连松到金山岭长城观光视察。

8月3日，河北省委于承德召开的全省各地县委书记会议，共250余人，游览金山岭长城。

8月6日中央财政部20余人，游览金山岭长城。

8月10日，县文保所全体人员到兴隆县听取故宫博物院耿宝昌"明清瓷器"、杜迺松"中国青铜器"讲座。

8月11日，国务院副秘书长王伏林视察金山岭长城。

8月24日，滦平县人民政府成立滦平县长城管理领导小组。组长付淑兰，副组长陶文祥、高明林、苗济田。滦人政（86）第125号

8月28日故宫博物院文物专家耿宝昌、北京市文物局研究员成长兴来滦平授课，讲授青铜器、明清瓷器。

8月31日，河北建设局张仓工程师一行六人，到金山岭长城与县委、县政府主要领导研究长城规划。

9月至10月，承德地区文管所组织各县文物干部到黑龙江、吉林、辽宁、内蒙古、河南、山西、陕西、北京等地考察学习，历时两个月。

12月1日，《人民日报》报道，国家批准金山岭长城正式对外开放。

12月27日，浙江省军区政委刘新增一行8人，游览金山岭长城。

12月，收到省、地团委、承德地区教育、交通等部门赞助长城维修款47923.96元。

本年，本着少花钱、多办事、穷修城、修好城的工作精神，修复敌楼站台7座，关隘1处，烽燧2座，墙体1055米。

## 1987年

1月10日，全国政协常委、经济组组长、国家城乡建设顾问郑孝义到金山岭长城观光、考察。

1月24日，中国人民解放军陆军第65集团军军长臧文清一行，游览金山岭长城。

2月27日，中国考古研究所所长徐光冀一行5人，到滦平考察兴州古城、金沟屯镇后台子遗址、金山岭长城。

3月16日，国务院副总理谷牧到金山岭长城视察。

5月6日，省人大主任孙国志一行3人游览金山岭长城。

5月17日，原热河省军区司令、北平军区政委、军事学院政委段苏权，视察金山岭长城。

5月17日，省顾问王东宁视察金山岭长城。

5月11日，国务院副秘书长张文寿视察金山岭长城。

5月27日，国家文物局总工程师杨烈、河北省文物局局长范成玉来滦平，检查金山岭长城维修工作及经费使用情况。

6月13日，国家文物局专家罗哲文、城乡建设部顾问郑效燮一行7人，考察金山岭长城。

7月24日，滦平博物馆迁入新建路新馆。

8月，金山岭长城被联合国教科文组织列为世界文化遗产。

9月，县文保所全员参加地区文保所举办的"承德地区文物专题讲座班"，北京大学教授贾敬颜教授、中国历史博物馆佟伟华研究员授课。

12月，历时三年的第二次全国文物普查工作结束。县文管所建立了较为详细的文物档案资料。

1988年

1月13日，中国历史博物馆无偿支援县博物馆展览橱柜25个。

1月13日，国务院公布金山岭长城为全国重点文物保护单位。国发（1988）5号文件。

3月29日，从大屯镇窑岭村张顺清家征集古钱币25公斤。

4月13日，谢觉哉夫人、中国长城学会会长王定国来金山岭长城考察。

5月，地区文保所、县文保所联合对渤海冶铁遗址进行清理发掘。

6月27—7月10日，县文管所对涝洼大古道附近长城进行清理，清理出土文物100余件。

7月28日，县文保所清理银窝沟一座破坏严重的辽代砖室墓，出土马镫壶等文物。

8—9月，文管所沈军山参加省文物局于保定市举办的"文物陈列学习班"。

8月12日，滦平县人民政府办公室印发《关于加强京承旅游沿线文物古迹保护的规定》，滦政办（1988）73号。

9—10月，地区文保所、县文管所联合抢救清理虎什哈梨树沟门山戎墓地，清理残墓18座，征集、出土文物840余件。

1989年

4月12日，县文管所苗济田、赵志厚、沈军山、赵克军调查安纯沟门李栅子一带长城、烽燧。

7月9日，国务院副总理田纪云视察金山岭长城。

8月26日，金沟屯镇西村砖厂推土机手邹广明等2人，将在后台子遗址推土时发现的玉琮交到文管所，此玉琮定为一级文物。

9月22日，滦平博物馆正式开馆，基本陈列《滦平历史文物陈列》。

1990年

3月29日，沈军山、王月华被评为河北省文物工作先进工作者。

4—6月，省普查组王会民、王宏启、闫乐耕3人来滦平进行文物普查，县文保所参加普查的有王月华、赵志厚、马清鹏等。新发现遗址墓葬148处。

4月3日，公安部部长俞雷一行20人，观光、考察金山岭长城。

7月29日，北京市副市长王笑一、省旅游局局长王元考察、游览金山岭长城。

7月31日，省长程维高视察金山岭长城。

9月11日，县文管所赵志厚、马青鹏、赵克军等抢救性清理北李营大福沟金代石棺墓。

10月18日，画家范曾游览金山岭长城。

11月25日，国家旅游局局长刘毅、省副省长郭洪岐、省旅游局局长陆政等一行13人，视察金山岭长城。

1991年

3月19日，平坊乡银窝沟村一座辽代砖室墓被盗，3月21日县文保所沈军山、王月华、赵克军等、平坊乡主管领导、与驻乡派出所共同查处此案件，追缴失盗文物马镫壶、象牙牙刷等12件。

3月，金沟屯镇曹窝铺村出土辽代铁犁铧、犁镜等农具7件。

4—10月，县文保所苗济田、马清鹏、赵克军3人，调查县内烽燧。

5月10日，滦平县人民政府重新公布滦平县重点文物保护单位72处。滦人政字（1991）第64号。

5月30日，省政协副主席黄岚视察金山岭长城。

5月30日，文化局发文征集满族文物，滦文字（91）第10号。

7月4日，全国政协副主席叶选平视察金山岭长城。

7月23日，省政协文物考察组，王祖武领队、文化厅副厅长赵德润为组长一行9人，来滦平考察文物工作。

8月24日，国家民政部部长崔乃夫视察金山岭长城。

9月5日，省副省长张润身视察金山岭长城。

9月11日，省文物鉴定组董增凯、王金科、姚宛真、王玉文、常素霞、刘建华来滦平，对县馆藏文物进行鉴定，鉴定一级文物11件、二级28件、三级295件。

9月22日，辽宁省省长岳岐峰来金山岭长城观光、考察。

10月22—30日，县文管所文物保管王月华，参加省文物局于易县举办的第二期藏品保管培训班。

1992年

4月10日，北京社会科学院文物专家王玲、北京师范大学图书馆馆长张秀荣来滦平讲授北京周边地区历史与考古。

7月1日，为建立满族自治县，县委宣传部、民委、文化局、博物馆联合举办《滦平满族文史展》。

7月19日，省满族自治县考察组来滦平考察，参观《滦平满族文史展》。

9月，县文保所于公路沿线附近重要遗址、墓葬处，竖立永久性保护标志8块。

县文管所举办文物法宣传周活动，县宣传部主要领导在电视台作了讲话。

9月，根据县委、县政府机关事业单位搞三产创收补助经费不足的文件精神，县文管所抽出沈军山、王月华、赵克军3人搞三产创收，与天津宝坻杨某3人合伙制作冷饮、经销家具。

## 1993年

3月初，县税务局干部高振声发现平坊乡大荞麦沟门恐龙足迹化石。

4月27日，副省长王幼辉一行30余人，考察金山岭长城。

4月27日，中科院古脊椎动物研究所龙海鲁等4人，来滦平考察恐龙足迹化石，确定年代为白垩世，距今约一亿三千万年。

6—10日，县文保所沈军山参加辽宁省阜新市召开的"辽、冀、内蒙古三省区辽、金、元史学术研讨会"。

6月，县博物馆参加承德市文物局于外八庙小布达拉宫举办的"承德市八县三区出土文物精华展"。

6月14日，配合虎丰铁路建设县文管所赵志厚、马清鹏、王月华、赵克军4人，对虎什哈镇梨树沟门山戎墓群再次进行抢救性清理发掘，清理发掘墓葬30余座，出土文物400余件。

7月7日，副省长郭世昌一行视察金山岭长城。

7月15日，省人民政府公布省级文物保护单位，其中有本县一处，后台子遗址。

7月20日，国务委员、国家纪委主任彭佩云在金山岭长城主持召开了"国际红十字会"，15个国家200余人参加会议。

10月10日，故宫博物院无偿赠与展柜20个。

12月，县博物馆借给日本舞鹤市博物馆长城砖5块，省文物局李霞、县文化局苗济田2人，赴日本参加开展仪式。

## 1994年

1月4—10日，县博物馆王月华参加省文物局于石家庄举办的文物藏品编目建档学习班。

3月，承德地区文管所、滦平县博物馆《河北滦平县后台子遗址发掘简报》发表。《文物》1994年3期。

5月13日，滦平县博物馆、丰宁县博物馆与承德避暑山庄博物馆联合在承德避暑山庄博物馆畅远楼举办"热河口外皇帝嫔妃遗物遗迹及满族民俗文物展"。展出时间近4个月。

7月12—30日，沈军山与丰宁博物馆白瑞杰，去广东省东莞市虎门鸦片战争博物馆联系展览。

9月25日，中国长城学会为纪念邓小平"爱我中华，修我长城"题词十周年，举办了"中国长城学术研讨会"与会专家300余人考察金山岭长城。

9月27日，滦平县博物馆、丰宁县博物馆、围场县博物馆、隆化县博物馆与广东省虎门鸦片战争博物馆联合举办"清帝木兰秋狝秘史展"，展出时间2年。

11月27日，县博物馆展厅文物被盗，盗走清代满族文物38件（其中三级文物1件）。

12月，完成省文物局下达的重新登记文物帐、编目卡、一级文物档案工作。

1995年

4月，为确保文物安全，县文管所增高院墙、加固展厅和库房的门窗。

5月，县文管所历时20多天到金沟屯、红旗、两间房、长山峪、张百湾等乡镇征集民间流散文物，共征集文物20余件。

8月22日—26日，丰宁县文管所、滦平县博物馆组团到张家口市博物馆、赤城等县馆、所交流学习。

8月7日—15日，县文管所沈军山，到内蒙古赤峰市参加三省八市辽金史学术研讨会。

1996年

1月19日，承德副市长齐续春与市局领导到滦平参观博物馆、到金山岭长城检查长城保护工作。

3月27日，县文管所赵克军参加承德市文物局在承德县上板城举办的文物勘探培训班，时间15天。

6月2日，沈军山任县文管所所长、兼博物馆馆长。滦宣字（1996）第3号。

7月10日，滦平县政府发文：《关于批转县文化体育局、建设局、土地局<关于在城乡基本建设中和生产建设工程中做好文物调查、勘探、发掘工作报告>的通知》，滦政（1996）6号。

8月，国家旅游局局长何光伟、副省长杨迁视察金山岭长城。

9月11—28日，滦平博物馆、丰宁博物馆、隆化博物馆、围场博物馆联展，分别到佛山、顺德市联系文物展览，与佛山市博物馆达成展览协议。

10月，沈军山论文《河北滦平县后台子遗址发掘简报》获河北省社会科学研究优秀成果三等奖。

1997年

1月5日，滦平、丰宁等五县举办的《大清皇家狩猎秘史展》在广东佛山市博物馆开展，展期6个月。

4月，县文管所对五道营子龙潭水库附近征地进行文物调查和实地勘探，发现灰坑7个。

6月，王月华被评为（1995—1996）年建立省级以上文物保护单位档案工作先进个人。

7月，县政府成立文物旅游局，文管所（博物馆）隶属文物旅游局。沈军山任文物局副局长兼文管所所长、博物馆馆长。

7月，县博物馆王月华、王立春、赵克军3人参加河北师范大学文博专业证书班学习，半脱产，学期2年。

10月，县文管所4人再次对北李营长城进行了全面调查。

10月，收到国家文物局拨金山岭长城维修费20万元。

## 1998年

5—6月，博物馆举办了《铁血筑长城——河北人民抗日战争纪实图片展》。

5月31日，国务院副总理钱其琛、副省长杨迁到金山岭长城视察。

5月，省局副局长谢飞、中科院古脊椎动物研究所专家等，到滦平鉴定恐龙化石。

5月，县文管所于平坊乡发现1处新石器时代遗址，在遗址地表采集石斧、石磨盘、石磨棒、石罐残片及细石器等。

6月，沈军山调文物旅游局任专职副局长，苗楠兼任文管所、博物馆负责人。

7—8月，文管所对日本侵华时期修筑的铁路隧道遗址进行了调查。

9月6日，县政府公布日本侵华修建的铁路隧道为县级文物保护单位。

11月23日，承德市8县文管所联合向市政府请示，《关于落实文物保护'五纳入'的建议》。

12月，县委、县政府决定将金山岭长城经营管理权有偿交由承德市财政局所属光大有限责任公司负责。

## 1999年

2—10月，县博物馆清点馆藏文物，重建文物账。

5月，省文研所旧石器调查组于县西瓜园村、付家店吴营村各发现一处旧石器时代遗址。

7月10日，副县长王明坤带领有关局领导到大屯镇兴州村省级文物保护单位现场办公。

7月，文物局与文化局合并，文管所（博物馆）隶属文化局（文物局）。王月华任文管所、博物馆负责人。

10月30日，县文管所到大屯镇政府，帮助建立乡文物保护领导小组。

## 2000年

3月5日，省政府公布滦平县炮台山遗址、庆成寺、兴州行宫、明代长城为省级文物保护单位。

5月，省文物研究所所长郭瑞海等一行5人来滦调查平坊乡石佛梁遗址。

12月，县博物馆王月华参加全省博物馆、纪念馆工作研讨会。

2001年

4—5月，因虫害，县文保所抽人抢救兴州庙古松。

4月20日，县文保所派人到北里营村调查辽墓被盗情况。

6月，省文物局拨给县博物馆安防保护费2万元，县博物馆库房安装了电视监控器。

6月11日，市文物局副局长、总工程师王立平、市文研所所长刘玉文等9名专家来滦研究制定大荞麦沟门恐龙足印化石保护方案。

7—8月，县文保所对四处省级文物保护单位划定保护范围，确定保护组织。

7月，根据市局指示，县文保所对大荞麦沟门恐龙足迹化石进行抢救性切割，取回5块标本收藏。

7月，中国科学院古生物研究所、自然博物馆、日本、内蒙古恐龙专家来滦平县平坊乡大乔麦沟和安纯沟门实地考察恐龙足迹。

9月，县文保所自制钢筋水泥省级文物保护单位标志5块。

10月，按照省文物局要求，县文保所同西地、大屯、金沟屯、虎什哈镇签订了省级文物保护单位保护协议。

2002年

6月，省局拨付庆成寺维修资金4万元。

7月15日—9月28日，县文保所对庆成寺进行了抢救性维修。

8月，市文物局局长师力武等到下甸子庆成寺指导维修工作。

12月，沈军山兼任文管所所长、博物馆馆长。

12月，省拨文物征集费10万元。

12月，县文保所沈军山负责撰写省旅游局出版《河北长城旅游》一书之滦平长城部分完稿。

2003年

3月19日，省局谢飞副局长到金山岭长城检查世界文化遗产保护工作。

5—10月，为配合南线高速公路建设，县文保所3人参加省文研所于公路沿线进行的文物调查和发掘工作。

5月21日，县文保所对三道梁行家坟进行抢救性发掘，历时45天，出土清代官服数件、如意、及银饰品等。

7月17日，滦平县人民政府公布第三批县级文物保护单位73处。滦政通（2003）43号。

8月，省文物局古建所所长郭瑞海一行三人来滦平检查验收省级文物保护单位庆成寺维修工作。

12月，省拨文物保护经费10万元。

市拨目标责任奖励经费4.5万元。

**2004年**

2月，县博物馆李树斌参加河北省文物局在承德市文物局举办的文物藏品保管培训班。

4月28日，县博物馆与避暑山庄博物馆联合举办《中国考古重要发现—滦平出土远古石雕女神像、山戎人体装饰品展》，展出时间6个月。

4月，金山岭长城投资20万元，对大小狐顶楼段文字砖长城进行清理维修、修缮女墙600米，抢险维修雷击受损的将军楼、安装避雷针。

8月，沈军山、王月华、张艳萍合写的《滦平县石佛梁遗址调查简报》发表。《文物春秋》2004年4期。

12月，为了解决金山岭长城管辖权属问题，国家文物局召开会议，承德市文物局、滦平县人民政府、滦平文化局、滦平县文管所的领导参加会议，并与北京市司马台长城管理处一同协商权属问题。

12月，省民宗局拨库房维修款9万元，市拨目标责任奖励经费5万元。

**2005年**

3月16日，金沟屯镇滦河沿球团厂在基建时发现了汉五铢钱币陶罐窖藏，县文保所组织人力到现场追回汉五铢钱20余枚。

4月15日，长山峪乡鞍子岭村发现清代砖室古墓，县文保所组织人力进行抢救性清理发掘，出土文物10件。

5月，县政府常务副县长张雁池、副县长贾秀芳带领财政局、人事局、城建局等部门负责人到滦平县博物馆现场办公和调研，经县委、县政府决定拨款35万元对博物馆进行内部装修。

6月，博物馆完成展厅内外装修、展柜制作。

7月5日，国家文物局行政执法专项督查组到滦平检查金山岭长城接收工作。

7月，依据文物政策法令，滦平县政府重新接管金山岭长城，补偿承德光大公司3300余万元。

9月28日，《灿烂的滦平古代文明展》于9月28日隆重开展，展览得到了社会各界的一致好评。

10月，国家旅游局局长邵琪伟、省旅游局局长王新勇到金山岭长城视察。

12月，省局拨文物保护经费15万元。市拨目标责任奖励经费、布展费15万元。县拨博物馆外装修、布展费30万元。

12月，金山岭长城评为国家旅游4A景区。

2006年

3月，县文保所李树彬参加河北省文物研究所于邯郸市复兴区西小屯段南水北调工地的文物发掘工作。

3月，县文保所赵克军抽调省长城调查队，时间6年。

5月14日，省、市文物局领导、县政府主要领导及县文物部门负责人到国家文物局开协调会，解决金山岭长城与北京司马台长城纠纷问题。

5月，庆祝世界博物馆日，发放宣传材料、组织学生参观、与中央电视台《走近科学》栏目组联合拍摄山戎文化专题片，该片在中央电视台播出。

7月11日，省委常委宣传部长赵勇到金山岭长城调研。

8月4—20日，沈军山到石家庄参加省局举办河北省首届"文物局长学习班"。

9月份，滦平县职教中心教学楼施工时发现汉墓。县文保所对汉墓进行为期15天的抢救性发掘，出土文物有铁剑、陶罐、带钩、宝石珠、铜钱等30余件。

12月，国家文物局拨文物征集费5万元，省拨安防项目款5万元、穹览寺维修款10万元，市拨目标责任奖励经费5万元。

2007年

4月，日本交通会社中国分公司"JTP中国旅行"向金山岭长城捐款64万元人民币，用于后川口墙体抢险加固工程。

5月，省拨维修穹览寺资金10万元。

5月18日，世界博物馆日，县博物馆在文化广场做宣传活动，印宣传材料1000份，组织夕阳红秧歌队演出，请电视台制作专题节目、接待文物保护政策知识咨询30余人等。

6—10月，县文保所对穹览寺前殿屋顶、山墙、柱子、橼子进行翻修和矫正更换。

8月，承德市文物局、滦平县文物保护管理所利用2个月时间完成村庄行政村、自然村、历史建筑文物古迹普查工作和重点调查工作。

12月，县文保所李树斌参加河北省文物局在石家庄举办的文物行政执法培训班。

12月，国家文物局拨铜铁器科技保护费30万元，省拨库房建设及设备款30.6万元，市拨责任目标奖励经费4.5万元。

2008年

3—7月，县文保所针对张百湾李洪春擅自在保护范围内建房的违法行为，四次下乡调查并下发《停止侵害通知书》。

5月8日，全国第三次文物普查工作在我县展开。河北省文物局文物普查组到我县进行文物普查工作，普查分3个小组，前后历时4个月，在我县新发现旧石器遗址5处，遗址、墓葬96处。

5月18日，"世界博物馆日"，县馆组织人员宣传《文物保护法》，张贴标语、悬挂横幅等形式。

6月，发现古遗址、古墓葬48处，并在虎什哈镇南林村发现一处辽代陶范窑址。

7月4日，滦平县文物保护管理所调查了张承公路文化遗存情况。

8月，省拨兴州观音寺维修款20万元。

10月22日，市专家鉴定组受省文物局委托来滦平鉴定文物，市专家组成员有刘玉文、张占生、田淑华。鉴定、提级文物50件。

10月23日，省政府公布石佛梁遗址、铁路隧道遗址为省级文物保护单位。《河北省关于公布河北省第五批省级文物保护单位及其保护范围和建设控制地带的通知》冀政涵（2008）108号。

10月，滦平县磁源矿业集团有限公司董事长杨玉锡向金山岭长城捐款40万元，修缮砖垛口、砖垛楼。

12月，国家文物局拨文物征集费20万元，省拨文物普查费8万元、兴州行宫文物保护费20万元。

2009年

2月，市文物局抽调市县文物干部15名分3组，对我县"全国第三次文物普查"进行复查。

4月，市文物局和滦平县文物保护管理所组成考古调查队，对承德昊源电力在我县境内设高压线路段进行沿线调查。

5—10月，对兴州行宫观音寺东配殿进行修缮。

6月，经县人事局批准县馆招临时工10人，负责展厅管理等工作。

6月份，我馆举办了《中国民俗传统节日》图片流动展。

9月，《滦平历史钩沉》出版。

9—10月，县馆石雕女神像等文物参加国家文物局委托首都博物馆举办的《早期中国——中华文明起源展》。

10月，在涝洼乡五道梁村白春向家征集长城文物石雷52件。

11月，国家文物局拨给金山岭长城维修款150万元。

12月，县文保所李树斌参加河北省文物局在石家庄举办的文物藏品保管培训班。

国家文物局拨铜铁器科技保护费40万元，国拨博物馆免费开放运转经费131万元、省补贴7万元。

2010年

5月，庆祝"5.18"国际博物馆日，县馆组织滦平县"夕阳红"秧歌队在文化广场进行文艺演出，发放宣传册1300余份。

6月6—10日，县馆与滦平县第一小学共同举办了"走进滦平博物馆，触摸家乡历史"有奖征文活动。

6月11日，县馆与滦平县职教中心共同举办"文化遗产，在我身边"有奖知识竞赛。

6月12日，县馆与县文化馆共同举办庆祝文化遗产日文艺演出。

7月11日，中央政治局常委李长春视察金山岭长城。

9月，县馆聘请首都博物馆科技保护组来馆进行铜、铁质文物修复工作，此项目预计3年完成。

12月13—14日，中央电视台国宝档案栏目制作的《万里长城精粹——金山岭长城》于中央电视台四套节目播出。

国拨免费开放运转经费131万元、省补贴7万元，国拨陈列布展费150万元。

2011年

4月，河北省文物研究所在滦平县大屯镇小城子村西山工地进行文物发掘，县文保所李树斌参加发掘工作。

4月，举办《滦平县精品文物图片展》，此次展览走进社区、学校、广场进行流动展览20余次。

4月，县馆石雕女神像、编发石雕女神像、玉琮3件文物参加辽宁省博物馆举办的《辽河寻根——中华文明探源成果特展》。

4月6日，中央委员全国政协副主席白立忱视察金山岭长城。

4月12日，全国政协副主席、民革中央主席周铁农视察金山岭长城。

4月，制作《滦平山戎文物图片展》，到社区、学校、集市、广场巡回展览。

5月2日，全国人大外事委员会主任李肇星视察金山岭长城。

5月9日，河北省委副书记付志芳视察金山岭长城。

5月21日，民政部部长陈学举、省民政厅厅长古怀璞等视察金山岭长城。

5月始，分春秋两季，首都博物馆文物修复专家为县馆继续修复铜、铁器文物，专家投入320人次，修复文物221件。并制作了《河北省滦平博物馆馆藏纺织品抢救性保护修复方案》。

5月18日，县馆举办国际博物馆日文艺演出。

6月11日，县馆举办中国文化遗产日宣传保护文物活动。县文保所专业人员，为群众鉴定私人藏品30余件。

6月—2012年5月，为提升县馆基本陈列《神秘的山戎文化展》和《滦平文物精品展》，派人到甘肃、山西、陕西、辽宁、北京、内蒙古及临近市县收集资料。

7月，县馆沈军山、王月华、计艳波、单迎红参加"辽河寻根文明溯源"中华文明起源学术研讨会。

10月，在五道营子征集文物，其中石臼4件、民俗文物5件。

11月，县馆单迎红参加冀豫晋陕四省博物馆理论与实践研讨会。

国拨免费开放经费131万元，省补贴7万元。国拨丝织品文物保护费30万元。省拨兴州行宫维修费30万元。

## 2012年

3月22—26日，"神秘的山戎——中国山戎文化研讨会"在滦平召开。此次会议邀请了国内山戎文化专家学者、各级领导26人，及各界媒体记者29人。

5月，首都博物馆专家继续对县馆铜、铁器文物进行修复，修复文物286件。

5月18日，县馆在文化广场举办了庆祝"5.18国际博物馆日"和"6.10文化遗产日"宣传活动，发放宣传传单1000余份。滦平电视台对此次活动进行了报道。

5月，县文保所沈军山、单迎红、李树斌、赵克军，用7天时间，对县境内辽代驿道路段进行调查。

6月，县馆分别派人到苏州、辽宁岫岩联系制作文物仿制品，研发文化产品。主要开发文化产品有真丝、玉石品等。

7月，县馆与武强博物馆在临时展厅举办《武强年画展》，展出时间4个月。

12月，国拨免费开放经费131万元、省补贴10万元。国拨丝织品抢救保护费14万元，铜铁器修复报告出版费40万元。

## 2013年

4月，县北山山戎文化公园及山戎博物馆开工建设。

5月18日，"5.18国际博物馆日"县馆在滦平县文化广场举办老年秧歌队演出和文艺演出活动，在活动中发放山戎文化宣传扇、宣传单1000余份。

5—8月，县馆与滦平县民间收藏家协会联合举办了《滦平县民间收藏精品展》，展出文物460余件。

8月20日—9月24日，县馆与邯郸博物馆联合举办了《邯郸当代陶瓷艺术展》，展出艺术品78件。

9月26日—10月30日，县馆与滦平县民间艺术品协会联合举办了《滦平县首届民间工艺美术品展》，展出作品125件。

7月27日，隆化县收藏协会一行6人来我馆参观、交流。

7月30日，中央电视台走近科学栏目组一行3人，来我馆拍摄辽驿道十八盘梁。

11月6—11日，县文保所对县境内明代长城营盘段进行调查，共调查墙体4000余米、敌台39座、烽燧2座。掌握了营盘段长城现状的全面资料。

5月8—9日，县馆邀请北京文物研究所靳枫毅研究员、王继红副研究员来我馆专题讲座北京延庆山戎文化。

10月8日—10日，县馆邀请辽宁师范大学历史系与文化学院院长、博士生导师田广林教授和赤峰市博物馆馆长刘宾研究员、承德市文物局田淑华研究员举办"北方历史与考古"专题讲座。参加人员有承德县、围场县、滦平县、宽城县、兴隆县博物馆人员及滦平县文化旅游局相关人员40余人。

10月27日至11月1日，县馆单迎红参加国家博物馆与陕西省考古研究院联合举办的"馆藏金属文物保护修复方案编写规范培训班"。

12月12日至15日，县馆靳文吉参加河北省可移动文物普查第一期培训班。

国拨免费开放经费131万元、省补贴10万元。国拨文物囊匣配置费30万元。

## 2014年

3月，县文保所对县北李营长城进行调查。

5月18日，县馆庆祝"5.18"国际博物馆日，举办文艺演出等活动，发放宣传单1000份。

10月20日—21日，聘请邯郸博物馆原馆长郝良真、宣传教育部副主任李建欣来县馆培训指导讲解员。

5月19日，举办《刘天英国画花鸟展》。

6月初，举办《滦平县非物质文化遗产图片展》。

6月，举办《滦平首届文化节——赏酒篇》展。

6月28日，举办《伟大复兴之路图片展》。

7—11月，进行可移动文物数据采集工作，共采集文物966件（套）。

7月23日—8月16日，举办"滦平县首届李作义汽车模型收藏展"。

7月7日—10日，县文保所靳文吉参加河北省可移动文物普查第二期培训班。

8月21日，举办《滦平县首届集邮藏品和美术作品精品展》。

9月23日，举办《滦平县首届奇石艺术精品展》。

9月20日—10月25日，县文广电局、文联、博物馆与周营子村联合筹建周营子村史馆。

11月，县文保所沈军山到厦门参加中国博物馆协会保管专业委员会第二十一届学术研讨会。

10月，滦平博物馆：《滦平博物馆铜铁器珍贵文物修复报告》、沈军山：《滦平历史与考古》两本专著出版。

12月，国拨免费开放经费131万元、省补贴15万元。

# 第一章　自然地貌与历史沿革

滦平县位于河北北部，燕山中麓。北纬40.39°—41.15°、东经116.40°—117.52°。东西长101公里、南北宽67.3公里。西南与北京市怀柔、密云区交界；北与隆化、丰宁县相连；东南与承德市双滦区、双桥区、承德县接壤。滦平县始建于1742年（清乾隆七年），建制名喀喇河屯厅，治所滦河镇，1778年（清乾隆四十三年）改名滦平县。日伪统治期间1940年（民国29年）将县治所迁至滦平（原称安匠屯）。

## 第一节　自然地貌

滦平县地属燕山中麓浅山区，境内低山起伏，沟谷纵横。平均海拔600米，县南部人头山是最高点，海拔1750.4米；巴克什营营盘潮河川是最低点，海拔213米。海拔千米以上面积约占30%，海拔千米以下至500米面积约占67%，海拔500米以下面积约占3%。地势自西北向东南倾斜，中部有自青石梁拉海岭一条隆起山脊形成分水岭。东部水流入潮河水域，西部水流入滦河水域。主要河流有四条，即潮河、滦河、兴州河、伊逊河。其他大小支流有72条。

土壤面积4.594.091亩，由高到底分三大类，即棕壤土、褐土、草甸土。棕壤土约占29%占、褐土约占65%、草甸土约占6%。

矿产资源有：煤、铁、金、银、铜、铝、锌、硼石、大理石、石英石、滑石、石墨、石棉、膨润土等30余种。

滦平属中温带向暖温带过渡带，半干旱半湿润，大陆性山地季风气候。四季分明，春季气温回升快，干旱少雨；夏季温和，属雨水较多、气温较热季节；秋季天高气爽，昼夜温差大；冬季严寒，风大少雪。年平均气温7.6度，最冷一月，最低气温30度，平均气温11度；最热七月，最高温度37.5度，平均气温23度。平均无霜期149天，平均降雨量553毫米。冬季多西北风，夏季多西南风，年平均风速2.3米/秒。

自然生物。天然林主要有：白桦林、柞树、杨树、松树、槐树、柳树、榆树等；灌木林有：荆条、横条、山杏、山枣、映山红、胡枝子、榛子、范里花子、白草、黄百草等；野生药材有：黄芩、柴胡、防风、桔梗、远志、车前草、茵陈、知母、荆芥、玉竹、穿山龙、金莲花、丹参、苦参、枣仁、菟丝子等百余种。动物主要有：山鸡、野兔、刺猬、狐狸、狍子、野猪、豹

子、黄鼠狼、鹰、雕、麻雀、喜鹊、黄鹂、老鸹、啄木鸟、猫头鹰、鹌鹑、
獾子等。

## 第二节　历史沿革

**旧石器时代**。滦平发现8处旧石器遗址，出土器物有砍砸器、石核等，年代距
今3—5万年左右。这个时期的滦平人，处于蒙昧时代，过着群居生活，使用打制石
器，以采集经济和渔猎经济为主。人们狩猎的动物对象主要有：猛犸象、披毛犀
牛、虎、狼、野马、野驴、鹿、狍子、野猪、兔、鱼鸟类等。采集野果有：山杏、
山枣、山梨、榛子、核桃、橡子、山野菜等。人们熟练地掌握了人工取火技术，食
用烤熟的野兽肉，但还不会用水煮食物。婚姻关系处于血缘婚阶段，以辈分划分界
线，兄弟姐妹之间互为夫妻，隔辈人不能婚配。在滦平周边地区发现多处旧石器早
期的遗存，有专家推测，滦平旧石器遗存内涵丰富，当有旧石器中早期遗存。

**新石器时代**。滦平发现的新石器文化遗址，较早的有平坊乡东山村石佛梁小村
石佛梁遗址、张百湾镇河北村西药王庙梁遗址等，皆属兴隆洼文化，年代距今7000多
年。偏早期的金沟屯镇后台子遗址，属赵宝沟文化，距今6300—6800年。滦平还
发现了一些新石器中晚期的文化遗存，年代在5000年以后至4000年前，大体上属于红
山文化、小河沿文化、龙山文化的遗存。滦平在新石器时代人口相对密集、社会经济
较为发达，与中原和东南地区同步发展，是一个繁荣发展的时代。

考古资料表明，滦平7000多年前已经有农业生产，初步掌握了春耕、夏
锄、秋割、碾磨等技术，种植粟或黍类作物。从打制石器较多、制作较为简单，
细石器数量多而制作精细等方面分析，社会经济应该是农业与渔猎并重、兼有采
集经济。处于原始社会母系氏族初期阶段，人们过着定居生活，家长是母亲，部
落首领由德高望重的老祖母担任。婚姻处于亚血缘婚和对偶婚初期阶段。到了新
石器中早期，即金沟屯镇后台子文化阶段，以磨制石器为主，生产工具大而精
细，陶器增多。农业生产到了成熟期，社会经济以农业为主，渔猎经济仍占有重
要位置。从邓厂乡控家沟村、安纯沟门乡小白旗村后山根出土的石猪表明，已有
家猪饲养。宗教信仰发展到了个体家庭祖先崇拜时期，金沟屯镇、大屯镇、陈栅
子乡均发现了石雕女神像，表明家庭崇拜女性祖先的普遍性，母系氏族社会发展
到了鼎盛时期。婚姻应是对偶婚阶段。新石器中、后期，约5000—4000多年前，
母系氏族社会迅速向父系社会发展，即母权制向父权制发展，对偶婚姻向一夫一
妻或一夫多妻制发展，原始共产主义社会向奴隶社会发展。

**夏朝（前2070年—前1600年）**。滦平地处夏之北疆，不属于夏的领域。属
于北方民族邦国或方国地域。

夏初，滦平仍处于新石器时代末期，这里的文化受龙山文化和小河沿文化的影响较多，发现少量遗迹遗物，没有发现典型的文化遗址。

夏朝中期开始，滦平考古文化主要受夏家店下层文化影响，该文化是以赤峰地区为中心的方国文化。兴州小城子西山古墓群发现了夏家店下层墓葬，竖穴、长方形、土圹一椁一棺墓，椁内出土有陶折肩鬲、折肩罐、簋、豆、尊及玉羊、金臂钏、水晶管饰件、绿松石镶嵌饰件等器类，其中鬲、罐、尊器表均有彩绘纹饰。该墓葬文化性质属燕山以南地区夏家店下层文化的类型。其他发现有金沟屯镇后台子遗址上层发现夏家店下层文化的陶片等。总之，这一时期滦平人口不多，属于方国文化的偏远地区。

**商朝（前1600年—前1046年）**。滦平属商之北土，为商代方国之北单国地域，考古文化属夏家店下层文化。"北单"在四期卜辞有"丙申卜，炎、雹人在彗若：……竹、北单……"这里的炎、雹、彗、竹、北单均为方国或邦国名。竹即孤竹国，北单是与孤竹相近的小方国或邦国。青铜器中有北单簋、北单戈、北单觯等。《山海经·北山经》中有北单之山，金岳《燕山方国考》认为：北单因北单山而得名，北、白相通，单、檀相通，北单秦汉后演变为白檀。滦平尚未发现商代的城址，只发现一些夏家店下层文化的遗迹和遗物。虎什哈镇水泉沟出土两件陶鬲、一件陶罐；兴州小城子出土一件罐形鼎；红旗镇白旗村出土一件陶鬲等。

**西周、春秋、战国（前1046年—前256年）**。滦平属周朝诸侯国燕国的领地，为北方少数民族山戎人聚居地，考古文化属于夏家店上层文化。战国后期属燕文化。

西周初，燕国势力达不到燕山以北地区。所谓的夏家店下层文化，基本上灭迹了，滦平人烟稀少。山戎是西北地区戎狄的一支，也是先秦时期北方最强大的少数民族。商周之际，西北山戎常与商、周王朝抗衡，在商周王朝的多次打击下，被迫向东迁徙。再者，武王伐纣灭商，山戎部族因有军功，受封于无终（天津蓟县），建立了无终山戎子国。因此，山戎自西周初始，陆续来到燕山及辽西和内蒙古东部地区。《逸周书·王会解第五十九》："成周之会……唐叔、荀叔、周公在左，太公望在右……北方台正东，高夷嗛羊，嗛羊者，羊而四角。独鹿邛邛，距虚善走也。孤竹距虚，不令支玄獏，不屠何青熊。东胡熊罴，山戎戎菽…匈奴狡犬，狡犬者，巨身四足果。皆北向。"可知，山戎、东胡、匈奴氏族部落集团，在西周成王时，是北方地区臣服于西周王朝的少数民族部落邦国。另外，晋平公十七年（前541年），"晋中行穆子败无终及群狄于太原"的"太原之战"后，晋北无终诸国被迫迁到另一居住地今天津蓟县无终子国，或与其他戎族盟国迁到今张家口地区，组成了以代为基地的新的部落联盟，自号"代戎"，或称"代国"。

滦平的山戎或是西周初与无终山戎一起来的，或是"太原之战"后来的。滦平地处浅山区，土质肥沃，水草丰富，为山戎宜居之地。山戎人陆续来到这里，形成了许多大大小小的山戎氏族部落，属于哪个方国或邦国有待考证。山戎因山而得名，属山间之戎。半农半牧经济，善造车，青铜器较发达，种植粟、大豆、冬葱等。大豆、冬葱是山戎特产。其俗，好战，善骑射。儿童能走马，妇女也挎弓。宽则随畜、耕种、射猎之业，急则人习战攻以侵伐，其天性也。利则进，不利则退，不羞遁走。有图腾习俗，崇拜蛙、虎、马等。喜装饰，男女老幼皆戴耳环、项饰、腰带饰等。

燕山地区的山戎，兴起于西周，强盛于春秋，衰落于战国末期，长期与诸侯国抗衡。山戎近燕，燕国备受其扰。公元前697年至前691年间，燕桓候执政时，被迫将燕都从北京房山迁至保定易县。公元前664年山戎又侵燕，燕庄公不敌，向齐国求援。齐桓公以"尊王攘夷"为号召，向山戎大举反攻。《史记·齐太公世家》记：齐桓公"二十三年山戎伐燕，燕告急于齐，齐桓公救燕，遂伐山戎，至孤竹而还"，山戎大败，受到严重打击。齐军在攻打山戎时曾被山戎人领入瀚海迷谷，致使齐军陷入险境，后用管仲之计，让老马在前面带路，将齐军带出险境。从而，留下了老马识途的典故。齐桓公还将山戎特产，大豆、大葱带回齐国，在齐国推广。春秋中期燕北、晋北山戎形成了以无终为首的山戎氏族联盟集团。晋北地区是山戎人的老家，晋悼公受司马魏绛的影响，对晋北山戎人实行安抚政策。无终诸国有了兴国发展的机遇，无终国君嘉父，励精图治，于晋悼公三年（前570年）号召戎人诸国，并至无终，歃血定盟。晋悼公应嘉父之邀，命魏绛为和戎之使，来无终国主持晋国与诸戎媾和结盟仪式。十几个戎国国君与晋国使者在无终国歃盟，愿奉晋侯约束，捍卫北方，不侵不叛，各保安宁，创下了中国历史上异民族间媾和的最早佳话。此次结盟后，晋国北部30年无战事，出现了边境安定、国家太平的空前局面。约30年后晋国又改变了和戎策略，晋平公时，专权晋国之政的六大卿族为扩充各自实力，竞相北上"启土"，拓展领地，于是重新掀起攻伐山戎的大规模战争。经常与山戎发生军事冲突。为利于与戎兵作战，晋国曾修改兵制，"毁车为行"（改车兵为步兵）。"太原之战"后，晋国占据了晋北山戎祖居之地，山戎一蹶不振，走向衰落。三家分晋后，赵襄子在赵国边境北部又发动了灭戎战争，赵襄子五年（前470年）兼并山戎诸国，包括林胡、娄烦、代国等。赵武灵王时为加强军队战斗力，改穿胡服，留下胡服骑射的典故。之后，燕国强盛时，攻占了无终山戎国地（天津蓟县一带）。滦平位于燕山深处，燕国疲于诸侯国间的战争，没有全面北伐的能力，赵国虽强，鞭长莫及，滦平的山戎相安无事。燕王哙时，约公元前313年之前，燕国将领秦开为质于胡，熟悉了戎胡的地理环境，军事虚实。公元前313年，燕昭王即位后，秦开在好友的帮助下，逃离了戎胡回到燕国，受命率军大破山戎与东胡，却戎胡于千里之外。公元前290年前后，燕亦筑长城，西起今河北张家口市宣化向东北延伸，经内蒙古多伦、独石口等地，又向东经河北丰宁、围场，内蒙古赤峰，辽宁阜新、朝阳，越过医巫闾山，渡辽河，折而南至朝鲜清川江北岸。并建有鄣城、烽燧等。置上谷、渔阳、右北平、辽西、辽东五郡。山戎一部分纳入东胡退到辽河以北，一部分纳入匈奴远走内蒙古中西部地区，山戎氏族退出历史舞台。目前的考古发掘资料表明，自西周末至战国末期，约600多年的时间，滦平是山戎文化时代。

战国末期，燕国建辽东五郡，滦平属渔阳郡地，渔阳郡治所今怀柔东梨园庄东南，未设县。渔阳范围大约西自怀柔、东至承德、北至围场和内蒙东南一部分，南至顺义、通县。大批的燕人来到滦平，带来了中原的先进文化，滦平自战国后期始进入文明时代。滦河镇、金沟屯镇、红旗镇、大屯镇、虎什哈镇、安纯沟门乡等地，都发现了较大规模的遗址，安纯沟门满族乡出土战国瓦当，表明屋顶建筑已使用筒瓦。战国后期滦平也是燕国战略要地，用于传递军事情报的战国烽燧有120多个。有的遗址一次出土数百枚刀币，表明战国后期经济贸易较为发达。

**秦代（前221年—前206年）。**秦统一全国，实行郡县制，燕地仍为渔阳、上谷、右北平、辽西、辽东五郡。渔阳郡领县可证者有渔阳、泉州（今天津市西北武清区黄庄乡城上村）、白檀三县。以前多认为白檀县始于西汉，近年考古发现了秦代"白檀丞印"封泥（周小陆、孙闻博《秦封泥与河北古史研究》），可知，白檀始于秦。白檀县治所，一说滦平兴州小城子，另一说，滦河镇土城子。显然，滦平为渔阳郡白檀县。秦代时间较短，滦平居民还是战国末期来到这里的燕国人。滦平荒地村发现过秦权，大屯营房村后山发现过秦墓等。

**汉代（前206年—公元220年）。**西汉时期滦平是渔阳郡属地，居民多为汉人。建制有白檀县、滑盐县、要阳都尉。东汉时县级建制撤销，由渔阳郡直管，乌桓事物由护乌桓校尉管理，为汉人和少数乌桓人居住地。

匈奴人虽多次侵扰渔阳郡，但从来没占领渔阳郡地。汉高帝六年，汉将韩王信以马邑（今山西朔县）降匈奴，匈奴乘势南下。汉与匈奴缔结和亲，以宗女名为公主，嫁匈奴单于为妻；赠送金、絮、缯、酒、米等物于匈奴；开放关市，准许两族人民贸易；汉与匈奴结为兄弟，以长城为界（汉长城皆于内蒙古与辽西以北）。元朔二年（前127年），匈奴侵入上谷、渔阳郡。匈奴进攻路线从张家口张北南下，至蔚县、怀来、怀柔、密云一带。汉武帝派车骑将军卫青、将军李息率兵出云中（今内蒙古托克托东北），抄了匈奴的老窝，匈奴败走。西汉武帝元狩四年（前119年），汉将霍去病、卫青率军大破匈奴，将匈奴逐出漠南，乌桓又臣属汉朝，南迁至上谷、渔阳、右北平、辽西、辽东五郡塞外驻牧，置护乌桓校尉，治上谷郡，代汉北御匈奴。不让乌桓向匈奴缴供，强召乌桓攻打匈奴，将乌桓人妻子作为人质。常任意杀之，招致乌桓反目，又投靠匈奴。汉光武帝建武二十二年（46年）乌桓趁匈奴内乱之时进攻匈奴，把匈奴赶出大漠以南。公元48年，匈奴分裂为两部。后日逐王比率4万多人南下附汉称臣称为南匈奴，安置在汉朝漠南河套地区。而留居漠北的称为北匈奴。三国时期曹操把南匈奴分成五个部，即左、右、南、北、中。分别安置在陕西、山西、河北北部坝上地区。包括围场、丰宁、隆化、平泉等县北部地区。东汉初，建武六年，光武帝下诏省减吏员、精简机构，共撤县400多个，渔阳郡撤销白檀、滑盐、要阳三县，滦平境内三个县皆撤销。汉光武帝建武二十五年（49年）辽西郡乌桓部落大人郝旦等率领部众归附汉朝。光武帝下诏将乌桓各级首领封为侯、王、君长，共计八十一人，让他们移居塞内，分布在沿边各郡。并命令他们招徕本族之人，由官府供给衣服饭食。于是这些人便成为汉朝边疆的警哨，协助击讨匈奴和鲜卑。于是在上谷宁城（河北宣化市北）重新设置护乌桓校尉，建立大营和官府，负责对鲜卑的赏赐、接送人质和每年四季的双边贸易等事务。同时诏令罢撤北方诸边郡县亭侯建置及吏卒，滦平分别由渔阳郡和护乌桓校尉共同管理。从考古资料看，这个时期多为汉文化，当为汉人居多。乌桓原居地为鲜卑所占，留在塞外的部分乌桓人，依附鲜卑，常助鲜卑攻击汉朝。东汉末年，曹操走卢龙要塞经白檀北征乌桓，蹋顿被曹操部将张辽所斩，诸王亦多被杀，降汉者达二十余万人。乌桓灭亡，鲜卑人雄起。

《汉书·地理志》卷二八下：要阳，都尉治，莽曰要术。白檀，洫水出北蛮夷。滑盐，莽曰匡德。滦平小城子当是要阳都尉治所，渔阳郡的兵力主要驻扎在这里。《水经注》说要水"经要阳故城东"，与兴州小城子甚合。现已查明兴州小城子汉城遗址，是个矩形的双重城墙的汉城，外城宽长约472×432米，内城宽长约260×130米。墙西南角有亭阁建筑基址。城南面曾有一高大夯土台，当地称"萧银宗坟"，非是。经考古发掘为汉代夯土高台，20世纪70年代。此台当为点将台，军队将兵时，指挥官站立的高台。城址周围的山顶上有几座烽燧，自北和西北线烽燧连接至此，再向东或南线烽燧相连。北面有波罗诺梁，可谓天然屏障。表明汉代小城子有重兵把守，同时分别向南渔阳郡和东北右北平郡传递军事信息。另一说法，要阳治所为丰宁凤山土城子，主要依据是，水经注记载：要水经要阳故城东，东南流，经白檀入于濡（滦河）。而要水经凤山土城子遗址西，与要水经要阳故城东不符。上述两种观点有待进一步考证。按汉书地理志："白檀，洫水出北蛮夷。"白檀故城在滦河岸边，与滦河土城子相符。汉代有一条山道经卢龙要塞、过白檀山、经白檀县后再通向辽西，李广任右北平太守时，曾经此路弭节白檀。曹操伐乌丸，也走卢龙要塞，历经白檀。另一说，白檀县治所在兴州小城子，此说与水经注记载的要水经白檀入于濡相符，谭其骧主编的《中国历史地图集》将汉白檀县治所标在兴州小城子。上述两种观点也有待进一步考证。滑盐县按《水经注·鲍丘水》云："鲍丘水出御夷北塞中，南流经九庄岭东，俗谓之大榆河……大榆河又东南出峡，迳安州旧渔阳郡之滑盐县南，左合县之北溪水。水出县北、广长堑南，太和中，掘此以防北狄也。其水南流经滑盐县故城东，王莽更名匡德也，汉明帝改曰盐田右承治，世谓之解盐城，西北去御夷镇（按指今沽源南境）二百里。（溪水）南注鲍丘水（潮河）。"安州旧渔阳郡滑盐县即汉代滑盐县。治所当在虎什哈镇红旗村附近。

**三国（220年—280年）**。三国时期燕北五郡地区基本属于曹魏政权辖地。五郡塞外属鲜卑地。其中辽西、右北平、渔阳三郡塞外分别为鲜卑的素利、弥加、厥机三部。曹操上表各封为王。这一时期鲜卑不再犯边，社会比较稳定，滦平多汉人居住。

**两晋（265年—420年）**。晋时，滦平为鲜卑地。段氏鲜卑，也称段辽鲜卑、段部、段国，是以鲜卑、乌桓民族为主体，融合部分汉人和匈奴遗民而形成的一支东夷部落，主要活跃在晋朝前期。大概于东汉中叶由辽东西迁，分布在辽西一带，世袭部落大人。曹魏末晋初势力逐渐强大，段氏务目尘于晋惠帝太安三年（303年）封为辽西公，管辖范围东自辽北，西至密云一带。据《晋书.成帝纪》载："咸康四年（338年），春二月，石继龙帅军七万，击段辽于辽西，辽奔于平冈。"又据《魏书.徒何段就六眷传》云："建国元年（338年），石虎征辽于辽西，辽奔于平冈。"段辽欲降后赵，半路反悔，又转降慕容氏。第二年，段辽谋反被杀，段氏部从此衰落。滦平又归属鲜卑慕容部。357年，慕容隽建前燕，滦平属前燕地，370年，符坚（前秦）占前燕，据有滦平一带。384年，慕容之子慕容垂在中山（今定县）称帝，史称后燕，滦平又属后燕地。409年，汉人冯跋自立为燕王，史称北燕，都龙城（朝阳），滦平又属北燕地。从东汉末至两晋时期，近二百年的时间，滦平一带战争频繁，基本上是鲜卑人的游牧地。鲜卑是游牧民族，居无定所。是时人烟稀少，遗物遗迹罕见。

**南北朝（420年—589年）**。公元432年拓跋焘率军亲征讨伐北燕。七月魏军行过濡水（滦平滦河沿村）去龙城（朝阳市）攻打北燕。北魏太延二年（436年），北魏灭北燕。真君二年（441年）改益州（今北京广安门一带）为广阳郡，皇兴二年（468年）魏献文帝拓跋弘又下诏置安州（今隆化），安州辖三郡八县、治燕乐县。滦平属广阳郡广兴县（隆化）。奚族未经允许进驻塞内的滦平、丰宁、隆化、围场、平泉等县境内，理由是躲避地豆干国的抄掠，北魏调集营、燕、幽三州兵数千人将奚人驱走。从此以后十多年间，奚族常与北魏发生战争。太和十四年（490年），库莫奚进犯边塞（隆化及周边县），被安州守将楼龙儿击退。这一时期有花木兰替父从军的故事。北朝民歌《木兰诗》中："旦辞黄河去，暮至黑山头，不闻爷娘唤女声，但闻燕山胡骑鸣啾啾"，"将军百战死，壮士十年归"，"同行十二年，不知木兰是女郎"。花木兰从军十二年，打仗的地点在燕山，是与滦平、隆化一带的奚人打仗。约从北魏宣武四年（507年），奚族被批准正式入居承德、朝阳地区。这一时期，滦平居民主要有汉人、鲜卑人、奚人。北魏时期大规模开发土地，社会经济以农业为主，滦平发现一些北魏时期的铁质农具。北魏修建广长堑途径滦平15千米。东魏元象中安州、广阳郡址迁至密云燕乐。滦平属库莫奚地。

北齐、北周时，奚扩散到今山西、河北北部地区，燕山以北。滦平属于奚地，臣服于突厥。

**隋朝（581年—618年）**。北周静帝禅让给杨坚，北周亡，杨坚定国号隋。滦平仍属奚地。

**唐朝（618年—907年）**。贞观二十二年（648年）唐在奚地设饶乐都督府（今内蒙古宁城西），统领奚地，滦平属河北道饶乐都督府辖地。咸通元年（860年），契丹并奚后，奚分东、西二部，滦平属东奚王府西省地。

唐代在古北口设守捉，同时，在墨斗岭设墨斗军，以防奚侵扰，《新唐书·兵志》："唐初，兵之戍边者，大曰军，小曰守捉、曰城、曰镇，而总之者曰道。"唐代的戍边军队，大部队曰军，次之曰守捉、曰城、曰镇。古北口是幽州北大门，唐于此设守捉防奚，古北口以南为汉人居住区，以北为奚人居住区。守捉兵力，300—1500人。墨斗军兵力不详，级别大于古北口守捉。推测1000—3000人。墨斗军以墨斗岭得名，墨斗岭即今金沟屯镇与红旗交界的伊逊梁。墨斗岭自古是幽州出古北口通往辽西的必经之路。此处山高路险、可攻可守。作为唐朝北方边戍的第一道关口，其战略地位十分重要。奚人多居山林，善造车，奚车不但供给自己用，还大量供给契丹。奚人往往以车为栏，人居期间。奚与汉人学会了种地。奚人的农业，当时还处于原始状态，而且大多数还都出现在与汉人相邻的地方《新五代史》称："去之诸族，颇知耕种，岁借边民荒地种，秋熟则来获，窖之山下，人莫知其处。"《新唐书》亦称："稼多，已获。窖山下。"可见，这种播种之后不管理，到处游猎，秋后再来收割的方式，说明了他们的农业生产不仅方法落后，而且也不被重视。《五代会要》称"出古北口，地宜养马，羊则纯黑，马前蹄坚善走，以驰猎为务，逐兽高山，自下而上其势若飞"。《周书·异域上》谓库莫奚人葬俗是"死者则以苇薄裹尸，悬之树上。"唐贞观二年（628年），突厥衰落，契丹大贺氏部落联盟长摩会叛突厥，率各部降唐。其后，奚、室韦等十余部众，先后降唐。奚族内附于唐朝。唐贞观二十二年（648年）在奚地设饶乐都督府（故址位于今内蒙古赤峰市林西县新城子镇樱桃沟村南，北靠山，南距西拉沐沦河250米。西拉沐沦，唐代称饶乐水、乐水、弱洛水，此都督府之名因此而来）。以奚可度者为右领军将军兼饶乐都督。同时按唐朝制度，把奚族各部设置为州，共十州，统隶饶乐都督府管辖。唐中叶前，公元7世初至9世纪中叶，是奚族的发展鼎盛时期。在这一阶段，其军事实力与契丹旗鼓相当，有时还稍强于契丹；奚和契丹并强于东北地区，被唐并称"两蕃"。史载唐大中元年"北部诸山奚悉叛，卢龙张仲武禽酋渠，烧帐落二十万"，地域东接契丹，西至突厥，南至燕山南麓，北到霫国。后东突厥可汗默啜（691—716年）趁机控制了饶乐地区，营州都督府不得不南撤至渔阳（今天津蓟县）。契丹、奚两个民族也不再归顺唐朝，而归向突厥。唐开元二年（714年）初，唐玄宗李隆基因冷陉之战失利，欲讨奚、契丹。命薛讷与左监门卫将军杜宾客、定州刺史崔宣道等将兵六万出檀州击奚、契丹。行至滦平金沟屯镇至西沟乡一带滦水山峡中。奚、契丹伏兵遮其前后，从山上击之。唐兵大败，6万唐兵大多葬身于滦河岸边，死者十之八九。开元四年（716年）八月辛未，契丹李失活、奚李大酺帅所部来降唐。唐以大酺为饶乐郡王、行右金吾大将军兼饶乐都督。开元二十年（732年），唐玄宗的第三子李祎受命率兵讨奚、契丹。《旧唐书》载："三月，信安王祎与幽州长史赵含章大破奚、契丹于幽州之北山。"所谓"幽州之北山"，当在滦平附近的山川里。契丹强盛时，奚举部役属，后唐朝末年，因不堪苛虐，由酋长去诸带领部分民众，归附于唐王朝，保妫州北山（今北京延庆西北）。此后，奚被分为东、西两部。西部奚居于妫州，东部奚先后居于琵琶川（凌源县南）与阴凉河之地。唐末，幽州刺史刘仁恭父子为防契丹南犯，数年间于每秋遣全部兵力出古北口逾辞乡岭（县境十八盘）塞下以北火烧三至五百里，以绝契丹南犯草饲。县域大部遭迁火烧。

**五代十国（907年—960年）**。五代时期，中原王朝势力退到古北口以南，古北口以北的滦平仍属东奚王府西省地，受契丹辖制。

**辽代（907年—1125年）**。辽太祖五年（911年）正月，阿保机向西部奚大举进攻，辽军大胜。"尽有奚、霫之地。东际海，南暨白檀，西逾松漠，北抵潢水，凡五部，或入版籍"并刻石记功于滦水畔。916年，阿保机建契丹国称帝。

辽代，滦平属辽中京道（宁城）北安州兴化县（隆化镇土城子）。建制有白檀镇（治所大屯镇兴州村），利民寨（治所金沟屯镇荒地村）。辽代是滦平历史发展的又一个繁荣期。居民主要有奚族人、汉族人、渤海族人等。阿保机利用汉族人开发燕山地区，921年11月，辽太祖耶律阿保机亲率大军自居庸关攻入古北口，分兵进攻檀州（治今密云）、顺州（治今顺义）等10余城，迁当地居民出古北口入辽境，即承德各县。"筑城郭立市里以处汉人，使各有配偶，垦艺荒地。由是，汉人各安生业，逃亡者益少"。《辽史》："圣宗以汉户置北安州。"宋辽战争中的"浮户"大部分迁入承德各县，让汉人到这里开荒种地。辽代在承德地区的农业开发是空前的，超过以往各朝代。滦平的奚族人和鲜卑人是土著，一般是地主或手工业者。辽灭渤海国将一部分渤海人迁入滦平冶铁。滦平汉人多为佃农，奚人为主，奚人由西王府管辖。契丹人四时迁徙，常驻人口较少。

滦河两岸曾是辽帝经常捺钵之地。《辽史本纪》记载："天显十年（937年）一月丁丑（二十四）皇子迎谒于滦河，告功太祖行宫。"辽圣宗时，在统和二十一年（1003年），统和二十三年（1005年），两次在冬十月，驻跸于此。辽重熙二十一年（1052年），辽兴宗"观击鞠、猎于伊逊、猎于平顶山"。平顶山即今滦平小营乡平顶山村。清宁九年（1063年），兴宗弟耶律重元乘辽道宗往太子山（在滦平县滦河两岸，待考）秋捺之机，发动叛乱，进攻道宗行宫，欲自立为皇帝，遭反击失败自杀。辽帝春、秋季捺钵的行宫当在辽利民寨（滦河沿荒地）附近。

滦平古城川长城发现的遗物大都是辽金代的，如金代盔甲铁叶子，三角钉、弓箭头、金代陶瓷器碎片等。古城川长城当是这一时期的防御工事。据北宋宋绶书："虎北口东三十余里，又有奚关。奚兵多由此关而南入，山路险隘，只通单骑。"有学者认为古城川长城即此奚关。

宋辽签订檀渊盟约后，两朝通好百余年。其间，无论输岁币、国主即位、生辰、国恤、正旦或其他重要节日，以及与他国战事相告等，双方都互派使臣。从而，促进了辽修筑自南京通往中京，再至上京的辽驿道。自宋辽交界的雄州至上京全长900千米，中途设驿馆32个，多"委奚民守馆，给其土田，以营养马"。继而又于驿馆"中路添顿馆，供帐鲜洁，器用完备"，驿馆所经"日有舍，中舍有亭，亭有饔秌"，宋辽使节来往频繁，一百余年约有1600百余人次

（付乐焕《辽史丛考》）。北宋使臣多留有行程笔记，即兴创作的诗词。真实地记载了当时滦平以及驿道沿线的自然概貌和人文景观，以及社会生产生活情况。辽圣宗时，王曾奉命出使契丹，著有《上契丹事》一书，他在出古北口之后，见到滦平的景象是："自过古北口，即蕃境。居人草庵板屋，耕种但无桑柘；所种皆从陇上，盖虑吹沙所壅。山中长松郁然，深谷中多烧炭为业。时见畜牧，牛、马、橐驼，尤多青羊、黄豕，亦有挈车帐，逐水草射猎。食至糜粥、炒糒。"真实地反映了当时滦平自然和社会情景。草庵板屋当奚人和汉人住的房屋。山中松树茂密，有很多人在山中烧炭。畜牧且有车帐，当契丹人、奚人在游牧。吃的糜粥、炒糒（糒：bei干饭、干粮），即小米粥，小米饭。另有苏颂使辽诗"农夫耕凿遍奚疆，部落连山复枕岗，种粟一收饶地力，开门东向杂夷方。"开门东向，指于山墙开门，当为渤海人俗。王曾《上契丹事》：渤海人"皆就山墙开门"。是时，滦平一派耕者有其田、居者有其屋，多民族聚居的和平景象。

滦平辽代遗迹遗物丰富，文化层较厚，出土许多辽代瓷器、铁器等国家级珍贵文物，反映出滦平辽时期的繁荣与发展。

**金朝（1115年—1234年）**。1114年女真族首领完颜阿骨打向辽朝宣战，随后在宁江大捷和出河店之战击败辽军。隔年一月在"皇帝寨"（即后来的上京会宁府，今黑龙江省阿城县南之白城）称帝建国，国号大金。滦平为兴化军地（隆化）。1143年（皇统三年）属北京路大定府兴化县（隆化）白檀镇（滦平兴州村），1200年（承安五年），升兴化县为兴州（隆化）、并置节度军，名宁朔军。1203年（金泰和三年），升利民寨（滦平县滦河沿荒地村南）为利民县。将白檀镇升为宜兴县（兴州）。1214年将利民县迁至密云。至此，兴州（隆化）领二县：兴化（隆化）、宜兴（滦平）。滦平东北部属兴化县，西部属宜兴县。宜兴辖境甚广，西起丰宁县上黄旗（此处原有元宜兴与开平的分界石），东抵承德市鸡冠山，东南至承德县上板城一带。

金代滦平仍是战略要地。居民主要有奚族人、汉人、契丹人、女真人、渤海人等，其中以奚族人居多，是奚族中心地带，即"奚中"地区。辽末金初，金灭辽残余时，滦平是主战场，战争频繁。1161年（大定元年）十二月，辽残余势力移剌窝斡杀死撒八，宣布称帝，称"大契丹国"皇帝，定年号为"天正"。他封了百官，铸造了金银牌，刻制了玉玺。金世宗以完颜谋衍久战不利，改命仆散忠义为平章政事兼右副元帅，纥石烈志宁为元帅监军，率军追击契丹军。金军与移剌窝斡在陷泉（隆化）相遇，起义军惨败。移剌窝斡认为在草原上与金军周旋对己方不利，决定进入奚族山区，即今承德西部和东南部地区。奚族人也深受压迫，聚兵据险反抗女真政权。契丹军进入奚区，既可以利用山区地势与金兵周旋，又可与奚族人"并肩作战"。于是，起义军余部进入滦平。《金史》载："贼奔七渡河，负险为栅，克宁觇知贼栅之背，其势可上。乃潜师夜登，俯射之，大军自下攻，贼溃，皆遁去"。志宁复败之。贼过浑岭，入于奚中。窝斡收集散兵一万余人，又补充奚兵，在速鲁古淀、古北口、兴化之间转战，击败温迪罕阿鲁带的守军。这一时期，契丹起义军就在滦平西至古北口西北（速鲁古淀）、北至隆化（兴化）一带转战。八月，世宗又命西南路招讨使、都统完颜思敬为右监军领兵入奚地，与金主力军会合追讨。窝斡北走沙陀。纥石烈志宁获贼将稍和住，释弗杀，许以官赏，纵之归，约以捕窝斡自效。稍和住既去，见窝斡，秘不言被获事，乃反间奚人于窝斡曰："陷泉失利，奚人有贰志。不可不察。"九月间，稍合住擒窝斡，到完颜思敬军投降。窝斡被押送到中都，并同时擒获窝斡的母亲徐辇以及窝斡的妻子、儿子、儿媳、弟弟、侄儿，没收了全部伪官署的金银牌印。窝斡在市上被砍头，并砍掉手脚，在各个京府分别悬挂示众。他的母亲徐辇和妻子、儿子，也全被杀戮了。窝斡死，契丹农、牧民起义军遭到严重挫折。金军乘势进攻。起义军的枢密使逐斡、都元帅丑哥等三十多人相继战败被俘。纥石烈志宁等又追击起义军到燕子城（张家口张北县），起义军被镇压而失败。括里、扎八等率领部众南走，投附宋朝。此后，金世宗一再派出官员去"招抚"起义军余部。但起义军拒不投降，继续在北京、临潢、泰州等地战斗。直到1164年5月，起义军余部领袖蒲速越被俘处死，起义才完全被镇压下去。

1972年12月15日，承德县暖儿河畔深水河村的两位农民李平文、王庆云在石砬逢里发现的两块契丹金银牌，经考证，金银牌是移剌窝斡称帝后亲授的。契丹"陷泉"兵溃以后，持牌者潜逃到承德县，将金银牌藏于山崖。这两块金银牌是这段历史的证物，具有重要的研究价值。金银牌是皇帝信物，见牌如皇帝亲临。金银牌有契丹文字，释读为"敕宜速"，翻译过来就是"皇上命令马上行动"。

滦平长山峪镇碾子沟村出土辽金时期铜鎏金车马饰件；长山峪碾子沟、古城川一带发现一些辽代大石臼，当为金初辽起义军在这一带活动时留下的遗物。

滦平发现的几枚金代都提控所印、副统所印、行军万户所印，反映了当时军事情况。

金代大力发展农业，农业生产规模超过辽代。滦平也以农业为主。为了防止契丹人滋事，将契丹马匹没收，强迫其农业生产。契丹人逐步汉化。滦平当为藩国区域，实行猛安谋克制，实行屯田，女真人多为奴隶主贵族，属于剥削阶级，劳动力多为契丹、奚、汉等族人。大屯岑沟金代窖藏出土瓠种器等农机工具，反映了当时农业生产情况。

滦河漕运。金初，"自板城（今承德）散河（今迁西境内）一带，泛舟滦河，输归金京（金国到1153年迁都北京，此时金京当为金上京黑龙江阿城），而以锦城（今滦南锦城）为栖粮之所。"但因滦河一直是由偏凉汀（今滦南）向东南逶迤入海，不与锦城相通，所以，金国特由滦州城南10公里太平庄村北开挖一条运河，名叫间芬沟，引滦入青河入溯河，再入北河（古运粮河）直达锦城屯积粮草。直到1239年11月还有文献记载："令整修滦河故道，以供漕运。"滦河漕运，输归金京，滦河水路经滦平，向西北可到多伦，再往金上京当改陆路。

金代女真人盛行火葬，一般以瓮罐为葬具装骨灰深埋于地下，个别以方形仿屋式石棺装殓骨灰入葬。后期仿汉葬俗。

兴州古城是金宜兴县故址，城内出土文物多为方砖、大布纹瓦、金牛拜月瓦当、白釉黑花瓷瓶、瓷碗、白瓷瓶、陶片、铁制生产工具等。在兴州古城墙夯土层中发现有辽金时期的瓷片。滦河沿荒地遗址是金利民县故城址，利民县于1214年迁入密云，仅存11年。

**元朝（1206年—1368年）**。1206年铁木真建立蒙古汗国。1260年忽必烈即位大汗并建元"中统"，1271年忽必烈改国号为元，1279年灭南宋，统一中国。

公元1265年将兴州（隆化）归属中书省上都路（今内蒙古多伦），兴州辖二县，一是兴安县（隆化），二是宜兴县。宜兴县治所仍在滦平兴州村。全县户数不足2千户，是下等县。宜兴县（今滦平县），忽必烈至元二年（1265年）建县，全县2千余户，属中等县。1328年，又"升宜兴县为州"，当时立的太平王德胜碑文属："天下既定，奉升县为洲。""以旧有兴册，故俗称为小兴册"辖境西至丰宁上黄旗，上黄旗有元宜兴与开平（内蒙古正蓝旗）的分界石，东至承德市，东南至承德县上板城。

元代滦平人口较辽金时期减少。蒙古族属游牧民族，来到滦平后，使这里的生产布局发生变化，成为半游牧半农业区域。很多土地荒芜，人口减少。这里的居民有汉、契丹、女真、奚等族，大都是三等人。下等人受蒙古贵族剥削、压榨，基本上属于奴隶阶层，忍辱负重地劳动、生活。

忽必烈自立大汗后，其最小的弟弟阿里不哥也在和林自立大汗，忽必烈与阿里不哥势不两立。中统二年辛酉（1261年）十一月，忽必烈分蒙古军为二，尚书怯烈门从麦肖出居庸关，驻宣德（宣化）德兴（涿鹿县）府。（怯烈门，西域人，至元中累官云南行省左丞）讷怀从阿忽带出古北口，驻兴州。率诸军从塔察儿北上，讨诸王阿里不哥（世祖弟）。帝亲将诸万户汉军及武卫军，由檀、顺州驻潮河川。又诏汉军屯怀来、缙山。忽必烈讨伐阿里不哥时，有一路讷怀率领的蒙古军，出古北口经滦平屯住隆化。忽必烈亲率汉军及卫军驻潮河川，潮河川即滦平巴克什营至营盘一带。

滦河漕运。据民国二十六年《滦县志》记载："唐开元二十八年（740年）析卢龙、石城两县，置马城县，以通水运。"乐亭县阚庄村民在村东南滦河故道上挖河时发现一艘古代沉船，经专家鉴定系元朝遗物。自东汉建安十一年（皇帝206年）以来，滦河水运活跃了1700多年，其中元朝尤为发达。元朝建都北京后，每年四至九月仍到上都处理朝政。上都做为另一个政治、经济、文化中心，经济文化的往来，主要借助了滦河水运的畅通。南方供品进入皇廷，原有三条水道：一由大沽口经白河到通州；二由娘娘宫经粮河到蓟州；三由芦台经蚕沙口到滦河，直到上都。因此滦河水运非常重要。忽必烈至元十九年（1282年）5月敕令"造船于滦州""造大小船两千艘，以备漕运"。至元二十八年（1291年），大臣姚演奉敕疏浚滦河，漕运上都，备用船只五百艘，水手一万名，纤夫两万四千名，可见规模之大。滦河水运中途不用转运，直达上京。滦河自西北向东南弯弯曲曲穿过滦平，两岸应该设有水路驿站、码头等服务设施，水手、纤夫自当不少。

滦平建有元代的驿道。元代上都、大都间驿路有四条：孛老驿路、望云驿路、黑谷路、古北口驿路。孛老驿路，即西路（孛老，为蒙古语意西）。古北口驿路位东边，谓东路。

东道（古北口驿路）。中统三年（1262年）立古北口驿，"敕京师顺州（今北京顺义）至开平置六驿"。出古北口赴上都的"御史按行"东道，由大都出发，第一站为顺州（今北京顺义县），"西北至上都八百里，西南至大都七十里"，所以全程应为435千米。顺州东北行70里至檀州（今北京密云县），由檀州再东北行45千米，即古北口。在古北口北附近，是重要的屯军地点潮河川。川口东南又有小城，曰潮河川堡，设潮河川守御千户所戍守。《志》曰：潮河川直冲境外，横阔百七十余丈，夏秋水涨，则成巨浸，水退则为坦途，可通万骑。地皆流沙，不能筑城凿渠。弘治中，抚臣洪钟议以古北口东三里许，二寨（今滦平巴克什营二寨村）、三寨间。潮河川当在古北口至滦平营盘一带。这一带是屯驻元军的军事要地。出古北口后，至宜兴州（今滦平县兴州村），宜兴驿站在距宜兴州一公里南的小城子村。之后沿滦河西北上行，至上都东凉亭（今内蒙古多伦县北白城子），为最后一站，再行数十里达上都。东凉亭与古北口之间的距离，按照明人所记为208千米，经由以下地点："开平南五十里曰东凉亭，又约四十里曰沉（还是沈）河，五十里曰叭八，六十里曰黄崖，五十里曰滦河，又五十里曰灰岭，六十里曰古城（兴州小城子），又五十里曰青松，又南五十六里曰即古北口矣。"从元初起，由大都向上都乃至岭北行省调动军队大多走此路，也是监察御史等机构官员的专路。皇帝由上都返回大都时也走过这条路。

东道二路（黑谷驿路），由黑谷上行者为皇帝赴上都所走路线。黑谷东道，俗称"辇路"。至正十二年（1352年）随从元顺帝由辇路赴上都的监察御史周伯琦，称这条路总长750余里，设有以下18处纳钵：大口、黄堠店、皂角、龙虎台、棒槌店、官山、车坊、黑谷、色泽岭、程子头、颉家营、沙岭、失八儿秃（牛群头）、郑谷店、泥河儿（明安纳钵）、双庙儿（李陵台纳钵）、六十里店（桓州纳钵）、南坡（望都铺纳钵）。在辇路上，除了两端与驿路相合部分没有设驿路外，只于官山至沙岭段设纳钵。因为禁止无关人行走，所以不需要设驿站。皇帝每年捺钵皆走此路。

东道二途之所以定为"禁路"，一条是皇帝专用，另一条是为监察官员和军队专用，所以都要遮人耳目。

至元二十九年（1292年）春正月，兴州兴安、宜兴县两县饥，赈济米5千石。《元史》本纪顺帝记载：顺帝至元三年（1337年）五月，乙巳（初五），兴州、松州民饥，皇帝下诏禁止上都、兴和造酒。从《元史》记载看，兴州兴安、宜兴两县，粮食不足，且常发生水灾。元朝廷多次拨款调粮赈济，免除差赋。"免松州、兴州、望云州新旧差赋，以望云、松山、兴州课程隶开平府。"

泰定五年（1328年），元泰定帝死。致和元年七月，滦平（宜兴州）元统治阶层进行一次政权争夺战。这一年元一年换三个年号。丞相倒剌沙在上都奉泰定帝之子阿剌吉八为帝，是为元天顺帝。而与此同时，元武宗的旧部重臣燕铁木儿与河南行省丞相伯颜则分别秘密向漠北和江南遣使，同时迎接周王和世剌与其弟图贴睦儿。结果，图帖睦尔先至大都，在天历元年（1328）自立为帝，是为元文宗。而和世剌抵达和林后，也宣布即位，是为元明宗。札牙笃汗表面上表示愿意退位，奉兄为帝，两人遂相会于上都之南，元文宗毒死西拉古图土后称帝。《资治通鉴》："年壬子，阿苏卫指挥使托克托穆尔，帅其军自上都来归，即命守古北口。""乙卯，托克托穆尔及上都诸王实喇、平章政事奈玛岱、詹事奇彻战于宜兴，斩奇彻于阵，擒奈玛岱，送京师杀之，实喇败走。"

从考古调查情况看，元代遗存较辽金时期少一些，表明这一时期滦平人口数量相对减少。

**明朝（1368年—1644年）**。1368年明太祖朱元璋在南京应天府称帝，国号大明。明初定都于应天府，1421年迁都至顺天府，而应天府改称为南京。滦平建制宜兴州、宜兴卫。

　　徐达、常玉春北伐经滦平，建宜兴州卫、所。1368年（明洪武元年），元顺帝乘明军主力长驱秦晋之机，命丞相也速率军向北平反扑，兵锋已抵通州。常遇春又奉命与李文忠率步卒八万、骑士一万驰救北平，元军闻讯即向北逃奔，常遇春率军追奔千里，大获全胜。为了覆其巢穴，最终解除元军对北平的威胁，常遇春又率军径取元上都开平，顺帝逃奔和林（今蒙古国哈尔和林）。常遇春夺取开平，全歼留守元军，缴获车万辆、马三万匹、牛五万头。夏，常遇春等进攻兴州，元丞相脱大赤等被擒。洪武二年（1369年）七月，常遇春自开平率师南归，行至柳河川（隆化、滦平伊逊河川），得暴病卒于军中，年仅四十岁。朱元璋闻丧大为震悼，赐葬钟山（南京紫金山）之下，并亲自出奠。书报大将军徐达回京参加会葬。为表彰常遇春的功绩，赠翊运推诚宣德靖远功臣、开府仪同三司、上柱国、太保、中书右丞相，追封开平王，谥忠武。

　　宜兴州（滦平兴州）洪武二年兼置卫，属永平府。三年三月属北平府。六月改卫为守御千户所。五年（1372年）七月，州废，存所。永乐元年，所废。卫所制是明代军事体制，属军事机构，既属于地方都指挥使司，也由中央都督府划片管辖。每个卫有5600人，每个所1200人。长城以北实行卫所制的同时，将顺宁（宣化）、宜兴、兴州一带居民全部迁往燕山以南。因此，明初滦平一带居民全部迁走，只有少量的驻军。1370年（洪武三年）改宜兴卫为宜兴守御千户所，只有一千多军人。守御千户所只受都指挥使司管辖，驻军实行屯田制，70%的军人种地供军队给养，30%的军人驻防。1403年（永乐元年），燕王朱棣夺取皇位后，废了宜兴守御千户所，将兴州五卫迁至河北玉田、迁安、良乡、丰润、三河五县，把大宁卫地（内蒙古宁城）划给曾出兵帮他争夺帝位的蒙古兀良哈。所以，滦平一带自洪武三年（1370年）改为卫地，居民南迁，田园荒芜，村庄沦为废墟，只有小兴州宜兴守御有少数军队驻防屯田，到永乐以后，"小兴州、大兴州等地……以永乐弃大宁，俱沦沙漠"，滦平乃至长城以北200里荒无人烟，成为欧拓地。

　　小兴州大迁民。洪武三年（1370年）徙顺宁（今宣化）、宜兴（滦平兴洲）二州之民，入北平诸州县屯戍，计93878人，后又从宜兴等地收集溃散元遗民900余户。这是明代第一次大移民。四年，徐达在北平操练兵马。三月上奏皇帝制可，命都指挥使潘敬等迁徙"山后（指燕山和军都山以北）六州"沿边之民入北平州县屯戍，计户万七千二百七十四，口九万三千八百七十八。六月，又"徙北平山后之民三万五千八百户，一十九万七千二十七人，散处卫所。籍为军者给以粮，籍为民者给田以耕"（《卢龙塞略》卷五）。四年三月，改平滦府为永平府。因频经兵燹，永平府境内人口稀少。大移民，多安置在永平一带州县。移民们来到燕山以南的平原旷野，需要高山险隘或边墙做屏障，才能避免蒙古骑兵的骚扰。小兴洲为最早迁民地区，也是迁民的集散点。之后，又迁民数次，小兴州也当是集散点。由是，小兴州成为中国历史上八大迁民集散基地之一。山后总迁民人数在50万人以上。安置于良乡、顺义、平谷、大兴、宛平、通州、蓟县、宝坻、香河、遵化、卢龙、武清、丰润、清苑、容城、新城、安国、徐水、任丘、涞水、霸州、定兴等地区和河北各县，涉及到张、王、李、刘、梁、孙、崔、邓、杜、魏、邢、徐等数十个姓氏。嘉靖三十四年即1555年，名臣杨继盛临刑之前自著年谱，其中对家世的记述"予家原口外小兴州人，国初，以州常被寇患，尽徙民入内地，远祖之在小兴州者不可考，祖杨百源徙保定府容城县，入乐安里籍，居城东北河照村，世业耕读……"杨继盛（1516年—1555年）明代著名谏臣。字仲芳，号椒山，直隶容城（今河北容城县北河照村）人。嘉靖二十六年进士，官兵部员外郎。坐论马市，贬狄道典史。事白，入为户部员外，调兵部。疏劾严嵩而死，赠太常少卿，谥忠愍。后人以继盛故宅，改庙以奉，尊为城隍。著有《杨忠愍文集》。康熙三十六年即1697年仲春，岁贡吴士洪等人立世系略记碑说：世远人违，详不及考，窃闻父老为余言，吾宗本小兴州人，明永乐年间遗臣族实畿内，始祖讳兴来，居于祁之里河村，后另置一庄，名曰吴家庄，累世相承……恐久而不彰，无以启我后人，特为勒石并叙家谱，使后世子孙寻宗者得以稍识其略……""据调查，任丘的毕村、陈村和老各庄等5个村庄都是小兴州迁民建的"。明代山后迁民约50万，小兴州是主要集散地。

自永乐年间长城以北200里区域无人居住了，但是，这里的历史没有停止过，要么是明朝与蒙古部族战争的场地，要么是两族贡市通商、有好往来的交通要道。明朝前期北伐大军必经滦平；蒙古诸部扰边，往往途径滦平。明代后期蒙古俺答每岁骚扰京师，多循潮河川进出古北口。滦平自古就是南来北往的交通要道，为明、蒙贡市通商提供了先决条件。特别是明代修建的万里长城经滦平47.5千米，当时有军民在此修城守边，

正统九年，1444年秋10月，兀良哈入寇，命成国公朱勇等率诸军20万，分道出塞击之，朱勇同太监钱增保由中路，出喜峰口；左都督马凉同太监刘永诚由北路，出界岭口，都督刘同太监但住由西北路出古北口逾滦河、渡柳河、经大小兴州，过神树，破福余于全宁，复破泰宁、朵颜于虎头山，俘展安出部，各论功加秩。

**俺答汗（1507年—1582年）**，阿拉坦是其名字，意思为"金子"。16世纪后期蒙古土默特部重要首领，孛儿只斤氏，成吉思汗黄金家族后裔，明朝嘉靖年间崛起，其部落初期游牧于今内蒙古呼和浩特一带，后逐渐强盛，逐原草原霸主

察哈尔部于辽东，成为右翼蒙古首领。控制范围东起宣化、大同以北，西至河套，北抵戈壁沙漠，南临长城。阿勒坦汗是著名的政治家、军事家。1538年，阿勒坦与麦力艮济农击溃兀良哈，将其并入其他五万户中。嘉靖二十九年（1550年）六月，俺答再次举兵大举南下，攻掠大同，明军一触即溃，总兵张达和副总兵林椿皆战死。八月，俺答移兵东去，从古北口骚扰京师受阻，又绕道滦平金山岭，绕过古北口，长驱直入，掠怀柔，围顺义，到通州，直抵北京城下，"大掠村落居民，焚烧庐舍，火日夜不绝"，京师大震。兵部尚书丁汝夔急忙部署防守京城事宜，然而当点阅京军册籍时，发现"是时册籍皆虚数，禁军仅四五万，老弱半之，又半役内外提督大臣家不归伍，在伍者亦涕泣不敢前"，于是只得急调宣府、大同、辽阳、蓟州诸镇兵入辕，"大同总兵咸宁侯仇鸾、巡抚保定都御史杨守谦等，各以勤王兵至"。当时明朝集合了五万援军，但却未及储备粮秣，以致军粮缺乏，当援军会集京畿时，"制下犒师，牛酒诸费皆不知所出。户部文移往复越二三日，军士始得数饼"。仇鸾虽率大同兵二万入京，世宗又以他为平虏大将军，统率各地援军，但却不敢出战。兵部尚书丁汝夔也"惶扰不知所为"，束手无策，只好闭门坚守，城外任俺答部焚掠。当政的严嵩认为俺答是抢食贼，不足患，"饱将自去"，暗示将官"惟坚壁为上策"，世宗也准备以"皮币珠玉"去向俺答求和。这样，明廷任凭俺答的军队在城外肆意掳掠达八日之久，最后俺答仍由古北口故道循潮河川退去。因为这年是庚戌年，故史称"庚戌之变"。

俺答退兵后，于这年十二月遣使到宣府、大同，请求通贡，次年三月又遣使至宣府求通贡市。世宗准许先在大同开设马市，后宣府、延绥、宁夏诸镇也准许开市，每年两次。但一年之后，嘉靖三十一年（1552年）初，俺答部又在大同边境骚扰，于是世宗下诏停罢马市，以致边境战事又起，明朝京师多次戒严。如嘉靖三十三年秋天，俺答部"攻蓟镇墙，百道并进，警报日数"《明史》卷三二七《鞑靼传》。

隆庆四年（1570年），鞑靼内部再次发生矛盾，俺答汗与其孙把汉那吉因争夺"三娘子"为妻而翻脸。三娘子原为把汉那吉之妻，俺答见其貌美，夺为己妻。把汉那吉恚恨，遂于是年十月率妻子等十余人降明。大同巡抚方逢时接受其投降，并报告宣大总督王崇古。他们共同上疏极力主张乘此机会优待把汉那吉，"因与互市"，采取安抚政策。王崇古的建议在明朝大臣中意见很不一致，"朝议纷纷"，但是得到了内阁大学士高拱和张居正的支持，王崇古的主张遂获批准，诏授把汉那吉为指挥使，赐绯衣一袭。时俺答势孤，又看到把那汉吉受到明朝的优待，于是遣使向明朝请开互市。

隆庆五年（1571年）二月，王崇古上《确议封贡事宜疏》，提出了具体处理封贡、互市事宜的八条建议。"封贡互市"主张提出后，"朝议复哗"，张居正毫不犹豫，仍全力支持王崇古的主张，明确指出封贡通市有互利，在他的坚持下，封贡互市的主张"才获通过"。于是，明朝封俺答汗为顺义王，其余蒙古诸首领也被封为都督同知、指挥同知、千户、百户等职。又根据王崇古的建议，恢复贡市，蒙古与内地经济交往得以正常往来。从此，四五十年以来不断南犯的俺答，"事朝廷唯谨。部下卒有掠夺边氓者，必罚治之"。

万历十年（1582年）俺答死，由其子黄台吉袭封顺义王。万历十四年黄台吉死，其子撦力克袭封。俺答妻三娘子，在俺答祖孙三世中，"主兵柄，为中国守边保塞，众畏服之"，明朝政府封他为"忠顺夫人"。在"俺答封贡"到三娘子掌权的数十年间，明朝与蒙古一直保持着和平友好关系。

明长城是明朝在北部地区修筑的军事防御工程，亦称边墙，其东起鸭绿江畔辽宁虎山，西至祁连山东麓甘肃嘉峪关，从东向西行经辽宁、河北、天津、北京、山西、内蒙古、陕西、宁夏、甘肃、青海10个省（自治区、直辖市）的156个县域，总长度8851.8千米。其中，人工墙体的长度为6259.6千米里；壕堑长度为359.7千米；天然险长度为2232.4千米。明洪武元年（1368年）由大将军徐达督办修筑长城。明中（1448—1566年），大规模的修筑。明长城沿线划分成9个防区，故又称"九边重城"。九镇有辽东镇、蓟州镇、宣府镇、大同镇、太原镇、延绥镇、宁夏镇、固原镇、甘肃镇。每个镇都开始修筑长城。滦平段长城属蓟州镇，东起山海关、西至居庸关这段拱卫京师的长城因盘亘于燕山山岭间，易被山水冲垮，弘治、嘉靖年间分别在喜峰口至一片石，古北口、黄花镇至居庸关段补彻山口水道，增筑塞垣，即建城墙下可过山水的水关。明后期（1567年—1620年），各镇均有修筑，蓟镇在谭纶、戚继光主持下造砖石空心敌台3000座，增筑山海关石墙至南海口入海（今老龙头）、修缮工程重点是环卫京师的古北口、居庸关一带的长城加高加厚，增筑敌台。

蓟镇为明九镇中之要镇。总兵驻迁西县三屯营，下设三协手、十二路。长城分为蓟州镇、昌镇、真保镇三个管辖段。全长1500多千米。蓟镇长城是现存遗迹中保存最完整的一段。保存完整、建筑奇特、雄伟壮观、堪称中国之最的一段长城是滦平金山岭长城。

**清朝（1616年—1911年）**。明万历四十四年（1616年），清太祖努尔哈赤建国称汗，国号大金，史称"后金"。1636年（明崇祯九年、清崇德元年），清太宗皇太极称帝，改国号为"大清"。1644年（明崇祯十七年、清顺治元年），李自成的大顺军攻占北京，明朝灭亡。清初，滦平属热河八旗兵驻防地，属内务府直接管辖。1723年（雍正元年）设热河厅（今滦河镇），1733年（雍正十一年）将热河厅改为承德直隶州，1742年（乾隆七年）废承德直隶州，在承德市设热河直隶厅，同时在滦河设喀喇河屯厅。厅，相当于县级机构，主要是满族人居住区，归内务府直管（内务府是清朝管理满族八族事务的机构）。乾隆四十一年（1776年）热河直隶厅升为承德府；乾隆四十三年（1778年），随着滦平汉族及其他民族的增多，喀喇河屯厅改为滦平县，隶属承德府。县域，东西长222.5里，南北宽114千米。东至承德，西至独石口，南至古北口，北至老千岭。县内辖9个讯：喀喇河屯讯（滦河镇）、马圈子讯（东营子）、喇嘛洞讯（大屯）、大店子讯（拉海沟）、呼什哈讯（虎什哈）、大柴峪口讯（怀柔县内）。另外，喀喇河屯驻防满州镶红、镶兰二旗450余名官兵，桦榆河屯驻200余名蒙古骁骑官兵。

清王朝建立以后，北方存在着内忧外患，即漠北蒙古准葛尔叛乱，沙俄侵扰黑龙江、松花江一带地方。清廷屡次出兵平定叛乱，打击沙俄入寇。同时采取"肆武绥藩"的战略，就是练兵习武，安抚蒙古部族。在蒙古诸部之间设立木兰围场，皇帝每年率八旗官兵举行木兰秋弥活动，习武强兵，经常巡幸蒙古诸部以加强与蒙古族的团结合作。而滦平正是交通要道，是清帝巡视塞外、避暑和进行政治活动的场所。清代距现在近，特别是现在村落格局基本是清初形成的。

清御道。滦平有五条清御道分别通往内蒙古和东北，帝王北巡、举行木兰秋活动，多由此经过。此五条御道，一是出古北口过十八盘至鹌鹑沟（今滦平县安纯沟门乡）李栅子，向西行经丰宁直至内蒙多伦。二是出古北口过偏岭至张百湾，经金沟屯镇、红旗之后，逆伊逊河而行到木兰围场。三是出古北口逆潮河而行，直达内蒙中部。四是自王家营（今滦平县王营子村）起，经付营子、桦榆沟、陈栅子，再东行至热河之后，沿武烈河去木兰围场。五是出古北口，经巴克什营，两间房、鞍子岭、王家营、喀喇河屯（今承德市滦河镇）后，向北经大、小三岔口、兰旗营（滦平县小营乡），沿伊逊河进入木兰围场。热河行宫建立后，行至喀喇河屯向东行至热河行宫，再经隆化县至木兰围场。御道百里设一驿站，滦平境内有六处。其中隶属军机处的驿站三处，即鞍匠屯（今滦平县后街村）、红旗、王家营。分别建于康熙二十二年（1683年）、康熙二十九年（1690年）、康熙五十年（1711年）。每站有官兵50人，马100匹，专为清廷送公文、军事信件。隶属承德府的有滦平县驿站（今承德市滦河镇），小营驿站、白旗驿站，皆建于清光绪年间，有马10匹，官兵10人左右，为府县传送公文。

帝王活动的场所。自顺治初年（1644年）至嘉庆二十五年（1820年）的170余年间，皇帝北巡避暑和进行木兰秋弥活动，往返滦平的次数共达230次。其中以康熙、乾隆最多，均在90次以上。这里建有专供皇帝休息或办公的行宫8处，即喀喇河屯行宫、兰旗营行宫、桦榆沟行宫、王家营行宫、鞍子岭行宫、长山峪行宫、两间房行宫和巴克什营行宫。喀喇河屯（今承德市滦河镇）位于滦河和伊逊河交汇处，此地川谷宽敞，气候温和，是东西和北去的重要通道，也是清代滦平的政治中心。清顺治七年（1650年）摄政王多尔衮出猎塞外，驻跸喀喇河屯，并于此筹建喀喇河屯"避暑城"，当年因病"薨于喀喇城"。康熙四十年（1701年）在"避暑城"的基础上扩建喀喇河屯行宫。此是清帝在塞外最早的活动场所，热河行宫未建之前，喀喇河屯行宫是清廷塞外的政治中心，有人称为"行都"。据《清圣祖实录》载，康熙四十一年（1702年）玄烨在这里驻9天，四十二年驻11天，四十三年驻26天，四十四年驻4天，四十五年驻32天，四十六年驻16天，他的五十寿辰是在这里度过的。热河行宫建成后，"行都"移到了热河，帝王驻跸的时间缩短了。但是"热河以南，此为胜境"的喀喇河屯，仍是皇帝北巡时的重要活动场所之一。兰旗行宫位于今小营村西，建于康熙四十二年（1703年）。这里是沿伊逊河去"木兰秋狝"的北道。热河行宫建成后，此御道遂放弃。康熙四十二年、四十八年、五十年、五十九年和六十年在此住过，乾隆六年亦在此住过。桦榆沟行宫位于陈栅子乡小河北村东，建于康熙四十一年（1702年）。据《清圣祖实录》记载，康熙四十二年（1703年）至六十一年（1722年）之间，玄烨共来这里住过24次，最长的一次是康熙四十五年（1706年）来回住13天。康熙四十九年（1710年）玄烨从热河来桦榆沟，迎皇太后由王家营行宫来这里驻跸。此行宫于乾隆七年"奉旨"拆撤。王家营行宫位于王营子村中，建成于康熙四十三年。建成后的19年中，康熙帝共住过21次之多。乾、嘉两帝出塞不曾住过。鞍子岭行宫建于康熙四十一年，康熙四十二年（1703年）至五十八年（1719年）往返于此住32次。康熙四十八年，一次住了18天。此行宫于康熙五十九年（1720年）拆迁长山峪。据史说是因马娘娘忌讳"鞍子"之名。长山峪行宫建于康熙五十九年（1720年）。这里山清水秀，风景幽雅，皇帝每次驻跸都要吟诗作画。康、乾、嘉三帝共来此往返住过110多次，是皇帝经住最多的行宫之一。两间房行宫建于康熙四十一年（1702年）。康熙帝每出塞外返回至此，常亲临古北口的"绿旗"营（汉八族）"提兵，每于此练习劲弓，藤牌角胜技辄于行宫门"。皇帝"校阅行赏"。康、乾、嘉三帝每出塞外，必驻跸于此。可见两间房行宫的地位较为重要。此行宫于光绪年间因火灾致毁。巴克什营行宫，建于康熙四十九年（1710年）。玄烨自康熙五十一年（1712年）至六十一年（1722年）每年出塞均在此停留，往返共18次。乾、嘉两帝未于此住过。

广建寺庙。清代滦平修建具有一定规模的寺庙30座，其中敕建8座，公建

13座，还有私建、商建、民建等。县城（今滦河镇）建寺最多，达11座，最著名的是，康熙四十三年（1704年）敕建的穹览寺，是清廷于塞外最早修建的寺院。

人口发展。清朝伊始，"随龙入关"的旗人多聚居在京畿附近。不久，因关内人多齿繁，加之圈占"有主"土地造成满汉地主阶层的民族矛盾。于是，从顺治八年（1651年）始迁满族人到关外开垦荒地。康乾时期因政治、经济、军事等方面的需要，滦平人口迅速增多。据调查资料，在顺治年间迁入人口形成的自然村为40多个。康、乾、嘉时期，迁入人口最多，形成的自然村达350多个（现在滦平疆域面积内）。嘉庆以后寥寥无几。也就是说，滦平现在的自然村，大多数形成于清顺治至嘉庆年间。由于满族人口居多数，自然村也多为满族名称。其中以八旗军营命名的有93个（现今仍在使用的），如兰旗营，王家营等；以满语命名的20多个，如：老头沟（金锞子）、虎什哈（山核桃）、大栅子（栅栏音即甲喇）等。还有以旗命名的，如白旗，红旗等，以牧场命名的马圈子等。据《承德府志》记载，到乾隆四十三年（1778年）时，滦平已有人口108630人。滦平因地理位置重要，多为满族人，清初期八十余年，始终归清廷直接管辖。到乾隆四十年，喀喇河屯改名为滦平县，隶属承德府。县内设有巡检司一个，治所鞍匠屯（现滦平镇后街）。

跑马占圈、建立庄园。康熙九年（1670年）将关内138个皇家庄园迁入长城以外，滦平有24个庄园。耕地面积约26万多亩。农作物主要有谷子、玉米、高粱、杂豆，棉花、火烟等。

林业资源，据测清滦平森林覆盖率达70%左右。御道青石梁山势险峻，林木秀美，风景如画。道旁树枝遮地。皇帝出塞每经这里都要下马徒步而行。文人骚客到此必诗兴大发，清代有关赞美青石梁的诗达百首之多。行宫附近都设有围场，森林茂密、野兽出没。康熙帝多次于行宫附近射虎豹。如："康熙四十五年十二月，丁酉上驻恩格木噶山（滦平镇北），戊戌上行围一虎一豹。"皇帝大悦，赏赐后街居民每人白银二两。

畜牧业。清滦平设有养马场25处之多，专为驿站，八旗军供应马匹。养马场的牧长、牧丁多是满族人。养马丁也称"马圈子"至今仍有自然村名义，如周营子乡、西沟乡、北李营乡、东营子乡、金台子乡等均有马圈子村。

工商业。随着政治经济发展，工商业逐渐发展起来。自乾隆时期始，北京、天津、山东、山西等地就有来此经商者。《清乾续文献通考》"滦平……由于经济的发展，山西人来这里经商。"据光绪二十三年统计，滦平县有商业店铺56家。手工业作坊28家。滦平县城喀喇河屯是商业中心，有店铺20余家。

　　文化、教育。清代滦平民间文化活动较早，康熙年间滦河即有"十番"。穹览寺建成后，民间鼓乐班与寺庙音乐经常交流演奏。康熙五十九年（1720年）修建行宫的工匠把关内的民间花会带到滦平，从此，滦平逢年过节常举行花会活动，长山峪、拉海沟、古城川、张百湾、红旗、白旗、五道营、金台子、三道梁、王营子、滦河等地都有花会。清末滦平庙会盛行，每年从农历正月十五至五月十三日庙会一个接一个，如正月十五长山峪："火神庙会"；二月十九日安子岭"娘娘庙会"；二月三日干沟门"娘娘庙会"；二月十五日拉海沟"碧霞宫庙会"；四月初八石坡子"龙潭庙会"；四月十八日喇嘛洞"娘娘庙会"；四月二十四日偏岭梁"施老爷庙会"；四月二十八日红旗"药王庙会"；五月十日各地的"关帝庙会"等。戏曲活动最早出现于康熙十六年（1667年）。"南府"内学班来喀喇河屯行宫演出昆曲《思月》《夜奔》《醉打山门》等十余出剧目，还有修建行宫的关内工匠把关内戏曲带到这里，经常演出。另据《清滦平署志略》记载："清代诸帝，自高宗始（乾隆），无不嗜好戏曲者。除宫中演唱外，对于常驻跸之行宫范围，皆筑有戏台。"当然，行宫的戏台主要是为帝王服务的。到了清同治十三年（1874年），京都艺人宋太和落脚于滦平虎什哈，收徒教唱河北梆子，办起了第一个戏剧班，至清末，滦平共建八个戏剧班。戏种有梆子和京剧，戏曲艺人441人，主要活动在本县及邻县地区。清代滦平的教育不甚发达。乾隆五十二年（1787年），滦平县理事通判景文建"滦江书院"，院址在县衙西南里许昌祠院内（今滦河镇小学）。光绪三十年（1904年）十月，滦平县知事俞良臣、学董孙绳武剑建县立土城初、高两等小学堂。又分别在三道梁，鞍匠屯，金沟屯镇，虎什哈建初等小学堂各一所。宣统元年（1909年）七月，县知事俞良臣、学董孙绳武又创建女子国民学校一所。到了清朝末期，滦平县已有初、高等小学堂六所。

　　**中华民国（1912年—1949年）**。民国元年（1912年）元月南京临时革命政府建立，为中华民国。时清帝未退位，县域仍由清政府所控。2月12日清室接受优待条件，清帝退位后，为民国政府所辖，但官职名称仍未及有较大变动，仍称知县，六房依旧办公。记年改为公历。

　　2年8月，执行是年2月1日颁《划一现行各县地方行政官厅组织令》及《各县知事办事章程》，改知县为县知事，改县衙为县知事公署，废六房设第一科，第二科。同时改组县议会。

　　18年3月27日，奉省政府令，县知事公署改为县政府，县知事改为县长，下设科局。

22年3月5日11时40分，日本侵略军侵占县域，民国县政府亡。旋，县长为日伪县维持会会长。改伪满洲国年号，为大同元年。

24年，伪满洲国号改为康德元年，是年依《何梅协定》将察哈尔省四海冶、珍珠泉、大庄科、刘斌堡等地划规伪满洲国滦平县管辖。

27年7月，建立由共产党领导下的滦（平）昌（平）密（云）联合县。

29年6月建立丰（宁）滦（平）密（云）联合县。

是年9月16日，伪滦平县公署从滦河厅迁往安匠屯河东，衙署位于今经贸城西侧，邮电局东北侧之间。

30年6月，成立滦（平）昌（平）怀（柔）联合县。

是年12月成立承（德）滦（平）兴（隆）联合县。

33年，日本侵略者实行集家并村，称部落，部落周围建围墙，置岗楼炮楼，逼迫百姓迁入部落，全县共建部落543个，划分为19村。许多落部外古建，民宅遭受破坏。

34年8月27日，苏蒙联军自丰宁进入滦平，与八路军一道俘获日伪军、警3000余人，滦平光复。

是年9月，建立由共产党领导的东、西两个滦平县。

35年4月，东、西滦平县合并为滦平县。

4月，将县辖四海冶、大庄科、刘斌堡划归四海县管辖，将双塔山区划归承德市管辖。

8月，双塔山由滦平县代管。

8月，国民党军队占领滦平大部，旋，成立国民党县政府，辖25个乡镇；共产党领导的人民政府西撤，治所无固定。

36年4月，东西滦平县再度折置，至11月合并。

37年11月15日，县域国民党军队全部撤往古北口以南，县域隧即解放。国民党县政府于古北口入关未遂而解散。

民国38年1月12日，撤销冀热察行政公署，建立热河省人民政府，省府承德市。滦平县属之，5月设张百湾区。

1949年10月1日，中华人民共和国成立。

是年，县政府辖9个区114个行政村。

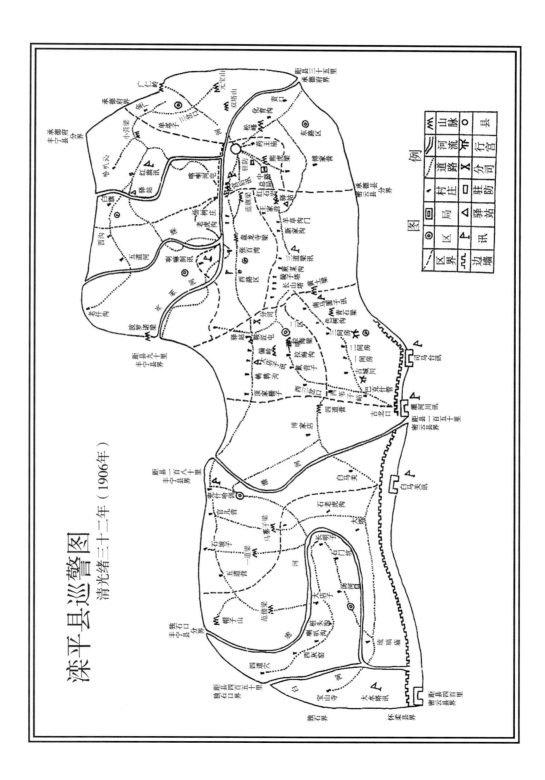

滦平县巡警图

清光绪三十二年（1906年）

图例

| 山脉 | ◎县 |
| 河流 | ⊕行宫 |
| 道路 | ✕分司 |
| ◉村庄 | □驻防 |
| ◎区局 | △驿站 |
| ◎区 | Ｐ讯 |
| 区界 | 边墙 |

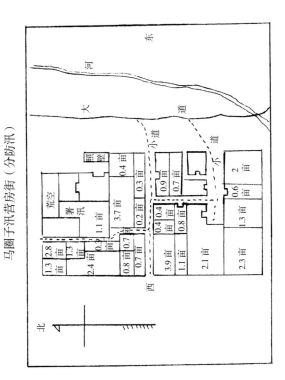

附民国三年（1914 年）县知事公署责成相关部绘制的汛署平面图

三道梁子汛图（协防汛）　　民国三年

马圈子汛营房街（分防汛）

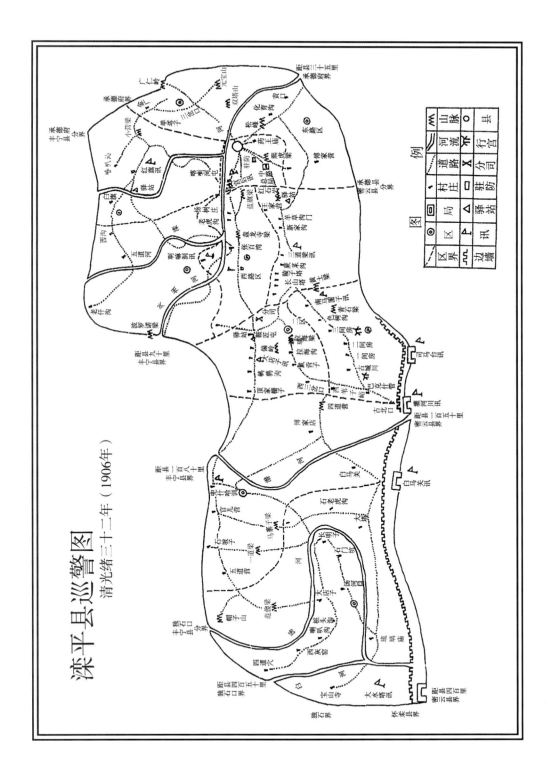

滦平县巡警图
清光绪三十二年（1906年）

图例

| 〰 山脉 | ◎ 县 |
| 〰 河流 | ✿ 行宫 |
| ·•· 道路 | ✕ 分司 |
| ◉ 区 | □ 驻防 司官 |
| 回 局 | △ 驿站 |
| ⚑ 讯 | |
| --- 区界 | 〰 边墙 |

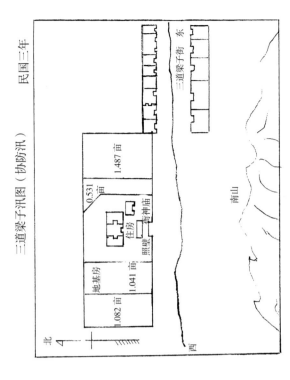

三道梁子汛图（协防汛）　　民国三年

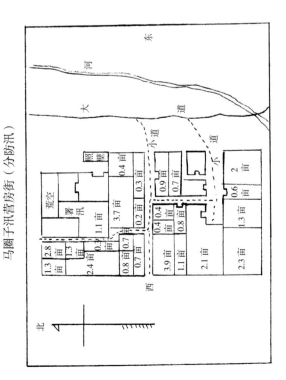

附 民国三年（1914年）县知事公署责成相关部绘制的汛署平面图

马圈子汛营房街（分防汛）

喇嘛洞汛营房街(分防汛)

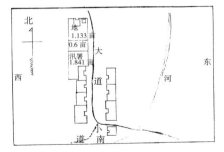

红旗已裁汛署房间图（协防汛）

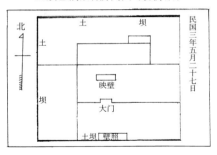

虎什哈汛全图（分防汛）

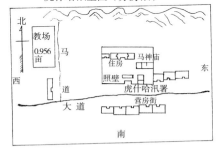

大店子汛署（协防汛）

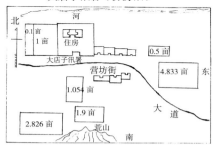

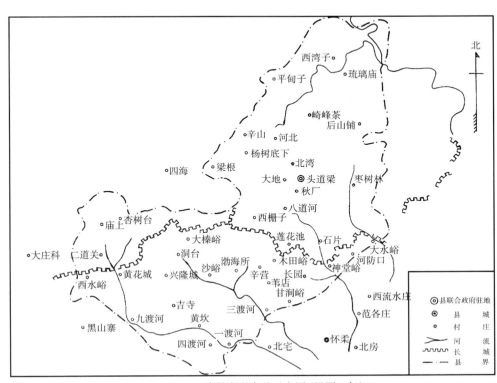

滦昌密联合县示意图（民国27年）

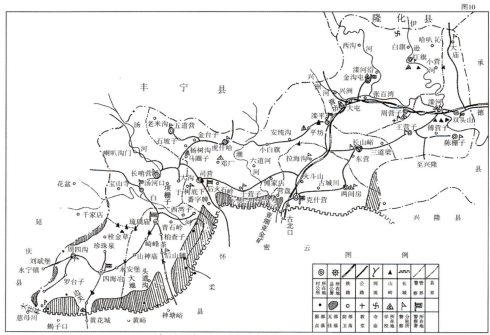

图10

滦平县行政区划示意图（民国33年）

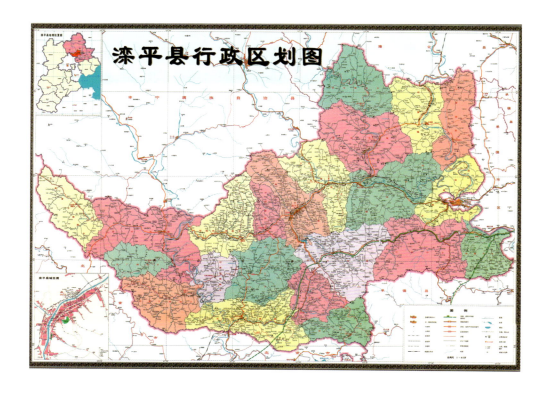

# 第二章　古代遗址

20世纪50年代至今，经文物工作者和广大群众不懈努力，滦平县境内共发掘古人类聚落、屋宇、冶铁场、驿站、衙署、关塞、古战场等遗址（不含长城、烽燧、窖藏、古城址、古建筑、古寺庙）共275处。其中，旧石器时代遗址8处，新石器时代遗址5处，夏、商、周、战国时代遗址76处，秦汉三国、魏、晋、南北朝时代遗址13处，辽金时代遗址145处，元、明、清时代遗址28处。

## 第一节　旧石器时期遗址

滦平县境内共发现8处旧石器时期遗址，南瓦房遗址，位于滦平镇南瓦房村南400米处。纬度40°54'53.7"，经度117'27'42"，面积10平方米。三地沟门遗址，位于滦平镇三地沟门村南500米处。纬度40°54'16"，经度117°19'16"，面积200平方米。刘营遗址，位于滦平县大屯镇刘营子村。纬度40°59'38.8"，经度117°27'42.6"，面积100平方米。大屯山前遗址，位于大屯镇营房村山前村。纬度40°58'40"，经度117°23'06.5"，面积100平方米。经调查，采集到标本为砍砸器、尖状器、石核等。这些旧石器与承德市鹰手营子四方洞遗址出土的石器形制、质地等基本相同。四方洞遗址出土的石器及伴随的动物遗骨，经中国科学院古脊椎动物与古人类研究所与省文物部门联合调查检测，距今约5～3万年，即晚期智人或新人时期。

## 第二节　新石器时期遗址

**石佛梁遗址**

石佛梁遗址位于滦平县平坊乡东山村石佛梁小村后梁顶，纬度40°55'46.4"，经度117°13'25.7"。2000年4月，石佛梁村民朱怀林首先发现该遗址，面积为30000平方米，保存基本完整。发现的遗物大多为石器，按种类可分为细石器、打制石器、磨制石器、琢制石器。细石器有刮削器、尖状器、石片等；打制石器有盘状器、耜、砍砸器等；磨制石器数量多达357件，其中，完整器56件，有石斧、石雕筒形罐等；琢制石器有磨盘、磨棒等。陶器无完整器物，只有数件陶器残片，皆为夹砂陶。遗址保存基本完整，遗物丰富。文化特点与内蒙古敖汉兴隆洼文化、河北迁西东寨遗址接近，年代当在7000年前，为新石器早期聚落遗址。

石佛梁遗址

**药王庙梁遗址**

　　位于张百湾镇河北村西500米处的黄土台地上，面积约2000平方米。纬度40°59'43.8"，经度117°28'17.9"。1986年4月第二次文物普查中发现该遗址，因70年

药王庙梁遗址

代初修京通铁路遗址遭受严重破坏。发现的遗物石器分为细石器、打制石器和磨制石器。细石器有刮削器、尖状器、镞等；磨制石器数量较少，有斧、棒、纺轮等；打制石器器型较大，主要有砍砸器、网坠、刀等。陶器有陶罐、陶碗、筒形罐等。药王庙梁遗址距今约7000年，是一处内涵较为丰富的新石器时代遗址。

### 后台子遗址

位于金沟屯镇西村砖厂，面积约15000平方米。纬度40°03'00.2"，经度117°29'26.5"。1983年5月，西村砖厂取土时发现。5月下旬至6月上旬，承德地区文保所、滦平县文管所联合对该遗址进行了抢救性发掘。遗址主要有上下两个文化层，存在叠压关系，上层主要是春秋战国时期属夏家店上层文化，下层属新时器时代遗存，上层文化受到严重破坏。发现属于下层遗存的半地穴式房址5座，属于上层遗存的圆形窖穴式房址1座和灰坑7个。下层遗物主要有石器和陶器，石器有石雕女神像、玉琮、斧、盘状磨石、磨棒、磨盘和细石器等，陶器主要有之字纹筒形罐、敛口碗等。上层遗物中，石器有穿孔锤斧、穿孔石刀、石杵、石饼等，陶器有鬲、豆、罐、纺轮等，另有个别属于夏家店下层文化的陶片。后台子遗址是一处文化内涵丰富，地层关系明确的古代聚落遗址，在承德地区是首次发现。现为省级文物保护单位。

后台子遗址

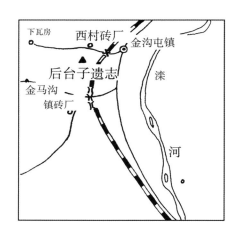
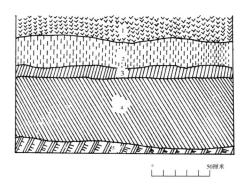

后台子遗址位置地层图

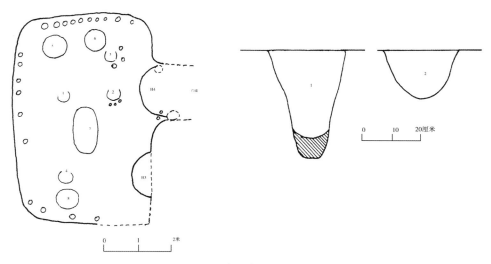

后台子遗址房屋平面图

# 第三节　夏、商、周、战国时期遗址

### 北白旗遗址

位于红旗镇北白旗村，面积约7500平方米。纬度41°09'17.5"，经度117°39'49.6"。出土文物有细石器、石纺轮、绳纹夹砂灰陶鬲、陶片等。年代为新石器至夏、商时期。

### 东梁遗址

位于虎什哈镇西营房村东，面积2000平方米。纬度40°53'25.6"，经度116°59'54.0"。出土器物有夹砂红陶器、石锛、灰色陶豆等。年代为商周时期。属于县级文物保护单位。

### 营房遗址

位于虎什哈镇营坊村西200米处，面积30000平方米。纬度40°53'01.3"，经度116°59'52.9"。1957年第一次文物普查时发现，1960年省文物处与滦平文化馆文物组联合对该遗址进行试掘。该遗址有两个文化层，上层出土的为绳纹细泥陶纺轮、陶罐等。下层文化层较厚，出土的器物有半月形双孔石刀、骨制饰件，属夏家店上层文化。遗址年代春秋战国至汉代。

营房村西遗址

### 小白旗后山遗址

位于安纯沟门满族乡小白旗村，面积13500平方米。纬度40°53'14.8"，经度117°19'52.5"。暴露大量遗物，有泥质灰陶，夹砂褐陶片、夹砂红陶罐等。年代为春秋、战国时期。

### 东街窑沟遗址

位于滦平镇桥东居委会北，面积7700平方米。纬度40°56'23.2"，经度117°19'52.5"。采集遗物有鬲足、夹砂褐陶片等。年代为春秋、战国时期。

### 北地遗址

位于滦平镇刘家沟榆树底下，面积4000平方米。纬度40°58'10.2"，经度117°16'49.5"。暴露遗物有蚌红陶片，泥质灰绳纹陶片。年代为春秋、战国时期。

### 十八亩地遗址

位于金沟屯镇曹窝铺村北约300米处，面积60000平方米。纬度41°01'27.1"，经度117°30'58.8"。出土器物有绳纹灰陶罐、铁梨铧、绳纹陶片等。遗址面积较大，内涵丰富，年代为战国至辽金时期。遗址为县级文物保护单位。

### 炮台山遗址

位于虎什哈镇西营房村，面积2400平方米。纬度40° 52'31.2"，经度117° 00'04.1"。采集到的遗物有夹砂灰陶盆、夹蚌红褐鬲沿、夹砂灰陶盆等。年代为春秋时期，夏家店上层文化。属于省级文物保护单位。

### 大脑瓜遗址

位于火斗山乡孙营村，面积2100平方米。纬度40° 50'43.7"，经度117° 17'34.6"。采集的遗物有石纺轮、夹蚌红陶釜口沿等。年代为战国时期。属于县级文物保护单位。

### 榆树底下大地遗址

位于火斗山乡榆树底下，面积40000平方米。纬度40° 49'26.0"，经度117° 13'03.4"。采集到的遗物有弦纹灰陶罐、夹蚌红陶釜口沿等。年代为战国时期。

### 陈营西棉花地遗址

位于巴克什营镇营盘陈营村西，面积15000平方米。纬度40° 43'49.1"，经度117° 08'42.8"。采集到的遗物有泥质灰陶片、夹砂红褐陶片、泥质灰陶豆柄等。年代为战国时期。该遗址属于县级文物保护单位。

### 金牛山遗址

位于巴克什营镇虎头山村东，面积4000平方米。纬度40° 43'51.7"，经度

炮台山遗址

117° 11'44.6"。采集遗物有夹砂陶纹罐底、穿孔石刀、石斧等。年代为战国时期。该遗址属于县级文物保护单位。

### 北地遗址

位于滦平镇北李营榆树底下村，面积4000平方米。纬度40° 58'10.2"，经度117° 16'49.5"。采集到的标本有夹蚌红陶片、泥质灰陶绳纹陶片等。年代为战国时期。

### 小狼沟三十亩地遗址

位于滦平镇西瓜园小狼山沟村北，面积18000平方米。纬度40° 56'22.3"，经度117° 21, 37.4"。采集的标本有泥质灰陶片、陶豆、陶罐等。年代为战国时期。

### 长地遗址

位于大屯镇菝青村，面积4800平方米。纬度40° 56'58.3"，经度117° 25'22.3"。出土的遗物有绳纹灰陶片、红陶片、实心鬲足等。年代为战国时期。

### 后梁遗址

位于张百湾镇周营子村，面积约18000平方米。纬度40° 57'38.8"，经度117° 36'01.5"。暴露的遗物有鬲足、夹蚌红陶釜等。年代为东周时期。

### 焦营北遗址

位于付营子乡焦营村北，面积16000平方米。纬度40° 53'37.2"，经度117° 43'10.4"。采集到的器物有夹砂红陶釜，夹砂红褐陶盆、瓷碗沿等。年代为战国时期。

## 第四节　秦、汉、三国、魏、晋、南北朝时期遗址

### 马家坟遗址

位于金沟屯镇曹窝铺村，面积30000平方米。纬度41° 02'12.3"，经度117° 30'46.8"。地表暴露大量布纹瓦、勾纹砖、白瓷片、"万户所印"等，年代为汉至辽、金时期，该遗址为县级文物保护单位。

### 前窝铺后大地遗址

位于巴克什营镇古城川村，面积约7000平方米。纬度40° 44'00.4"，经度117° 16'32.8"。地表发现遗物有灰陶豆、灰陶盆口沿及陶片等。年代为汉代。

### 前窝铺后梁遗址

位于巴克什营镇古城川村，面积约7000平方米。纬度40° 44'02.6"，经度117° 16'26.3"。暴露地表遗物有绳纹灰陶片、陶片、陶釜口沿、素面灰陶片等。年代战国至汉代。

**十五亩地遗址**

位于滦平县金沟屯镇曹窝铺村北，面积2000平方米。纬度41°01'27.8"，经度117°31'02.3"。暴露遗物有铁器，陶片，出土文物有铁犁、夹砂红陶瓦等。年代为汉代。

## 第五节　隋、唐、五代、辽、金时期遗址

**辽驿道、驿馆遗址**

辽驿道途径县域约100公里，沿途设新馆、卧如来馆、柳河馆3处，中顿3处。宋使编修官路振《乘轺录》：古北口"北五里有关，虏率十余人守之"。此关即今滦平县北门村水泉沟梁。再东北行四十里经巴克什营、火斗山乡至中顿，中顿为途中歇息、餐饮之所，位于拉海沟村张家沟门后阳坡，有房宇建筑遗迹。由中顿向北至十八盘梁。十八盘梁古曰"思乡岭"也称"德胜岭""摘星岭""辞乡岭"，此岭九曲十八弯，故又称"十八盘梁"，此名延用至今。十八盘是南北交通要道，至二十世纪三十年代末期，京承公路改线，多年的古道山关变成乡间小道，渐渐荒废。而历代开山凿路的痕迹，以及千百年来车马在石板上轧出的古道车辙，仍历历在目。宋使臣每登上十八盘梁时无不抒发感慨，苏颂曾两次任使辽使、三次任伴辽使。首次使辽去回十八盘写诗两首：《过摘星岭》《摘星岭》。《过摘星岭》云："路无斥堠惟看日，岭近云霄可摘星。握节偶来观国俗，汉家恩厚一方宁。"北宋太子中允、直集贤院刘敞使辽《思乡岭诗》："绝壑参差半倚天，据鞍环顾一凄然。"皆形容十八盘之高峻。宋集贤殿修撰、吏部尚书彭汝砺使辽经过这里时写了

十八盘遗址

一首《望云岭》七言诗："人臣思国似思亲，忠孝从来不可分。更与诸君聊秣马，请登高处望尧云。"在这首诗的后面，彭汝砺注有："自古北口五十里至岭上，南北使者各置酒三盏，乃行。"十八盘梁山口南西侧有辽与清代建筑遗址，地表砖瓦碎片依稀可见，当为辽代寺庙遗址。再南道侧曾发现一辽代修路时的汉字石刻、元代梵文石刻等。逾十八盘梁下山出沟东折2里许即达新馆。新馆至卧如来馆段，《乘轺录》曰："七里过偏枪岭"，即今偏岭。《图抄》：过偏岭"复东北行，二十里至中顿""过顿，东北十余里乃复沟折而南，数里至卧如来馆"，并曰中顿"东逾小岭"。此中顿在西瓜园村西大地，"小岭"即今王家沟梁。卧如来馆至柳河馆段，自今窑岭小梁出沟，东行八九里，过兴州河，进韭菜沟，经下营子，过小梁，出小窑沟，沿滦河上行至滦河沿西大石头地，大石头地为其中顿，从大石地过滦河，经东营、上店子、登伊逊梁，下梁出沟过柳河（伊逊河）再行2公里许即至柳河馆。即今红旗村东1.5公里处的房身沟门。清沈涛《瑟榭丛谈》："滦河，古之濡水。"《水经注》云：濡水有其二，其一即滦河，亦称难河。"濡""难"声相近，狄俗语讹。盖"濡"误"难"，"难"又讹为"滦"耳。即今伊逊梁古称墨斗岭亦称度云岭。宋使王曾《上契丹事》："过乌滦河，东有滦州，因河为名。又过墨斗岭，亦名度云岭，长二十里许"。《武经总要》：北安州有墨斗岭，有滦河。唐于奚人之境置墨斗军，取名于此。宋使王珪、刘敞有《墨斗岭》诗，王诗云："戴斗疆陲笼曙华，更凭重皋切天涯。"刘诗云："盘峰回栈几千层，径欲凌云揽玉绳。"并言其高峻也。苏颂二次使辽返回过墨斗岭时作诗《和仲巽过度云岭》："磴道青冥外，跻攀剧箭飞。朔风增凛冽，寒日减清晖。使者手持节，征人泪湿巾。此时仁杰意，心向白云归。"

### 新馆遗址

位于今平坊乡碱场沟门。纬度40° 53'41.3"，经度117° 14'57.2"。遗址地表发现鸱吻、条形滴水、勾纹砖和大量板残瓦以及箅纹陶片、垫饼、白瓷片等辽代遗物。

### 卧如来馆遗址

位于今大屯镇窑岭村小梁处，自西瓜园东北行十七八里，经王家沟小梁至喇嘛洞再向南至窑岭村。遗址纬度40° 59'34.7"，经度117° 26'13.6"。面积约5000平方米，地表遗存有辽勾纹砖、条形滴水、布纹瓦、辽白瓷、定瓷残片等。附近有辽代砖瓦窑遗址，可知，窑岭村因辽代砖瓦窑而得名。遗址北有自西向东流的兴州河，河之北有喇嘛洞，二山洞皆天然形成，大者高18米，宽6.5米。辽就洞建寺庙，曰：卧佛寺，洞内原有摩崖石刻卧佛像一尊。早年破坏，现残存破坏痕迹。洞外地表有辽代兽纹瓦当、布纹瓦片等遗物，当为佛寺遗物。馆与寺隔河

新馆遗址

相望，与宋人所述"馆宅川间，中有大水曰霅水……绝霅有佛寺。隳岩石以为偃佛"相符。霅水乃今之兴州河，偃佛即卧佛。

### 柳河馆遗址

位于红旗镇东三华里处房身沟门，面积25000平方米。纬度41°06'23.4"，经

卧如来馆遗址

度117°40'27.1"。有辽代建筑房基遗迹，地表暴露辽代砖瓦碎片及陶瓷碎片等遗迹遗物。遗址依山面河，西南距卧如来馆约35千米。

### 辽代渤海冶铁遗址

　　1982年夏季，承德地区文保所、滦平县文管所对承德境内辽驿道进行实地考察，于红旗镇半砬子东沟村后梁发现古代炼铁渣，根据文献记载分析，当是辽代柳河馆西北渤海冶铁遗址所在。1988年5月，承德地区文保所、滦平县文管所对此遗址进行了详细调查，并对其中一处业已破坏的残存炼铁炉进行了抢救性发掘。炉口基本为圆形，直径1.9米。西北部炉口破坏严重，炉壁不清，在炉口东西两面有2道对称的40厘米宽的深灰色痕迹，炉内壁黏结大量不规则的坚硬炼渣，炼渣断口有的呈玻璃状，有的呈蜂窝状。外壁炉衬呈青灰色，厚约5～7厘米。炉壁向下逐渐内收，呈环状平底，有一层灰褐色硬面，厚约6厘米，再下为生土层。炉体残高70厘米。据专家考证，宋代冶铁炉"炉膛内径0.9至2.6米，一般靠近沟坡，利用山坡地形，可以使炉子坚固……这种利用地形建炉的方法，可以就地取材，节省人力，因地制宜地发展冶铁生产"。半砬子东沟炼铁炉同样采用类似原则和冶炼方法，利用地形筑炉，东西两侧有孔道供风。炉体上口入料，下口出渣和铁。从出渣口堆积的大块草拌泥来分析判断，炉子采用的是泥筑法。其矿石来源可能有两种渠道：一是"就河漉沙石"，即以被山水冲入河道的矿石

柳河馆遗址

为原料；二是采矿，炉址附近有古矿场，铁石坑，今仍在开采。冶铁炉所用燃料是木炭，直接用铁矿石在炉中与木炭接触而炼出的铁比较柔软，易于锻造，是此地冶铁的一个特点，这种冶炼方法也可称之为生吹法。宋使王曾说：滦平"深谷中多烧炭为业。"当主要为冶铁用。此为滦平发现最早的冶铁。

### 牤牛沟辽代遗址

位于红旗镇白旗村，面积约7500平方米。纬度41°08'47.2"，经度117°39'01.1"。遗址内涵丰富，地表遗物有布纹瓦片、勾纹砖、条形滴水等。

### 碾子沟遗址

位于长山峪镇碾子沟南侧，面积约1200平方米。纬度40°50'07.2"，经度117°27'12.6"。遗物有黑白釉瓷片、灰陶片、大布纹瓦、条砖等。此前还出土过铜币、铁犁铧、铁甲片、铁镞、铁铃、马衔、马蹬、铁剪、鎏金铁马饰件等。年代为辽代。

### 闫庄牛角地辽代遗址

位于小营乡闫庄村，由牛角地、庄子地、土城子三块地组成。面积为1200平方米，纬度41°05'20.7"，经度117°42'40.1"。地表发现遗物有外绳纹、内网纹的板瓦残片，泥灰陶瓮肩部残片、细绳纹夹蚌红陶片等战国至汉代遗物。另有泥灰、黑泥陶片、卷沿泥灰陶盆口沿残片等辽代遗物，灰白胎双色釉碗底残片、青白胎白釉碗底残块等辽金代遗物。据地表遗物判断，遗址当有两个文化层，分别为战国至汉代和辽金时期。

### 荒地遗址

遗址近靠金沟屯镇滦河沿荒地村，纬度41°05'19.3"，经度117°30'33.7"。面积约5000平方米，文化层较厚，曾出土黑釉瓷缸、白釉瓷罐、铁犁铧、铜币、鸡腿瓶、小石磨、石佛、铲皮刀、铜盆等遗物。据口碑资料，有一南北街道遗址遗迹。南隔滦河与石头地遗址相望，相距约2000米。现为县级文物保护单位。

### 石头地遗址

位于滦平县金沟屯镇滦河沿荒地村南2000米处，纬度41°05'01.4"，经度117°31'11.5"。面积约60000平方米。该遗址面积较大，文化层丰富，地表暴露大量的砖瓦碎片、酱釉、白釉瓷片。曾出土鸡腿瓶、铁锅、唐、宋钱币、铁脚镣、铁手铐、皮毛加工工具等。口碑资料这里有南北一条街道遗迹，东西两侧多房屋基址。近年平整土地，已夷为农田。

### 西台三十亩地遗址

位于巴克什营镇古城川村，面积7700平方米。纬度40°43'21.0"，经度

滦河沿石头地遗址

117° 15'51.9"。遗址内涵丰富，文化层较深，暴露地面砖瓦碎块，陶瓷片等。年代为辽金时期。

## 第六节 元、明、清时期遗址

### 桑树沟门遗址

位于滦平县巴克什营镇古城川孙家沟村，面积约5400平方米。纬度40° 44'30.9"，经度117° 17'24.2"。地表暴露遗物有瓦片、陶片、酱釉碗底等。年代为元代。

### 门前山遗址

位于火斗山乡东沟村，面积约2700平方米。纬度40° 47'47.5"，经度117° 12'27.0"。地表暴露遗物有布纹瓦、瓷碗口沿等。年代为元代。

### 凡西营西城遗址

位于付营子乡凡西营村，当地人称为"西城"。面积约5000平方米。纬度40° 53'37.8"，经度117° 44'50.0"。地表暴露遗物有陶片、砖瓦片。地下出土过鸡腿瓶、六耳铁锅、瓷瓶、陶罐、黑紫釉大缸、唐宋货币等。1978年于地表50厘米处发现一个窖藏，出口大瓷缸1件，内装陶罐、白瓷壶、孔雀蓝釉龙凤罐、鸡腿瓶等遗物。年代为元金时期。

### 东窑遗址

位于大屯镇关营子村，面积7000平方米。纬度40° 57'37.4"，经度

117°24'01.9"。地表采集标本有布纹瓦、陶片、灰陶盆、白瓷碗的残片、瓷坛等。年代为金、元时期。

### 喀喇河屯行宫遗址

喀喇河屯行宫位于西地乡承德市滦河镇（原县域内），始建于顺治七年（1650年），康熙十六年（1677年）、四十三年（1704年）续建扩建，坐标为纬度40°57'20.1"，经度117°43'48.1"。民国初年；东临蓝旗营，西界滦河，总占地111亩，加宫行属墙外荒山荒地共589亩，由滦南殿、河北殿、滦阳别墅三组构成。

河南殿，南向，北界滦河。自东而西又分为东所、中所、西所、新宫、皆自南而北，排列有序。被赞为"水木清华，景物明瑟"，河南殿基址东西233、11米、南北226米，占地93.15亩。河北殿基址东西199.8米、南北66.6米、占地20亩。滦阳别墅5间，建在西山之上。

民国5年（1916年）县公署接管时多为残危殿宇，较完整的仅4间。隔扇、神像、神牌等387件，御笔木匾、诗匾各12块，宫属琳霄观铜字匾2块，宫内外松树751株，榆树12株。是年10月20日，县警察第一分驻所进驻保管。民国11（1922年）至14年（1925年），修建公署、警察所、监狱等拆毁云碧岫殿等39间，同时，奉军第九军又拆毁河北正殿等建筑。宫内树木也多被奉军砍光为制

喀喇河屯行宫

作枪械及充柴薪之用。至民国17年（1928年）3月10日警察所造送行宫物品清州时，房屋已无存，仅存木匾等。民国19年（1030年）县建设局作为造林试范场。是年6月3日，县教育局长关陆善将原劝学所保管的16块匾额送交热河省教育厅，辗转交省立图书馆。2009年，西地乡划归承德市双滦区管辖，2012年，此行宫划归承德市双滦区管理。

### 桦榆沟行宫遗址

桦榆沟行宫位于陈栅子乡小河北村（原县域内）。东临滦河，西靠山，南北较开阔的平地上。建于康熙四十二年（1703年），因附近自然生长繁茂桦树、榆树而称此川为桦榆沟，行宫因而得名。

该宫南向，占地百亩左右，分正宫、东宫、西宫，周边围以虎皮墙。围墙内除宫区还有景区，景区"林泉棋布、莺青绕白、外与天际、四望如一、益觉旷视、出入浏览、胸似觉飘飘有仙气"。康熙帝曾驻此宫22次，四十五年（1706年）最长一次达21天。

在宫东南约500米处建有"箭亭子"为蒙古驻军骑射习武场地，行宫西河长山根曾建花窖，后被水冲，其被冲刷的土坎，仍可见三合土，宫西北岩坎上建有寿庙一座，名为"峭壁寿"，并建有一座方亭，康熙帝题匾额分别为"天半香林""森万象"。

雍正年间，滦河水暴涨，东宫被冲走，乾隆七年（1742年）裁撤，乾隆二十九年（1764年），将看管行宫官兵撤往热河，喀喇河屯等处，其树木等由热河道府河屯协助妥善看管。乾隆五十七年（1792年）宫基开垦收租。2009年陈栅子乡划归承德市双滦区管辖，此行宫遗址划归承德市双滦区保护管理。

### 王家营行宫遗址

王家营行宫位于付营子乡王营子村东侧（原粮食所院内），北靠山。建于康熙四十三年（1704年），坐标为纬度40°53'32.8"，经度117°36'57.5"。宫南向，呈长方形，东西宽103米，南北长150米，占地23亩。嘉庆二十二年（1817年）十二月，内务府《行宫房屋陈设铺垫清档》载：大宫门3间，东西连接宫墙。内分中、东、西3所。中所，二宫门3间；垂花门1座，大殿5间，东西配殿各3间，二殿5间，后照房9间，后净房4间；东所，二宫门3间，垂花门1座，大殿5间，二殿5间，东膳房9间；西所二宫门3间，垂花门1座，大殿5间，二殿5间，西膳房9间。东西所南值房各3间，宫外堆子房27间。民国5年，仅中所西所残存53间。另有前后照山各1座，民国8年丈量南照山东西283米，南北216，合地91亩；北照山东西333米，南北200米，合地100亩。宫区及照山共占地214亩。另有宫墙内外松树57株，前后照山松树454株，共511株。

王家营行宫

此后，殿宇因年久失修多坍塌渗漏，民国14年4月（1925年）时仅存15间，民国17年（1928年）警察造送物册时已无存。是年其古树大部被驻热镇威军（奉军）第九军砍伐运走为薪。剩余部分又于是年10月11日被国民革命军（冯玉祥部）砍光，计大小松树193株，杂树448株。至此，行宫内外已成废墟，仅存基址及残砖碎瓦。王家营行宫遗址现为县级文物保护单位。

### 鞍子岭行宫遗址

鞍子岭行宫位于长山峪乡东5公里，鞍子岭村东南500米处的东沟南台上。坐标为纬度40°50'48.3"，经度117°28'21.1"。康熙四十二年建（1703年），康熙五十九年（1720年）拆移至长山峪建宫，看宫官兵随宫迁移，其眷属各留在鞍子岭居住。

宫南向，宫门前为南山根，南山亦为前照山。内分中宫，东宫、西宫并排3个院落。宫内植有松榆，北大门外两侧还植有罗汉松18株。康熙帝北巡往返曾驻32次，第一次最长驻6天。随銮大臣汪灏即将到达该宫时说："避暑第二处也"。2004年修建京城高速公路服务区占用。鞍子岭行宫遗址现为县级文物保护单位。

### 长山峪行宫遗址

长山峪行宫位于长山峪镇长山峪村东南黄土台地上，台地北缘为京承旅游公路。坐标为纬度40°50'56.4"，经度117°25'26.7"。建于康熙五十九年（1720年）。宫基东西208米，南北200米，占地62.5亩，宫南向。南大宫门3间，两侧东西朝房各3间，两朝房与前宫墙相连。内分正阳宫、东宫、西宫。正阳宫，二宫门3间，东西值房各2间，东西照房各6间，正北楼1座，上下各5间，楼名称"蔚藻堂"，内殿悬匾额《青云梯》《虚白轩》《如是堂》，再北垂花门1座，大殿5间，殿前东西两侧净房各1间，配房、值房各3间，再、北二宫门3间，东西朝房各3间，再北、北大宫门3间；东宫，垂花门1座，大殿5间，东西净房各1间，东西配殿各3间，东西露顶各1间。二殿5间，东西净房各1间，东西书房各3间，后照房9间；西宫，垂花门1座，大殿5间，东西净房各1间，东西配殿3间，东西漏顶各1间。二殿5间，东西净房各1间，东西书房各3间，二殿后亭子1处，后照房9间。东西宫共有膳房12间。宫处有堆子房27间。南大宫门与二宫门之间为一条东西走向街道，两端各设海门3间，可供两侧出入。二宫门两侧各植有9株松树、粗大挺拔，称为"十八罗汉"。宫内外其它松榆桃李等树3000余株。宫外有南围场，北照山各1处。民国5年（1916年），县公署奉命查验时，共有殿宇104间，其中较完整12间，凉亭2座。南围场东西1290米，南北390米，占地755亩。北照山在道北隔河，东西466米，南北410米，合地286亩，宫区及照山等总计占地1041亩。宫内外共有古松268株，其中包括孔雀松1株，罗汉松18株。另围场有树5782株。

此殿，多自然坍塌，至民国9年（1920年），一区巡官报告，仅存45年间。至民国15年（1926年），布告欲卖时已无存，仅留下废墟遗址。其宫内废旧木料先后被奉军、毅军使用或作柴薪烧掉。宫属古树、除毅军（王怀庆军）冯（玉祥）军砍伐部分外，大部被奉军国军，砍烧或作为承德至古北口电线杆等使用。民国18年（1929年）4月5日，县警察所呈报：驻安匠屯、马圈子、长山峪国军（国民革命军）各团共砍伐2890株。5月16日热河善后管理局又派李江川等带兵将宫内孔雀松及部分罗汉松砍伐运走。至民国19年（1930年）县建设局勘察时，包括新长幼树在内，仅有3495株。长山峪行宫遗址现为县级文物保护单位。

### 两间房行宫遗址

两间房行宫位于两间房乡两间房村东黄土台地，康熙四十一年（1702年）建成。坐标为纬度40°44'16.9"，经度117°20'32.7"。宫南向，宫基东西长206米，南北宽178米，占地55亩。正宫门称正阳门，3间，东西连接宫墙。内分正宫、东宫、西宫、各有二宫门3间，名为垂花门。正宫门与二宫门间有宽近1.7米东西走向通道1条，称大长街，两端各建有海门。三宫之间各有1条南北通道，宽1米，名为小长街。两侧隔以宫墙。正宫，殿宇三重，前大殿5间，匾额"秀抱清芬"，东西建有配殿各5间。后大殿5间，匾额"镜风含月"，两侧亦建有配殿各5间，第三重为后照房共19间；东西宫均二重，为前殿、后殿各5间。前殿前均建有东西殿房，后殿后建有东西榆树园，松榆郁然。宫后为后湖。宫前西南角有堆房5间，为养马用。另有南北照山及荒山各1座。南照山东至磨扇沟，西至土地，南至土城后沟脑，北至宫后大道。东西长866米，南北宽666米，合地866亩；北照山位于宫北，出后宫门，越小桥即入北照山。东西长599米，南北宽370米，合地332亩。北照山山顶建有凉亭，名为畅远亭，半山腰处建房3间、为饮水处，名为澄秋轩。宫周有荒地4段569亩，总计占地2004亩。

其殿宇，于道光十八年因渗漏已拆卸掷房6间，光绪朝部分宫宇曾遭火灾。至民国5年（1916年）11月22日警察接管时，仅有正阳门、二宫门、垂花门、大

殿、游廊等55间。民国6年（1917年）查验宫属树木，为宫内松树112株，前后山松树2379株，连同宫内外杂树共3669株。后残存殿宇亦多毁于雨季，其房木均被驻巴克什营奉军运走为柴薪烧掉。其树木又于民国17年（1928年）被驻巴克什营民国革命军（冯玉祥部）第34军89师砍伐。至18年（1929年）仅剩1203株，是年畅远亭倒塌于雨季。两间房行宫遗址现为县级文物保护单位。

### 巴克什营行宫遗址

巴克什营行宫位于巴克什营镇金牛山村中，康熙四十九年（1710年）建成。道光九年（1829年）三月裁撤，但裁撤未析，仍派兵看守。坐标为纬度40°43'19.3"，经度117°11'34.0"。南向，呈长方形，宫基东西89.9米，南北116、8米，占地15.7亩。由正宫与东西跨所组成，宫门3间与宫墙衔连。正宫，二宫门3间，大殿5间，大殿前东西配殿各3间，大殿前南值房5间，后照房17间。

行宫有南北照山各一处，南照山东西733米，南北233米，占地256亩。北照山东西50米，南北33米，占地2.5亩，总占地274亩。

此宫修建前，康熙帝于四十二年（1703年）曾于此地驻跸1次，修建后康熙帝北巡往返曾驻跸19次，其中有四年往返均住此宫，此后嘉庆帝驻过31次。咸丰帝逃往热河驻过1次。

民国5年（1916年）11月22日，县警察三区一分所接收时，仅存正宫门、二宫门、大殿、二殿、东西所、配殿等房35间。后至民国14年，除自然倒塌15间外，其余皆被奉军作为柴薪烧掉。后基址、基石被作它用。巴克什营行宫遗址现为县级文物保护单位。

### 蓝旗营行宫遗址

蓝旗营行宫位于小营满族乡小营村北300米处，星宠岩庙西侧稍北平旷处（今小营中学）。坐北朝南，并排两座院落，各有宫门，每院落前为宫区，后为花园。四周围以虎皮石宫墙。此宫建于康熙四十二年（1703年），乾隆十一年

巴克什营行宫

（1746年）三月裁撤。因康熙九年，豫亲王正蓝旗十姓官兵徙居于此称蓝旗鹰庄而得名蓝旗营行宫。

修建行宫前，康熙帝北巡往返曾在此驻跸两次，在其附近喇门噶山（喇叭沟门），红旗营（红旗）、白旗营庄（白旗）、曹碾地、杨树沟门等地驻跸17次。其中四十五年（1706年）七月间一次于此宫驻跸3天。此后乾隆六年（1741年）八月六日乾隆帝于此宫驻跸一次。

### 钓鱼台遗址

钓鱼台位于陈栅子乡陈栅子村东南约2公里处（原县域内），东北距承德市20公里。地理坐标为东经117°47'49″ 北纬40°51'30″ 海拔高度347米。遗址位于钓鱼台山的北端，其地势南高北低，呈缓坡状，北为山地断崖，紧临滦河，遗址高出河道约10米。滦河由此折转东去。

此台建于康熙年间，嘉庆十三年（1808年）裁撤。为清帝北巡期间垂钓休闲之所，也称行殿。康熙朝扈从大臣汪灏所著《随銮记恩》载录康熙四十二年（1703年）"六月十七日傍晚，传明早旨翰林随往钓鱼台。六月十八日急雨骤晴，上幸钓鱼台，翰林六臣皆从。漏四下即兴步于月中，天明由化鱼沟南行、稻梁盈野，群山成秀，绕山路约七八里，陡闻水声与树风声相杂，中使引诸臣穿林出溪流，湛然直至于行殿，殿在严岭回还，星日临瞰风雨，滦水油油从林外来，有朝宗之势，一二奇石悬空临水，真天然钓矶也。上谕云："此即滦水，南通永平，产鱼甚佳。命凭栏瞻瞩，毛发生惊，御赐膳毕，复命内侍人东宫行长，人赐一竿，清流深苇，游鱼衔尾争饵吞钩，应手抓获……"钓鱼台东距桦榆沟行宫4千米，为桦榆沟行宫所属之皇帝垂钓之所。2004年7月，为配合京承高速公路建设，省、市、县文物部门对该遗址进行了抢救性挖掘。共挖掘10×10米的探方8个，面积800平方米，出土了一些陶质等清代建筑构件。2009年，陈栅子乡划归承德市双滦区管辖，遗址划归承德市双滦区管理。

### 静妙寺遗址

静妙寺位于小营乡小营村，坐标为纬度41°04'26.2″，经度117°43'08.4″。供奉千手千眼佛、地藏王、十道阎君、十八罗汉等佛像。正门为"人门"，12级台阶，左右有石狮子一对，门额"静妙寺"为圣祖康熙御书。左边门为"鬼门"，12级台阶。右边门称"神门"，12级台阶而上。此庙是三层殿。进门正中塑弥勒佛像，两边塑四大金刚像。钟鼓二楼分建左右，两边各有一个九仙庙。中殿为老爷殿，左边为娘娘殿和马童；右边是火神、药王殿及马童。往后耸立两通石碑。正中为释迦牟尼佛像，左右分别画有七十二司。从左右门进去，正殿中间为千手千眼佛，两边是十八罗汉。左右角有3间戏房，右后角是和尚的住房和伙房3间，寺西侧有寺属戏楼一处。

2015年文物普查，该寺整体建筑已无存，现只保存一座石狮、二座赑屃及一座戏台，为县级文物保护单位。

### 福寿寺遗址

福寿寺位于金沟屯镇小营村南云台山处，坐标为纬度41°02'00.6"，经度117°31'34.6"，海拔高度858米，分为两次建筑。第一次为乾隆二十二年（1757年），建在山顶处，东侧为菩萨庙，庙宇3间，西侧建在山洼处，为娘娘庙，庙宇3间，后人称此山洼为娘娘洼。山顶凿井一口，水深2米余。庙下南侧为悬崖，有2洞，大者深15米余，高3米余。可容二三百人。北侧山坳处建有巡山庙，五圣祠。此庙为清宫阉宦刘文奎出宫于京城剃发为僧后，募捐而建，祈祷人民长享福寿，而称福寿寺，后人们又俗称该寺为老公庙。所在山为老公山，山洞为老公洞。四月初八庙会时人们拜庙上香需从北坡攀爬而上，路有三径，仅单人鱼贯而上。陡峻处需相互拉扶，从山下到山顶需走4公里路程。山上林木茂盛，寺庙掩映在绿丛中，风光无限，后山顶庙宇失火。第二次移建在山北坡山根台地上，位南面北，共有殿宇9间，分为东西二殿。东殿一重，3间为娘娘庙，东西配房各3间，西殿二重，前殿为药王殿，殿宇3间，后殿为菩萨殿，殿宇3间，东西厢房各6间，共殿宇27间。该庙有香火地100余亩，出租分成，该庙长住僧二人。民国17年时僧人法号分别为常静、龙德。龙德即小营村人白凤起，1912年生人，17岁出家，日伪时期曾在穹览寺学习为僧3年，被迫每七天去伪县公署给日本侵略军骨灰念经。滦平新中国成立后还俗，结婚生子，至1993年访谈时已81岁，身体康健，记忆清楚，言语清晰。

该寺遗有清刑部尚书刘统勋撰寺碑一块，记述此寺风光及建寺始末。

### 滦平县古遗址一览表

| 序号 | 名称 | 地址 | 年代 | 备注 |
|---|---|---|---|---|
| 1 | 刘营遗址 | 大屯镇刘营子村 | 旧石器时代晚期 | |
| 2 | 南瓦房遗址 | 滦平镇南瓦房村南偏西400米处 | 旧石器时代晚期 | |
| 3 | 山前遗址 | 大屯镇山前村西北400米处 | 旧石器时代晚期 | |
| 4 | 三地沟门遗址 | 滦平镇三地沟门村南500米处 | 旧石器时代晚期 | |
| 5 | 巴克什营北遗址 | 巴克什营镇巴克什营村北80米的台地上，东临火斗山乡 | 新石器时代 | |
| 6 | 石佛梁遗址 | 平坊乡东山村南100米 | 新石器时代 | |
| 7 | 桥头村砖厂遗址 | 红旗镇桥头村西北约100米砖厂所处位置 | 新石器时代 | |
| 8 | 后台子遗址 | 金沟屯镇西村北100米 | 新石器时代 | |
| 9 | 药王庙梁遗址 | 张百湾镇河北村西700米处 | 新石器时代 | |
| 10 | 南白旗塔山遗址 | 红旗镇南白旗村南300米的塔山南坡上 | 夏商 | |
| 11 | 红石砬遗址 | 付营子乡红石砬村西沟口西侧台地上 | 夏商 | |
| 12 | 兴州窑沟遗址 | 大屯镇兴州村窑沟自然村后梁阳坡上 | 夏商、周 | |
| 13 | 二道沟门南遗址 | 安纯沟门满族乡桑园村二道沟门村南1500米大桦树背山顶 | 夏商、周 | |
| 14 | 北白旗遗址 | 红旗镇北白旗村北100米 | 商 | |
| 15 | 二道沟西南遗址 | 张百湾镇二道沟村西南200米二级台地 | 商、战国 | |

| 序号 | 名称 | 地址 | 年代 | 备注 |
|---|---|---|---|---|
| 16 | 东梁遗址 | 虎什哈镇营坊村东100米 | 商、周 | |
| 17 | 石子地遗址 | 西沟满族乡清水泉村东北 | 商—春秋、战国 | |
| 18 | 刘营东梁壕沟遗址 | 大屯镇刘营村东北200米东梁壕沟内 | 商周 | |
| 19 | 炮台山遗址 | 虎什哈镇西营坊村南2000米 | 西周—春秋 | |
| 20 | 小白旗后山遗址 | 安纯沟门满族乡小白旗村北50米 | 西周—春秋 | |
| 21 | 砖瓦窑梁遗址 | 虎什哈镇虎什哈村东北400米 | 西周—辽 | |
| 22 | 兴州东沟遗址 | 大屯镇东沟村村南约300米丘陵西坡及南坡中部 | 西周至春秋早期、战国 | |
| 23 | 东院遗址 | 大屯镇东院村后高台地上，台地俗称"后梁" | 西周至战国 | |
| 24 | 西河沿遗址 | 大屯镇路南营村西河沿自然村西北约200米高台地阳坡上 | 周 | |
| 25 | 下窝铺遗址 | 大屯镇路南营村下窝铺自然村东北丘陵台地上 | 周 | |
| 26 | 东街窑沟遗址 | 滦平镇东街村北1000米 | 周、春秋 | |
| 27 | 窑岭遗址 | 大屯镇窑岭村东村口台地，当地俗称"后台子" | 周—春秋 | |
| 28 | 后梁遗址 | 张百湾镇周营子村西北 | 东周 | |
| 29 | 黄营子后大地遗址 | 张百湾镇下洼子村黄营子自然村西北约100米处滦河北岸的一级台地上 | 东周 | |
| 30 | 马家朝阳洞遗址 | 长山峪镇宋家窝铺村马家自然村北700米狼顶子朝阳洞内 | 夏家店上层、战国 | |

| 序号 | 名称 | 地址 | 年代 | 备注 |
|---|---|---|---|---|
| 31 | 奎木沟房西头遗址 | 大屯镇奎木沟村西沟村西侧 | 战国 | |
| 32 | 北地遗址 | 滦平镇榆树底下村北30米 | 战国 | |
| 33 | 陈营西棉花地遗址 | 巴克什营镇营盘村陈营村西 | 战国 | |
| 34 | 前窝铺后梁遗址 | 巴克什营镇古城川前窝铺村西北100米 | 战国 | |
| 35 | 金牛山遗址 | 巴克什营镇虎头山村东450米 | 战国 | |
| 36 | 三道沟后梁遗址 | 火斗山乡拉海沟三道沟村北 | 战国 | |
| 37 | 大脑瓜遗址 | 火斗山乡拉海沟孙营村东200米 | 战国 | |
| 38 | 沙窝地遗址 | 金沟屯镇曹窝铺村北100米 | 战国 | |
| 39 | 南沟门遗址 | 大屯镇窑沟门村南沟门自然村东黄土台地中部 | 战国 | |
| 40 | 四道沟北遗址 | 张百湾镇四道沟村北30米三级台地处 | 战国 | |
| 41 | 黄木沟门遗址 | 平坊乡黄木沟自然村北 | 战国 | |
| 42 | 拉海沟村德胜岭遗址 | 火斗山乡拉海沟村德胜岭村南400米 | 战国 | |
| 43 | 二道营子东山遗址 | 长山峪镇二道营子村北沟沟口东山脚下 | 战国 | |
| 44 | 吊沟门西梁遗址 | 大屯镇东院村吊沟门自然村西梁南部 | 战国 | |
| 45 | 二道窝铺村头道营遗址 | 大屯镇二道窝铺村东北约500米,头道营自然村东北约100米小山包,当地称北梁 | 战国 | |

| 序号 | 名称 | 地址 | 年代 | 备注 |
|---|---|---|---|---|
| 46 | 刘营东遗址 | 大屯镇刘营村东150米 | 战、汉 | |
| 47 | 周营子遗址 | 张百湾镇周营子村北50米取土坑 | 战、汉 | |
| 48 | 十八盘遗址 | 平坊乡十八盘村南黄土坡上 | 战国、汉 | |
| 49 | 十八亩地遗址 | 金沟屯镇曹窝铺村北300米 | 战国—汉 | |
| 50 | 营坊遗址 | 虎什哈镇营坊村西200米外 | 战国—汉 | |
| 51 | 大西南沟遗址 | 虎什哈镇官营子村西南500米处大西南沟西部的台地上 | 战国—汉 | |
| 52 | 长地遗址 | 大屯镇蒸青村东南100米 | 战国、汉 | |
| 53 | 胡家粱遗址 | 张百湾镇周营子村西约80米处滦西河岸黄土台地上 | 战国、汉 | |
| 54 | 吴家营东遗址 | 马营子满族乡南大庙村吴家营自然村东800米的台地上，东临潮河 | 战国、汉 | |
| 55 | 槐树遗址 | 西沟满族乡槐树村北200米 | 战国、汉 | |
| 56 | 西村遗址 | 金沟屯镇西村西北转山子烟囱南侧20米 | 战国、汉 | |
| 57 | 三道湾东台子遗址 | 金沟屯镇三道湾村东北2000米 | 战国、汉 | |
| 58 | 尖岑沟门遗址 | 金沟屯镇杨树沟门村东200米 | 战国、汉 | |
| 59 | 大杨树沟门遗址 | 金沟屯镇大杨树沟门村东沟北面阳坡 | 战国、汉 | |
| 60 | 刘营西遗址 | 大屯镇刘营村西5米剖面处 | 战国、汉 | |
| 61 | 下洼子遗址 | 张百湾镇下洼子村东250米 | 战国、汉 | |

| 序号 | 名称 | 地址 | 年代 | 备注 |
|---|---|---|---|---|
| 62 | 二沟门遗址 | 张百湾镇二沟门村北50米<br>二级台地上 | 战国、汉 | |
| 63 | 五道岭遗址 | 张百湾镇五道岭村西150米 | 战国、汉 | |
| 64 | 南窑遗址 | 红旗镇南窑村东150米 | 战国、汉 | |
| 65 | 二道沟门<br>南梁遗址 | 小营满族乡二道沟门村西150米南梁 | 战国、汉 | |
| 66 | 盆窑大丰沟遗址 | 小营满族乡盆窑村南500米大丰沟沟口北坡 | 战国、汉 | |
| 67 | 郭营三道沟遗址 | 小营满族乡郭营村北300米三道沟沟口北坡 | 战国、汉 | |
| 68 | 苘子沟和尚坟遗址 | 大屯镇苘子沟村东2000米沟口北面台地上，当地俗称"和尚地" | 战国、汉 | |
| 69 | 小城子长梁山遗址 | 大屯镇小城子村东南约600米，至奎木沟村沟口东山包上，当地俗称"长梁山" | 战国、汉 | |
| 70 | 梨树沟门遗址 | 西沟满族乡梨树沟门村东200米 | 战国、汉、清 | |
| 71 | 西沟遗址 | 西沟满族乡西沟村 | 战国、辽、清 | |
| 72 | 榆树底下大地遗址 | 火斗山乡榆树底下村西北 | 战国、汉、辽金 | |
| 73 | 曾台子遗址 | 张百湾镇西井沟村东北150米处 | 战国、金元 | |
| 74 | 山嘴遗址 | 火斗山乡拉海沟村南1000米 | 战国、金元 | |
| 75 | 小狼沟三十亩地遗址 | 滦平镇西瓜园小狼山沟村北 | 战国、辽金 | |
| 76 | 焦营北遗址 | 付营子乡焦营村北 | 战国、辽金 | |

| 序号 | 名称 | 地址 | 年代 | 备注 |
|---|---|---|---|---|
| 77 | 陈台子遗址 | 张百湾镇西井沟村东100米处 | 战国、辽金 | |
| 78 | 东台遗址 | 火斗山乡张家沟门村东 | 战国、辽金 | |
| 79 | 马官家沟羊脖根遗址 | 火斗山乡拉海沟东沟村东500米 | 战国、辽金 | |
| 80 | 坟茔前遗址 | 火斗山乡拉海沟村三道沟村北 | 战国、辽金 | |
| 81 | 周营子南遗址 | 张百湾镇周营子村南50米台地 | 战国、辽金 | |
| 82 | 东园子东北遗址 | 巴克什营镇山神庙村东园子自然村东北的台地上，西邻省道354线 | 战汉、辽金 | |
| 83 | 后湾遗址 | 巴克什营镇后湾村西50米，西100米为潮河 | 战汉、辽金 | |
| 84 | 廉家围子遗址 | 红旗镇廉家围子村北150米 | 战汉、辽金 | |
| 85 | 水泉沟砖厂遗址 | 红旗镇水泉沟村西150米 | 战汉、辽金 | |
| 86 | 东沟门遗址 | 滦平镇东沟门村北50米 | 战汉—金 | |
| 87 | 桑椹沟门遗址 | 大屯镇西庙村桑椹沟门西侧山前 | 秦、汉 | |
| 88 | 前窝铺后大地遗址 | 巴克什营镇古城川村前窝铺村东北 | 汉 | |
| 89 | 赵家地遗址 | 火斗山乡拉海沟窑沟村西南750米 | 汉 | |
| 90 | 北李营长城 | 滦平镇北李营胡家沟、刘印沟村一带山顶上 | 汉 | |
| 91 | 蔡上坡遗址 | 西沟满族乡西沟村北 | 汉 | |

| 序号 | 名称 | 地址 | 年代 | 备注 |
|---|---|---|---|---|
| 92 | 十五亩地遗址 | 金沟屯镇曹窝铺村北20米 | 汉 | |
| 93 | 偏坡地遗址 | 金沟屯镇曹窝铺村东北 | 汉 | |
| 94 | 石岭遗址 | 张百湾镇石岭村东300米 | 汉 | |
| 95 | 大河西遗址 | 西沟满族乡大河西村西1000米 | 汉、辽 | |
| 96 | 头道河遗址 | 西沟满族乡山嘴村头道河组 | 汉、辽 | |
| 97 | 东梁头遗址 | 巴克什营镇巴克什营村下二寨自然村东北50米的东梁头山坡上 | 汉、辽金 | |
| 98 | 西台子南遗址 | 滦平镇东南西台子村南10米 | 汉—辽金 | |
| 99 | 东营遗址 | 滦平镇东营村100米 | 汉—辽金 | |
| 100 | 北李营遗址 | 滦平镇北李营村北50米 | 宋—金 | |
| 101 | 双庙遗址 | 滦平镇双庙村西南250米 | 宋—金—清 | |
| 102 | 凡西营西城遗址 | 付营子乡凡营子村北 | 辽 | |
| 103 | 棋盘地遗址 | 虎什哈镇棋盘地（营房村）西南60米处耕地 | 辽 | |
| 104 | 庙加空子遗址 | 虎什哈镇西房营村西50米耕地中 | 辽 | |
| 105 | 新馆遗址 | 平坊乡平坊村西100米 | 辽 | |
| 106 | 德胜岭驿道遗址 | 平坊乡德胜岭村北700米德胜岭梁 | 辽 | |

| 序号 | 名称 | 地址 | 年代 | 备注 |
|---|---|---|---|---|
| 107 | 牦牛沟辽代遗址 | 红旗镇南白旗村西北1000米 | 辽 | |
| 108 | 小梁子遗址 | 红旗镇半砬子东沟村东北400米 | 辽 | |
| 109 | 瓦房狮子地遗址 | 小营满族乡瓦房村西1000米范围内 | 辽 | |
| 110 | 二道湾狮子地遗址 | 小营满族乡二道湾村东200米 | 辽 | |
| 111 | 闫庄牛角地遗址 | 小营满族乡闫庄村东100米 | 辽 | |
| 112 | 张家沟遗址 | 红旗镇水泉沟村东南500米 | 辽 | |
| 113 | 西沟瓦房遗址 | 红旗镇西沟瓦房村东山坡处 | 辽 | |
| 114 | 柳河馆遗址 | 红旗镇东三华里外穹身沟门 | 辽 | |
| 115 | 辽代渤海治铁遗址 | 红旗镇半石立子东沟村后 | 辽 | |
| 116 | 奎木沟大地遗址 | 大屯镇奎木沟村西沟村东100米 | 辽、金 | |
| 117 | 北营遗址 | 大屯镇岑沟村下石门北营房村 | 辽、金 | |
| 118 | 西地遗址 | 大屯镇岑沟村下石门村西地 | 辽、金 | |
| 119 | 秤砣地遗址 | 大屯镇岑沟村下石门南600米 | 辽、金 | |
| 120 | 卧如来馆遗址 | 大屯镇西院村村西 | 辽、金 | |
| 121 | 孟营子遗址 | 五道营子满族乡孟营子村西台地上 | 辽、金 | |

| 序号 | 名称 | 地址 | 年代 | 备注 |
|---|---|---|---|---|
| 122 | 磨地沟门遗址 | 虎什哈镇南白旗村磨地沟门 | 辽、金 | |
| 123 | 上王营子遗址 | 邓厂满族乡上王营子村东北20米 | 辽、金 | |
| 124 | 戴营子遗址 | 付家店满族乡戴营子村东台地 | 辽、金 | |
| 125 | 平坊村八十亩地遗址 | 平坊乡平坊村西700米 | 辽、金 | |
| 126 | 庙沟门大地遗址 | 安纯沟门满族乡小白旗村东北200米 | 辽、金 | |
| 127 | 后大洼遗址 | 安纯沟门满族乡卢营村西南1500米 | 辽、金 | |
| 128 | 西台三十亩地遗址 | 巴克什营镇古城川村西台村北 | 辽、金 | |
| 129 | 马家坟遗址 | 金沟屯镇曹窝铺村北800米 | 辽、金 | |
| 130 | 六小沟遗址 | 小营满族乡付营村北50米六小沟内 | 辽、金 | |
| 131 | 房身地遗址 | 红旗镇红旗村东北500米的房身沟沟口处 | 辽、金 | |
| 132 | 张武沟遗址 | 红旗镇河东村东北500米张武沟口处 | 辽、金 | |
| 133 | 烧锅西大地遗址 | 西沟满族乡烧锅村西 | 辽、金 | |
| 134 | 黄梁遗址 | 西沟满族乡三道沟村西1000米 | 辽、金 | |
| 135 | 苏家坟遗址 | 金沟屯镇苏家坟村北 | 辽、金 | |
| 136 | 东山坡遗址 | 金沟屯镇石门村东北 | 辽、金 | |

| 序号 | 名称 | 地址 | 年代 | 备注 |
|---|---|---|---|---|
| 137 | 果园遗址 | 金沟屯镇上瓦房村西北600米 | 辽、金 | |
| 138 | 后台遗址 | 金沟屯镇下瓦房村北 | 辽、金 | |
| 139 | 华洞沟门遗址 | 金沟屯镇小营村东600米 | 辽、金 | |
| 140 | 小狼沟西岩头遗址 | 滦平镇西瓜园小狼山沟村 | 辽、金、明 | |
| 141 | 石片黄土坑遗址 | 大屯镇岑沟村石片村东北侧黄土坑 | 辽、金 | |
| 142 | 上西地遗址 | 大屯镇烧锅营村村西南300米 | 辽、金 | |
| 143 | 山湾遗址 | 大屯镇窑岭山湾村的山根平地 | 辽、金 | |
| 144 | 石碴地遗址 | 大屯镇道边村南150米 | 辽、金 | |
| 145 | 道边后地遗址 | 大屯镇道边村村北50米 | 辽、金 | |
| 146 | 二十五亩地遗址 | 大屯镇菝青村北侧 | 辽、金 | |
| 147 | 西瓜园遗址 | 滦平镇西瓜园村西200米 | 辽、金 | |
| 148 | 西台子南大地遗址 | 滦平镇西台子村北冯家村南 | 辽、金 | |
| 149 | 曹营大地遗址 | 滦平镇曹营村 | 辽、金 | |
| 150 | 车网地遗址 | 滦平镇双栅子村西南400米 | 辽、金 | |
| 151 | 大刁屯八十亩地遗址 | 滦平镇大刁屯村西 | 辽、金 | |

| 序号 | 名称 | 地址 | 年代 | 备注 |
|---|---|---|---|---|
| 152 | 顺道地遗址 | 滦平镇大刁屯村东 | 辽、金 | |
| 153 | 村后遗址 | 滦平镇大刁屯二营村北 | 辽、金 | |
| 154 | 黄土坎遗址 | 滦平镇岔道口村西北 | 辽、金 | |
| 155 | 湾子遗址 | 滦平镇庄头营村西北1000米 | 辽、金 | |
| 156 | 四十亩地遗址 | 长山峪镇东营子村谭窝铺自然村西南50米处 | 辽、金 | |
| 157 | 长垅沟门遗址 | 张百湾镇下洼子村姜营子自然村东约100米处的一级黄土台地上 | 辽、金 | |
| 158 | 坎上遗址 | 张百湾镇下洼子村姜营子自然村西滦河北岸的一级黄土台地上 | 辽、金 | |
| 159 | 黄营子后山遗址 | 张百湾镇下洼子村黄营子自然村内 | 辽、金 | |
| 160 | 姜台子遗址 | 张百湾镇西井沟村东南150米处 | 辽、金 | |
| 161 | 四方地遗址 | 张百湾镇山前村西50米处 | 辽、金 | |
| 162 | 后坟茔地遗址 | 张百湾镇东台子村北40米处 | 辽、金 | |
| 163 | 东沟后梁顶遗址 | 两间房乡石峰沟村东沟自然村北侧的山坡地上 | 辽、金 | |
| 164 | 孙家坟遗址 | 巴克什营镇古城川村孙家沟北 | 辽、金 | |
| 165 | 风北沟门东遗址 | 巴克什营镇古城川偏桥村村北 | 辽、金 | |
| 166 | 庙前遗址 | 巴克什营镇古城川新房村南300米的后窝铺村 | 辽、金 | |
| 167 | 青石梁遗址 | 巴克什营镇古城川西沟村北 | 辽、金 | |

| 序号 | 名称 | 地址 | 年代 | 备注 |
|---|---|---|---|---|
| 168 | 后台地遗址 | 火斗山乡拉海沟井上下营村北 | 辽、金 | |
| 169 | 自留地遗址 | 火斗山乡拉海沟大店子村北300米 | 辽、金 | |
| 170 | 东沟西大地遗址 | 火斗山乡拉海沟东沟村西南500米 | 辽、金 | |
| 171 | 后坟遗址 | 火斗山乡拉海沟村三道沟北200米 | 辽、金 | |
| 172 | 庙后遗址 | 火斗山乡拉海沟村北250米 | 辽、金 | |
| 173 | 马鞍子遗址 | 金沟屯镇滦河沿大苇子沟村北500米 | 辽、金 | |
| 174 | 滦河沿遗址 | 金沟屯镇滦河沿东营子村北20米 | 辽、金 | |
| 175 | 东平台地遗址 | 张百湾镇周营子山嘴村东150米 | 辽、金 | |
| 176 | 头道沟遗址 | 张百湾镇西洼子村北100米 | 辽、金 | |
| 177 | 上岑沟门遗址 | 张百湾镇五队村北80米 | 辽、金 | |
| 178 | 沈营四十亩地遗址 | 长山峪镇沈营东道沟村南20米 | 辽、金 | |
| 179 | 大河西梁后遗址 | 西沟满族乡大河西村西北800米 | 辽、金 | |
| 180 | 丁营村北遗址 | 金沟屯镇丁营村北100米 | 辽、金 | |
| 181 | 丁营村南遗址 | 金沟屯镇丁营村南150米 | 辽、金 | |
| 182 | 下洼子小学西遗址 | 张百湾镇下洼子村北500米 | 辽、金 | |

| 序号 | 名称 | 地址 | 年代 | 备注 |
|---|---|---|---|---|
| 183 | 房山地遗址 | 金沟屯镇梁后村西北30米 | 辽、金 | |
| 184 | 北山根遗址 | 金沟屯镇荒地村西北50米 | 辽、金 | |
| 185 | 康家沟遗址 | 巴克什营镇康家沟村村北 | 辽、金 | |
| 186 | 叶营遗址 | 两间房乡叶营村东北300米处 | 辽、金 | |
| 187 | 蕨菜沟西南遗址 | 长山峪镇蕨菜沟村西南70米处山前台地上 | 辽、金 | |
| 188 | 蕨菜沟东遗址 | 长山峪镇蕨菜沟村东50米山前台地上 | 辽、金 | |
| 189 | 东沟遗址 | 五道营子满族乡五道营子村孟营子自然村北1500米的东沟北侧 | 辽、金 | |
| 190 | 朱营子西遗址 | 五道营子满族乡五道营子村朱营子自然村西50米处的耕地内，北依西山，南临金台子川（河） | 辽、金 | |
| 191 | 北下铺遗址 | 五道营子满族乡上台子村北下铺自然村东南300米，西南临五天明沟，北靠北梁山 | 辽、金 | |
| 192 | 石门遗址 | 五道营子满族乡西甸子村石门自然村东200米，北靠十八亩梁，南临河沟 | 辽、金 | |
| 193 | 下王营子遗址 | 邓厂满族乡下王营子村西南300米的山上 | 辽、金 | |
| 194 | 北大庙大地遗址 | 虎什哈镇北大庙村东1000米的大地台地上，南临潮河支流邓厂川（河） | 辽、金 | |
| 195 | 七道河遗址 | 虎什哈镇六道河村七道河自然村西南100米的台地上，东邻潮河 | 辽、金 | |

| 序号 | 名称 | 地址 | 年代 | 备注 |
|---|---|---|---|---|
| 196 | 北店子遗址 | 付家店满族乡北店子村西500米，潮河西岸的台地上 | 辽、金 | |
| 197 | 窑沟梁遗址 | 马营子满族乡南大庙村吴家营自然村北800米窑沟梁上，北临潮河 | 辽、金 | |
| 198 | 彭家遗址 | 巴克什营镇山神庙村彭家自然村东 | 辽、金 | |
| 199 | 虎头山北遗址 | 巴克什营镇山神庙村虎头山自然村北，东邻火斗山川（河） | 辽、金 | |
| 200 | 东园子西遗址 | 巴克什营镇山神庙村东园子自然村西南，东邻省级公路354线 | 辽、金 | |
| 201 | 西梁遗址 | 巴克什营镇巴克什营村西侧30米的西梁台地上 | 辽、金 | |
| 202 | 下二寨遗址 | 巴克什营镇巴克什营村下二寨自然村东南200米的山坡上 | 辽、金 | |
| 203 | 前梁遗址 | 巴克什营镇巴克什营村东湾子自然村南100米的台地上 | 辽、金 | |
| 204 | 四道沟西北遗址 | 张百湾镇四道沟村西北120米台地处 | 辽、金 | |
| 205 | 佟家沟遗址 | 滦平镇滦平村镇政府东1000米 | 辽、金 | |
| 206 | 庄头营遗址 | 滦平镇庄头营村北100米 | 辽、金 | |
| 207 | 邢家沟门遗址 | 付营子乡邢家沟门村南、村委会院西侧 | 辽、金 | |
| 208 | 青石垛东河套遗址 | 付营子乡青石垛村东河套自然村西南约50米 | 辽、金 | |
| 209 | 平房遗址 | 付营子乡头道河村平房自然村西南台地上 | 辽、金 | |
| 210 | 王营子北沟遗址 | 付营子乡王营子村西北约500米北沟内"北沟铸造"厂房东侧 | 辽、金、元 | |

| 序号 | 名称 | 地址 | 年代 | 备注 |
|---|---|---|---|---|
| 211 | 黑沟阳坡遗址 | 大屯镇岑沟村黑沟村北侧 | 金 | |
| 212 | 转山沟遗址 | 滦平镇安乐村南1000米 | 金 | |
| 213 | 西台遗址 | 长山峪镇三道营村内 | 金 | |
| 214 | 碾子沟遗址 | 长山峪镇碾子沟村南 | 金 | |
| 215 | 荒地遗址 | 金沟屯镇荒地村东 | 金 | |
| 216 | 清水泉遗址 | 西沟满族乡清水泉村内 | 金 | |
| 217 | 二道沟门遗址 | 西沟满族乡二道沟门村安建民家院落附近 | 金 | |
| 218 | 石头地遗址 | 金沟屯镇荒地村南1000米 | 金 | |
| 219 | 东窑遗址 | 滦平镇关营子村东500米 | 金、元 | |
| 220 | 朱营子遗址 | 五道营子满族乡朱营子村西台地上 | 金、元 | |
| 221 | 大西营遗址 | 虎什哈镇大西营村北300米 | 金、元 | |
| 222 | 巴什汗遗址 | 付家店满族乡巴什汉村东北500米山前耕地 | 金、元 | |
| 223 | 曹后台子遗址 | 安纯沟门满族乡曹营河南村南 | 金、元 | |
| 224 | 吴方台子遗址 | 安纯沟门满族乡曹营村河南自然村南200米 | 金、元 | |
| 225 | 后黄梁大地遗址 | 巴克什营镇后黄梁村西约50米 | 金、元 | |
| 226 | 茅草地遗址 | 巴克什营镇古城川村斯达沟北 | 金、元 | |

续 表

| 序号 | 名称 | 地址 | 年代 | 备注 |
|---|---|---|---|---|
| 227 | 新房大地遗址 | 巴克什营镇新房村村内及村南 | 金、元 | |
| 228 | 东棋盘地遗址 | 金沟屯镇西营村北250米 | 金、元 | |
| 229 | 后地遗址 | 大屯镇菾青村东100米 | 金、元 | |
| 230 | 杨家台子遗址 | 大屯镇菾青村东100米 | 金、元 | |
| 231 | 郭家坟遗址 | 滦平镇东街村南250米 | 金、元 | |
| 232 | 六十亩地遗址 | 滦平镇红莲地沟门村北100米 | 金、元 | |
| 233 | 王八盖子遗址 | 两间房乡两间房村西北100米处的临河一级台地上 | 金、元 | |
| 234 | 东地遗址 | 两间房乡骡车店村东侧 | 金、元 | |
| 235 | 南地遗址 | 火斗山乡小营村南100米 | 金、元 | |
| 236 | 东坡根遗址 | 火斗山乡张家沟门村北150米 | 金、元 | |
| 237 | 东坡遗址 | 火斗山乡拉海沟边营村东南 | 金、元 | |
| 238 | 上台遗址 | 火斗山乡拉海沟村东南50米 | 金、元 | |
| 239 | 长山峪遗址 | 长山峪镇长山峪村西南约400米处山前台地上 | 金、元 | |
| 240 | 南林遗址 | 虎什哈镇北山根村南林自然村东南250米的南白旗南沟东部的台地上 | 金、元 | |
| 241 | 三道营子庙台梁遗址 | 长山峪镇三道营子村北沟庙台梁半坡上 | 金、元 | |

| 序号 | 名称 | 地址 | 年代 | 备注 |
|---|---|---|---|---|
| 242 | 马圈沟遗址 | 大屯镇路南营村北沟自然村村东马圈沟内约1公里"大地"处 | 金、元 | |
| 243 | 东坡顶遗址 | 滦平镇东街村北 | 元 | |
| 244 | 桑树沟门遗址 | 巴克什营镇古城川村孙家沟下营 | 元 | |
| 245 | 门前山遗址 | 火斗山乡东沟村南50米 | 元 | |
| 246 | 马家玉皇阁庙遗址 | 长山峪镇宋家窝铺村马家自然村北1000米狼顶子 | 明、清 | |
| 247 | 十八盘南遗址 | 平坊乡十八盘村南600米处的山梁南侧 | 明、清 | |
| 248 | 王营子行宫遗址 | 付营子乡王营子村委会、粮食所所在地 | 清 | |
| 249 | 长山峪行宫遗址 | 长山峪镇长山峪村内 | 清 | |
| 250 | 巴克什营行宫遗址 | 巴克什营镇巴克什营村南半部 | 清 | |
| 251 | 福寿寺遗址 | 金沟屯镇小营村东南1000米 | 清 | |
| 252 | 岗子西小庙子遗址 | 虎什哈镇岗子西小庙子村 | 清 | |
| 253 | 碧霞宫庙址 | 火斗山乡拉海沟村西北500米 | 清 | |
| 254 | 石佛寺遗址 | 付营子乡邢家沟门瓦房村西1000米的山峰上 | 清 | |
| 255 | 行家古建筑 | 长山峪镇三道梁村内 | 清 | |
| 256 | 清御道 | 两间房乡两间房村、三间房村等村境内 | 清 | |
| 257 | 山神庙遗址 | 马营子满族乡马营子村北3000米的山神庙山梁上 | 清 | |

| 序号 | 名称 | 地址 | 年代 | 备注 |
|---|---|---|---|---|
| 258 | 金沟屯镇老公山遗址 | 金沟屯镇金沟屯村东南300米老公山顶 | 清 | |
| 259 | 南白旗观音庙遗址 | 红旗镇南白旗村南200米的塔山上 | 清 | |
| 260 | 朝阳洞娘娘庙遗址 | 红旗镇杨树沟村东1500米北面山腰 | 清 | |
| 261 | 马家菩萨庙遗址 | 长山峪镇宋窝铺村马家自然村东100米 | 清 | |
| 262 | 静妙寺遗址 | 小营满族乡小营村 | 清 | |
| 263 | 长山峪娘妙遗址 | 长山峪镇长山峪村 | 清 | |
| 264 | 于营子娘娘庙遗址 | 马营子满族乡于营子村西北 | 清 | |
| 265 | 山神庙戏楼遗址 | 巴克什营镇山神庙村村北 | 清 | |
| 266 | 喀喇河屯行宫遗址 | 承德市滦河镇 | 清 | |
| 267 | 桦榆沟行宫遗址 | 陈栅子乡小河北村 | 清 | |
| 268 | 蓝旗营行宫遗址 | 小营满族乡小营村北 | 清 | |
| 269 | 钓鱼台遗址 | 陈栅子乡陈栅子村 | 清 | |
| 270 | 二间房行宫遗址 | 两间房乡两间房村东 | 清康熙四十一年（1702年） | |
| 271 | 鞍子岭行宫遗址 | 长山峪镇鞍子岭村南200米 | 1703年 | |

# 第三章 古代城址

## 第一节 秦、汉代时期城址

### 小城子古城址

小城子古城址位于县内大屯镇小城子村。由内外二城构成，呈"回"字形。外城东西长480米，南北宽430米；内城东西长220米，南北宽124米。民国26年时调查统计，外城东墙尚存300米，北墙135米，西墙南侧90米。其中，东北角保存尤为良好。至1990年，仅残存外城西墙52米、高3.7米，宽13米；内墙残存西侧83.5米，北侧70米，高4米；南侧35米，西南角23米。外墙内墙均为夯土所筑，夯层约0.2米。城南有一黄土高台，当地百姓称为肖银宗坟，20世纪70年代省考古队进行了发掘，考证该黄土高台非墓葬，是一夯土高台。当为点将台。夯土中夹有战国刀币、布币、汉五铢钱、铁凿、铁镬等。城内曾发现汉代陶罐、陶壶等遗物。经省、地、县文物部门考证，此城址自战国时期已初步形成，汉代形成县城治所，有专家认为是秦汉时期的白檀县治所或要阳都尉治所。现为省级文物保护单位。

小城子西山古墓群

## 第二节　金、元、明时期古城址

### 兴州古城址

兴州古城址位于大屯镇兴州村，现大部分被民房覆盖。经勘察考证，此城南北长390米，东西宽257米，有西北南3门，西门位于兴州街西道口，总面积13.9万平方米。西面依山，东旁兴州河。现仅残留北城墙长504米，基宽18米，高6米，东侧仅有一段残垣，其下有一券拱为水道，西南只存墙基，北墙西段有一段翼墙长377米，通往点将台山顶。城内出土文物多为方砖、大布纹瓦、金牛拜月瓦当、白釉黑花瓷瓶、瓷碗、白瓷碗、陶片、铁制生产工具等。经考证，该城墙建于金元时期，为辽白檀镇、金代宜兴县、元和明代宜兴州、明代宜兴卫以及宜兴守御千户所治所。自金建县至明永乐元年，兴州古城为县、州、卫、所治所长达200年之久。现为省级文物保护单位。

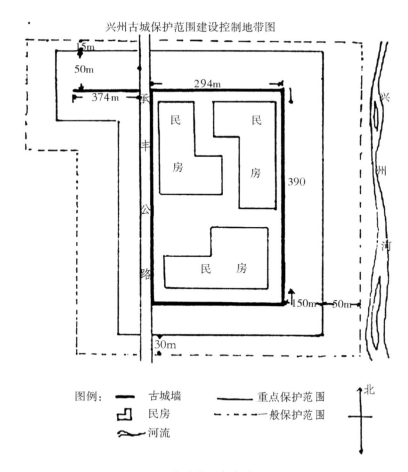

平面图、城墙图

# 第四章　古代墓葬

全县发现有重要研究价值的墓葬及墓群38处，年代夏商至清末。

## 第一节　夏、商、周、春秋、战国时期墓葬

### 小城子西山夏家店下层文化墓葬

因修建张承铁路，2011年4月20日至9月30日，河北省文物研究所及市县文物部门，对小城子西山汉墓群进行了主动发掘，在汉墓群中发现夏家店下层文化墓一座。墓葬为竖穴长方形，土圹一椁一棺，墓圹依地势修建，上口西高东低，墓圹壁不规整，东壁呈斜坡状，西壁呈袋状，南北壁较直。椁、棺只有板灰，形制无可考，人骨仅见零星粉末。椁内出土有陶折肩鬲、折肩罐、簋形豆、尊、玉羊、金臂钏、水晶管饰件、绿松石镶嵌饰件等。其中鬲、罐、尊器表均绘有彩绘纹饰。属夏家店下层文化，年代为夏、商时期。

### 苘子沟门墓群

位于大屯镇小城子村北苘子沟门，面积约2万平方米，坐标为纬度40°59'58.2"，经度117°22'03.6"。1976年10月至1977年10月，省、市文物主管部门举办承德地区考古培训班，先后两次对苘子沟门墓群进行清理发掘，共发掘墓葬67座。墓葬间距1米左右。墓葬形式为土坑竖穴，葬具木棺，葬式单人、仰身直肢、头向东。死者皆戴耳

小城子夏家店下层墓葬

荷子沟门山戎墓群

环、项链饰，头顶均放置一个夹砂、红色或褐色陶罐，其他随葬品有青铜剑、削刀及斧、锛、凿、锥等各类青铜工具或兵器，青铜、玉、石、骨、玛瑙等饰件，数量不等。一般墓葬用杀牲肢解后的狗头或马头殉葬。此次发掘共出土文物1100余件。根据出土遗物等分析，墓群年代为西周至春秋战国时期。现为县级文物保护单位。

### 水泉沟墓群

位于虎什哈镇虎什哈村北600米处的水泉沟向阳黄土缓坡中，西距虎丰公路800米，坐标为纬度40° 53'51.2"，经度116° 59'59.2"，面积约3000平方米。1983年

1984年水泉沟墓清理发掘现场

5月，村民挖地时发现墓葬一座，距地表0.5米，出土陶鬲和彩绘陶罐各一件，年代为商代，属夏家店下层文化。1984年文保所又对此墓群进行了调查清理，发现暴露墓葬4座，均为土坑竖穴墓，多木棺，单人仰身直肢式。随葬品有铜钩、绿松石、铜泡等，从出土文物分析，为战国时期山戎墓。该墓群为县级文物保护单位。

### 梨树沟门墓群

位于虎什哈镇营坊村西500米处的扇形黄土台地上，坡部为10°—20°。呈扇形，南北长140米，东西宽平均130米，坐标为纬度40°53'27.7"，经度116°59'52.9"。墓群西侧为京丰公路。1988年该地被虎什哈镇确定为经济林区栽植果树，并要求村民挖经济沟，每沟宽2.5米，深1.5米，长短不等，村民挖经济沟时暴露出墓葬70余处，出土大量陶器、青铜器等。县文物部门于1988年秋至1989年春配合整地进行了抢救性清理发掘工作，共发掘完整墓葬8座，清理残墓18座。

墓群分布皆为横向排列，中上部的墓葬因地势坡度变化而头向不一。皆为长方形竖穴土坑木、木棺、单人仰身直肢式。殉牲为墓葬的普遍现象，主要为肢解后的牛头、马头、四蹄、狗头，多者达10余个狗头。均放在墓穴内木棺外的土层里。墓群仅有1座石椁墓。该墓群共出土各类遗物840余件，大部从现场村民手中征集，其中陶器有壶、罐、罐形鼎等；铜器有铜剑、削刀、铜斧、铜凿、铜锥、马衔、铜镞、带钩、铜铃；弯月形金器；其他还有玛瑙、绿松石等。

梨树沟门墓群年代，经挖掘考证为春秋早期至战国早期，属山戎族墓葬群。现为县级文物保护单位。

梨树沟门古墓群

### 炮台山墓群

位于虎什哈镇西营房村南炮台山西坡黄土台地上，山脚下为潮河自北向西流折南处。坐标为纬度40°52'32.0"，经度117°00'03.9"，面积约3万平方米。1978年5月，村民平整土地时发现墓葬2座，出土了一部分陶器、铜器。县文物部门进行了现场调查并加以保护。随后于1979年春秋两季，组织力量进行了发掘。共发掘墓葬35座，其中东西向25座，南北向10座。皆竖穴土坑、木棺、单人仰身直肢式。多数墓葬出土小件青铜器及少量陶器。共出土各种各类遗物561件。有对口式环纽西瓜敦、陶豆、麟趾金、三穿铜戈、铜环首刀、圆茎首直刃刀、扁茎直刃剑、方柄首曲刃小刀、铜镞、铜鸣镝、铜斧、铜凿、铜带钩、铜车軎、铜衔镳、铜车马饰、项饰、骨辘、骨雕刻器等。其中对口式环纽西瓜敦、陶豆、麟趾金、三穿铜戈、环首刀、圆茎首直刃刀等遗物在燕山以南燕国早期墓葬中比较多见，其他多具北方民族特征。

经发掘考证，炮台山墓群年代为春秋末至战国初期，属山戎墓葬群。现为县级文物保护单位。

### 黄梁大壕沟墓群

位于巴克什营镇古城川黄梁大壕沟。坐标为纬度40°43'23.4"，经度117°15'56.6"，面积1500平方米左右。1986年4月县文管所文物普查时发现，暴露墓葬5座，墓长均为长2米、宽1米，东西向。墓葬为土坑竖穴、仰身直肢葬，骨架头向西。采集遗物有铜剑、铜削刀、陶罐、铜泡等，并征集到铜剑一把。

根据遗物及遗迹等分析，该墓群年代为战国时期。现为县级文物保护单位。

### 山湾墓群

位于巴克什营镇古城川新房村，坐标为纬度40°4'25.3"，经度117°16'23.9"，面积1500平方米。1990年5月县文管所对该墓群进行了调查，地表暴露有夹云母红陶、褐陶的陶瓮碎片、压印竖条灰陶片、人骨等。根据采集遗物分析，该墓群时代为战国时期。

### 后梁墓群

位于西沟满族乡烧锅村北，坐标为纬度40°43'23.4"，经度117°15'56.6"，面积20000平方米。1990年4月县文管所对该墓群进行了调查，地表暴露有大量的泥质灰陶、夹砂灰陶、夹砂褐陶等器物残片。根据采集到的遗物等分析，该墓群年代为战国时期。现为县级文物保护单位。

### 夏台墓群

位于西地满族乡白庙村夏台小村西20米处的山坡上，坐标为纬度40°58'55.5"，

炮台山墓群

经度117°45'35.0"，面积1000平方米。1977年6月，县文管所文物普查时发现，同年，省、县文物部门对此墓群进行了试掘，墓葬均为土坑竖穴墓，出土及采集到的遗物有铜剑、铜削刀、铜矛、铜镞、铜泡、铜耳环等。

根据出土遗物分析，该墓群年代为战国时期。2009年此墓群划归承德市管理。

### 长垄地墓群

位于大屯镇营房村西，坐标为纬度40°58'56.8"，经度117°23'21.3"，面积8000平方米。1990年5月县文管所对该墓群进行了调查，暴露遗物有人骨架、铜刀、铜剑、车马具等。根据采集遗物分析，该墓群年代为战国时期。现为县级文物保护单位。

### 添脸子墓群

位于金沟屯镇滦河沿大苇沟村，坐标为纬度40°04'28.1"，经度117°29'50.6"，面积4800平方米。1990年4月县文管所对该墓群进行了调查，暴露遗物有陶罐、人骨、陶片等。根据采集遗物分析，该墓葬时代为战国时期。

### 药王庙梁墓群

位于张百湾镇河北村，坐标为纬度40°59'43.8"，经度117°28'17.9"，面积2400平方米。1986年10月县文物部门对该墓群进行了调查，暴露出墓葬5处，均为木棺葬，出土遗物有陶鼎、陶豆、陶盘、陶壶、陶罐等。根据出土遗物分析，该墓群为战国时期墓葬。

### 碾子沟果园墓群

位于金沟屯镇金沟屯村碾子沟果园，坐标为纬度41°03'39.7"，经度117°30'04.1"，面积约12000平方米。1990年4月县文管所对该墓群进行了调查，采集遗物有带钩、耳环、骨珠等。根据采集遗物分析，该墓群年代为战国时期。现为县级文物保护单位。

### 白土窑沟墓群

位于金沟屯镇滦河沿大苇子沟村，坐标为纬度41°04'23.5"，经度117°29'38.2"，面积2800平方米。1990年4月县文管所对该墓群进行了调查，该墓群发现石椁墓，为石板垒砌，暴露遗物有人骨、陶罐等。根据采集遗物及墓制分析，该墓群年代为战国时期。

### 黄坎沟后梁墓群

位于金沟屯镇曹窝铺村，坐标为纬度41°01'36.9"，经度117°30'55.6"，面积8000平方米。1990年4月县文管所对该墓群进行了调查，暴露遗物有人骨架、铜刀、铜剑、马饰件等。根据采集遗物特点分析，该墓群年代为战国时期。

**营坊墓群**

位于虎什哈镇营坊村，坐标为纬度40°53'01.3"，经度117°00'30.6"，面积10400平方米。1986年4月县文物部门对该墓群进行了调查，采集到的遗物有铜剑、铜削刀、带钩、陶罐、绿松石、贝壳等。根据出土遗物分析，该墓群年代为战国时期。现为县级文物保护单位。

## 第二节　秦、汉时期古墓群

**小城子西山墓群**

位于大屯镇小城子村西200米处黄土缓坡中，面积约6万平方米，坐标为纬度40°59'44.9"，经度117°22'08.5"，黄土坡西高东低，隔兴州河东与最高山峰相望。

1978年秋至1979年秋，省地县文物部门联合进行挖掘，共清理墓葬50座，出土各类生产工具、生活用具、兵器等1200余件，其中有成套的朱绘陶壶、陶碗等。墓葬的分布密度较大，墓坑较深，深者距地表4—5米。均为土穴坑墓，南北向、头向北、仰身直肢式，个别为侧身、曲肢式。年代为汉代。该墓葬区还发现属于夏家店上层文化灰坑遗址及坑口各类陶器、石器、骨器数十件。

因修建张承铁路，2011年4月20日—9月30日河北省文物研究所、承德市文物局、滦平县文物保管所再次对滦平县小城子西山墓群进行了主动发掘。除夏家店上下层遗存外，还清理西汉时期墓葬50座。汉代墓葬，从形制特征及随葬品推断属西汉早期，属几个单元的平民家族墓葬。随葬品以陶器为主，器形有球腹罐、高领罐、瓮、折腹碗、鼎，还出土有铜印章、铜带钩、铜镞、铁剑、铁矛

小城子古墓群图

头、铁镞、铁农具锸、刀及铜钱等，另出土有漆器残片、纺织品等。在此发掘范围还发现一处夏家店下层文化墓葬（见商周时期墓葬）。

该墓群出土的各种随葬物，考证大部分属于秦汉时期、汉墓葬居多。也有一些随葬品具有北方民族特征，或可为春秋战国期间戎胡族墓葬，该墓群现为省级文物保护单位。

### 东营子墓群

位于付营子乡王营子村至东营子村一线北侧的山坡上，坐标为纬度40°53'99"，经度117°37'17"，海拔高度525—530米。2004年6月18日—8月3日，为配合京承高速公路建设，省文物研究所会同承德市文物局及滦平县文保所，对该墓地进行抢救性发掘。共清理墓葬48座，出土文物45件，分为铜、铁、玉、陶等。主要随葬品有龙形玉佩、铁剑、铜带钩、陶鬲、陶罐、陶盆、陶豆等。这批墓葬，依照墓葬形制、出土的文物进行推测，应该为战国中晚期至西汉前期（详见附录发掘报告）。

### 东山墓群

位于两间房乡土城村东50米处的山丘台地上，坐标为纬度40°43'35.4"，经度117°20'13.1"，面积约3000平方米。1990年文物普查时发现地表暴露墓坑数个，遗物有人体骨骼，陶器口沿，罐底及腹部碎片等。依据暴露遗物的特征，该墓群为汉代墓地。

## 第三节　辽金时期墓葬

### 银窝沟辽墓群

位于平坊乡银窝沟村，坐标为纬度40°57'08.0"，经度117°14'29.1"，目前，已发现辽墓近10座，面积12000平方米。1988年村民张占祥取土时发现一座，该墓早年被盗。经清理发掘，墓内出土文物主要有：鸡冠壶、白瓷碗、唾盂、玛瑙管、骨刷把等。该墓形制与天津蓟县营房村辽墓，河北迁安县上芦村辑相墓大体相同。墓内随葬品绿釉鸡冠壶，与河北平泉县小吉沟辽墓、辽宁北票水泉一号墓及滦平县内它处出土的绿釉鸡冠壶形制基本相同。属辽代中晚期墓葬，现为县级文物保护单位。

### 梓树下村西山辽墓

位于虎什哈镇梓树下西山小村。1981年5月，梓树下两位村民向县文保所报告，称西山小村村民挖土时发现一座古墓，出土很多文物，被人买走了。同时，并将该墓出土的金耳坠等文物交给文管所。文管所组织人力赶赴现场，经查确有一件马蹬壶被一位北京人买走。文管所三次赴京，几经周折，终于追回文物。

银窝沟辽墓遗址

除此，该墓出土的还有白釉花口凤首壶、绿釉贴龙凤马蹬壶等文物12件。马蹬壶贴龙凤纹饰，造型美观。白釉花口凤首壶，辽仿定瓷，胎质细腻，造型美观。此后，又发现一件残石经幢顶及底座。

### 杨树沟石臼地石棺墓

位于虎什哈镇金台子乡杨树沟村石臼地，坐标为纬度40° 52'59.3"，经度116° 50'52.2"，面积16平方米。1976年秋，村民平整土地时，出土3个近似正方形石棺。边长60厘米，高45厘米，棺槽较浅，棺座较厚、内盛骨灰块。铭文："泰和八年（1209年）立墓人，妻王牙子建"。石棺上雕刻有门窗、人物。人物造型较为细腻；头饰发髻，身着宽边旗袍，或启门欲出状，或手托礼品状。石棺盖为起脊式长95厘米，宽80厘米，两端刻出兽头，四角飞檐，四面雕出瓦垄状，犹似亭阁。棺盖底部刻出子母口，与棺槽恰好合拢。该墓年代为金代。

### 北李营石椁墓

位于滦平镇北李营大福沟村。1990年9月该村村民陈喜贵在山坡处挖果树坑时发现。县文管所得知后组织人员前往清理。该棺盖距地表50厘米，为一块经过加工雕磨的大石板做成，呈前宽后窄状，通长190厘米，大头宽82厘米，小头宽74厘米，高5厘米。棺身用一块沙成岩条石雕凿而成，通长182厘米，大头宽67厘米，呈船形底。石棺两侧分别雕刻出宽3厘米的突线条，既起到了棺槽与棺坐界线区分作用又达到了装饰效果。棺槽通体刻成席纹。棺头正中精琢为一个楼阁式建筑，脊下刻出七条瓦线，西边为亭式飞檐，中间门户呈半开半掩状、门中站立一似梳长发髻的女人，身着旗袍，手扶门框，作启门欲出姿势。棺内盛有一具较完整的人骨架，身高

166厘米，为仰身直肢侧头葬式，双手放在腹部，头南向。棺内无遗物，仅于棺外头前放置一个细泥灰陶盆，呈宽唇、卷沿、鼓腹、圈足状。年代为金代后期。

## 第四节　清代墓葬

### 吴国文墓

位于巴克什营镇金牛山后，坐标为纬度40°43'52.1"，经度117°11'36.8"，面积200平方米，墓主人曾为清广东知府吴国文。该墓于1978年11月被一些群众盗挖，县文物、公安部门联合行动将盗窃的大部分文物追回。该墓为二次葬的竖穴土坑墓，墓穴内并列两口木棺，棺木为楠木质地。夫妇合葬墓。死者身着多层黄袍，官衣锦鸡补服，头戴官帽，珠顶花翎。出土文物有琥珀项链、玉石、玛瑙翡翠、金银器等及衣着装饰品数百件。据调查，墓主人姓吴名国文，清朝末期在广州为官，据随葬补服为文官二品，墓主人何种官职尚需行考证。据调查，墓主人因参与康有为变法被贬，返京途中吞金自杀。其后人有在黑龙江某地工作。

### 三道梁行家坟清墓

2004年5月—6月，为了配合京承高速公路建设，河北省文物研究所会同承德市文物局和滦平县文保所，对滦平县行家坟墓地进行抢救性考古发掘。

行家坟墓地位于滦平县长山峪镇三道梁村东南约150米，京承高速公路辅线涵洞ko+557标段处，西距101国道100米。墓地四面环山，背依南面山脚缓坡，地势南高北低，海拔450米。地表现存由西向东南排列坟丘4个。编号M1、M2、M3、M4。工程部门在施工取土过程中发现墓葬一座，编号M5。此次清理开5米×5米探方7个，揭露面积175平方米，共清理墓葬5座。墓葬形制分为砖室墓和竖穴土坑墓两种。墓地出土玉、银、瓷器及石构件共计53件。其中镶玉如意，通长45厘米，宽4.3厘米，厚1.2—2厘米。赫红色紫檀木柄，柄头、腹、尾部分别镶嵌三块不同形状的玉石片，将柄分成前后两部分。柄前部浅镂空雕刻竹石、莲花图案。后部镂空雕刻竹石、松、槐图案。头部向上卷起，中心镶嵌圆角方形白色玉石。浮雕一只仙鹤立于岸边一棵大树之下，周遭饰卷云纹。长11.4厘米，宽8厘米。腹部平面呈长方形，镶嵌椭圆形白色玉石，浮雕仙鹤立于水中，水中生长数茎莲花，周遭为卷云纹，长8.8厘米，宽6.3厘米。尾部平面圆形，周遭卷云纹，中间镶嵌圆形白色玉石，图案和头部略有不同，直径6.8厘米。

行家坟墓地，还出土"养老"铜牌饰、酱釉瓷罐、黑釉瓷碗、黑釉灯盏、酱釉敞口碗、鎏金银簪等文物及清代铜币34枚。墓葬分布相对集中，墓向一致。碑刻保存完整，并有确切纪年，因而这批文物为研究这一地区清代墓葬的葬俗、葬式及为相同器物类确立标尺提供了实物资料。

三道梁行家坟清墓遗址

## 滦平古代墓葬一览表

| 序号 | 名称 | 时代 | 地址 | 备注 |
|---|---|---|---|---|
| 1 | 苘子沟墓群 | 春秋、战国 | 大屯镇小城子村北500米苘子沟门 | |
| 2 | 小城子西山墓群 | 秦汉、战国 | 大屯镇兴州村小城子庄西 | |
| 3 | 长垄地墓群 | 春秋、战国 | 大屯镇营坊村西南2000米 | |
| 4 | 马鞍梁墓群 | 秦汉 | 大屯镇营坊村西50米山顶台地上 | |
| 5 | 西坡顶墓群 | 春秋、战国 | 滦平镇东街村北700米 | |
| 6 | 东梁墓群 | 金元 | 滦平镇东街村东南300米 | |
| 7 | 夏台墓群 | 春秋、战国 | 西地满族乡夏台村西20米处台地上。 | |
| 8 | 黄土坎墓群 | 战国 | 长山峪镇三道梁村二道河自然村东100米处 | |

| 序号 | 名称 | 时代 | 地址 | 备注 |
|---|---|---|---|---|
| 9 | 药王庙梁墓群 | 战国 | 张百湾镇河北村西500米处 | |
| 10 | 东山墓群 | 汉 | 两间房乡土城子村东侧的东山上 | |
| 11 | 水泉沟墓群 | 夏家店下层文化、战国 | 虎什哈镇虎什哈村北600米 | |
| 12 | 梨树沟门墓群 | 春秋战国 | 虎什哈镇营坊村西500米 | |
| 13 | 营坊墓群 | 战国 | 虎什哈镇营坊村东北500米 | |
| 14 | 炮台山墓群 | 春秋、战国 | 虎什哈镇西营坊村西南2000米 | |
| 15 | 天桥沟烈士墓 | 1941年 | 虎什哈镇七道河村东北1000米沟谷中 | |
| 16 | 银窝沟墓群 | 辽 | 平坊乡平坊村西700米 | |
| 17 | 梓树下村西山辽墓 | 辽 | 虎什哈镇梓树下西山 | |
| 18 | 土窑子墓群 | 战国 | 平坊乡偏岭村北 | |
| 19 | 吴方台子墓群 | 战国 | 安纯沟门满族乡曹营村河南自然村村南250米 | |
| 20 | 黄梁大壕沟墓群 | 战国 | 巴克什营镇古城川村西台庄北 | |
| 21 | 山湾墓群 | 战国 | 巴克什营镇古城川新房村东南750米 | |
| 22 | 东营子墓群 | 战国、汉 | 付营子乡王营子村北侧上坡上 | |
| 23 | 南梁墓群 | 汉 | 火斗山乡张家沟门村南 | |

| 序号 | 名称 | 时代 | 地址 | 备注 |
|---|---|---|---|---|
| 24 | 肖银宗坟 | 清代 | 大屯镇小城子村内贾乃德家院前 | |
| 25 | 杨家沟石臼地墓葬 | 金 | 虎什哈镇金台子杨树沟村 | |
| 26 | 黄土坎子梁墓葬 | 战国 | 虎什哈镇营房村西300米 | |
| 27 | 白土窑沟墓群 | 春秋、战国 | 金沟屯镇大苇子沟村西北500米山坡上 | |
| 28 | 添脸子墓群 | 战国 | 金沟屯镇大苇子沟村北500米 | |
| 29 | 小营北墓群 | 辽、金 | 小营满族乡小营村北500米 | |
| 30 | 后梁墓群 | 战国 | 西沟满族乡烧锅村西北50米黄土山梁 | |
| 31 | 碾子沟果园墓群 | 战国 | 金沟屯镇金沟屯村东北2500米 | |
| 32 | 黄坎沟后梁墓群 | 战国 | 金沟屯镇曹窝铺村北500米 | |
| 33 | 吴国文墓地 | 清代 | 巴克什营镇山神庙村彭家自然村东，西临民居 | |
| 34 | 巴克什营墓地 | 清代 | 巴克什营镇巴克什营村北80米 | |
| 35 | 三道湾石柱梁墓 | 清代 | 金沟屯镇三道湾村北200米 | |
| 36 | 三道梁行家坟清墓 | 清代 | 长山峪镇三道梁村东南150米外 | |
| 37 | 赵永泉烈士墓 | 1948年 | 金沟屯镇丁营村西1000米山坡上 | |
| 38 | 鞍子岭墓地 | 辽、金 | 长山峪镇鞍子岭村西南约600米处 | |

# 第五章　古代窖藏

## 第一节　战国时期窖藏

### 西营坊村战国货币窖藏

1979年10月，虎什哈镇西营坊村群众大搞农田水利建设时，于地下约60厘米深处发现素面夹砂黑陶罐一个（已碎），内盛铜币800余枚，重约8.5公斤。其中燕明刀币500多枚，赵刀3枚，燕、魏、赵布币54枚，燕一化圆钱280枚。这些货币，除个别磨损和腐蚀严重外，大部分均能辨清。窖藏年代为战国后期。

## 第二节　金、元时期窖藏

### 岑沟窖藏

1976年11月，县内大屯镇岑沟村村民边丛林在院内挖菜窖时，发现一个高68厘米、口径22.7厘米的大腹蟹青釉瓷瓮。瓮口覆盖有一块素面大铜镜，内有陶器、瓷碗、木桶、铁器、铜器等17件。多为生产工具和生活用具，其中农耕播种工具瓠种器，是我国目前发现的唯一一件，极为珍贵，为国家一级文物。文献记载，我国早在公元前220年就已经使用这类农耕播种器。明代徐光启所著的《农政全书》对瓠种器做过较详细的记述，并绘有瓠种器图。我县岑沟发现的窖藏出土的瓠种器，从其构造、形制与其基本相同。此窖藏年代为金代。

### 凡西营窖藏

1978年秋，付营子乡凡西营村猪场修管道时，于地表50厘米处发现一窖藏，出土一件口径39厘米，通高1.1米的绿釉大瓷缸，口盖圆形石板。瓷缸内装有灰陶罐、玉壶春瓶、孔雀兰釉龙凤罐、黑釉鸡腿瓶、绿釉鸡腿瓶和陶罐盖共六件；灰陶罐内放玉壶春瓶，瓶口扣着孔雀兰釉龙凤罐。

窖藏所在地为金元时期遗址，此窖藏年代为金元时期。

### 金沟屯镇丁营村窖藏

1981年10月，金沟屯镇丁营村村民焦广祥在挖菜窖时，在距地表约80厘米处，发现一个双系陶罐，内盛宋代钱币94斤，1100多枚。货币保存完好，字迹清晰可见，主要有至道、天禧、太平、天圣、大观、政和、宣和、元丰、元祐、绍圣、熙宁、崇宁等。窖藏年代为金代。

# 第六章 古代建筑

## 第一节 长 城

滦平县境内有汉（魏）长城、北齐长城、辽金长城、明代长城段落。

**北里营长城**

位于县内北缘中段与丰宁交界处，西起点安纯沟门李栅子村熊沟小村四棱山顶，坐标为纬度40°59'16.9"，经度117°09'10.4"，海拔高度为984米；终点至滦平镇北杨树沟门村北山，坐标纬度为41°03'23.5"，经度117°17'09.6"，海拔776米。自西向东经北沟、岭沟、白沙沟、过白沙沟横梁至滦平镇北马圈子村西偏北1.2公里处，离开分界线入滦平镇域北侧，再向东北沿山脊蜿蜒跨奎木沟、正西沟至石洞子沟沿丰滦两县交界山脊向东约0.5公里后复入滦平县域约3公里，在北杨树沟门村村东岔小自然村东北约1公里处折入丰宁县波罗诺镇河南村，再沿南老虎沟与汽海沟之间的山脊伸展到南老虎沟门（兴州河）西侧分水岭，全长约15公里。再向东北入丰宁界。该城墙体为自然山石砌筑，现存墙体基宽1.8—3.5米，墙体残高0.8—0.9米。

北李营长城局部

该段长城附近制高点及山口处多筑有战国、汉代烽燧。故有学者认为是汉代长城。后又有学者提出北魏之广长堑位于丰宁、滦平境内潮河与兴州河的分水岭上。依据是郦道元《水经注》记载："……又东南龙刍溪水自坎注之。大榆河又东南出峡，迳安州旧渔阳郡之滑盐县南，左合县之北溪水。水出县北、广长堑南，太和中，掘此以防北狄也。其水南流经滑盐县故城东，王莽更名匡德也，汉明帝改曰盐田右承治，世谓之解盐城，西北去御夷镇（按指今沽源南境）二百里。（溪水）南注鲍丘水。又南迳傂奚县故城东，王莽更之曰敦德也。"郦道元记载了今丰宁、滦平两县潮河流域有魏长城之"广长堑"，按此记载，只有潮河与兴州河分水岭上的此段长城与之相附，故可初步认为此段长城是北魏之广长堑。因长城上未发现其他遗物佐证，准确年代尚需进一步考证。此段长城现为省级文物保护单位。

### 北齐长城

北齐长城分布于县内南部，总体呈东西走向，皆为石砌而成。多为明代长城加宽、加高、加固时所覆盖，古北口保留一段残垣。

此段长城于初建后的第九年、第二十三年又经两次补修。从其补修记载及其后的《随书》《唐书》中可知走向及大致方位。《北齐书》载：北齐河清三年（564年），斛律羡为都督，幽州刺史，督幽、安、南营、北营、东燕六州诸军事。"其年初，突厥众10余万来寇州镇，羡总率诸将御之"。天统元年（565年），羡以虏屡犯边塞，自库堆（推）戍东拒于海，随山屈曲2000余里，期间凡有险要、或斩山筑城、或断谷起障，并置戍逻50余所。第二次修复即北周大象元年，诏于翼所修。《隋书·地理志》载：安乐郡领密云县"有长城，有桃花山"，渔阳郡无终县（蓟县）有长城，有燕山，无终山，有洵河、如河、庚水、滥水、有海。北平郡卢龙县有长城、有关、有临渝宫，有覆州山、有碣石、有玄水、卢水（滦河）……有海。辽西郡侧无长城记载。《新唐书·地理志》载："妫州（延庆）妫川郡领戎一县，妫水贯中，北九十里有长城……东南五十里有居庸塞，东连卢龙、碣石……"檀州密云郡燕乐县，中东北百八十里，有东军，北口二守捉。北口（古北口）长城口也，又北八百里有吐护真河，奚王衙长也。"从上述记载可以看出，北齐长城与明长城走向基本一致。

### 古城川长城

县内该段长城北起火斗山乡头龙潭村，起点坐标为纬度40°45'70.2"，经度117°15'37.9"，海拔高度为384米，为向南沿炮平沟方向延伸到火斗山乡西台村，终点坐标为纬度40°42'97.8"，经度117°16'06.9"，海拔高度为283米。墙体为毛石

古城川长城

白灰砌筑，中间夯以沙土，现残存底宽4米，高2米左右。墙体附近发现遗物有大布纹瓦、条砖、白瓷片、三角钉、铁甲叶等辽金时期遗物。20世纪末因修建公路，县文保所曾对河川近河道公路处长城基址试掘，此段为双城，底宽5米左右，当为关门。夯土中发现几片陶片、辽金瓷片。

北宋宋绶书载："由古北口北至中京北皆奚境。虎（古）北口东三十余里又有奚关，奚兵多由此关而南入山，路险隘，只通单骑。关，正谓奚地也。"古城川村西距古北口三十里，当为"奚关"所在。又因此段长城近北齐长城，有学者认为是北齐长城。具体修建年代尚需进一步考证。该段长城现为省级文物保护单位。

### 明代长城

明洪武元年（1368年），明朝立国甫定，为防止蒙古族骚扰京师，朱元璋派大将徐达北征，破敌与筑城并举。修建北部长城，多沿袭北齐长城走向或旧址修建。明中（1448—1566年），大规模的修筑。隆庆三年（1569年）至万历六年（1578年），由谭伦、戚继光负责修建。县域段落，位于县域南境之与承德县、密云县交界处，东自承德县境的黑谷关以西2.5公里处，起点坐标为纬度40°40'49.1"，经度117°28'92.3"，海拔高度为962米，向西北经涝洼乡、巴克什营镇营盘村进入密云县，终点坐标为纬度40°42'13.3"，经度

117° 06'20.0"，海拔高度为688米，全长47.5千米。城上共建有敌楼242座，关隘22个。

长城主体主要由墙体、敌楼、附墙台、关隘等组成。墙体，为内外夹墙，中填碎石，灰土结构，下宽上窄呈梯形。一般底宽5—6米，顶宽3—4米，地基以上至马道高6—7米。两侧夹墙多为条石作基，条砖丁字砌筑，白灰为墙粘接。个别地段高低差异。外侧墙马道以上接筑垛口墙，高出马道1.8—2米左右，内侧接筑女墙、高1—1.2米左右。内外墙中所填土石均为就地取材，上层至马道平面0.5米左右为白天，黄土混合铺垫并夯实，以防渗水、坍陷。夯土上铺以方砖，供人行马驰，称为马道；垛口墙等距离留有垛口，垛口设在墙上部，一般底宽45厘米，上宽40厘米，高60厘米，上口无墙、与垛口墙顶平，垛口间距2.6米左右。墙下马道处留有礌石口，通常高宽均0.5米左右，礌石口侧上部置有檐石一块。战时、垛口、礌石分别为射击，投放礌石之用，女墙起保护作用，留有流水口。为防止敌人从内侧进攻，隆庆三年起，亦设垛口、较小的射击口等。大角峪以西墙体多为此类构筑，按明修城三级标准衡量，属一级边墙。少数地段为条石到顶，亦为一级。另有一些地段险峰陡立，悬崖万仞或低谷激流，则依势而建，但仍不失坚固挺拔可用。黑峪关至大角峪段，因山高

长城鸟瞰图

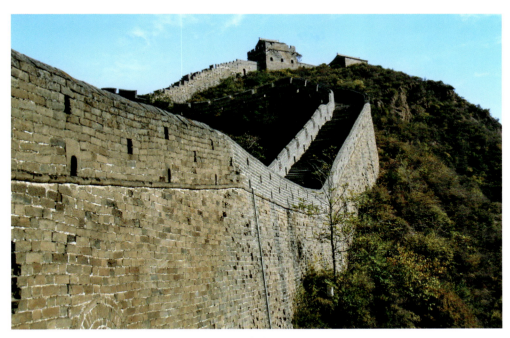

长城墙体

敌　楼

马　道

　　雄险、犹天设屏障，仅筑敌楼而未筑城坦或小段单墙。古北口潮河川河谷处，南北两山长城紧锁，尽端两岸敌楼耸立相座，川中筑以石墩为城、错落有致、上布戍兵坚守、如此，即可御敌又不至阻水。

　　敌楼，也称敌台、台空、墩台。骑墙而建，呈方形、扁形、拐角形等。外出城墙4—5米左右，四周阔36—60米，高10—15米不等。亦为石基、砖墙、白灰浆砌筑。石基与墙基平。多为二层、亦有三层，以台阶相连或木梯上下。隔层及顶均匀砖拱式、中空、四周置有箭窗等，箭窗数量多寡各楼有制。上层多住守兵，下层留有纵横拱道6条，券门10处，多放置兵器生活用具等，平时瞭望，战时守城射击攻敌。二楼或三楼顶部建有楼橹，周围较小、多呈脊坡式，

女　墙

垛　口

内部结构

内部结构

有不出廊式，亦有前后或四面出廊式，前式有或无影壁。楼橹分为望亭式和铺房式两种，亦设有箭窗，垛口等。其结构有砖木型及仿砖木型。

敌楼设置以其地势冲缓、相互接应等诸因而定，间距远则200步，近则50步、30步、约45—300米不等。

墙台，亦称附墙台、战台、前面突出城墙部分称马面，故战台个别也称马面。初每台上窝铺一间"宿兵诸器"，后多改为砖木结构。

城关、隘口、也称关隘。多建筑在低谷，平缓通衢要塞处，穿墙而建，一般通车者称关，通骑着为口，即大者为关，小者为口，如山海关、居庸关、喜峰口、古北口，但也不尽然。其建筑形态各异，有敌楼式、阁楼式、亦有砖拱式。关隘均设关门，个别处如砖垛口曾设内外两道门。关隘，平时供商贾、信使、行人往来，有的设税局。战时依情而定，或开攻击或闭固守。

筑城石、砖、瓦等城体构件以需为准，各有差异。如石，有条石、垛口石、出檐石、柱脚石、压面石、窗台石、过门石、流水嘴石等，其中条石多为基石，长1.2米—0.4米不等，宽0.5米，高0.3米左右。砖有条砖、方砖、异型砖。

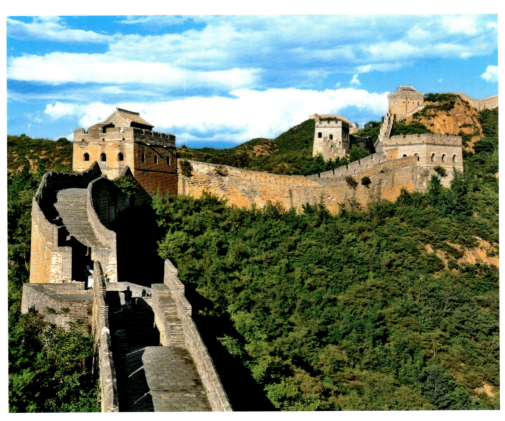

金山敌楼

墙　台

马　面

条砖长0.38米、宽0.19米、厚0.09米。方砖，边长0.39米，厚0.09米。异型砖有顶砖、垛口砖、垛口砖、流水口砖、拦水砖、契形砖等；瓦，有筒瓦、板瓦、滴水瓦、勾头瓦、望兽瓦、垂兽瓦、小兽瓦等。

支墙。即主墙外侧沿山脊向外延伸部分，通常尽头筑有敌台，墙上两侧均有垛口墙，从两侧御敌。

辅助设施，均设于墙体、关隘外侧，有铲偏坡、挡马墙、品字坑、鹿角障、密树林等，其攻能主要是减缓敌骑进攻力度或杀伤敌虏。铲偏破，即于城外60米以内，将平缓山坡削挖成陡坡、坎坡、以阻骑兵。偏坡分为极卫、次卫等，较平缓、敌骑多、速度快之地为极卫。《四镇三关志》载："古北口赞房塞起至潮河一寨，修土石偏坡9081丈，古北口关起至卢家寨，修建土石偏坡21951丈。蓟镇总计铲偏坡112266.5丈。"

挡马墙，即于外墙偏坡处不铲坡而筑石墙，亦起阻骑作用，且不受天气影响，更加陡立、坚固耐用。金山岭长城库房楼北侧即有一道，长百米左右；品字坑，即于敌途经之处挖"品"字形深坑，内置竹筏、木筏、铁筏、长矛、利刃等，上覆以树枝、杂草等，待敌进犯时陷入、杀伤，"古北口关，挖品字坑2万个"。挖壕堑，即深长沟，亦起阻骑作用；鹿角障，即于关隘外侧火器能及的要道上横置粗大木柱，上凿孔插枪，前后斜木支撑，再以铁链固牢，可阻敌骑，故又称据马。鹿角障设置均多道；密树林，即于敌骑必经之地，广植密植各类树木，致敌兵不得骑马，优势不得发挥，减轻冲速。《四镇三关》载："密云道之墙子，曹家、古北、石塘四路，共载植过榆，柳树1684153株、种桃、杏等种子59石9斗。"

兵力配备，从长城上的文字砖及司马台、曹家路出土的石碑文字可以得知，县内沿线修城的军事单位有古北口路、墙子路、振武营、振房骑兵营、河间营、山东左营、延绥营等。《四镇三关志》载：每空心台布兵63人，其中，30人守台，内立一台长。配佛郎机大炮8架，每架子铳9门，计72门，神枪12杆，箭30支，火药300斤，铁顶棍8根，雷石大小备足，号旗一面，木梆锣鼓一具；墙垛中分左右两台，垛兵30人，由63人中分出，分为五垛，每垛内立一垛长。每垛干柴一束、重百斤，甘草五把，雷石大小备足，器械各随所执，火器火药取于台；附墙台，每台14人，迁警外添6人，10人守垛，分为2伍，每伍1旗。空心台，附墙台一体编派。

金山岭长城是县内明长城中的一段，也是全国明长城中最精华的段落，因城穿越大小金山而于1984年被专家学者论证命名。西起龙峪口，东至望京楼，全长10.5公里，坐标为纬度40° 40'25.5"，经度117° 14'55.1"，设有敌楼67座，沿线设有大小关隘5座，烽燧3座。该段长城以其气势磅礴，雄伟壮观、视野开阔，敌楼密集，设施完备、形制多样、构筑精致、玄机巧设而著称。山借城巍，灵气四溢，伴随四季更替，日月轮流，多彩多姿，人文景观与自然景观完美结合。所谓的敌台、炮台、垛口墙、女墙、雄关隘口等在这里全部存在，其中敌台更为密集。按明政府所定修建边城三级标准，均为一级。别处明长城未有，罕见或消失的在这里也依然存在，如障墙、支墙、挡马墙，仞崖处单墙等。尤其文字砖墙更是独一无二。此段长城敌台，有方形、扁形、拐角形。有砖石结构，也有砖木结构。有单层、双层、三层之分。顶部有平顶、穹隆顶、船篷顶、四角钻天顶、八角藻井顶之分。四周箭窗有四眼、八眼、十二眼、二十眼之分；敌台顶部

碾子沟寨

沙岭儿寨（俗称沙岭口）

龙王谷关

桃儿冲寨（桃春口）

丫髻山寨（俗称后川口）

砖垛子关（俗称砖垛口）

柏岭安寨（俗称柏岭口）

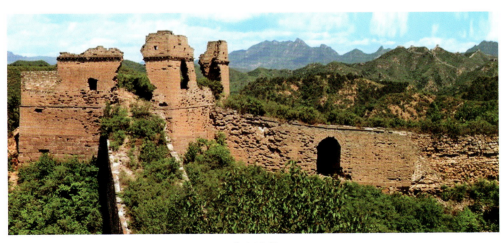

狗儿洞寨

横沟寨

楼橹又有望亭、铺房之分。有出廊的，也有不出廊的。出廊的又有前后廊和四周廊之分。可谓一台一楼一式，构筑精巧，各有玄机。如：从一楼进入二楼，有阶梯可上，更有放置木梯者。当敌房攻入时可撤掉木梯并居高临下射杀。城基开门，为方便内侧兵士出入，搬运武器、粮米等，于内侧城基开门，但门口设计构筑较小，且需于墙基处再筑拐角狭小台阶，拾级而上，上口设盖，当敌房攻入时，只能单兵而入，守卫官兵可依口、依阶杀敌，当敌人接近马道时，又可于上口加盖。障墙，层层横驻于陡坡的马道上，墙上设有上下箭孔、射击孔。一端靠

板瓦

滴水

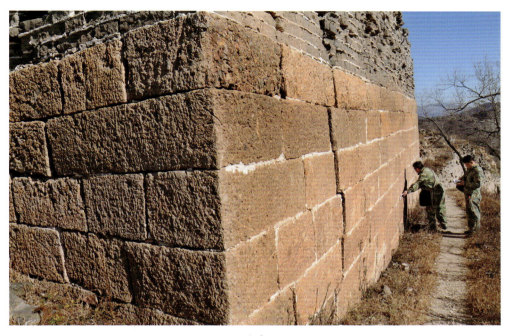

敌楼基石

方砖

脊兽

脊　兽

门柱石

排水嘴石

筒　瓦

瓦　当

异形砖

女墙，一端仅留一人一骑窄道。当敌虏进攻时，只能单人单骑依次而上，障墙后平台上守兵可射杀截杀。使敌失去万骑聚攻优势。又如礌石口成内高外低，底槽形状口，外上口置出檐石，投放时既可使礌石疾驰而下又使敌人看不到守军，从而有效保护自己。支墙，出主墙沿山脊而筑，两侧均设垛口，尽端敌台更高更坚实，箭窗更多，可有效阻杀两侧攻城之敌，保护主墙。国家文物局于1983年始拨款维修砖垛口至后川口段长城，并派专家指导维修工作。同时，县政府成立长城管理处，负责金山岭长城旅游开发工作，县文保所负责长城维修保护工作。1986年抢险维修工程基本完成，6月对外开放。1987年列为世界文化保护遗产，1988年国务院公布为全国重点文物保护单位。近年评为4A景区。

历史重修情况：嘉靖二十九年，召群臣议修墙台事，都御史何栋奏议，"山海关至居庸关、沿河口共2370余里，应修边墙、墩台共42130文，敌台200

支　墙

座，工匠5万名"。另调本镇兵，客兵数万修城台。嘉靖三十年便动工修建。历17年后，于朱载垕隆庆二年（1568年），又调兵部左侍郎兼右佥都御史谭纶，总理蓟镇辽东保定军务，调抗倭名将戚继光总理蓟镇、昌平、保定练事。谭戚二人

拦马墙

金山岭长城

密切配合，在练兵练将、更造武器的同时，调兵遣将加筑长城，首次创修敌台。戚继光巡行塞上后上疏，"蓟镇边垣、延袤二千里一暇则百坚则暇。比来岁修岁圮，徒费无益"，请跨墙为台，睥睨四达……令戍卒划地受工，先建千二百座。帝准谭戚等人疏奏，于隆庆二年准，"蓟昌二镇，分为十二路，将边墙稍加厚。缓者百步，中者五十步或三十步即筑一墩台，视边墙高一倍，广十二丈，内容五十人"。三年春，修城筑台即时开工。隆庆五年继任总督刘应节《报空心敌台功疏略》载："该前任总督谭纶偕臣等亲临塞上，乃创建敌台之议。兴工于隆庆三年（1569年）春，迄今凡历五防，共建墙台1017座（其中）蓟镇自石塘岭，东至山海关，通共完台818座，昌镇东自黄花镇西至镇边城，共完台199座。《四镇三关志》载："古北口关寨18座；古北口段，于嘉靖三十年修建，隆

长城内门

障　墙

炮　台

礌石槽

六眼楼

桃春楼

桃春楼东楼

西岔沟楼

西五眼楼

西梁砖垛楼

砖垛口西方台

砖垛楼

东方台

将军楼

支墙四方台

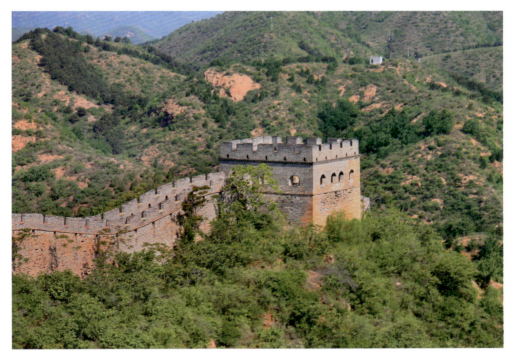

支墙敞子楼

西域楼

沙岭口西方台

沙岭口东方台

黑姑楼

一号敌楼

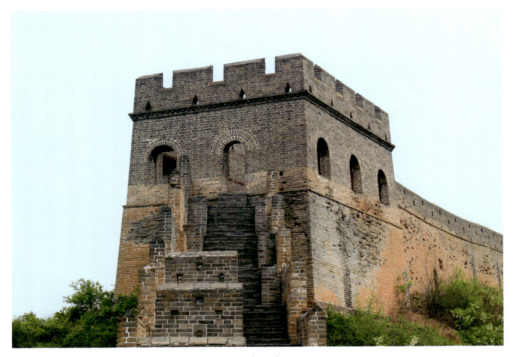

二号敞楼

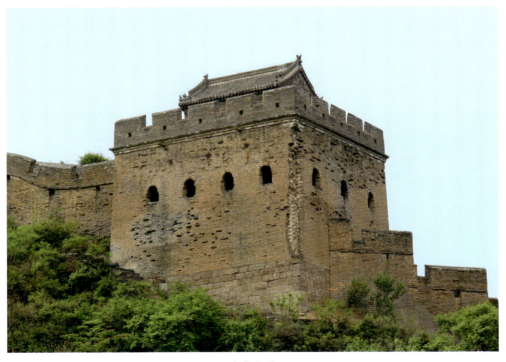

小金山楼

大金山楼

窑沟楼

高尖楼

后川楼

沙子楼

花 楼

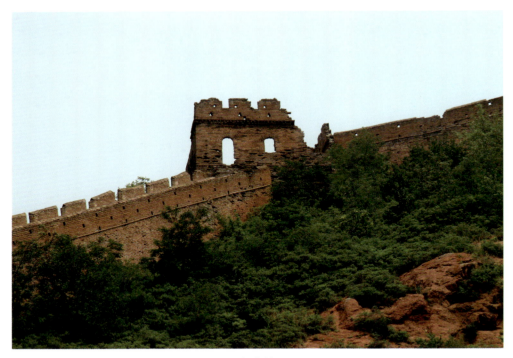

拐角楼

冰道沟楼

黑 楼

车道沟楼

东五眼楼

麒麟楼（小壶顶楼）

大壶顶楼

碾子沟楼

吻　兽

脊　兽

穹隆顶

船篷顶

明崇祯十年密镇造号西洋炮

铜 铳

双箍铁炮

石 雷

铁手雷

礌 石

庆元年复修；附墙台1座，空心敌台84座，从隆庆三年至万历元年逐年修建。"
《大明会典·蓟镇》载：至万历十年（1582年），蓟镇"现存城堡285座，空
心敌台1240座，潮河川大桥1座；昌平，城堡28座，空心敌台250余座。守边
墩台169座。由此，形成了较为坚固的防御功势，"精坚雄壮，二千里声
势连接"。清代，内外一家，长城已失去作用，久未修缮，逐渐自然毁

铁弹丸

石弹丸

铁 镞

坏。乾隆年间，为了"俾存规制而示观瞻、帝曾敕令和尔额精，王进泰修缮古北口被潮河冲毁的长城，但修后次年又被冲毁"。20世纪70年代前，长城沿线部分群众曾拆墙搬砖他用。至80年代初，多处于残存状态。

明长城遗物，20世纪50年代后，在明长城上及两侧陆续发掘出土大量遗物。按其使用功能可分为三大类，一是兵器及相关军事用品，如各型号大炮、铳、枪、箭、石雷、铁蒺藜、马具等。二是生活用品，如石碾、石磨、瓷碗、酒具、省油灯等。三是石碑、石刻、文字砖等。县馆收藏1000多件。

## 第二节 烽 燧

烽燧，是古代中国边防或战区夜间和白昼传递报告敌情的两种信号。夜举火，称烽；昼举烟，称燧。最早曾称烽火、烽烟燧，因其多在人工所筑高台阶上举火放烟，又称烽燧，烽燧又称堠、墩、故又有烽堠、烟墩、墩台之称，放烟时，狼粪烟直上拔高，可见更远处，故又俗称狼烟墩。

县内已发现战国至清末各朝代烽燧135座，大体上可分为战国至汉、明代、清代三个时期。

### 战国至汉代烽燧

战国时，燕击退胡人于千里之外，设五郡，于五郡外缘筑长城自造阳至辽东的同时，修筑了烽燧以传递军事信息。

秦时，连结新建秦长城时又修复和新建一些烽燧。

汉代，汉武帝击退匈奴后、又修长城，城上建烽燧。宣帝朝赵充国呈《屯田奏》称："自敦煌至辽东一万一千五百里，乘塞列燧。"东汉光武帝十二年，刘秀遣骠骑大将军杜茂率全国各郡罪犯并将其刑具，罪衣解除赴北境屯守"筑亭堠，修烽燧"。西晋时，仍修城燧《晋书·庾彬传》既有"复长城塞，烽堠相沾"载录。其后北魏、北齐、北周、隋唐等各朝代均伴随修建长城而修燧建燧。

唐以前各朝代所建烽燧、其形态、尺寸、内部设置，使用及兵力部署等，在唐代章怀太子加注的《后汉书·光武帝纪下》，唐代杜佑所撰《通典·拒守法》中均有较为具体载录。李贤注："前书音义曰：边方备警急，作高土台，台上作桔皋，桔皋头有兜零，以薪草置其中，常低之，有寇即燃火，举之以相告，曰烽。又多积薪，寇至即燔之，望其烟，曰燧。昼则燔燧，夜乃举烽"又有人注：橘皋为可以上下牵动的木制机具，兜零即笼。《通典·拒守法》载："烽台，于高山四顾险绝处置之，无上于孤回平地置，下筑羊马城。高下任便，常以二五为准。台高五丈，下阔二丈，上阔一丈，形圆。上建圆屋覆之，屋径阔一丈六尺，一面跳出三尺，以板为（之），上覆、下栈。屋上置突灶三所，台下亦置三所，并以石灰饰其表里。复置柴笼三所，流火绳三条。在台侧近上下，用屈膝梯，上收下乘。屋四壁开觇贼孔，及安视火筒。置旗一面，鼓一口，弩两张，抛石、垒木、停水瓮、干粮、麻蕴、火钻、火箭、蒿艾、狼粪、牛粪。每晨及夜，平安举一火，闻警固举二火，见烟尘举三火，见贼烧柴笼。如每晨及夜平安火不来，即烽子被贼所捉。一烽六人：五人为烽子，递如更刻，观视动静，一人烽卒，知文书、符牒、转牒。"

县内遗存唐以前烽燧多呈圆形、周围以毛石、石灰砌筑、内填黄土、沙土等并夯实。一般底部周长14—15米，直径5米左右，残存上部周长，直径略小于底部。其中底部周长最少者为10米，最长者为16米。现存残高不等，最高滦平镇马圈子村黄木沟74号烽燧4.5米。

唐以前烽燧多建筑在伊逊河、滦河、兴州河、潮河等较宽广河流两岸的山顶上、少数建筑在滦平与丰宁交界的长城上。大体上可分为七纵一横，其数量与线路长短不一。七纵从东往西依次为：一纵、从隆化县十八里汰、荞麦梁、冷水头方向进入滦平县域、所经乡镇、村庄依次为小营满族乡三家村、平顶山村、上

金沟屯镇1号烽火台　（战国）

山前1号烽火台　（战国）

哈叭沁村、下哈叭沁村、盆窑村、闫庄村、小营村、瓦房村、西地满族乡孙营村、河北村、崔台村、辑营村、四泉庄村、冯营子村、宫后村（滦河镇）、大庙村、八里庄村、桦榆沟村、陈栅子村。之后经承德县、兴隆县至右北平郡；二纵，县内起自伊逊河川红旗镇杨树沟门村与隆化县超梁沟村交界处，向南经南白旗村、红旗村、梁底下村、金沟屯镇上甸子村、下甸子村、荒地村、后梁村、杨树沟村、金沟屯镇东村、金沟屯镇西村、曹窝铺村、柳台村、下营村九梁顶山、然后与横线张百湾村汇合；三纵，从丰宁县兴州河上游两条主交流而来，经凤山镇、小火太沟、墩台梁、后窑梁、垻营北山、小老虎沟南梁进入滦平县域向西南而去、依次为大屯镇西庙村、下窝铺村、小城子村、至大屯营房村与横线合；四纵，县内起自滦平镇北李营石洞沟脑与丰宁县交界处，往南经石洞沟脑，

草帽山烽火台 （战国）

石洞沟、正西沟、北杨树沟门、双庙、北李营、至石头沟门与横线合；五纵，起自滦平镇胡家沟北马圈子村，经东双栅子村、东营村、庄头营村、与横线鞍匠屯村合；六纵，起自安纯沟门满族乡李栅子沟门长城上，经熊沟村、龙潭沟村、李栅子村、曹营村、出沟至安纯沟门与横线合；七纵，位于横线以南，起自十八盘村，进入火斗山乡德胜岭、三道沟村、拉海沟村、大店子村、长海沟门村、下三岔口村、巴克什营镇山神庙村、金牛山村、巴克什营村、出境进入密云县古北口镇。此线与其他各条纵线均有密切联系或为各线汇合线。各线所过村庄置有一个或数个烽燧不等。

横线贯穿县城中部东西。东起自滦河镇宫后，向西进入西地满族乡西地村，吴营村、张百湾镇、偏道子村、下洼子村、周营子村、大老虎沟村、周台子村、盘龙寺村、张百湾村、水泉村、大屯镇东院村、西院村、大屯营房村、滦平镇王家沟村、东瓜园村、石头沟门村、安匠屯村、平坊满族乡、偏岭梁顶、偏岭村、十八盘村、安纯沟门满族乡安纯沟门村、二道河村、虎什哈镇岗子村、营房村、虎什哈村、黄旗村、北拐子村、官营子村、南白旗村、金台子村。出县进入北京市怀柔县长哨营村，喇嘛沟门村、汤河口镇、似与上谷郡居庸县（今延庆县）相连。

### 明代烽燧

明代称烽燧为烽堠、烟墩、墩台。《大明会典·兵部》载："凡烽堠，洪武二十六年定，边防去处，合设烟墩。""永乐十一年，令筑烟墩。""正德八

虎什哈炮台山烽火台　（战国）

年，题准，各卫新增墩台，务要摘拔相应卫所正军，前去瞭守。"《明史·兵三》载："正统元年，总兵官谭广不同意给事中砵纯'请修塞垣'所奏。"而主张"自龙门至独石及黑峪口五百五十余里，工作甚难，不若益墩台瞭守，乃增赤城等堡，烟墩二十二"。嘉靖二十九年宣、大总督翁万达奏"请修宣大边墙千余里，烽堠三百六十二所"。三十四年，"总督军务兵部尚书杨博，既解大同右卫围，因筑牛心诸堡，修烽堠二千八百有奇"。

　　明代烽燧主墙用毛石、石灰砌筑中填沙土，分布坐落在明长城外侧、距长城最远不超过5公里左右、近者1公里以内。有圆筒形，也有长方形。金山岭砖垛楼北侧山梁上的西烽燧，涵龙沟至沙岭沟之间山顶上的东烽燧、下底面周长达31.9—32.5米之间，直径达10.2—10.35米之间，残存高4.4—4.8米之间，上顶部周长28.6—29.8米，直径9.1—9.5米之间。龙王谷关前烽燧，底墙东西长12米，南北宽10米，残高4米。永乐十一年定：筑烟墩，高五丈有奇（15米），四周筑围墙，高一丈五尺，墙外开壕堑，上台设吊桥，门道，上置水槽，暖月盛水、寒月盛泳。墩置官军守望，以绳梯上下"。天顺二年"令墩上设悬楼、礌木、塌窖、赚坑"。除此，还于烟墩顶部四周筑垛口墙，高1.7米左右，中间设烟池1个，长宽各3米左右，高0.6米左右，如金山岭西烽燧。烟墩上报警设施及信号又有改进。宪宗成化二年，令边堠举放烽炮。若见敌一二人至百人，举放一烽一炮，五百人二烽二炮，千人以上三烽

金山岭 1 号烽火台

三炮，五千人以上四烽四炮，万人以上五烽五炮。若偶遇劲风"烟斜不能致远"，或有雨"火郁不能大明"，则堠卒在墩台上立起长杆，悬挂红灯，以灯数量多少以示敌情轻重缓急。

县内已发现的明代烽燧共13座，其中巴克什营镇营盘村8处，巴克什营二寨村2处；金山岭长城管理区内3处。

金山岭 2 号烽火台

金山岭 3 号烽火台

### 清代烽燧

清代称烽燧为烟墩。伴随汉军绿营兵河屯协及所属营汛入驻县内而建。台身仍为毛石、石灰砌筑、中填土沙石并夯实。民国3年，县警察所长呈报张百湾烟墩称：高三丈，下周四丈，上周二丈，上有小砖房1间。

清代烟墩与明代以前烽燧在地势选择上与附属物等方面有较大变化。一是有山而不用，建在川谷平缓处，通往道路旁。二是在烟墩四周附有数量不等土地，三是除个别烟墩外，均坐落在所属营汛东侧几公里，几十公里以外。

民国公署档案记载，清代烟墩县内建有5处。分别为红石砬烟墩，由驻守在长山峪以西马圈子村的河屯协左营马圈子汛管辖。张百湾烟墩，由隶属唐三营驻守在大屯镇营房村的喇嘛洞汛管辖。安匠屯烟墩，由唐三营驻守在大甸子村（十八盘北侧山下）大甸子汛管辖。小白旗烟墩，由河屯协右营驻守在虎什哈营房村的虎什哈汛管辖。兰旗梁烟墩，由左营喀喇河屯汛管辖。现都已无存。

## 滦平烽燧一览表

| 序号 | 名称 | 地点 | 坐标 | 时代 | 标本及其他 |
|---|---|---|---|---|---|
| 1 | 北杨树沟门村01号烽燧 | 滦平镇北杨树沟门村北梁上 | 东经117° 15'23.2"北纬41° 02'59.30"高程966米 | 战国至汉 | 夹砂红陶素面灰陶片 |
| 2 | 北杨树沟门村02号烽燧 | 滦平镇北杨树沟门村北梁上 | 东经117° 14'51.001"北纬41° 03'05.10"高程994米 | 战国至汉 | 未见标本 |
| 3 | 北杨树沟门村03号烽燧 | 滦平镇北杨树沟门村北梁上 | 东经117° 14'35.00"北纬41° 03'04.9"高程1013米 | 战国至汉 | 未见标本 |
| 4 | 北杨树沟门村04号烽燧 | 滦平镇北杨树沟门村北梁上 | 东经117° 14'26.30"北纬41° 02'57.7"高程1061米 | 战国至汉 | 未见标本 |
| 5 | 北杨树沟门村05号烽燧 | 滦平镇北杨树沟门村北梁上 | 东经117° 13'56.10"北纬41° 02'50.30"高程1053米 | 战国至汉 | 未见标本 |
| 6 | 北杨树沟门村06号烽燧 | 滦平镇北杨树沟门村北梁上 | 东经117° 13'43.60"北纬41° 02'53.20"高程1062米 | 战国至汉 | 未见标本 |
| 7 | 北杨树沟门村07号烽燧 | 滦平镇北杨树沟门村北梁上 | 东经117° 12'57.00"北纬41° 02'45.60"高程1138米 | 战国至汉 | 未见标本 |
| 8 | 北杨树沟门村08号烽燧 | 滦平镇北李营胡家沟脑梁上 | 东经117° 12'57.60"北纬41° 02'14.20"高程1169米 | 战国至汉 | 未见标本 |
| 9 | 胡家沟门01号烽燧 | 滦平镇北李营胡家沟脑梁上 | 东经117° 12'25.2"北纬40° 01'44.40"高程1139米 | 战国至汉 | 未见标本 |
| 10 | 胡家沟脑02号烽燧 | 滦平镇北李营胡家沟脑梁上 | 东经117° 12'25.20"北纬40° 01'44.40"高程1139米 | 战国至汉 | 未见标本 |
| 11 | 魏家营01号烽燧 | 滦平镇北李营胡家沟脑梁上 | 东经117° 12'04.30"北纬40° 00'44.30"高程1204米 | 战国至汉 | 未见标本 |
| 12 | 大黑沟01号烽燧 | 安纯沟门乡李栅子大黑沟梁上 | 东经117° 11'40.60"北纬40° 00'38.00"高程1151米 | 战国至汉 | 未见标本 |
| 13 | 大黑沟02号烽燧 | 安纯沟门乡李栅子大黑沟梁上 | 东经117° 10'57.40"北纬40° 00'06.60"高程1046米 | 战国至汉 | 未见标本 |
| 14 | 白沙沟01号烽燧 | 安纯沟门乡李栅子白沙沟梁上 | 东经117° 10'09.30"北纬40° 59'45.20"高程883米 | 战国至汉 | 未见标本 |
| 15 | 熊沟村01号烽燧 | 安纯沟门乡李栅子熊沟梁顶 | 东经117° 09'44.00"北纬40° 59'33.40"高程936米 | 战国至汉 | 未见标本 |
| 16 | 熊沟村02号烽燧 | 安纯沟门乡李栅子熊沟梁顶 | 东经117° 09'36.00"北纬40° 59'28.50"高程885米 | 战国至汉 | 未见标本 |

| 序号 | 名称 | 地点 | 坐标 | 时代 | 标本及其他 |
|---|---|---|---|---|---|
| 17 | 熊沟村03号烽燧 | 安纯沟门乡李栅子熊沟梁顶 | 东经117°09'29.50"北纬40°59'28.10"高程901米 | 战国至汉 | 未见标本 |
| 18 | 头龙潭村01号烽燧 | 巴克什营镇古城川头龙潭林西南1.2千米山顶墙体上 | 东经117°15'38.90"北纬40°45'21.90"高程469米 | 战国至汉 | 未见标本 |
| 19 | 头龙潭村02号烽燧 | 巴克什营镇古城川头龙潭林西南1.3千米山顶墙体上 | 东经117°15'36.60"北纬40°45'19.20"高程462米 | 战国至汉 | 未见标本 |
| 20 | 三家村01号烽燧 | 小营乡三家村北山顶1千米处 | 东经117°44'29.9"北纬41°11'28.80"高程814米 | 战国至汉 | 未见标本 |
| 21 | 三家村02号烽燧 | 小营乡三家村西南654米处 | 东经117°44'06.00"北纬41°11'04.10"高程627米 | 战国至汉 | 未见标本 |
| 22 | 平顶山村01号烽燧 | 小营乡平顶山村东南1.3千米处山脊上 | 东经117°42'30.00"北纬41°10'13.70"高程960米 | 战国至汉 | 未见标本 |
| 23 | 上哈村炮台梁01号烽燧 | 小营乡上哈村西北386米处 | 东经117°43'14.00"北纬41°09'59.40"高程600米 | 战国至汉 | |
| 24 | 上哈村01号烽燧 | 小营乡上哈村西南700米的平地上 | 东经117°43'07.40"北纬41°09'33.10"高程557米 | 战国至汉 | |
| 25 | 半砬子村01号烽燧 | 红旗镇半砬子村北484米处 | 东经117°39'51.00"北纬41°07'39.90"高程506米 | 战国至汉 | 鱼骨盆，夹砂绳纹灰陶素面灰陶片 |
| 26 | 闫庄村01号烽燧 | 小营乡闫庄村北633米处的墩台上 | 东经117°42'33.40"北纬41°05'37.40"高程485米 | 战国至汉 | |
| 27 | 小营村01号烽燧 | 小营乡小营村东南552米的小东山 | 东经117°43'29.40"北纬41°04'18.60"高程502米 | 战国至汉 | |
| 28 | 瓦房梁01号烽燧 | 小营乡瓦房村西北783米处 | 东经117°42'46.60"北纬41°02'42.90"高程479米 | 战国至汉 | |
| 29 | 梁底下村01号烽燧 | 红旗镇梁底下村北244米处的山脊上 | 东经117°36'28.60"北纬41°06'27.40"高程569米 | 战国至汉 | 夹砂红陶，夹砂灰褐色陶片 |
| 30 | 下半砬子01号烽燧 | 西沟乡下半砬子村西南2.7千米甲山山梁上 | 东经117°3'25.20"北纬41°07'02.90"高程1032米 | 战国至汉 | |

| 序号 | 名称 | 地点 | 坐标 | 时代 | 标本及其他 |
|---|---|---|---|---|---|
| 31 | 上甸子村01号烽燧 | 金沟屯镇上甸子村东北1.3千米处 | 东经117°35'17.40"北纬41°06'07.40"高程704米 | 战国至汉 | |
| 32 | 下甸子村01号烽燧 | 金沟屯镇下甸子村西南2.1千米的山梁上 | 东经117°32'32.60"北纬41°05'03.30"高程531米 | 战国至汉 | |
| 33 | 后梁村01号烽燧 | 金沟屯镇后梁村北850米大南叉沟横梁上 | 东经117°29'03.60"北纬41°04'31.60"高程806米 | 战国至汉 | 夹砂红陶网格纹，绳纹陶片，鬲足，石器，红烧土 |
| 34 | 金沟屯镇01号烽燧 | 金沟屯镇金沟屯镇村北255米山梁上 | 东经117°30'09.50"北纬41°30'30.20"高程527米 | 战国至汉 | 夹砂灰陶绳纹灰陶 |
| 35 | 金沟屯镇村01号烽燧 | 金沟屯镇村东389米山梁上 | 东经117°29'29.30"北纬41°02'12.10"高程539米 | 战国至汉 | |
| 36 | 金沟屯镇村02号烽燧 | 金沟屯镇东南523米处山梁上 | 东经117°29'35.10"北纬41°02'07.70"高程558米 | 战国至汉 | |
| 37 | 碾子沟01号烽燧 | 金沟屯镇碾子沟村西南991米处山梁上 | 东经117°28'51.10"北纬41°01'46.90"高程570米 | 战国至汉 | |
| 38 | 柳台村01号烽燧 | 金沟屯镇柳台村西北533米处炮台山上 | 东经117°30'39.30"北纬41°01'10.90"高程536米 | 战国至汉 | |
| 39 | 九梁顶村01号烽燧 | 张百湾镇九梁顶村东北2千米处山脊尖上 | 东经117°29'23.10"北纬41°00'42.50"高程894米 | 战国至汉 | |
| 40 | 下营子村01号烽燧 | 金沟屯镇下营子村西991米处的山脊上 | 东经117°27'12.90"北纬41°00'55.90"高程664米 | 战国至汉 | |
| 41 | 曹窝铺村01号烽燧 | 金沟屯镇曹窝铺村东南1.4千米处周家沟门山脊上 | 东经117°31'27.80"北纬41°00'37.00"高程552米 | 战国至汉 | |
| 42 | 西洼子村01号烽燧 | 张百湾镇西洼子村西北1千米处的炮台梁上 | 东经117°32'50.30"北纬40°59'56.40"高程507米 | 战国至汉 | |
| 43 | 王帽山01号烽燧 | 张百湾镇山前村东北1.3千米山脊上 | 东经117°30'39.60"北纬40°59'48.30"高程700米 | 战国至汉 | |

| 序号 | 名称 | 地点 | 坐标 | 时代 | 标本及其他 |
|---|---|---|---|---|---|
| 44 | 周台子村01号烽燧 | 张百湾镇周台子村南558米处的炮台梁上 | 东经117°34'31.90"北纬40°59'13.80"高程489米 | 战国至汉 | |
| 45 | 东院村锅底山01号烽燧 | 大屯镇东院村西北939米山梁上 | 东经117°26'11.20"北纬40°59'59.00"高程575米 | 战国至汉 | |
| 46 | 东院村山嘴梁01号烽燧 | 大屯镇东院村东南778米处 | 东经117°27'09.80"北纬40°59'31.10"高程480米 | 战国至汉 | 夹蚌红陶绳纹、灰陶弦纹陶片 |
| 47 | 张百湾村头道沟01烽燧 | 张百湾镇张百湾村西南山梁上 | 东经117°28'10.10"北纬40°58'59.90"高程677米 | 战国至汉 | |
| 48 | 盘龙寺村01号烽燧 | 张百湾镇盘龙寺村西南522米处炮台梁上 | 东经117°31'31.20"北纬40°59'05.00"高程524米 | 战国至汉 | |
| 49 | 山前村01号烽燧 | 张百湾镇山前村东北2.1千米的山脊上 | 东经117°31'27.20"北纬40°59'57.80"高程546米 | 战国至汉 | 夹砂夹蚌红陶，弦纹灰陶，绳纹灰陶片 |
| 50 | 老虎沟门01号烽燧 | 张百湾镇大老虎沟门南侧349米处南山上 | 东经117°35'43.40"北纬40°58'13.00"高程489米 | 战国至汉 | 夹砂红陶，绳纹灰陶鱼骨盆，灰陶口沿 |
| 51 | 下洼子村01号烽燧 | 张百湾镇下洼子村东595米处的凹包山上 | 东经117°37'17.30"北纬40°57'51.90"高程523米 | 战国至汉 | 素面夹砂红陶、绳纹红陶、灰陶片 |
| 52 | 周营子村01号烽燧 | 张百湾镇周营子村东南447米处山梁上 | 东经117°36'27.60"北纬40°57'22.20"高程450米 | 战国至汉 | |
| 53 | 兰旗村01号烽燧 | 张百湾镇兰旗村西南870米处山梁上 | 东经117°36'27.30"北纬40°56'45.60"高程648米 | 战国至汉 | 夹砂灰陶口沿，夹蚌红陶，腰红烧土块 |
| 54 | 吴营村01号烽燧 | 张百湾镇吴营村东北463米处山梁上 | 东经117°38'50.00"北纬40°56'51.40"高程592米 | 战国至汉 | 夹砂红陶绳纹瓦，素面灰陶口沿，夹蚌红陶片 |
| 55 | 三道梁村01号烽燧 | 长山峪镇三道梁头道营村东2.8千米处南山上 | 东经117°33'33.00"北纬40°52'32.60"高程611米 | 战国至汉 | 夹蚌红陶，素面器底，灰陶片鱼骨盆 |
| 56 | 草帽山01号烽燧 | 付营子乡草帽山梁顶 | 东经117°39'45.60"北纬40°54'05.80"高程728米 | 战国至汉 | |

| 序号 | 名称 | 地点 | 坐标 | 时代 | 标本及其他 |
|---|---|---|---|---|---|
| 57 | 化育沟村01号烽燧 | 付营子乡化育沟村西北223米处山梁上 | 东经117° 46'02.50"北纬40° 53'38.80"高程409米 | 战国至汉 | 绳纹红陶，素面灰陶器底夹砂红陶 |
| 58 | 小烟墩沟01号烽燧 | 付营子乡红石砬村东 | 东经117° 39'58.50"北纬40° 53'26.40"高程445米 | 战国至汉 | |
| 59 | 小西沟01号烽燧 | 大屯镇北沟村东北2千米的小西沟山梁上 | 东经117° 20'35.40"北纬41° 04'06.80"高程692米 | 战国至汉 | 弦纹灰陶口沿，绳纹灰陶，夹砂红陶 |
| 60 | 北沟01号烽燧 | 大屯镇北沟村西北梁上 | 东经117° 10'34.70"北纬40° 58'30.00"高程877米 | 战国至汉 | |
| 61 | 东沟村01号烽燧 | 大屯镇东沟村东北400米处大石砬子山顶 | 东经117° 23'04.80"北纬41° 01'20.00"高程600米 | 战国至汉 | |
| 62 | 二道营村大歪脖沟01号烽燧 | 大屯镇二道营村东南967米处山脊上 | 东经117° 20'38.00"北纬41° 00'52.80"高程701米 | 战国至汉 | 夹蚌红陶，素面灰陶 |
| 63 | 西庙村窝头山01号烽燧 | 大屯镇西庙村北676米处高头山顶 | 东经117° 19'45.80"北纬41° 02'48.80"高程538米 | 战国至汉 | 夹砂红褐陶片 |
| 64 | 路南营村01号烽燧 | 大屯镇路南营村东北218米处的东山顶 | 东经117° 21'30.90"北纬41° 02'07.20"高程601米 | 战国至汉 | 夹蚌弦纹红陶，素面灰陶片 |
| 65 | 大庙沟梁尖01号烽燧 | 大屯镇小城子村河东西南1.1千米处东山上 | 东经117° 22'44.40"北纬41° 00'45.20"高程695米 | 战国至汉 | 弦断绳纹弦币纹，夹蚌红陶灰陶 |
| 66 | 河东村二道小沟01号烽燧 | 大屯镇河东村北660米处二道小沟山顶 | 东经117° 22'47.40"北纬41° 00'14.20"高程553米 | 战国至汉 | |
| 67 | 小城子村转山子01号烽燧 | 大屯镇小城子村西100米处小孤山包上 | 东经117° 22'15.20"北纬40° 59'33.00"高程484米 | 战国至汉 | |
| 68 | 小城子村南山01号烽燧 | 大屯镇小城子村南山1.1千米处 | 东经117° 22'24.00"北纬40° 59'25.50"高程740米 | 战国至汉 | 夹砂灰陶，素面灰陶 |
| 69 | 营坊村01号烽燧 | 大屯镇营坊村西南371米的台地上 | 东经117° 23'24.30"北纬40° 58'54.60"高程519米 | 战国至汉 | 粗绳纹陶片，夹砂红陶 |

| 序号 | 名称 | 地点 | 坐标 | 时代 | 标本及其他 |
|---|---|---|---|---|---|
| 70 | 王家沟村01号烽燧 | 滦平镇王家沟村东北1.3千米山梁上 | 东经117° 23'06.70"北纬40° 58'47.70"高程563米 | 战国至汉 | 泥质灰陶口沿，素面灰陶、陶纺轮 |
| 71 | 王家沟村02号烽燧 | 滦平镇王家沟村东北1.2千米山梁上 | 东经117° 23'00.60"北纬40° 58'46.70"高程579米 | 战国至汉 | |
| 72 | 滦平镇黄土梁01号烽燧 | 滦平镇瓜园村、王家沟交界1.3千米处 | 东经117° 22'23.00"北纬40° 57'43.00"高程515米 | 战国至汉 | |
| 73 | 雕砬子01号烽燧 | 滦平镇石头沟门村东北813米处山梁上 | 东经117° 21'17.20"北纬40° 57'02.80"高程567米 | 战国至汉 | 绳纹灰陶素面灰陶 |
| 74 | 雕砬子02号烽燧 | 滦平镇石头沟门村东北773米处山梁上 | 东经117° 21'18.10"北纬40° 57'05.90"高程579米 | 战国至汉 | 夹蚌红陶，素面灰陶红烧土 |
| 75 | 石头沟门村01号烽燧 | 滦平镇石头沟门村东南150米处黄土梁上 | 东经117° 21'00.40"北纬40° 56'33.30"高程502米 | 战国至汉 | 夹蚌红陶，夹砂红陶片 |
| 76 | 营房北山01号烽燧 | 大屯镇营坊村北山2.1千米处 | 东经117° 23'40.20"北纬40° 00'01.00"高程724米 | 战国至汉 | |
| 77 | 偏岭梁01号烽燧 | 平坊乡偏岭村西南669米处的山上 | 东经117° 18'27.40"北纬40° 55'19.60"高程602米 | 战国至汉 | |
| 78 | 挑山梁01号烽燧 | 滦平镇西街村东792米处山脊上 | 东经117° 17'20.70"北纬40° 54'56.30"高程201米 | 战国至汉 | 夹蚌灰陶，绳纹灰陶，夹蚌红陶片 |
| 79 | 平坊村南山01号烽燧 | 平坊乡平坊村东北1.4千米处的南山上 | 东经117° 16'09.70"北纬40° 54'10.10"高程650米 | 战国至汉 | 弦纹灰陶，素面灰陶 |
| 80 | 康大洼村01号烽燧 | 平坊乡康大洼村东北268米的炮台梁上 | 东经117° 13'50.20"北纬40° 52'35.10"高程702米 | 战国至汉 | 夹砂绳纹红陶 |
| 81 | 康大洼村02号烽燧 | 平坊乡康大洼村东247米处炮台梁上 | 东经117° 13'51.70"北纬40° 52'30.90"高程705米 | 战国至汉 | 夹蚌红陶，绳纹灰陶，弦纹灰陶 |
| 82 | 康大洼村03号烽燧 | 平坊乡康大洼村东267米处炮台梁上 | 东经117° 13'52.80"北纬40° 52'30.20"高程705米 | 战国至汉 | 夹砂红陶器底，绳纹灰陶 |
| 83 | 康大洼村04号烽燧 | 平坊乡康大洼村西南490米处山梁上 | 东经117° 13'32.30"北纬40° 52'15.90"高程724米 | 战国至汉 | 绳纹红陶器底，绳纹红陶片 |

| 序号 | 名称 | 地点 | 坐标 | 时代 | 标本及其他 |
|------|------|------|------|------|------------|
| 84 | 安纯沟门村北01号烽燧 | 安纯沟门乡安纯沟门村北853米处的山梁上 | 东经117° 11'42.40"北纬40° 53'09.00"高程680米 | 战国至汉 | |
| 85 | 安纯沟门村南01号烽燧 | 安纯沟门乡安纯沟门村南864米的山梁上 | 东经117° 11'25.80"北纬40° 52'18.40"高程687米 | 战国至汉 | |
| 86 | 拉海沟门村01号烽燧 | 火斗山乡拉海沟门村东北2.7千米山脊上 | 东经117° 15'48.70"北纬40° 50'26.60"高程472米 | 战国至汉 | |
| 87 | 常海沟门村01号烽燧 | 火斗山乡常海沟门村南620米小喇叭洼梁上 | 东经117° 14'40.10"北纬40° 48'54.70"高程543米 | 战国至汉 | 夹蚌红陶，绳纹红陶，弦纹灰陶，弦断绳纹素面灰陶 |
| 88 | 大店子村01号烽燧 | 火斗山乡大店子村西南山脊上 | 东经117° 15'45.30"北纬40° 49'54.00"高程461米 | 战国至汉 | 夹蚌红陶，绳纹灰陶，弦纹灰陶口沿 |
| 89 | 张家沟门村01号烽燧 | 火斗山乡张家沟门村东598米处山梁上 | 东经117° 12'47.60"北纬40° 48'19.50"高程400米 | 战国至汉 | |
| 90 | 张家沟门村02号烽燧 | 火斗山乡张家沟门村东北117米处梁上的台地上 | 东经117° 12'26.10"北纬40° 48'25.90"高程346米 | 战国至汉 | |
| 91 | 张家沟门村03号烽燧 | 火斗山乡张家沟门村东北594米处山梁上 | 东经117° 12'43.40"北纬40° 48'31.50"高程342米 | 战国至汉 | |
| 92 | 下三岔口村北山梁01号烽燧 | 火斗山乡下三岔口村北山梁 | 东经117° 12'24.20"北纬40° 47'37.60"高程429米 | 战国至汉 | 素面灰陶细布纹瓦 |
| 93 | 山神庙01号烽燧 | 火斗山乡山神庙村北576米处大长沟山梁上 | 东经117° 11'37.80"北纬40° 45'22.00"高程309米 | 战国至汉 | 夹砂红陶，夹蚌红陶灰陶 |
| 94 | 山神庙02号烽燧 | 火斗山乡山神庙村北579米处大长沟山梁上 | 东经117° 11'40.40"北纬40° 45'22.10"高程321米 | 战国至汉 | |
| 95 | 四道沟01号烽燧 | 火斗山乡拉海沟村北2.8千米山脊上 | 东经117° 16'12.90"北纬40° 51'02.50"高程514米 | 战国至汉 | |
| 96 | 双栅子村01号烽燧 | 滦平镇北李营双栅子村东北900米处的炮台梁上 | 东经117° 16'34.40"北纬40° 58'51.2"高程746米 | 战国至汉 | 夹砂红陶，夹蚌红陶，弦纹灰陶片 |

| 序号 | 名称 | 地点 | 坐标 | 时代 | 标本及其他 |
|---|---|---|---|---|---|
| 97 | 龙潭沟01号烽燧 | 安纯沟门乡李栅子龙潭沟脑750米山顶上 | 东经117° 09'32.40"北纬40° 58'17.20"高程942米 | 战国至汉 | |
| 98 | 李栅子村01号烽燧 | 安纯沟门乡李栅子村南后山梁上 | 东经117° 10'51.40"北纬40° 58'10.80"高程701米 | 战国至汉 | |
| 99 | 北杨树沟门后山尖01号烽燧 | 安纯沟门乡杨树沟门村东北654米处后山尖上 | 东经117° 16'23.30"北纬41° 01'23.20"高程825米 | 战国至汉 | |
| 100 | 北杨树沟村01号烽燧 | 滦平镇北李营杨树沟门村南350米炮台梁上 | 东经117° 16'18.60"北纬41° 00'53.40"高程744米 | 战国至汉 | |
| 101 | 双庙村01号烽燧 | 滦平镇北李营双庙村水泉洼梁顶1.7千米处 | 东经117° 17'26.70"北纬41° 00'31.20"高程834米 | 战国至汉 | |
| 102 | 下河东村01号烽燧 | 滦平镇北李营下河东村北644米山梁上 | 东经117° 16'56.10"北纬41° 00'20.30"高程657米 | 战国至汉 | |
| 103 | 四棱山01号烽燧 | 大屯镇蒿子沟脑北山3千米处 | 东经117° 19'24.00"北纬40° 59'54.40"高程774米 | 战国至汉 | |
| 104 | 马圈子村01号烽燧 | 滦平镇胡家沟马圈子村西南1.6千米山尖上 | 东经117° 14'32.40"北纬40° 58'59.30"高程963米 | 战国至汉 | |
| 105 | 马圈子村02号烽燧 | 滦平镇胡家沟马圈子村南1.3千米山尖上 | 东经117° 15'08.50"北纬40° 58'58.70"高程889米 | 战国至汉 | |
| 106 | 北沟村01号烽燧 | 安纯沟门乡李栅子北沟村西北200米炮台山尖上 | 东经117° 20'12.60"北纬41° 03'25.40"高程660米 | 战国至汉 | |
| 107 | 北里营村01号烽燧 | 滦平镇北李营村东北陈路沟马鞍梁上 | 东经117° 18'20.60"北纬40° 58'27.90"高程616米 | 战国至汉 | |
| 108 | 东营村01号烽燧 | 滦平镇东营村西北500米山上 | 东经117° 16'58.40"北纬40° 57'47.00"高程625米 | 战国至汉 | 网格纹、绳纹素面灰陶，夹蚌红陶 |

| 序号 | 名称 | 地点 | 坐标 | 时代 | 标本及其他 |
|---|---|---|---|---|---|
| 109 | 滦平县北山01号烽燧 | 滦平镇北山庄头营村北1千米处 | 东经117° 18'54.60"北纬40° 56'30.00"高程654米 | 战国至汉 | |
| 110 | 庄头营村后山01号烽燧 | 滦平镇庄头营村后山1千米处 | 东经117° 18'54.80"北纬40° 56'14.30"高程615米 | 战国至汉 | |
| 111 | 小白旗村01号烽燧 | 安纯沟门乡小白旗村东905米处炮台洼山上 | 东经117° 07'31.20"北纬40° 53'15.80"高程477米 | 战国至汉 | |
| 112 | 二道河01号烽燧 | 安纯沟门乡二道河村西北山脊上 | 东经117° 05'56.10"北纬40° 52'58.00"高程595米 | 战国至汉 | |
| 113 | 岗子村01号烽燧 | 虎什哈镇岗子村南锅底山梁上 | 东经117° 02'44.80"北纬40° 53'21.90"高程568米 | 战国至汉 | 夹蚌红陶，素面灰陶 |
| 114 | 虎什哈镇炮台山01号烽燧 | 虎什哈镇南1.4千米的炮台山上 | 东经117° 00'03.80"北纬40° 52'31.80"高程393米 | 战国至汉 | |
| 115 | 黄旗村01号烽燧 | 虎什哈镇黄旗村东南山包上 | 东经116° 57'11.50"北纬40° 53'08.50"高程428米 | 战国至汉 | |
| 116 | 北拐子村01号烽燧 | 虎什哈镇北拐子村南1.3千米南山上 | 东经116° 55'52.80"北纬40° 53'41.70"高程469米 | 战国至汉 | |
| 117 | 官营子村01号烽燧 | 虎什哈镇金台子乡官营子村南516米处南山上 | 东经116° 54'55.80"北纬40° 53'26.80"高程448米 | 战国至汉 | |
| 118 | 金山岭01号烽燧 | 巴克什营镇花楼沟村东南8千米 | 东经117° 14'17.00"北纬40° 40'48.70"高程428米 | 明代 | |
| 119 | 金山岭02号烽燧 | 巴克什营镇花楼沟村西南230米 | 东经117° 13'55.10"北纬40° 40'47.50"高程444米 | 明代 | |
| 120 | 二寨南沟01号烽燧 | 巴克什营镇二寨南沟村六组东南约1.2千米 | 东经117° 11'18.50"北纬40° 41'54.20"高程365米 | 明代 | |
| 121 | 二寨南沟02号烽燧 | 巴克什营镇二寨南沟村六组西侧500米山顶部 | 东经117° 10'40.70"北纬40° 42'29.20"高程355米 | 明代 | |
| 122 | 巴克什营烽燧 | 巴克什营镇营盘村东南1.3千米的山上 | 东经117° 11'15.90"北纬40° 43'01.70"高程358米 | 明代 | |

| 序号 | 名称 | 地点 | 坐标 | 时代 | 标本及其他 |
|---|---|---|---|---|---|
| 123 | 北门村北侧01号烽燧 | 巴克什营镇北门村北400米的山上 | 东经117° 09'44.40"北纬40° 42'08.90"高程269米 | 明代 | |
| 124 | 北门村北侧01号烽燧 | 巴克什营镇北门村北800米的山上 | 东经117° 09'53.80"北纬40° 42'20.90"高程207米 | 明代 | |
| 125 | 营盘01号烽燧 | 巴克什营镇营盘村东南约1.7千米 | 东经117° 09'19.00"北纬40° 42'18.30"高程273米 | 明代 | |
| 126 | 营盘02烽燧 | 巴克什营镇营盘村东南1.3千米 | 东经117° 09'11.00"北纬40° 42'31.00"高程335米 | 明代 | |
| 127 | 营盘03号烽燧 | 巴克什营镇营盘村东南1.3千米 | 东经117° 08'59.20"北纬40° 42'22.50"高程331米 | 明代 | |
| 128 | 营盘04号烽燧 | 巴克什营镇营盘村东南1.3千米 | 东经117° 08'47.60"北纬40° 42'16.00"高程323米 | 明代 | |
| 129 | 营盘05号烽燧 | 巴克什营镇营盘村东南1.3千米 | 东经117° 08'33.60"北纬40° 42'07.60"高程316米 | 明代 | |
| 130 | 龙峪口烽燧 | 巴克什营镇头道梁村四队南0.4千米龙峪口东侧山脊上 | 东经117° 12'52.30"北纬40° 41'19.70"高程362米 | 明代 | |
| 131 | 红石砬烽燧 | 付营子乡小红石砬街东南角 | | 清代 | |
| 132 | 张百湾烽燧 | 张百湾镇张百湾村西头300余米路北平地 | | 清代 | |
| 133 | 鞍匠屯烽燧 | 滦平镇邮电局院偏西平地上 | | 清代 | |
| 134 | 小白旗烽燧 | 小白旗村东路北平地上 | | 清代 | |
| 135 | 兰旗梁烽燧 | 兰旗梁西杨树底下 | | 清代 | |

## 第三节 寺 庙

　　古代寺庙，遍布于全县城乡各地。最早见于文字载录的为辽代卧如佛庙，在辽驿馆卧如佛馆附近，即今大屯镇西院村喇嘛洞。元代在原宜兴县及后来升为州的宜兴州域内又修建数座较大型庙宇，如灵峰寺，元初建，在五指山（今兴隆县内）有碑，额曰：兴州宜兴县五指山大灵峰禅寺（《承德府志·寺观》）"宜兴州金谷峪灵峰寺碑·碑存，在府治二沟汛解家营子（今承德县三沟镇）元太常博士李泰撰，惠州平顶山天平寺虚泉长老书丹，碑左镌雾灵山大护圣寺前往住持潜溪、广庆同立石"（《承德府志：金石》）白塔院寺，元至正二年建（1342年），位于今张百湾镇河北村。有碑，坚白如玉，清代，"农人掘地而得，时字迹不甚残缺，而碑文浅陋不足观"。后碑遗失。元时，卧如佛寺后山洞有喇嘛主持，故改称喇嘛洞至今。清代伴随人口大量徙入，大小寺庙大量建筑。民国四年（1915年），全县统计，仅驻有执事、僧道人等较大型寺庙即达60余处。其殿宇多者达34间，占地4亩有余。多数寺庙置有香火地，多者如穹览寺达220余亩。除此较大自然村还建有众多较小型七神庙、九神庙等未统计在内。

寺庙殿宇多为前后二重殿，左右置配殿。另有僧房。殿内均置彩色塑像，严格排序。主次有别。多数寺庙前殿供老爷，后殿供娘娘。墙壁彩绘相关图画。钟、鼓、磬、鼎、木鱼等法器法物俱全。按出资及权属等划分又分为敕建、公建、私建、募建、商建等类型。敕建，即皇帝敕令修建。由国家或政府出资，规模较大，规格较高，多由行宫或地方政府管理，如穹览寺、琳宵观、星㲀岩寺等，全县共6处；公建，为地方各届共同出资兴建，如青石梁关帝庙，张百湾西街清静寺；私建，即家庭或同宗等私人出资修建，如原县城外南侧圣祖庙为肖姓所建，兴州关帝庙为于姓所建；募建，即僧人等赴各处动员募捐所建，如金沟屯镇内福寿寺，付营子乡内靳家沟门娘娘庙等；商建，即经商者出资所建，多为财神庙，如原县城东街财神庙。按使用性质分为佛教，道教、伊斯兰教、天主教。

各类寺庙，多于20世纪20～50年代被改作宅用或拆卸。另有一部分毁于"文化大革命"初期。至2008年末仅残存6处。

### 穹览寺

穹览寺原属两个行政辖区，前殿位于承德市双滦区滦河镇，后殿位于滦平县西地满族乡，即西地粮食所院内，坐标为纬度40°57'09.5"，经度117°44'08.1"。建于康熙四十三年，与喀喇河屯行宫扩建同步进行。为敕建，宫属。共占地2亩，殿宇34间，附属房屋2间。由门殿、前殿、后殿、前后东西配殿构成。前殿券门横匾一面，书写"敕建穹览寺"五字。前殿供佛像一尊，匾额为"清音叶贝"又悬乾隆帝御笔"性澄觉海"，东西两侧为配殿及钟鼓二楼，中置圣祖康熙帝御制碑一面。后殿供奉三大士，释迦佛像各三尊，东西两侧仍为配殿。此寺建筑结构、造型、装饰、彩画均具独到之处。如门殿虽小，等级较高，正脊用大吻，垂脊饰小兽。前面正中辟券门，拱券为砖雕，刻卷草纹，刻工精细，刀法圆浑，局部构建沿袭明代技法。

穹览寺

民国时期曾住僧人4名，住持号雷如，法名大义。四人皆会吹打乐。

### 星龛岩寺

星龛岩寺位于小营满族乡小营村北东侧悬崖下，坐标为纬度41°04'39.3"，经度117°43'17.4"。正殿3间，面宽10米，进深5米，后墙即悬崖岩面，就崖面镌刻佛像三尊。正殿门额为康熙帝御笔《星龛岩》三字，周围四龙盘绕。正殿门外还建有僧房6间。正殿置台阶十三级至平缓处。东西各置配房两间，四周围以院墙。南门有阴刻石匾额《敕建星龛岩寺》，亦为康熙手书。此寺建于康熙四十三年，为宫属。与该寺同时修建的还有位于村内的静妙寺及寺前戏楼，亦为宫属。

星龛岩寺

星龛岩寺

　　该寺俗称砬子庙。建后，香火不断，每年四月十八日为庙会，请戏班演戏前后四五日。民国十七年，该寺被东北军第九军高文辉部驻防时烧毁，其残存部分又毁于"文革"，仅存摩岩石刻佛像。近年，当地群众自发进行了部分维修，现为县级文物保护单位。

### 庆成寺

　　庆成寺位于金沟屯镇上甸子下甸子自然村，坐标为纬度41°05'55.8"，经度

庆成寺后殿

庆成寺前殿南墙壁画

117°34′24.0″。建于乾隆年间，光绪二十八年重修。为群组布局，坐北朝南，面积为1008平方米，有房屋37间，分东西两个四合庭院。西院由前殿、后殿和东西配房组成。前殿面宽三间，进深一间，硬山灰瓦顶，梁柱结构。门额曰："南海境"，内有观世音等三世佛（已毁），东西各有配房3间。前后殿正脊及墀头的

庆成寺前殿

观音寺

观音寺钟鼓楼、前殿

檐均为高浮雕式砖花。东庭院由门殿、正房、东西厢房组成，门殿面宽一间，进深一间，硬山灰瓦顶，正房6间，东西各有配房3间。西院门前为石栏杆高台，中间台阶两边各有一个昂首挺胸的石狮，造型十分生动可爱。石栏板雕刻的各种花卉更为逼真。"文革"期间寺庙内塑像被毁，墙上壁画残缺不清，生产队改作库房。县文管所筹措资金于2002年7—9月对该寺进行了抢救性维修。2015年再次维修，修复了现存前殿后殿的门窗、地面及庙内塑像等，2011年3月批准为省级文物保护单位。

### 兴州观音寺

兴州观音寺，也称关帝庙。位于大屯镇兴州村内，约建于清乾隆年间，原属于姓皇粮庄头家庙。坐标为纬度41°00'24.9"，经度117°22'06.3"。占地3.5亩，共有大小殿宇、房屋31间，其中，前殿4间，左右耳房各2间，供奉关老爷等；后殿3间，左右耳房各3间，东西配房各7间。院内古松2株，历300年左右仍枝繁叶茂，树冠宏达，1990年时地面树干直径达70—80厘米，围2.5米。

19世纪50年代，曾将前殿拆毁，后殿等改作学校、粮仓，后又改作水泥制件厂等。其后院内失火，1株古松被烧毁，现尚存一株。2008年县文管所维修了关帝庙的东配殿，2012年哈斯巴特尔法师对关帝庙进行了整体维修，此庙与兴州皇粮庄头即兴州行宫整体为省级文物保护单位。

观音寺山门

**王家沟清真寺**

王家沟清真寺位于王家沟村中心，首建于乾隆十三年（1748年），占地面积1.5亩。曾经历两次翻修，第一次翻修于道光十一年（1831年），原有房宇22间，其中，经堂、讲堂和沐浴室各6间，住房3间，北房1间。第二次翻修于1992年5月。现该寺大殿3间，面积150平方米，北讲堂4间，面积30平方米，南讲堂4间，面积30平方米，浴室4间，面积60平方米，库房2间，面积12平方米，浴池1处，24平方米。常年有阿訇主持。

**鞍匠屯清真寺**

鞍匠屯清真寺位于滦平镇中街，首建于咸丰七年（1857年），该寺亦经历两次重建，第一次重建为光绪二十六年（1900年）被牤牛河水涨冲走后，异地重建。第二重建，于民国31年又被冲毁后又于异地重建，为县内回民出资所建。现该寺占地4.8亩。原有房屋16间，"文革"期间部分房屋被改作他用。1994年，改建了礼拜寺9间，162平方米。北讲堂13间，312平方米。2001年后又增建了讲堂及临街楼房，2007年，建南讲堂8间，434平方米，2009年，又建仿古门楼、平房5间，埋台房架子房2间，2014年县政府建设园林县城，扩宽城市道路，对清真寺进行规划改造，在原址重建了具有阿拉伯建筑风格的清真寺，建成商务楼3284平方米，礼拜大殿174平方米及南北讲堂等共4000多平方米，该寺常年有阿訇主持。

王家沟清真寺

## 第四节　天主教堂

清代道光年间，天主教传入县内东部大老虎沟等地，属北京教区管辖。道光十八年（1838年），罗马教皇颁令，又划归法国巴黎外方传教会张家口崇礼县西湾子蒙古教区管辖，咸丰十一年（1861年），罗马教皇又将热河、内蒙古、宁夏等教区划归比利时圣母同心会管辖。县内天主教属热河教区，归属朝阳（承德府境）松树嘴子天主教总堂管理。清光绪年间，县内天主教又向今张百湾镇下南沟村、付营子乡羊草沟门、长山峪镇三道梁村、陈家沟、巴克什营镇花楼沟、红旗镇大沟村等地发展，至光绪二十九年（1903年），教徒发展到180人，至民国八年达到2000余人。

县内天主教多为欧洲人充任神甫，至清末25任。其中9任病逝后葬于大老虎沟墓地，面积300平方米。

伴随天主教不断发展，信教人员逐渐增加，县内先后修建大老虎天主教教堂，三道营天主公所各所。

### 大老虎沟天主教堂

大老虎沟天主教堂位于张百湾镇大老虎沟村，坐标为纬度41°58'08.1"，经度117°35'14.7"。始建于清咸丰六年（1856年）建筑物有直角形经堂（"人"字形）8间，更衣所2间，学房5间，厨房2间，马棚草房4间，车棚碾房7间，神甫厨

大老虎沟天主教堂

长山峪天主教堂

房、餐厅10间，婴儿院、女学房10间，六角凉亭1座。民国22年续建经营5间，共有各类大小房屋61间，外有围槽。人民解放军解放滦平后土改时，部分房屋分给妇女居住。1952年其余房屋为县财政所有。1954年成立五四农庄，占用该地，大部房屋被拆毁。后残留部分又先后被骨科医院，草织厂、炼铁厂、养老院，周营子公社专业队占用。至1979年尚存房屋19间，其中"人字"经堂8间，大厅5间，饭堂6间。1983年，依据承德地区《关于修缮天主教堂意见的请示批复》由周营子村出资1000元进行了维修，教堂占地面积3639.26平方米。

1994年重建了人字堂。2002年在学校旧址基础上重建新房10间。2009年又翻建教堂，为哥特式、人字形，高33米，面积668平方米。可供2000人使用。至2009年末，总占地面积3700平方米。

有神甫主持宗教活动，现为县级文物保护单位。

### 天主教公所

天主教公所位于长山峪镇陈家沟三道营子村中段。始建于光绪二十九年（1903年）。有正房5间，为经堂；东房3间，为神甫居室；细房4间，为书房；南房4间，为门楼及马厩舍。呈四合院格局，共16间。20世纪50年代后，正房曾改作大队部，代销点等，东房做过加工厂。西房于1987年塌毁。2002年3月重建，总占地面积689平方米，建筑面积180平方米。另附属房屋4间，建筑面积80平方米。

修建后，有神甫主持宗教活动。

## 滦平县民国十八年主要寺庙及庙宇房地财产、佛像法器及主持情况表

| 庙宇名称 | 座落 | 建筑年代 | 所属性质 | 占地（亩）寺庙 | 房屋（间）附属 | 财产（元）寺庙 | 佛像附属 | 18年僧道人数 | 主持 | 法物法器 | 姓名或法名 | 年龄 | 籍贯 | 出家年月 | |
|---|---|---|---|---|---|---|---|---|---|---|---|---|---|---|---|
| 亏览寺 | 原县城滦河街西 | 康熙四十三年 | 敕建 | 2 | 239 | 34 | 2 | 1000 | 三大士、释迦佛各三尊 | 5 | 雷如 | 22 | 凌源 | 民国7年 | 大钟、大鼓、鼎、铁磬、木鱼 |
| 琳霄观 | 县城街西 | 康熙四十九年 | 敕建 | 2 | | 24 | 2 | 600 | 城隍、三大士大神、阎王三十余尊 | 1 | 孙泰振 | 57 | 滦河街 | 宣统三年 | 大钟、铁鼎、木鱼 |
| 龙王庙 | 原县城滦河北岸 | 乾隆三十九年 | 敕建 | 1 | 71 | 17 | 1 | 300 | 两龙王、四怪神 | | 黄智存 | | | | |
| 关帝庙 | 原县街外西南 | 乾隆四十七年 | 公建 | 2 | | | 2 | 700 | 关公、关平、周仓、王甫等五像 | 1 | 孙童 | 21 | 滦河街 | 民国7年 | 大钟、大铁刀 |
| 财神庙 | 原县城河东街 | 乾隆三十三年 | 商建 | 1 | | 20 | 1 | 400 | 财、菩、贵三神 | | | | | | |
| 龙王庙 | 原县城河北岸 | | | | | | | 250 | | | | | | | |

| 庙宇名称 | 座落 | 建筑年代 | 所属性质 | 占地(亩) | 房屋(间) | 财产(元) | 佛像 | 18年僧道人数 | 主持 | | | | | 法物法器 |
|---|---|---|---|---|---|---|---|---|---|---|---|---|---|---|
| 土地祠 | 原县城 | | | | | | | | | | | | | |
| 九神庙 | 原县街西 | | 私建 | 1 | | 7 | | 200 | 雹闪风雷各神 | | | | | |
| 圣母庙 | 县城街南 | | | | | | | 300 | | | | | | |
| 关帝庙 | 原县城中街 | 乾隆三十八年 | 公建 | | | | | 300 | 关公、五火神计六像 | | | | | |
| 药王庙 | 原县街南五里 | 乾隆四十二年 | 民建 | 1 | | 16 | 1 | 200 | 药王、药师、药圣三像 | 赵玉祥 | 42 | 滦河街 | 宣统二年 | |
| 圣祖庙 | 原县街外南 | 同治年间 | 肖姓建 | 1 | | 11 | | 300 | 文殊、准提、普贤、地藏四神 | | | | | |
| 佛谷庙 | 金厂大庙 | 同治年间 | 公建 | 4 | | 24 | 2 | 500 | 关公、药王、龙王等神 | | | | | 铁钟 |

续表

| 庙宇名称 | 座落 | 建筑年代 | 所属性质 | 占地（亩） | 房屋（间） | 财产（元） | 佛像 | 18年僧道人数 | 主持 | 法物法器 | | | |
|---|---|---|---|---|---|---|---|---|---|---|---|---|---|
| 关帝庙 | 茶棚 | 乾隆年间 | 敕建 | 2 | 6 | 25 | 3 | 500 | 王大仙、老子、吕祖、关公 | 木样 | 50 | 滦河街 | |
| 庆云寺 | 哈叭沁平顶山 | | | | | | | | | | | | |
| 药王寺 | 四泉庄 | | | 1 | | 14 | | | | | | | |
| 星龛岩寺 | 小营村北 | 康熙四十三年 | 敕建 | | | | | | | | | | |
| 静妙寺 | 小营村北 | 康熙四十三年 | 敕建 | | | | | | 千手千眼佛、地藏王、十道阎君等 | | | | |
| 关帝庙 | 陶家庄街北 | | | | | | | | | | | | |
| 关帝庙 | 哈叭沁 | | | | | | | | | | | | |

| 庙宇名称 | 座落 | 建筑年代 | 所属性质 | 占地（亩） | 房屋（间） | 财产（元） | 佛像 | 18年僧道人数 | 主持 | 法物法器 | | | | 手铃铜园形大鼓 |
|---|---|---|---|---|---|---|---|---|---|---|---|---|---|---|
| 关帝庙 | 上哈叭沁 | | | | | | | | | | | | | |
| 娘娘庙 | 白旗杨树沟石窟内 | | | | | 9 | | | 文王百子 | | | | | |
| 妙音寺 | 红旗街 | | | | 52 | 12 | | | 天皇、地皇、人皇 | | | | | |
| 药王庙 | 红旗 | | | | | 18 | | | | | | | | |
| 关帝庙 | 红旗 | | | | | | | | | | | | | |
| 贞武庙 | 红旗街街西 | | | | | | | | | | | | | |
| 青龙寺 | 伏凤山（二区） | 康熙五十三年重修 | 公建 | 2 | 6 | 16 | 1 | 2200 | 释迦、药王、娘娘 | 陈宝银 | 37 | 朝阳县 | 光绪十九年 | 手铃铜园形大鼓 |

续 表

| 庙宇名称 | 座落 | 建筑年代 | 所属性质 | 占地（亩） | 房屋（间） | 财产（元） | 佛像 | 18年僧道人数 | 主持 | 法物法器 | | | | |
|---|---|---|---|---|---|---|---|---|---|---|---|---|---|---|
| 关帝庙 | 兰旗梁 | 乾隆年间 | 公建 | | | 12 | 1 | 500 | 关帝等 | | | | | |
| 王皇阁 | 老虎沟牌窑岭沟 | 古庙（年代不详） | | | | | | | | | | | | |
| 蟠龙寺 | 张百湾街西 | 光绪八年重修 | 公建 | 3 | 21 | 14 | 1 | 1900 | | | | | | |
| 清静寺 | 张百湾街西 | 同治二年重修 | 公建 | 1.5 | 10 | 16 | 1 | 1500 | 释迦、大士、药王、关帝 | | 薛九桓 | 老虎沟 | 宣统二年 | 240斤铸铁钟 |
| 九神庙 | 张百湾街西 | | 公建 | 1.2 | | 6 | 1 | | 九神 | | | | | |
| 火神庙 | 张百湾街北 | | | | | | | | | | | | | |
| 娘娘庙 | 东院 | | | | | 15 | | 800 | 菩萨、娘娘、药王 | | | | | |

191

续 表

| 庙宇名称 | 座落 | 建筑年代 | 所属性质 | 占地（亩） | 房屋（间） | 财产（元） | 佛像 | 18年僧道人数 | 主持 | 法物法器 | | | | |
|---|---|---|---|---|---|---|---|---|---|---|---|---|---|---|
| 关帝庙 | 东院 | 乾隆年间重修 | 公建 | 1 | | 9 | | | 关帝 | | 仁海 | 30 | 热河 | 民国4年 | |
| 卧佛庙 | 西院（喇嘛洞内外） | 辽代时已有 | | | | | | | | | | | | | |
| 白塔院 | 张百湾河北 | 元代至元二年 | | | | | | | | | | | | | |
| 福寿寺 | 金沟屯镇云台山 | 乾隆二十三年 | 私建 | | 48 | 25 | | 600 | 菩萨、药王、娘娘 | 2 | 龙秀 | 57 | 滦平 | 咸丰元年 | |
| 老爷庙 | 金沟屯镇街南 | | | | | | | | | | | | | | |
| 九神庙 | 金沟屯镇街北 | | | | | | | | | | | | | | |
| 哨壁寺 | 桦榆沟邢家沟门 | 康熙年间 | | | | | | | | | | | | | |

续 表

| 庙宇名称 | 座落 | 建筑年代 | 所属性质 | 占地（亩） | 房屋（间） | 财产（元） | 佛像 | 18年僧道人数 | 主持 | 法物法器 | | | | | |
|---|---|---|---|---|---|---|---|---|---|---|---|---|---|---|---|
| 石佛寺 | 县城南石佛山 | | | | | | | | | | | | | | |
| 护清寺 | 红石砬 | | | | | | | | | | | | | | |
| 关帝庙 | 红石砬 | 嘉庆十五年 | 敕建 | | 6 | 14 | | 430 | | | 寇万春 | 46 | 滦平县 | 光绪二十八年 | |
| 关帝庙 | 王营子 | 乾隆年间 | 公建 | | 7 | 17 | 1 | 460 | | | 魏太和 | 39 | 滦平县 | 宣统三年 | |
| 白佛庙 | 邢家沟门 | | | | | 9 | | | | | | | | | |
| 关帝庙 | 付营子西头 | 民国3年 | | | | 16 | | | | | | | | | |
| 庆云寺 | 哈叭沁 | | | | | | | | | | | | | | |

续　表

| 庙宇名称 | 座落 | 建筑年代 | 所属性质 | 占地（亩） | 房屋（间） | 财产（元） | 佛像 | 18年僧道人数 | 主持 | 法物法器 | | | | | |
|---|---|---|---|---|---|---|---|---|---|---|---|---|---|---|---|
| 关帝庙 | 靳家沟门 | | | | | | | | | | | | | | |
| 娘娘庙 | 靳家沟门 | 光绪二十年 | 募建 | | 12 | 14 | | 570 | | | 张延佺 | 42 | 滦平 | 光绪年间 | |
| 关帝庙 | 长山峪 | | | | | | | 510 | | | 杨太增 | 50 | 承德县 | 光绪二十七年 | |
| 关帝庙 | 青石梁 | 道光年间 | 公建 | | | 29 | 1 | 500 | | | 杨青林 | 40 | 承德县 | 光绪二十九年 | |
| 娘娘庙 | 南马圈子 | | | | | 19 | 1 | 390 | 关公、马童、娘娘等 | | 魏太和 | 39 | 滦平县 | 宣统三年 | |
| 关帝庙 | 鞍匠屯街 | | | | | 17 | | | | | | | | | |
| 九神庙 | 鞍匠屯后街 | | | | | 12 | | | | | | | | | |

续　表

| 庙宇名称 | 座落 | 建筑年代 | 所属性质 | 占地（亩） | 房屋（间） | 财产（元） | 佛像 | 18年僧道人数 | 主持 | 法物法器 |  |  |  |  |  |
|---|---|---|---|---|---|---|---|---|---|---|---|---|---|---|---|
| 城隍庙 | 鞍匠屯街 |  |  |  |  |  |  |  |  |  |  |  |  |  |  |
| 清真寺 | 鞍匠屯街 |  |  |  |  |  |  |  |  |  |  |  |  |  |  |
| 娘娘庙 | 干沟门 |  |  |  |  | 27 |  |  |  |  |  |  |  |  |  |
| 娘娘庙 | 朝阳洞（窟隆山水库北石窟内） |  |  |  |  |  |  |  |  |  |  |  |  |  |  |
| 关帝庙 | 朝阳洞（窟隆山水库北石窟内） |  |  |  |  |  |  |  |  |  |  |  |  |  |  |
| 凌云观 | 偏岭 |  |  |  |  | 9 |  |  | 关帝、娘娘 |  |  |  |  |  |  |
| 施公庙 | 偏岭 |  |  |  |  | 1 |  |  | 施大人 |  |  |  |  |  |  |

续 表

| 庙宇名称 | 座落 | 建筑年代 | 所属性质 | 占地（亩） | 房屋（间） | 财产（元） | 佛像 | 18年僧道人数 | 主持 | 法物法器 | | | | |
|---|---|---|---|---|---|---|---|---|---|---|---|---|---|---|
| 关帝庙 | 十八盘 | | | | | | | | | | | | | |
| 药王庙 | 十八盘 | | | | | | | | | | | | | |
| 盘云寺 | 十八盘梁 | | | | | | | | | | | | | |
| 菩萨庙 | 安纯沟 | | | | | 6 | | | | | | | | |
| 观音寺 | 兴洲 | | | | | 26 | | | 关帝、观音 | | | | | |
| 娘娘庙 | 狼山沟 | | | | | 6 | | | | | | | | |
| 太行山庙 | 虎什哈西 | | | | | | | | | | | | | |

续 表

| 庙宇名称 | 座落 | 建筑年代 | 所属性质 | 占地（亩） | 房屋（间） | 财产（元） | 佛像 | 18年僧道人数 | 主持 | 法物法器 | | | | | |
|---|---|---|---|---|---|---|---|---|---|---|---|---|---|---|---|
| 圣水庵 | 六道河东北沟 | | | | | | | | | | | | | | |
| 罗汉庙 | 金台子扁洞子 | | | | | | | | | | | | | | |
| 老爷庙 | 金台子扁洞外 | | | | | | | | | | | | | | |
| 龙王庙 | 金台子扁洞子 | | | | | | | | | | | | | | |
| 娘娘庙 | 金台子卧牛山 | | | | | | | | 前关帝后娘娘 | | | | | | |
| 龙潭庙 | 石坡子北 | | | | | 19 | | | | | | | | | |
| 娘娘庙 | 于营子 | | | | | 9 | | | | | | | | | |

续表

| 庙宇名称 | 座落 | 建筑年代 | 所属性质 | 占地（亩） | 房屋（间） | 财产（元） | 佛像 | 18年僧道人数 | 主持 | 法物法器 | | | | |
|---|---|---|---|---|---|---|---|---|---|---|---|---|---|---|
| 慈云庵 | 南大庙 | | | | | 15 | | | | | | | | |
| 药王庙 | 吴营下杨树沟 | | | | | 5 | | | | | | | | |
| 朝阳庵 | 付家店北甸子 | | | | | 18 | | | | | | | | |
| 娘娘庙 | 拉海沟 | | | | | | | | | | | | | |
| 观音庵 | 巴克什营西街 | | | | | 11 | | | | | | | | |
| 龙王庙 | 营盘陈营 | | | 2 | | 12 | | | | | | | | |
| 碧霞宫 | 拉海沟 | | | | | 24 | | | | | | | | |

续　表

| 庙宇名称 | 座落 | 建筑年代 | 所属性质 | 占地（亩） | 房屋（间） | 财产（元） | 佛像 | 18年僧道人数 | 主持 | 法物法器 | | | | |
|---|---|---|---|---|---|---|---|---|---|---|---|---|---|---|
| 庙宫 | 拉海沟 | | | | | | | | | | | | | |
| 娘娘庙 | 火斗山二道沟门山腰 | | | 2 | | 16 | | | | | | | | |
| 关帝庙 | 火斗山上三岔口 | | | | | | | | | | | | | |
| 七神庙 | 火斗山 | | | | | | | | | | | | | |
| 五道庙 | 火斗山大营 | | | | | | | | | | | | | |
| 关帝庙 | 古城川后梁 | | | | | 9 | | | | | | | | |
| 娘娘庙 | 古城川村 | | | | | | | | | | | | | |

| 庙宇名称 | 座落 | 建筑年代 | 所属性质 | 占地（亩） | 房屋（间） | 财产（元） | 佛像 | 18年僧道人数 | 主持 | 法物法器 | 品样 | | | |
|---|---|---|---|---|---|---|---|---|---|---|---|---|---|---|
| 龙王庙 | 古城川河道 | | | | | | | | | | | | | |
| 菩萨庙 | 游洼汉儿岭 | | | | | | | | （4座庙连座） | | | | | |
| 九神庙 | 北李营 | | | | 7 | | | | | | | | | |
| 龙罩庙 | 安纯沟李棚子 | | | | | 3 | | | | | | | | |
| | | | | | | | | | 前关帝后营菩萨娘娘两侧鼓楼 | | | | | |
| 庆成寺 | 上甸子 | 乾隆朝 | 私建 | | | 31 | 1 | 950 | 菩萨、关帝 | 3 | 品样 | 66 | 滦平县 | 同治十一年 |
| 清吉寺 | 滦河沿 | 嘉庆二十年 | 募建 | | 40 | 14 | | 250 | 释迦、关帝、药王、龙王、娘娘 | | 桃桑阿 | 56 | 隆化县 | 光绪十二年 |

续 表

| 庙宇名称 | 座落 | 建筑年代 | 所属性质 | 占地（亩） | 房屋（间） | 财产（元） | 佛像 | 18年僧道人数 | 主持 | 法物法器 | | | | |
|---|---|---|---|---|---|---|---|---|---|---|---|---|---|---|
| 清真寺 | 王家沟村 | | | | | | | | | | | | | |
| 关帝庙 | 王家沟村 | | | | | | | | | | | | | |
| 天主教堂 | 周营子老虎沟 | 咸丰七年修 | | 3 | | 14 | | 300 | | 常兆业 | | | | |
| 天主教堂 | 三道梁三道营子 | | | | | | | | | | | | | |
| 九神庙 | 周营子 | | | | | | | 130 | | | | | | |
| 清真寺 | 县城中心 | | | | | | | 200 | | 马寿凯 | | | | |
| 耶苏教福音堂 | 县城西大街 | | | | | | | 500 | | 宫大卫 | | | | |

续 表

| 庙宇名称 | 座落 | 建筑年代 | 所属性质 | 占地（亩） | 房屋（间） | 财产（元） | 佛像 | 18年僧道人数 | 主持 | 法物法器 |
|---|---|---|---|---|---|---|---|---|---|---|
| 九神庙 | 周营子村 | | | | | | | 130 | | |

注：1，碧霄观门外村牌坊有二，前名为兴洲胜境，后名为紫斝青台，门额悬碧霄观。内左右为钟鼓楼，内东丙为配殿，又内为火神殿，又内为灵关殿，又内为圣母殿，门额名资生保赤东丙为配殿，碑文为工部侍郎兼翰林学士揆叙敬撰，诚亲王允祉奉敕书。门左植碑一座，碑文皆圣祖御书。

2，静妙寺门额为圣祖御书，门额为德馨峻南商。各名皆圣祖御书。门额森"静妙寺"三字。

3，峭壁寺额为天丰香林，亭额为森万象，皆圣祖楷书。

4，福寿寺碑文为刘统勋撰。

5，民国二十年3月23日县公安局报：中区、一区、二区较大寺庙中，属道教19处（关帝庙、药王庙、财神、龙王庙、庆成寺、清静寺、清龙寺、蟠龙寺、娘娘庙、五皇庙、九神庙）。佛教8处（琳霄观、兮览寺、圣母庙、圣母庙，

## 第五节　兴州行宫（兴州于姓皇粮庄头大院）

皇粮庄头大院位于大屯镇兴州村，坐标纬度41°00'24.9"，经度117°22'06.3"。始建于清初圈地，热河首批庄头圈占立庄之时。清康熙二十八年九月六日（1689年10月18日），帝北巡回銮，启自黄草川（丰宁界）驻跸于此，七日启銮驻安匠屯。康熙二十一年九月八日（1692年10月16日），帝北巡回銮，启自鹳尔营（丰宁界）驻于此，八日仍驻，九日启銮驻安匠屯以南恩格木噶山。康熙帝驻兴州期间，曾有黄氏貌美之女，即于氏庄头之干女儿伴驾，帝走后，该女未随驾入京，而一直居于此处，人们称为于娘娘，故该院又有改建或增建。

该院有牌坊、房宇区和花园区三部分构成。另附有家庙一处，即关帝庙（另述）。

牌坊，位于正门前3米处，为三孔四柱式建筑，南北向，面宽16.6米，高6米。四柱石刻柱础深埋于地下，地上显露部分高1.2米，四周等边宽0.9米，为正方形。柱础上为木质结构。中孔宽2.5米，两侧孔各宽1.7米。牌坊南面雕梁镶嵌玉石质地额匾一面，上书乾隆四十八年御笔"石固松青"四个大字。

屋宇及花园区位于牌坊北侧，东西长105米。南北宽94米，占地近15亩。四周围以虎皮院墙，院墙南、东各置一门。

屋宇区分布于院内东南部位，呈矩形，东西长35米，南北宽62.5米，四周以虎皮墙与房屋相连呈封闭式。屋宇南向，为三进二院结构。分别为门庭，前庭宇，后庭宇。门庭宽5米，门额为"广粮门"两侧各有耳房3间。入广粮门北偏西置有垂花门一座。该门建筑精致，做工考究，彩绘龙凤及如意纹饰等。门额为"乐善步捐"。垂花门北为前庭宇院，庭宇正房5间。前廊后厦，面阔19.3米，进深9.5米。为青砖筑砌房墙，两侧硬山。房顶为青色筒瓦。门额为"保稼堂"三个字。内隔墙皆为楠木，中厅后墙留有后门。前庭宇前、东、西侧各有配房3间，前屋宇东西顺山墙外各有小耳房3间。前庭院多植花草，其中有牡丹2簇，前庭宇为处理公务之用。唯西间屋曾为"于娘娘"居室，于娘娘逝后，一直闲置未用，其檀木床及其他用品也保留未用。前庭宇亦为封闭式，后墙仍为虎皮墙，墙中仍建有垂花门1座。北进过垂花门即为后庭宇，正房5间，其大小及形式与前厅基本相同。东西各有耳房2间，院内东西两侧亦建有厢房，正房与厢房均为居室，东耳房为厨房，西耳房供神龛，祖宗排位。后庭院东南角置一小门，称小平门，小平门外为围墙，之内为南北胡同，长61米，宽15米。胡同东墙中开大门1处，称东哨门。胡同北墙开一小门，通往后花园。

花园区，位于庭宇区西北侧。

该大院建筑格局，用材等与皇家行宫建筑有相似之处。如前庭宇后花苑、垂花门及龙凤彩绘，楠木隔墙及紫檀木床等。

至新中国建立初期，牌坊、前庭宇、后庭宇仍存。土地改革时前庭宇为村农会使用，后庭宇为乡政府使用。后为农村供销合作社使用，室内一些用具逐渐损坏，有的开会时被放到火盆中取暖烧掉，今仅存前庭、后庭。门前牌坊于解放初期经区干部同意拆毁，玉质额匾下落不详，石柱础原地存留至今。庭内牡丹花因误信浇猪血可壮苗，多被浇死，今仅存一簇。

该院首位庄头为于马司，世袭十一任。清末庄头为于允生，民国5年8月5日热河都统布告取消全热河4户皇粮庄头名字中有该人姓名。该庄头属内务府由正黄、镶黄、正白上三旗各佐领下派出的官兵到相关区域立庄管理皇帝的土地皇粮庄头之列。受内务府管辖。康熙朝时每庄给地300垧。每垧6亩，合1800亩。派10—15名官兵立庄，选派一人为头，称庄头另招佃户200户左右。于每年十月前向内务府交皇粮，故又称皇粮庄头。雍正七年定，每庄土地650垧，合3900亩。因各庄多开土地，又增设53庄，古北口外均为一等庄，乾隆朝每庄每年向内务府交纳折米108石4斗4升，另交杂粮33石1斗2升，后杂粮折银41两2钱8分，多年按时完纳者，有赏赐八品顶戴待遇。除此，多开土地隐瞒不报要受罚，鞭笞及革退处分。乾隆十五年，查处热河庄头136人中竟有135人隐瞒多开土地不报达1264顷之多，按律当鞭笞后，全部革退，但考虑接替者良莠不齐，无奈，将为首者赵明远鞭笞一百，革退，其余134人各鞭笞一百，另补交全部租粮。而唯独于氏庄头多开土

兴州行宫后殿修缮前

兴州行宫后殿修缮前

地，未受任何处分。此事或可与"于娘娘"有关。道光十三年间，于氏庄头曾设粥厂接济穷人，曾被赐予"急公好义"额匾，今存于县博物馆。此庄头大院与村内关帝庙整体为省级文物保护单位。

兴州行宫前殿修缮前

兴州行宫前殿修缮后

# 第七章　石刻碣碑及砖雕

石刻，包括石刻、碑、碣、墓志、塔铭、造像、石阙、摩崖、题刻等一切刻有文字和图画的刻石。

## 第一节　石碣、崖刻、石刻像

### 十八盘石碣

十八盘石碣位于平坊乡十八盘梁辽宋驿路路旁。是辽代大康八年刻于较粗糙的自然岩石上，高1米余，上面阴刻31个汉字，多数文字尚清晰。碣文为：

大康八年九月十日□（□为不清字，下同）

差道通引官行者直属□

□ 今新来一十人四

□ 十八万古永记。

碣文中大康及年月日为辽国道宗耶律洪基朝所用五个朝号中的第三个，为1092年农历9月10日。

（附石碣图）

十八盘石碣

十八盘石碣

### 十八盘梵文石碣

十八盘梵文石碣刻于十八盘驿道路旁自然石面上，为阳刻梵文，据专家考证年代为元代。

### 星宪岩寺崖刻佛像

星宪岩寺崖刻佛像位于小营乡小营村北东侧星宪岩寺后墙之上。星宪岩寺

石佛寺遗址

石佛寺遗址

建于康熙四十三年（1704年），为敕建，建时就崖壁刻佛梵像三尊，佛下以阴刻莲花相托。佛寺牌匾也为石刻，为圣祖康熙帝御笔《敕建星龛岩寺》六字，其匾额存于县博物馆。

### 石佛寺石刻石佛

石佛寺石刻石佛位于付营子乡石佛寺山上，寺内雕刻石佛有三，均刻在石板上。一是立式石刻弥佛1尊，高约70、宽40厘米。二是观音佛像1尊，高约60厘米，宽35厘米。三是众佛90余个造型各异、刻在一块石板上，长宽各1.5米左右。

年代当为北朝时期。

## 第二节 石 碑

### 隆庆三年戚继光、谭纶、吴汶等建长城碑

明代，碑长71厘米，宽50厘米，厚18厘米。石碑为灰白色，阴刻楷书碑文，主要记载谭纶、戚继光、刘应节、吴汶亲自组织规划修筑长城的情况。碑文：隆庆三年夏孟之吉总督蓟辽保定等处军备兼理粮饷，兵部左侍郎兼都察院右佥都御史宜黄谭纶整饬蓟州等处辽备兼巡抚顺天等府地方都察院右佥都御史潍县刘应节巡按直隶监察御史上饶周以敬整饬密云等处兵俻务山东布政司右参兼按察

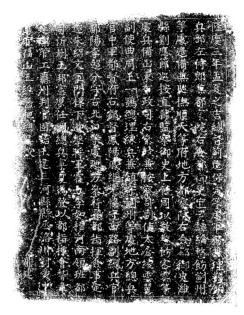

隆庆三年戚继光、刘应节、吴汶等建长城碑拓片

司副使太仓凌云翼副使曲周五一鹗总理练兵兼镇守蓟州等处地方总兵官中军都督府右都督凤阳戚继光协守西路副总兵官鄱阳李超分守古北口等处地方参将署都指挥佥事定远朱绍文军门标下擎将军霍丘李如楗河南领班都司沂州王邦宪原任副总兵宁夏冯登以都指挥会稽章延禀管工霸州判官固始王建三河县县丞洛川刘爱中军官福山王潍藩把总吴汶鼎建。1983年秋，金山岭长城东方台出土。

### 隆庆三年戚继光、刘应节、王稻等建长城碑

明代，碑高73.5厘米、宽51厘米。青灰石质，呈长方形，为阴刻楷书碑文。内容详尽地记载戚继光、刘应节、王稻等亲自组织规划指挥共同筑长城情况。碑文"隆庆三年夏孟之吉总督蓟辽保定等处军务兼理粮饷兵部左侍郎兼都察院右佥都御史宜黄谭纶整饬蓟州处边备兼巡抚顺天等府地方都察院右佥都御史潍县刘应节巡按抚直隶监察御史上饶周以敬整饬密云等处兵备山东布政司右兼都按察司副使太仓凌云翼官中军都府右都督凤阳戚继光、协守西路副总兵官鄱阳超分守古北口等处地方，参将署都指挥佥事定远朱绍文军门标下游击将军霍丘李如楗河南领班都司沂州王邦廷原任副总兵宁夏冯登以都指挥会稽章延禀管工霸州判官固始王建三河县县丞洛州刘爱中军官福山王维潘把总王稻"。此碑保存完整，字迹清晰。1983年，巴克什营镇二寨南沟长城出土。

### 隆庆四年戚继光、张永安等所建长城碑

1977年，长城普查时，在涝洼乡大古道长城水门洞中发现，后运至滦平县

隆庆三年谭纶、王稸等修建长城碑拓片

博物馆。该碑为青灰石质。呈长方形，长86厘米，宽54厘米。阴刻楷书，字面光滑，石碑段残。碑文主要记载了谭纶、刘应节、戚继光，王燮等亲自组织指挥修筑长城的情况。

铭记题跋为："隆庆四年季秋之吉总督蓟辽保定等处军务兼理粮饷兵部左侍郎兼职都察院右金都御使宜黄谭纶整饬蓟州等处边备兼巡抚顺□顺等府地方都察院右副都御使维县刘应节巡按直隶监察御史高安傅孟春整饬密云等处兵备山东按察司副使兴平王□□总理练兵兼镇守蓟州等处地方总兵官中军都督府右都督定远戚继光协守副总兵官鄱阳李超曹家寨游击将军平原王旌领秋班大宁都司金山林栋委官千总宾州夏尚勤把总商州王燮鼎建"

### 隆庆四年戚继光、王燮等建长城碑

1986年秋，在清理金山岭长城西五眼楼西侧敌楼时发现，当时保存在金山岭长城管理处，于2002年夏运回县博物馆。该碑为青灰石质，呈长方形，长83厘米，宽64.5厘米，字面光滑。石碑段残。主要记载谭纶、刘应节、戚继光、戚继美、张永安等亲自组织规划指挥共同修筑长城的情况。

铭记题跋为："隆庆四年夏孟之吉总督蓟辽保定等处军务兼理粮饷兵部左侍郎兼都察院右金都御使宜黄谭纶整饬蓟州等处边备兼巡抚顺天等府地方都察院右金都御使维县刘应节巡按直隶监察御史高安傅孟春整饬密云等处兵备山东布政司右布政兼按察司副使太仓凌云翼总理练兵兼镇守蓟州等处地方总兵官中军都督府

隆庆四年戚继光、王燮等建长城碑

右都督定远戚继光协守西路副总兵官鄱阳李超分守古北口等处地方副总兵官崞县董一元山东领春班都司定远戚继美管工营州后屯卫经历监潼焦尚福委官中军指挥山阳钱沂署把总张彦洪张永安鼎建"

### 穹览寺碑

原存于西地满族乡穹览寺内。现藏于避暑山庄碑林内。碑高2.25米，宽0.92米，厚0.27米。碑文为康熙帝御笔，其意为择喀喇河屯建行宫由衷，展示四海兴旺之景象，祈祷年丰岁稔，烟尘永息。

### 御制穹览寺碑文

喀喇河屯者蒙古名色释之即乌城也乃古兴州之所辖因世久事殊前朝未及设官分职皇舆等书遍察难考联避暑出塞因土肥水甘泉清峰秀故驻跸于此未尝不饮食倍加精神爽健所以鸠工此地建离宫数十间茅茨土阶不彩不画但取其客坐避暑之计也日理万机未尝少辍与宫中无异万几偶暇即穷经史性理诸书临池挥翰膳后即校射观德以安不忘危亡念此其大略也因有离宫随侍人员共祝万寿而建寺不日即成又求匾额以垂永久朕赐书云穹览取沈约骧首览层穹之意在行宫之巽位寺势虽微莲社梵音铃铎经声巨细皆备内有三大士相仙一飘飏瑞园溜影以空寂为本慈悲为教汲引四生津梁三界清钟夜闻远近网佛皈依月殿郎辉中外靡不瞻仰况右倚层岩左带大河口外诸藩来往进贡皆由经过三庚无暑六月生风地脉宜毂气清少病诚为佳景前朝以戍

谭伦、张永安等修建长城碑

边不暇何得驻跸令四海为一八表同风自京北至万里如同家人父子岂有他术哉以诚而已今臣下归福于朕朕曰天下皆福朕之福也先忧后乐朕之职也所愿者年丰岁稔烟尘永息余之念兹在兹之意足矣无以妄求佛有所之自有保护康熙四十三年岁次甲申秋八月中秋日。

### 福寿寺碑

原立于金沟屯镇福寿寺内，现藏于避暑山庄碑林内。该碑由碑头，碑身、碑座三部分组成。通高3米，其中碑头高86、宽90厘米，厚25厘米，碑身高2米，宽80厘米，厚25厘米。碑头为盘龙图案，刻有"万古流芳"四字，碑文为清代太子大傅，刑部尚书兼翰林院掌院学士刘统勋所撰。碑身记载了当时建寺的详细情况。其大意为：清代阉宦刘文奎，自当太监后，历诸艰而尘心顿息，遂披剃于京城吉祥寺，复以不耐喧嚣，始出古北口外百里许的金沟屯镇东沟地方，欲建寺为一方祈福，众闻莫不相赞，于是鸠工建寺于山巅。镌刻为汉文。全文如下：

金沟屯镇去古北口约百里许层峦耸秀带水萦波远隔尘器疑非人境由金沟屯镇系于迂回而东仅四五里有所谓东沟者林壑尤胜明季犹属塞外虽奇士高人履齿亦不能及此迨我朝以来穷荒遐陬悉隶版图而居人始多焉一旦法雨上人自都门拥锡来游喜其地僻剪除荆榛结茅以处冬一纳夏一笠日惟进粗粝一盂是师以淡泊自甘人亦逐以重师也异日者因向众而谋曰此地山环水抱幽人所宫我将终老于斯矣虽然频年来

此方之风调雨顺乐业安居者何莫非神之力吾欲创一寺俾朝夕忏礼为一方祈福而吾之愿始惬众闻之莫不踊跃捐资以共勷斯举于是鸠工庀材建天仙大殿于山之巅又有巡山庙五圣祠下复立观音及药王阉香积戏楼无不毕具告峻之日士女杂沓而至者见其金姿宝相栋宇辉煌亦莫不啧啧款羡而不置寺成乏名众咸向师而请师曰嘻是岂具之力哉众檀越之功德居多余不过祈求佛力俾此方之人长享福寿于无穷耳即以福寿命名亦无不可由是寺之名遂定师俗姓刘名文奎大兴县六里屯民自幼即为阉宦人入口内廷充膳房上馔内侍后诸艰而尘心顿息遂披剃于京城吉祥寺礼普光为师复以不耐喧嚣始来楼兹土噫师侧身富贵之业能超出迷津而觉悟者斯以视夫烦恼奔驰永填苦海者奚帝霄壤也众恐历久湮没无传因勒石以记云大清乾隆岁次丁丑立石经筵月讲官起居注太子太傅刑部尚书兼翰林院掌院学士刘统勋撰右春坊詹事府赞善翰林院检讨路斯道书。

乾隆二十三年立

### 滦平小学堂碑

原坐落于故滦平县城（滦河街）小学堂处，后移入承德市博物馆。该碑立于清光绪三十年（1904年），碑文为承德理事分府管滦平县正堂俞良臣撰，字迹大部清晰。共分为两段。第一段，引昔日司马卿所说"非常之事必待非常之人"，作辩证论述。第二段，实行新政，振兴庶务，首重兴学。但自任知县以来，难于筹款，上不拨发，下又无富商有捐可抽。无能为力之时，适有乡土人士捐款，其后又有邑绅，乡绅赞助及民间出款，先后创办县城高初两等小学堂和全县乡村八所小学堂。创办后，效果显著，为全县大幸也。故刻碑为记。

注：小学堂不同于历代私塾，开设的课程为：修身、语文、算术、历史、地理、自然、体操等，居新式小学堂。碑文如下：

### 滦平县创设小学碑文

昔司马长卿谓非常之事必待非常之人，此过激之论也。人之耳目心思，习为固常，而一见夫稍异于当者，遂曰为新奇之事，群起而非之，人之情也。能于群非之中，具特识特定力，经权互用，以求其事必成。久之，人乐其利，追念其任事之难，又曰为非常之人，亦自然之势也，夫常者，创也。天下一名一物，无不由创。是天下皆非常之事，人人能为非常之事，即人人皆非常之人。而非常者，亦常也，何待辨也，又何群非之有。由是而知，人之为尧舜周孔不难矣，由是而尧舜周孔之口为犹难矣。璇玑玉衡之设施，指南格□□之考求何一非异常新奇之事，即何一不在群非之列。吁！世人之无识，可叹也！人之顽固，可悲也！学校之设，原于三代，近世狃于积习，古风日口今。

　　朝廷振兴庶务，首重兴学，而兴学之责，首在畿辅热河一郡。虽隶畿辅，而辟居塞外，口气隔膜，新政之行未易也。平之□□为热郡七属之最乐，新政有更难者。甲辰夏，余莅兹上喜，其民之古朴，思有□□□□其俗之固陋，思有以文之是非□□可，而难于筹款，请于上，无所发，筹于捐，又无富西。贾焦急与状无能为力适有□□私土之人官者，充赏得日佰□□□□□，此天欲开滦平智而怜其贫以赞我之兴学也。于是咨商与邑绅李昌运、孙绳武、范璋、马维融、王作林

福寿寺寺碑

等提充赏□□□□为开学之基，提书（院）旧存钱币口仟以为经费，不足者略捐商以补之。即以滦江书院□□□文庙东西厢设设高初两等学堂，，与接待□□习所暨□□□，于是年冬十月开学。因而又亲临四乡与乡绅吴鸿廉、张而昌等力为劝导，推庶□□□次开设，鞍匠屯、金沟屯镇、虎什哈、汤河口、玻璃庙、宝山寺、三道梁、古城川等处学堂，拾口其款，按牌均出，，村民间□□戏之费，不过十之二三或四五焉。民□□□而学已大兴，邑之人士乐其成也，不免曰为非常之事。然余自问不□过清已□□有于自任不畏难不辞怨之苦衷口，与在世诸君共勉之，以开此后学之基础，今虽规模艰巨，尚望风气日开，人无不学□，人人心明于理，知天下之事无一不由非常而祇于常，即是夫稍异于常者，必深思细察以定向背，不至如今之学堂，不口是否群起而非之，则创办之心虚糜，而学堂效斯大著，余之幸也，亦滦邑之大幸也，夫是为记。

上翰花翎道员用遇缺即补府滦平县事分府俞良臣。

光绪三十年孟冬。

## 第三节　砖刻、砖雕

### 长城文字砖

砖刻文字，称文字砖。砌筑在金山岭敌楼、马道及墙体。砖上文字为生坯刻制后烧制而成。已发现多种不同内容文字砖："万历五年镇虏骑兵营造""万历六年振武营右造""古北口路造""镇虏骑兵营万历七年造""延绥营造""万历六年墙子路造""万历五年山东左营造""河大营造"等。不同内容文字砖分段砌筑，主要是标明修建长城军事单位及施工段落，供监察及留念。

长城文字砖

长城文字砖

　　文字砖分布形式多为少量分散砌筑。但个别墙段出现砖筑墙体70%为文字砖，共长525.2米。其中，自小狐顶楼至大狐顶楼文字均为"万历五年镇虏骑兵营造"；从大狐顶楼楼内楼体至碾子沟楼墙体均为"万历六年振武营右造"。此段墙体文字多已模糊。

### 砖雕麒麟影壁

　　镶嵌在金山岭长城小狐楼顶影壁上。影壁为青砖麒麟浮雕，壁身高0.25米，长2.02米；中间为壁心、壁座，高0.74米。共由15块方砖坯雕塑后再烧制而成。此麒麟影壁为明代长城唯一一处。

长城麒麟影壁

# 第八章　馆藏珍贵文物

　　滦平博物馆现有馆藏文物8521件套，其中国家一级文物11件、二级文物38件、三级文物332件，另有古钱币5万余枚。新石器时代石雕女神像属我国考古重要发现，山戎文化带有鲜明的民族特色，辽代龙凤贴花马蹬壶、凤首执壶等皆为辽瓷上品，金代瓠种器为我国农业考古唯一一件。

## 第一节　石　器

### 石　核

旧石器时期，长12厘米，宽7厘米，厚5厘米。1990年5月，滦平镇东瓜园村出土。

### 石　核

旧石器时期，长13厘米，宽9厘米，厚5厘米。2009年，付家店乡吴营村出土。

### 石　叶

新石器时期，长约2.5—4厘米，宽0.8—0.5厘米，厚0.2厘米。狭长，体皆薄，两侧几乎平行，截面呈三角形，两侧开刃，有使用痕迹。石叶为刮、削工具。1983年5月，金沟屯镇西村砖厂出土。

### 刮削器

新石器时期，刮削器分梯形、棱形和扇形三种。梯形体积较小，正面起三脊，中部较厚，背面平，弧形单面刃。菱形为三面开刃，背面平，正面四或三脊相交，截面呈三角形。扇形为弧形单面刃，中部较厚，一侧剥出三个指甲形凹坑，以便攥握。刮削器因形状不同，有短刮器、圆刮器、凸刃刮器等不同名称。是原始人用以进行切割和刮削的工具。1983年5月，金沟屯镇西村砖厂出土。

### 石雕女神像

新石器时期，通高32厘米，宽25厘米。石雕女神像由辉长岩雕琢而成，裸体孕妇形像，蹲坐姿式，耳外凸，头无发，两眉粗隆，呈弧状，眼睛以一阴线表示，微睁，鼻略凸，呈三角形，闭口，嘴部略隆，曲肘，两手相对抚腹，胸部两侧有二乳头，腰腹宽肥，小腹及后腰隆鼓，臀部与尖形小石座相连，腿向内曲，脚相对。1983年5月，金沟屯镇西村砖厂后台子出土。

### 石雕女神像

新石器时期，通高33厘米，宽16厘米，底宽14厘米。裸体孕妇形象，端坐式。面部右侧有铲伤，发型不明显，两眉粗隆，呈弧状，眼睛以阴刻线表示，微睁，鼻略凸，呈三角形，耳外凸，嘴部略隆，闭口，曲肘，手抚腹，胸部有两乳头，腰腹宽肥，小腹隆鼓，臀部与柱形小石座相连，腿向内曲，两脚相对。1983年5月，金沟屯镇西村砖厂后台子出土。

### 石雕立形女神像

新石器时期，通高23.5厘米，宽8厘米。辉绿岩质，通体琢制，头发披肩，瓜子脸形，眼睛与口以一阴刻线表示，鼻略隆。腹部隆鼓，为孕妇形态，臂与腿脚略加表示，双手弯曲抚上腹，双脚相对蹲坐姿态，底部石柱尖形，便于土中戳立。此件石人为一青年女子。1977年10月，大屯镇营坊村西山出土。

### 石雕编发蹲坐形石人

新石器时期，通高20厘米，宽10厘米，底宽7.5厘米。头部残缺，背后梳一三股编的长发辫。双手交错置于胸腹部，右手指清晰可见，乳房隆起，腰腹粗隆。腿弯曲作蹲坐状，阴部张开，做分娩状。下部为一石柱座。该石雕女神像虽然头部残缺。头后的长发辫是我国辫发习俗最早的发现。1983年5月，金沟屯镇西村砖厂出土。

### 石雕女神像

新石器时期，通高32厘米，宽16.5厘米，厚11厘米。造型为裸体孕妇形态。体修长，头无发，双眉粗隆，眼睛以柳叶形沟槽表示，弧形与鼻梁相连，鼻残，但能看出是凸起的三角形，下部略细。面部雕磨精细，但破损严重，胸腹部残损。1983年5月，金沟屯镇西村砖厂后台子出土。

### 石雕蹲坐式石像

新石器时期，通高9.6厘米，宽5厘米，厚2.2厘米，底长4.1厘米，底宽2.9厘米。裸体女性形象，端坐姿势。眼部内凹，颧骨略高，鼻呈三角形，高鼻梁，小口微张。胸腹较平，略向内凹，阴部刻划出竖沟。两臂自然下垂，手抚膝盖上。1983年5月，金沟屯镇西村砖厂出土。

### 石雕女神像

新石器时期，通高7.6厘米，头宽4.7厘米，厚3厘米。辉长岩质，裸体女性孕妇形象，蹲坐姿式，头型不明显，有凹凸痕迹。眼部内凹，颧骨略高，小口微张，胸部较平，略向内凹，腹部隆鼓，两腿弯曲，手向内侧斜对，阴部刻划出竖沟，无底座。1977年，陈栅子乡小河北村出土。

### 石雕竖耳兽面石人

新石器时期，通高12.4厘米，宽15.5厘米，厚12.5厘米，底长15厘米，底宽11厘米。该石人为一件石兽雕，一说法为石人雕，辉长岩质，蹲坐式，头发扎成两个角形，上面阴刻网格纹。另一说法是兽面上的两只角或耳，眼内凹，颧骨较高。鼻子略凸，嘴角向下弯曲，左侧乳房凸出。腹隆，呈怀孕状。1983年5月，金沟屯镇西村砖厂后台子出土。

### 石雕蹲坐形石人

战国时期，通高6厘米，宽4.8厘米，厚2.3厘米。滑石质，蹲坐姿，上身前倾，眉粗隆，目外凸，周有三道阳线纹，尖下颌，口鼻不清楚，两耳外突，背有一桥形纽。平肩，臂下垂，左手抚膝，右臂与右腿残，臂部特别发达，头后部刻有阳线纹。1983年5月，金沟屯镇西村砖厂后台子出土。

### 蛙面蹲坐石人

春秋—战国时期，通高9.6厘米，宽5.5厘米，头长6.5厘米，头宽4.5厘米。石人头部呈三角形，面部上仰，双目圆瞪外凸，大嘴宽阔，牙齿清晰，鼻上翘，旁有二条形鼻孔，脸部刻人字形线纹，头后为圆缺形平板，上刻线形纹，似羽状形冠，后头有一穿系。身体作裸体蹲座式，双肘支撑双膝上，双手托下颌，手蹼贴于面部。两腿卷曲，膝盖分开，两脚并拢，背部刻有脊沟，胸腹部刻有斜纹，臀部发达。1979年秋，虎什哈镇营坊村出土。

### 黑石猪

新石器时期，石猪长10.5厘米，宽7.5厘米，厚4.2厘米。石猪头狭长，两耳呈半圆形，眼圈突出，鼻子口吻较长，嘴前撅，隆背鼓腹，四肢短粗，尾略高，呈圆柱形。1958年，邓厂乡控家沟村出土。

### 白石猪

新石器时期，石猪长10.5厘米，高5.5厘米，厚3厘米。石猪头狭长，两耳雕呈圆形，眼圈内凹，鼻子口吻较长，嘴前撅，鼓腹，半圆形脊，尾稍

突。1975年4月，安纯沟门乡小白旗村出土。

### 灰砾石石磨棒

新石器时期，长34.2厘米，宽5.5厘米，厚1.7厘米。灰色砾石，棒体呈弓形，两头略呈圆形，便于攥握，使用痕迹明显。石磨棒是碾米去皮工具。1979年10月，虎什哈镇营坊村出土。

### 石 耜

新石器时期，长26厘米，宽15厘米，厚1.5厘米。石耜为长条舌形，刃圆弧形。耜肩部有打制痕迹。可以固定在木柄上，为农业生产工具。1982年，虎什哈镇后山出土。

### 扁平沙岩石铲

新石器时期，长18厘米，宽15厘米。石铲为扁平体，上窄下宽，圆肩，弧刃，铲体边缘经过打制，刃部略经磨制，两侧打制，便于捆绑木柄。有使用痕迹，为农业生产工具。1980年，安纯沟门乡北白旗砖厂出土。

### 石 铲

新石器时期，长16厘米，刃宽17.5厘米，柄宽13.5厘米，厚2厘米。石铲为砾石石质，上端打制，其他处皆为磨制。上宽下窄，亚腰形，上端两侧打制，双面弧形刃，刃有使用痕迹。1979年，虎什哈镇营坊村杨家坟南出土。

### 长条形沙岩石斧

新石器时期，长26厘米，刃宽5.5厘米。上窄下宽，肩部平出，肩下呈长方形，两面刃，刃略斜，两侧磨成平面，横断面为矩形，刃部有使用痕迹。上部细用于捆绑木柄。1977年10月，大屯镇营坊村出土。

**花岗岩石斧**

新石器时期，长23厘米，宽9.5厘米，厚3厘米。石斧上宽下窄，两面刃，刃锋利，横断面为椭圆形。有使用痕迹，为农业工具。2005年8月，付营子乡青石垛村出土。

**扁平石斧**

新石器时期，长28厘米，宽6.5厘米，厚3厘米。石斧上窄下宽，双面刃，刃较锋利，横断面为长方形。2005年8月，付营子乡青石垛村出土。

**砧　石**

新石器时期，直径7.2厘米。砧石为椭圆形河卵石制成，两面中部凿出凹坑，用来砸食干果。1983年5月，金沟屯镇西村砖厂后台子出土。

**石　凿**

新石器时期，长5厘米，宽2厘米，厚0.7厘米。顶端与两侧边面平直，刃平直锋利。2004年4月，平坊乡东山村石佛梁出土。

**亚腰形石锄**

新石器时期，长17.7厘米，宽18.5厘米，厚2厘米。石锄通体扁平，上窄下宽，呈亚腰状，刃有使用痕迹。可以固定在木柄上，用于铲土锄草。1989年8月，张百湾镇药王庙梁出土。

**石　杯**

新石器时期，通高12厘米，口径10厘米，底径5厘米。直口，口沿残，口沿下有一周折线纹附加堆纹，上刻阴线。直腹、素面，靠近底部有一阴线弦纹，平底。1989年8月，张百湾镇药王梁出土。

### 穿孔石斧

战国时期，长13厘米，宽3.5厘米，厚4.2厘米，孔径2.4厘米。石斧一端圆柱形，一端鸭嘴形，中有一圆形穿孔。1979年，平坊乡银窝沟梨村出土。

### 大理石石斧

战国时期，长22.5厘米，宽6.7厘米，厚1.7厘米。石斧为长方形，纵剖面似圆锥形，弧刃，刃很锋利。有使用痕迹，是砍伐工具。1979年，安纯沟门乡谭营东地出土。

### 刻人物门窗石函

金代，通高49厘米，长67厘米，宽55厘米。长方体，方形浅棺槽，两个窗口，一个门口，窗口方形，竖条窗棂，门口方形两扇门，门口两侧有二侍女，正面立，身穿长袍，双手托莲花，眉目清晰，表情自然，其它三面饰席纹。女真人有火葬习俗。此石棺为女真人装埋骨灰所用，反映出金代女真人的葬俗。1976年，虎什哈镇金台子杨树沟石臼地出土。

### 刻人物屋宇形石函

金代，通高89厘米，长95厘米，宽80厘米。乳白色正方体，一人双手相对握一器物，一人双手上下交错握一器物，还有一人在门口半掩半出做张望姿态，另三面刻席纹。棺盖顶为房屋顶式，脊两端雕刻兽头，四角飞檐。四面雕刻出瓦垅。1976年，虎什哈镇金台子杨树沟石臼地出土。

#### "泰和八年王牙子建"刻门窗纹石函

金代，通高45厘米，长65厘米，宽60厘米。棺近似正方形，石棺一面刻门窗纹饰，门上中刻一"卍"字符号。另一面阴刻"泰和八年王牙子建"铭文，其他两面刻席纹。1976年，虎什哈镇金台子杨树沟石臼地出土。

#### 蹲形石狮

金代，通高145厘米，底座长82厘米，宽55厘米。花岗岩石质，狮身狮座用一块整石雕凿而成，躯体稍前倾，瞪眼，张口，卷花毛发分五层，计20个，颈戴项圈，项圈刻卷草纹，胸前部饰铺首衔环，环上系铃，右前爪微曲，下安一个仰卧幼狮，左腿直立，尾细长，自尾后向前垂至底座一侧，两侧垂缨。狮身背部雕刻盘肠字形带结。1976年，小营乡二道弯子村狮子地出土。

#### 刻人物门窗花卉纹长方形盖棺

金代中晚期。棺通长190厘米，大头宽82厘米，小头宽74厘米，厚5厘米。棺头正中雕刻纹饰为一楼阁建筑，门半开，站立一长发髻的女人，身着长袍，手扶门框，作起门欲出姿势。门两边刻长方形门窗。石棺两角四边各雕一大一小卷云纹。棺内尸骨完整，仰身直肢，双手放于腹部。此石棺葬式，反映出金代中期女真人葬俗受到了中原文化影响。1990年9月11日，滦平镇北李营大福沟发掘出土。

## 第二节　陶　器

#### 红彩绘云纹双兔耳方座簋

战国时期，通高30厘米，口径22厘米，底长23×23厘米，底高12.5厘米。上簋下灶，相互连接，簋敞口，肩、腹、底部各有一凸弦纹，两侧耳为铺首形，兽耳竖立，兔耳形，一侧耳残。

陶质细腻，灰色，通体施以朱砂彩绘云纹。1958年滦河钢厂出土。

### 灰陶刻菱格涡纹附耳三兽足鼎

战国时期，通高42厘米，口径27厘米，足高20厘米，耳高16.5厘米，腹径30.5厘米。球缺形盖，盖面有三周凸弦纹，将盖面分成三个环区，顶为圆环区，依次为中环区与边环区，圆环区饰卷云纹，中环区贴塑三个兽形纽，呈蹲卧状，伸脖，张口面向外。盖与腹为子母口扣合。下腹收敛，口沿与腹中部各饰一凸弦纹，三足与腹连接处浮雕兽面纹，蹄形足。此器为冥器。1958年，滦河钢厂出土。

### 象首双系弦纹陶壶

战国时期，高34.1厘米，口径13厘米，底径11厘米，腹径22厘米，盖高5厘米，盖后配。敞口平沿，球缺形盖，盖上有三个圆形纽，纽有穿孔。径略长，斜肩，圆腹，下腹斜收。腹部有兽面纹耳两个，壶身图案以四道弦纹分上、中、下三部分，上部分为曲线纹，中部分为十四个三角内划曲线纹，下部分为卷云纹图案。平圈足，略外撇，底内凹。属燕国人生活用具。1958年，滦河钢厂出土。

### 彩绘陶盖壶

汉代，通高33厘米，口径16厘米，底径14厘米，腹径21厘米，盖高3.5厘米。草帽形壶盖，绘七周红彩，平口，长颈，斜肩，圆腹下斜收，通体绘两组彩绘，颈部为几何纹图案，腹部为弦纹和几何纹两种图案，底外撇。1978年1月，大屯镇小城子西山古墓群出土。

### 绿釉唾盂

辽代，高13厘米，口径20厘米，底径8.5厘米，腹径14.5厘米。唾盂由罐与无底盘连接而成，短颈，浅底。上部为盘，下部为罐，腹部有一道弦纹，圈足，足未施釉。1991年3月，平坊乡银窝沟辽墓出土。

## 第三节　骨　器

### 双排孔长柄骨牙刷

辽代，长8.3厘米，宽0.6厘米，厚0.5厘米，头长3厘米，头宽0.8厘米。方柱长条形柄牙刷，柄弯弧，刷头椭圆形，刷头内有二排十六孔。1991年3月，平坊乡银窝沟辽墓出土。

### 刻双目兽角纹骨镳

战国时期，长6.5厘米，宽1.7厘米，厚1.2厘米。兽骨雕刻而成，弯角状，角端锯平，中部雕长方孔，孔内有明显的皮革磨损痕迹，表面阴刻双目与多组兽角形纹饰。1978年5月，虎什哈镇炮台山墓群出土。

### 菱角形节约

战国时期，长6.3厘米，宽2.4厘米，厚1.2厘米。兽骨制成，圆雕手法，扁体菱角形，两端渐窄对称呈反向弯曲，中部宽厚，凿一长方形穿孔，有磨蚀痕。1978年5月，虎什哈镇炮台山出土。

### 蚌　镰

战国时期，长13.5厘米，宽5.3厘米，厚0.4厘米。蚌镰形如半月形，中间有一对圆形穿孔，锯齿刃，有明显使用痕迹。蚌镰相当于现在农村用的爪镰，用来收割黍类农作物。1978年5月，虎什哈镇炮台山古墓群出土。

# 第四节　瓷　器

### 白釉花式口凤首壶

辽代，通高25.2厘米，腹径14.5厘米，口径8.5厘米，壶嘴高4.5厘米，壶把高7.5厘米。花式口沿，凤首，眼耳明显，嘴尖，细颈，柄中凸起。圆腹，肩上有短流。流口略弯曲向上，下腹斜收，圈足，圈足内未施釉。1981年5月，虎什哈镇梓树下村出土。

### 绿釉双系贴龙凤马蹬壶

辽代，通高28厘米，宽16厘米，厚7厘米，口径5.5厘米，底径8.5厘米。略呈扁方形，上部一角为短口，中为马鞍形，鞍凹一侧有一捏形小人，骑趴在鞍后座上，鞍凹两侧有双圆孔，壶中部为浅浮雕图案，一面为龙一面为凤，间饰阴刻勾云纹，壶周边为仿皮革边纹饰。1981年5月，虎什哈镇梓树下村出土。

### 褐釉剔花云头形椭圆枕

辽代，通高10厘米，长25.5厘米，宽18.2厘米，底径15厘米。胎质灰白，上面四边花瓣形，中间枕面刻划两朵缠枝牡丹花，枕下部椭圆形桶状，平底未施釉。上部角边残。此枕为磁州窑枕。1981年5月，虎什哈镇梓树下村出土。

### 白釉碗

辽代，通高4.1厘米，口径16.5厘米，底径7.5厘米。敞口，浅腹，圈足，白釉，平底，足底无釉。此碗外有轮痕，碗底内有四只钉痕。1981年5月，虎什哈镇梓树下村出土。

### 黑釉四系罐

金代，通高24厘米，口径7厘米，腹径17厘米，底径8.5厘米。直口、短颈、斜肩，肩部有四系（一系残缺）鼓腹，下腹斜收，圈足，黑釉，下部未施釉，下半体无釉。此罐保存完整，典型的金代生活器皿。1976年11月，大屯镇岑沟村出土。

### 绿釉双系双人刻花卉马蹬壶

辽代，通高36厘米，宽19厘米，厚8.5厘米，底长10.5厘米，宽7厘米，口径6.5厘米。壶的上角有短口，口上有盖，盖上有圆纽，盖饰花瓣纹。自壶口至另一侧为马鞍形，上有双圆孔，用于拴系，凹口部位贴塑二人，手扶鞍把，呈攀伏状。壶身高长方形体，腹部阴刻波浪纹及莲花图案，上饰篦点纹。壶身边缘为起脊的仿皮革缝制线装饰。底凹。1991年3月，平坊乡银窝沟辽墓出土。

### 绿釉双系贴云龙花卉单人马蹬壶

辽代，通高34厘米，宽17.8厘米，厚6厘米，口径6厘米，底宽7.5厘米，长9厘米。壶的上角有短圆口，口上有盖（此盖后配），中部有两孔，两孔之间有凹口，似马鞍，凹口两侧各有一圆孔，另一角贴塑一人呈前伏状。壶身扁长体，腹部阴刻波浪纹和勾云纹图案，一面有贴云龙纹，另一面为花卉纹，壶身边缘为起脊的仿皮革缝制线装饰，底内凹，绿釉大部分脱落。1991年3月，平坊乡银窝沟辽墓出土。

### 绿釉划云朵纹鸡冠壶

辽代，通高20.8厘米，宽13.8厘米，厚4.5厘米，口径4.5厘米，底长7厘米，底宽5.6厘米。扁体，上一角为口，口的另一侧为马鞍形，凹口两侧各有圆孔，口部残。中部刻划勾云纹，边部仿皮囊壶缝制线。底部斜收，椭圆形凹底，底未施釉其余皆施绿釉。1974年，滦平镇北李营村出土。

### 酱釉碗

金代，通高6厘米，口径17.5厘米，底径7厘米。敞口，浅腹，腹壁斜收，酱色釉，圈足，圈足部未施釉，碗心有涩圈，当为叠烧，圈足心有黑书，一"呆"字，口沿部略残。1976年11月，大屯镇岑沟村出土。

### 定窑白釉划荷花碗

金代，通高4厘米，口径9.5厘米，底径2.5厘米。敞口，圆唇，斜壁，深腹，底小，圈足，薄胎，通体施乳白釉，碗内壁底刻花装饰，花纹为卷叶荷花。1985年，张百湾镇周台子村老达子沟出土。

### 白釉划花碗

金代，通高4.5厘米，口径20厘米，底径6.5厘米。侈口，碗口一周弦纹，斜壁，浅腹，圈足，圈足内外一圈无釉，碗内刻有荷花和花蕾，四周刻荷叶陪衬，碗底支钉痕五个。1978年，张百湾镇周台子村老达子沟出土。

### 黑釉双系葫芦瓶

金代，通高22厘米，口径2.5厘米，底径8厘米，腹径13厘米。葫芦形，直口短颈，束腰处有两系，圈足，平底。胎体厚重，黑色釉，足部未施釉。1977年10月，西沟乡西沟村出土。

### 黑釉弦纹鸡腿瓶

金代，通高55厘米，底径8厘米，口径7.5厘米，腹径18厘米。瓶为细长形，小平口，短颈，圆腹下斜收，底略凸，外施黑釉，底无釉，通身饰弦纹，肩和下部有支钉痕迹。1956年，金沟屯镇滦河沿村出土。

### 蟹青釉鸡腿瓶

金代，通高35.5厘米，口径6厘米，底径7.5厘米，腹径18厘米。小口，短颈，斜肩，圆腹下斜收，通体施蟹青釉，平底无釉，器物肩部有支钉痕迹。1984年4月，滦平镇北李营小刘家沟出土。

### 白釉双耳瓶

辽代，通高14.6厘米，口径4厘米，底径4.6厘米，腹径7.5厘米。口外撇，细颈，塑双耳，斜肩，圆腹下斜收，除圈足外皆施白釉。1972年，大屯镇兴州村出土。

### 黑釉梅瓶

金代，通高23厘米，口径5.5厘米，底径8.5厘米，腹径15厘米。小口，短颈，圆肩，腹部内收，平底，肩部有支钉痕迹，腹下部有弦纹，口部施酱釉，其他内外皆施黑釉。1987年，长山峪镇三道梁村出土。

### 酱釉梅瓶

金代，通高24厘米，口径7厘米，底径9厘米，腹径16.5厘米。小口，短径，斜肩，圆腹下斜收，底小圈足，除底外，内外皆施酱釉。1979年，小营乡闫庄出土。

### 黑釉鸡腿瓶

辽代，高37厘米，口径6厘米，底径7厘米，腹径17厘米。小平口，短颈，斜肩，圆腹下斜收，底为小平底，通身施黑釉，器物肩和下部有支钉痕迹，近底部未施釉。1985年，长山峪镇大栅子村出土。

### 酱釉鸡腿瓶

金代，高33厘米，口径4厘米，底径9厘米，腹径17厘米。小平口，短颈，平肩，圆腹下斜收，足部外撇，圈足平底。肩部外器物内外皆施酱釉。1982年，小营乡小营村出土。

### 白釉折肩罐

金代，通高12厘米，口径11厘米，底径7厘米，腹径15厘米。直口，短颈，斜肩，直腹，下腹斜收，高圈足，除圈足外均施白釉，内外皆有细小开片。1964年，虎什哈镇岗子村出土。

### 蟹青釉鸡腿瓶

辽代，高34.5厘米，口径6.5厘米，底径7厘米，腹径16厘米。小口，短颈，斜肩，圆腹下内收，腹部有三周弦纹，足小，平底，整体施蟹青釉，器内和底无釉。有支钉痕迹。1985年，长山峪镇大栅子村出土。

### 影青花口小碗

宋代，口径12.7厘米，通高4厘米，底径3厘米。敞口，碗口微残，残处有黄色斑，深腹，小圈足，足底无釉，平足，胎轻体薄，影青釉，有小开片。1964年，虎什哈镇岗子村出土。

### 定窑白釉碗

宋代，口径11.2厘米，底径3.5厘米，通高5厘米。口略

敞，深斜腹，小圈足，足底无釉，接近足部有一道弦纹。1982年秋，金沟屯镇丁营村出土。

### 黑釉小碗

宋代，通高4.8厘米，口径12.5厘米，底径4厘米。形似斗笠，敞口，斜壁，小圈足，口沿为一周褐色釉，碗内外施黑釉，圈足未施釉。1964年，虎什哈镇岗子村出土。

### 黑釉褐斑小碗

宋代，通高5厘米，口径12.7厘米，底径3.5厘米。侈口，斜壁，小圈足，胎体较厚，内为黑色，褐斑釉，下半部及圈足未施釉。胎黄白，较粗糙。1964年，虎什哈镇岗子村出土。

### 定窑白釉小碗

宋代，通高3.5厘米，口径6.5厘米，底径2厘米。直口，深腹，小圈足，素面白釉，胎体较薄。1982年秋，金沟屯镇丁营村出土。

### 黑釉小碗

宋代，通高4.9厘米，口径12.6厘米。形似斗笠，敞口，斜壁，小圈足，口沿为一周褐色釉，碗内外施黑釉，圈足未施釉。1964年，虎什哈镇岗子村出土。

### 黑釉褐斑小碗

宋代，直径12.6厘米，高4.6厘米。侈口，斜壁，小圈足，胎体较厚，内为黑色，褐斑釉，下半部及圈足未施釉。胎黄白，较粗糙。1964年，虎什哈镇岗子村出土。

### 白釉黑花龙凤罐

元代，高34.5厘米，口径18.5厘米，底径16厘米，腹径36厘米。直口平唇，斜肩，圆腹下斜收，底内凹，通身施白釉，釉下绘黑褐色彩，底无釉，罐内施蟹青釉，口沿下腹、近底部施三周弦纹，腹部图案为两组菱形开光，分别为双凤图案，双凤之间填卷叶云纹，还有四组对顶三角形，开光为草叶图案，底部有一周树叶图案。1986年秋，滦平镇西台村程富家院内出土。

### 黄白双色釉绘黑花鱼藻八卦纹碗

元代，通高5厘米，口径23.5厘米，底径8.5厘米。敞口，圆唇，斜璧，圈足外为蟹青釉，碗底碗璧之间有二圈弦纹，碗内璧绘有白釉黑花鱼纹，内心施八卦纹。通体施釉。1981年5月，金沟屯镇出土。

### 搅釉小瓷碗

元代，通高3厘米，口径10厘米，底径4.3厘米。口稍外撇，浅腹，碗心为黑色图案，大圈足，足部施浅黄色釉。1993年，虎什哈镇金台子马圈子村出土。

### 白釉高足碗

元代，通高6.5厘米，底径3.8厘米，足高2.4厘米，口径9.7厘米。口略侈，深腹，高细足，喇叭形削足，通体施白釉。1993年，虎什哈镇金台子马圈子村出土。

### 白釉黑花荷凤纹罐

元代，通高28.5厘米，口径18厘米，底径12厘米，腹径28厘米。平唇，斜收口，口沿略残，圈底，内外皆施白釉，周身施黑彩纹，器身部位有脱釉，腹部裂缝，有铁镉。底心未施釉。图案分肩腹二部分，肩为四组缠枝牡丹花，间饰网格纹，腹部为对称菱形开光，一为荷凤图，一为云凤图，荷凤图之间饰上下对称二组花草图案。1975年，小营乡闫庄村出土。

### 白釉黑花云龙纹罐

元代，通高24厘米，口径14.5厘米，底径15厘米，腹径29厘米。直口，圆唇，短颈，斜肩，圆腹下斜收，圈足。罐内施褐色釉，器表施白釉，釉下绘黑彩纹饰，底未施釉，领肩施点纹一周，肩部有三周弦纹，下腹有二周弦纹，图案为肩腹二部分，肩部为五组缠枝牡丹花，腹部为一条龙环绕，区间饰云纹。1978年，平坊乡平坊村出土。

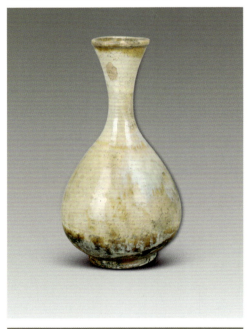

### 龙泉窑双鱼纹洗

元代，通高3厘米，口径12.3厘米，底径5.4厘米。折平沿，浅腹，腹面刻浅浮雕式莲花瓣纹，洗内底刻二条鱼纹。抹足，足心点釉。1977年6月，小营乡闫庄村出土。

### 龙泉窑高足碗

元代，通高8.5厘米，口径11.5厘米，底径3厘米，足高3.4厘米。口略外撇，口沿部残。直壁平底，碗底饰牡丹花纹，外刻划五周弦纹，筒形高足，底部外撇，削底足。通体施青釉。1977年6月，小营乡闫庄村出土。

### 白釉玉壶春

元代，通高31厘米，口径7厘米，腹径16.5厘米，底径9厘米。侈口，厚圆唇，细颈，下腹圆，抹足。通体施釉，腹部以上施黄白色釉，下腹至底及圈足内外皆施酱色釉。1978年4月，付营子乡凡西营出土。

### 白釉黑花龙凤纹大罐

元代，通高28厘米，口径16厘米，底径12厘米，腹径30厘米。直口，口残缺，短颈，平唇，斜圆肩，圆腹下斜收，圈足，底内凹，罐下部有支钉痕迹。器身有脱釉，除圈足外，内外皆施白釉，有细小开片，周身施黑彩纹饰，肩部施三周弦纹，底部施二周弦纹。图案分肩腹两部分，肩为四组盛开的葵花纹，腹部为对称的棱形开光，一开光为云龙图，一开光为云凤图，龙凤之间饰上下对称二组花草图案。1975年，大屯镇兴州下窝铺村桑椹沟包树沟出土。

### 白釉黑花罐

元代，通高22厘米，口径16.5厘米，底径8厘米，腹径22厘米。直口，短颈，圆唇，斜圆肩，圆腹下部斜收。圈足，底内凹，罐下部有接痕。圈足内未施釉，罐内施黑釉，罐外施白釉和黑彩纹饰，肩部有二弦纹，其间为折线纹，中部为蝴蝶花纹饰。1975年，小营乡闫庄出土。

### 白釉黑花小罐

元代，通高12.5厘米，口径11厘米，底径7.5厘米，腹径15厘米。直口，平唇，斜肩，圆腹下斜收，腹部施二组花草纹。肩部施一周点纹，领肩底各施三周、二周、一周弦纹，圈足，除圈足外，内外皆施白釉，有细小开片。周身施黑彩纹饰，器身部分脱釉。1977年6月，金沟屯镇荒地村出土。

### 白釉大罐

元代，通高34厘米，口径19厘米，底径20厘米，腹径36厘米。直口，短颈，斜肩，大圆腹。下腹斜收，平底，除底内外施白釉，口施褐色釉，下腹至底饰弦纹。1979年，虎什哈镇三道河朱家坟出土。

### 白釉大罐

元代，通高42.6厘米，口径20厘米，底径22厘米，腹径39厘米，盖高6.5厘米，直径21.5厘米。直口，短颈，圆唇，斜圆肩，圆腹，下腹斜收，平底内有小孔，除底内外施白釉，皆有开片纹，下腹至底饰弦纹。1979年秋，虎什哈镇三道河村朱家坟出土。

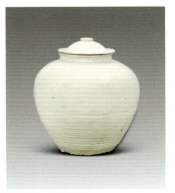

### 白瓷碗

元代，通高3.5厘米，口径8.5厘米，底径3厘米。花口，浅腹，圈足，素面白釉，胎体较薄，碗底有三个支钉。1986年，虎什哈镇金台子乡马圈子村出土。

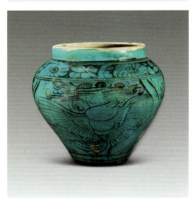

### 青花蒜头瓶

元代，通高16厘米，口径2.2厘米，底径4.3厘米，腹径7.5厘米。口部蒜头形，斜收口，细长颈，颈中凸起弦纹一周，鼓腹，下腹斜收，高圈足，足略外撇。青花纹饰五层，口沿描绘花瓣一周，颈上部回纹一周，颈下菱形几何纹一周，上腹梅花一周，中腹缠枝莲一周。腹部有残孔。1974年秋，长山峪镇东营子砖瓦地出土。

### 套兰釉白釉黑花龙凤罐

元代，通高22.5厘米，口径17厘米，底径10厘米，腹径24厘米。直口，平唇，稍斜肩，圆腹下斜收，圈足罐下部有三支钉痕迹，胎质浅红色，通身施孔雀兰釉，黑花色泽鲜艳，圈足内未施釉，罐内施白釉，图案分为肩、腹两部分。肩为四组缠枝牡丹花，其间有网格纹，腹部有四组对顶三角纹，上花下草，还有两组对称菱形，分别为龙凤图案，龙凤之间填卷云纹，龙飞凤舞。1978年，滦平县付营子乡凡西营村出土。

### 茶沫釉洗子

清代，通高11厘米，口径8.4厘米，底径5.5厘米，腹径11厘米，底座高9厘米。圆形，敛口，鼓腹，平底，底内凹，底有6个支钉痕迹，篆书款"乾隆年制"通体施茶末釉，呈土黄色。托座为楠木，镂空勾云纹座面，座面中间有一圆孔，5个龙形腿，龙首张口咬住座面底环，龙身弯曲，尾弯成钩支地。1973年11月，巴克什营镇东营村东沟门吴国文墓出土。

### 祭兰鼻烟壶

清代，通高6厘米，口径1.3厘米，底径2厘米。椭圆形，平口，短颈，腹略弧，底略内凹，口施白釉，外表施祭蓝釉。1973年11月，巴克什营镇东营村东沟门吴国文墓出土。

**哥瓷笔筒**

清代，通高13.5厘米，口径4.8厘米，底径4.8厘米。直筒形，胎薄釉厚，口沿釉薄处露紫色，筒内外米黄色釉，小开片呈黄褐色，底足无釉处呈酱色，底内凹。1973年11月，巴克什营镇东营村东沟门吴国文墓出土。

**青花印盒**

清代，通高9.5厘米，底高2.5厘米，长8.8×8.8厘米，盖高2厘米。方形，盖略鼓，底内凹，白釉青花彩，色泽鲜艳，器盖正面为两组对称二龙戏珠回纹图案，边缘三周弦纹一周回纹图案，盖边框饰四组对称二龙戏珠回纹图案。器身饰四组对称二龙戏珠回纹，二周弦纹图案，整体有细小开片纹，内装红朱砂，托为楠木质，方形，勾云形腿。1973年11月，巴克什营镇东营村东沟门吴国文墓出土。

**蟹青釉墨龙天球瓶**

清代，高62厘米，口径11.5厘米，底径17厘米，腹径33厘米。瓶为直口，细长颈，斜肩，圆腹下斜收，圈足，蟹青釉，颈腹之间一黑色飞龙纹饰，龙头在腹，龙尾在颈，或隐或现，龙眼圆睁，龙须勾形，口吐雾。1980年，大屯镇兴洲村二道沟丁家出土。

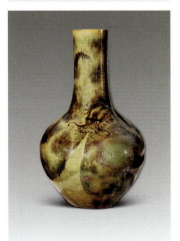

**青花二龙戏珠炉**

清代，通高18厘米，口径23.8厘米，底径12.7厘米。撇口，直沿圆唇，短颈，鼓腹圆阔，腹下内收，白釉青花彩纹，分三层：口沿部为一层，为"回"字形纹，颈部一层，为花瓣几何纹，腹部一层，饰二龙戏珠和卷云纹，龙为四爪，下唇长于上唇，龙目圆睁。小圈足底，底款为："大明成化年制"。为清仿成化青花瓷。1956年，金沟屯镇滦河沿西营子村出土。

### 青花加紫烟壶

清代，通高5.5厘米，口径1.5厘米，底径2.6厘米，腹径4.3厘米。平口，短颈，斜肩，鼓腹，下斜收，圈足。白釉，青花棕色彩。青花勾云。龙眼龙嘴龙须清晰，龙嘴下方有圆珠，龙在云雾中或隐或现。颈部青花点框格十字纹。1984年10月，铁路派出所执勤民警布大江在火车站收缴，移交县博物馆。

### 酱釉荷花大瓷缸

清代，口径75厘米，通高70厘米，底径44厘米。直口，圆腹，口下一周圆弧纹，一周连珠纹，四组双龙戏珠图案。腹中半浮雕"寿"字，四组开光半浮雕梅花、牡丹、菊花图案，开光之间半浮雕盘肠和莲花图案。平底，底无釉，底内有六个圆形支钉痕迹，缸内外施酱釉。1958年，西地乡穹览寺内出土。

## 第五节 铜 器

### 螭形双环首云纹扁茎双翼格柱脊直刃剑

战国时期，剑通长30.2厘米，宽2.8厘米，柄长11.2厘米。首为双龙盘绕呈双环形，龙身间密排人字纹，扁长条形茎，茎面饰三对卷云纹，剑格两端微翘，呈翼状，直刃，中起线状脊。1989年10月，虎什哈梨树沟门墓群出土。

### 心形双环首凹槽双翼格柱脊曲刃长剑

春秋时期，剑长49.5厘米，宽4厘米，柄长11厘米，柄宽2.3厘米。首为心形，无纹饰，长条形扁茎，两端突起，剑格薄似雁形，两端翘起。剑身中部成曲刃，脊突出，锋为三角形。1989年10月，虎什哈镇梨树沟门墓群出土。

### 扁茎柱脊剑

战国时期，剑长28厘米，宽3.2厘米，厚0.2厘米，柄长5.5厘米。平首、剑斜长，扁茎，无格。中间凸起柱脊，两面直刃，剑刃锋利，为山戎兵器。1979年10月，虎什哈镇营坊村出土。

### 扁茎柱脊剑

春秋时期，剑长32.5厘米，宽3.5厘米，柄长4厘米，柄宽1.8厘米。平首，手残，扁茎中起线脊，无格。1989年10月，虎什哈镇梨树沟门墓群出土。

### 扁茎柱脊剑

春秋时期，剑长29厘米，宽3.2厘米，柄长5.3厘米，柄宽1.5厘米。扁茎，无格，柱脊，双刃锋利。1989年10月，虎什哈镇梨树沟门墓群出土。

### 扁茎镶银斑片铜剑

春秋时期，剑长33.3厘米，宽4厘米，柄长2.2厘米。无首，扁茎残断，无格，曲刃，脊呈直线，剑身狭长，镶有银斑片。1989年10月，虎什哈镇梨树沟门墓群出土。

### 双目首双齿纹扁茎双翼格突脊短剑

春秋时期，剑长27.5厘米，径长10厘米。剑首为并排双球形，球面饰葵花纹，扁茎，茎两面均刻对锯齿纹，翼形格，中起脊，锋残。1989年10月，虎什哈镇梨树沟门墓群出土。

### 扁茎菱形格突脊剑

战国时期，剑长36厘米，宽3.6厘米，厚2厘米，柄长11.3厘米。剑首平，扁长茎，上残留木屑痕迹，菱形格，直斜刃，剑身剖面呈菱形，中起线脊，从薄，刃锋利，锋呈三角形，属山戎兵器。1989年10月，虎什哈镇梨树沟门墓群出土。

### 圆首扁茎柱脊短剑

战国时期，剑长27.3厘米，宽2.7厘米，首长8厘米。喇叭形首，扁茎，茎上有木屑痕迹，无格，剑身细短，中起线形棱脊，从薄。为山

戎兵器。1989年10月，虎什哈镇梨树沟门墓群出土。

### 扁茎突脊剑

战国时期，剑长31.5厘米，宽3.5厘米，柄长3.8厘米。剑首平，无格，扁茎，茎上附着有皮革和木纤维痕迹，茎自首至格渐宽，中宽形成双肩。剑身中起脊，直刃，锋稍残，锈蚀严重。1989年10月，虎什哈镇梨树沟门墓群出土。

### 六棱茎突脊短剑

战国时期，剑长25厘米，宽2.3厘米，厚3厘米，柄长6.5厘米。首残，扁六棱茎，有一环纽，剑身细长，突脊，直刃，匕首式剑，锋呈三角形，锈蚀严重。1989年10月，虎什哈镇梨树沟门墓群出土。

### 虮首扁茎游走格铜剑

战国时期，剑长28.7厘米，宽2.8厘米，柄长10.2厘米。剑为虮首，无纹饰，剑格两端略上翘。刃略弯曲，中脊起棱，前锷收狭。1989年10月，虎什哈镇梨树沟门墓群出土。

### 扁方茎菱形格凸脊长剑

战国时期，通长45.2厘米，宽5厘米，柄长9厘米。柄首残缺，方条形茎，茎上有二凹槽，翼形格，剑身较长，中起脊，无损。1978年5月，虎什哈炮台山墓群出土。

### 四角兽首镂空镶嵌卷云兽面格短剑

春秋时期，通长29.2厘米，宽3厘米，柄长9.5厘米，柄宽2.8厘米，厚1厘米。剑首为蛙形，四腿外出，镂空茎，茎中有三排圆孔，孔为镶绿松石，绿松石珠皆脱落，剑格部为一兽面，刃成叶形，中起脊，锋呈三角形。1978年秋，红旗镇桥头村出土。

### 镂空扁圆兽首扁圆茎直翼格柱脊短剑

春秋时期，长25.8厘米，宽2.5厘米，柄长9.5厘米，宽2.2厘米。剑首扁体圆形，镂空兽面纹，茎为扁圆.镂空网格形，孔处用以镶嵌绿松石，绿松石皆脱落，剑格呈蝶翼形，剑叶平直，突脊，剖面呈菱形，剑身有划纹。1977年初，大屯镇营坊西山墓出土。

### 双环首叶脉纹扁圆茎直翼格剑

春秋时期，通长28厘米，宽2.7厘米，柄长10.2厘米。双环首，蓖点纹饰，扁圆茎，茎面为两排叶脉纹图案，直翼格，剑身中起脊直刃，锋呈三角形。1980年，巴克什营镇古城川西台砖厂出土。

### 双目首对齿纹扁茎双翼格柱脊短剑

春秋时期，通长33.2厘米，宽3.7厘米，柄长10.2厘米。双目形首，扁长方形茎，茎面为两排对齿纹。剑格呈双翼形，直刃，中起脊，两面刃均有残缺，应为使用痕迹。1984年秋，虎什哈镇营坊村出土。

### 触角式兽首对齿纹扁茎蝶翼格短剑

春秋时期，长35.8厘米，宽3.5厘米，柄长12厘米。触角式兽首，扁长方形茎，茎面两排为对齿纹，剑格呈蝶翼形，两面刃锋残，使用痕迹明显。中起脊。1983年冬，大屯镇南沟门村砖厂出土。

### 扁茎剑

春秋时期，长37.8厘米，宽3.4厘米，柄长5.5厘米。剑斜长，扁茎，中起线脊，直刃，剑身有土锈斑痕，扁茎残留有皮革痕迹。1979年10月，虎什哈镇营坊黄土坎西坡古墓群出土。

### 銎首扁圆茎双翼格剑

春秋时期，长46.5厘米，格宽4.5厘米。銎首、扁圆茎，双翼残损，双刃使用磨损，锋尖残，剑身凸起三道柱脊。1978年，5月，红旗镇北白旗砖厂山戎墓出土。

### 圆首双箍圆茎棱格剑

战国时期，通长46厘米，剑径8厘米，格宽6厘米，首径4厘米。柄首为圆形，茎呈圆柱形，上有两道箍，便于缠绕，格较厚略凸出，腊细长，脊呈直线，剑体中间断裂，正锋尖处已磨平。1977年6月，虎什哈镇营坊村后山出土。

### 扁茎横杠格突脊剑

战国时期，长31厘米，宽3厘米，柄长5.5厘米，宽1.5厘米，厚0.5厘米。平首，扁茎，扁棱形格，剑身较薄，中起线脊。保存完整，属山戎兵器。1982年5月，滦平镇果园山东沟黄土坎出土。

### 茎柱脊剑

战国时期，通长28厘米，格宽3.3厘米。平首、剑斜长，扁茎，无格。中间凸起柱脊，两面直刃，为山戎兵器。1979年10月，虎什哈镇营坊村出土。

### 喇叭形首扁圆茎双翼格柱脊长剑

春秋时期，通长47厘米，宽4.5厘米，柄长8.5厘米，圆茎直径3.2厘米。喇叭形首，首有五道弦纹，扁茎，双翼格，中起五道柱脊，剑身狭长。1986年9月，红旗镇大沟砖厂出土。

### 镂空人面首锯齿纹扁茎蝶翼格突脊短剑

春秋时期，长23.5厘米，宽2.2厘米，厚0.1厘米，柄长9厘米。镂空人面形首，扁茎，茎双面有边框，框内阴刻锯齿纹，阳刻蝶翼形格。剑身薄短，中起线脊，尖锋有磨蚀痕。属匕首式短剑。1977年7月，西地乡白庙村夏台村出土。

**横杠首对齿纹扁茎蝶翼格柱脊短剑**

春秋时期，通长32厘米，宽3.5厘米，柄长12.2厘米，柄宽2厘米。剑首棱形，柄有凹对齿纹图案，蝶翼式格，中起柱脊，为山戎兵器。1977年12月，大屯镇营坊村西山出土。

**方茎双箍棱格突脊长剑**

春秋时期，通长45.7厘米，宽4.3厘米，柄长9.8厘米。此剑为长方茎，茎内有双箍，菱形格，中起脊，剑身中段折断（现已修复）。1979年11月，大屯镇兴州小城子村出土。

**环首削刀**

战国时期，长18厘米，宽2厘米，厚0.5厘米，柄长7.5厘米。环首，四棱条形柄，柄有二弦纹，拱背凹刃。1989年10月，虎什哈镇梨树沟门古墓群出土。

**带齿柄削刀**

春秋时期，长14厘米，宽2厘米，厚0.4厘米。扁条形，短柄，柄下侧带齿以便攥握或捆木柄，拱背，刃内凹呈弧形。使用痕迹明显。1979年，滦平镇东街村出土。

**环首锯齿纹削刀**

春秋时期，长17厘米，宽2厘米，厚0.2厘米。环首，扁柄，柄部饰锯齿纹图案，刀背及柄背厚出棱，略拱，刃略凹。使用痕迹明显。1986年9月，红旗镇大沟砖厂出土。

**环首柄削刀**

春秋时期，长19.5厘米，宽1.5厘米，厚0.2厘米。环首，扁柄拱形，素面，刀首与柄背出棱，刃呈弧形。1979年春，滦平镇东街村北山出土。

### 羊首鹿纹柄削刀

春秋时期，长15.8厘米，宽1.4厘米，柄长6.5厘米。扁柄，端为羊首形，柄为阳纹奔跑的三只鹿纹图案，背为弧状，刃残、锋残。1976年6月，文化馆文物组在兴洲供销社废铜中拣选，征集收藏。

### 环首削刀

战国时期，长22厘米，刃宽2.4厘米。环首，条形柄上有二弦纹，刀身凸背，凹刃，长弧形。1983年11月，虎什哈镇四道河出土。

### 扁方銎短援戈

春秋时期，通长11.5厘米，宽3.7厘米，銎长3厘米，銎宽3.1厘米。扁方銎，銎首端锈蚀严重，正面与背面有穿孔。援呈等边圭形，中起脊，剖面菱形，锋刃稍残，无胡无内。1989年10月，虎什哈镇梨树沟门古墓群出土。

### 三穿戈

战国时期，长19.5厘米，宽11厘米，厚0.4厘米。长方形内有一长方形穿孔，长条形阑，阑里侧有三穿为长方形，胡为圆弧形，短援上扬，中起线脊，弧形尖锋。三穿戈是用以钩杀的兵器。1989年10月，虎什哈镇梨树沟门古墓群出土。

### 三穿戈

春秋时期，通长21.5厘米，通高11厘米，刃长10厘米，内长7厘米，阑长9厘米，刃宽3.5厘米。长方形内，内中部有一椭圆形穿，长条形阑援平直，援起线脊，剖面呈菱形，锋尖呈三角形，上刃平直，中胡长方形三穿。三穿戈为兵器用于钩杀，流行于春秋。早期器身短而无胡，春秋战国后援长胡上有三穿。1978年5月，虎什哈镇炮台山墓群出土。

### 雉尾内三穿戈

战国时期，通长17厘米，通高9厘米，刃长7.5厘米，刃宽3厘米，内长6厘米，阑长5厘米。内端部为雉尾形，有阑，内中有长方形穿，三穿皆为长方形，锋尖呈三角形。1978年5月，虎什哈镇炮台山墓群出土。

### 三穿戈

战国时期，通长19.7厘米，高11厘米，刃长8厘米，刃宽3.5厘米，内长7.2厘米，阑长8.5厘米。长方形内，内上有一横穿，中起脊，呈菱形，锋部呈三角形，上刃平直，胡上有三穿一穿半圆形，另二穿为长方形。1987年10月，金沟屯镇后台子出土。

### 四穿戈

战国时期，长24.5厘米，通高13厘米，刃长12.5厘米，刃宽2.5厘米，内长6厘米，阑长9厘米。长方形内，中有长方形穿，胡长，有四穿为长方形，援长而狭，中起线脊，前锋呈弧形。1966年，滦平镇庄头营村出土。

### 带方穿马衔

战国时期，长20厘米，宽2.2厘米。两根铜圆条组成，每根圆条两端各有一圆环，两环相环接成一体。衔两端圆环备连一方形穿。1989年10月，虎什哈镇梨树沟门古墓群出土。

### 陶纹马衔

战国时期，通长23.5厘米，孔径5.2厘米。马衔用两根铜圆条，每根两端各有一圆环，中间圆环相环扣结为一体。1978年5月；虎什哈镇炮台山墓群出土。

### 马　衔

战国时期，长21厘米，宽2.3厘米。两根

铜圆条组成，两端各有圆环和长方形孔，中间两环相连为一体。1977年10月，大屯镇营坊村西山出土。

**铜 凿**

战国时期，长9.2厘米，宽1.5厘米，厚1厘米，銎高1.3厘米。器身为长三角形，方形銎口，銎口残，有凸弦纹一周，弧形刃，正面有一钉孔，为山戎穿凿工具。1989年10月，虎什哈镇梨树沟门古墓群出土。

**铜 凿**

战国时期，通长8.3厘米，宽1.5厘米，厚0.5厘米，銎长1.8厘米，銎宽1.1厘米。四棱锥形，方銎，銎口沿有凸弦纹一周，上粗下细，刃平，使用痕迹明显。銎内留有木柄残迹。1977年10月，大屯镇营坊村西山出土。

**无銎长体铜凿**

战国时期，体长18.5厘米，刃宽4.2厘米，厚1.3厘米。四棱柱形体，上窄下宽，顶部呈正方形，由上而下逐渐变宽而薄，刃呈弧形，刃两侧略宽。1987年12月，金沟屯镇曹窝铺村出土。

**铜 斧**

战国时期，长8.7厘米，刃宽5.2厘米，銎长4.6厘米，宽2.5厘米。斧身略呈长方形，饰单弦纹一周，长方形銎，用以安装木把，弧形宽刃。此铜斧为手工工具。1978年5月，虎什哈镇炮台山墓群出土。

**单弦纹斧**

春秋时期，通长5厘米，宽3厘米，銎长3厘米，銎宽1.8厘米。斧身长方形，扁体，上厚下薄，有长方形銎，用以安装木把，斧顶部单弦纹一周，平刃。1976年，大屯镇兴州荷子沟村出土。

### 双弦纹斧

春秋时期。通长7.2厘米，宽4.5厘米，銎长3.5厘米，銎宽1.5厘米。斧身为长方形，上部有长方形銎，用以安装木把，在靠近銎部有两道弦纹，在有刃的一侧靠近銎部有一孔，弧形刃。砍伐工具。1979年9月，红旗镇北白旗砖厂出土。

### 带鼻单弦纹椭圆銎长形斧

春秋时期，长9.3厘米，宽3.6厘米，銎宽2.5厘米，銎长4厘米。斧身正视为长方形，上部有銎，用以安装木把，口沿部有一凸弦纹，中上部有两孔，其中一孔侧有鼻，略弧，平刃。1987年5月，巴克什营镇古城川出土。

### 铜　锛

战国时期，长10.1厘米，宽3.6厘米，銎高2厘米。上部略宽，有长方形銎，用以插木把，銎口凸出，近似三角形，下部略窄，刃部呈弧形，侧视为三角形。1978年5月，虎什哈镇炮台山山戎墓群出土。

### 虎纹长方管

春秋时期，长10厘米，宽1.3厘米，通高1.2厘米，孔长1厘米，孔宽1厘米。壁较薄，管四面均有边框，框心为图案，相对两面分别饰虎纹与S形纹饰。虎纹为四虎首尾相连做行走状。S形以16个S紧密排列。铜管为复合器物，内放铜锥，为生活用品。1989年10月，虎什哈镇梨树沟门古墓群出土。

### 回纹鹿纹长方形管

春秋时期，长12.4厘米，宽1.6厘米，孔长1.4×1.4厘米。壁薄，管四面均有边框，框心相对两面分别为四只鹿与回纹图案，鹿头尾相接，做奔跑状。铜管为复合器，内有扁体四棱锥，面有凹槽。1978年6月，滦平镇土产门市拣选。

### 镂空锥管

春秋时期，长14.2厘米，直径2.6厘米，内径2.2厘米。管身分五节，每节有九个条形孔，节与节之间略细。锥管为复合工具，用于盛装铜锥，此锥管镂空。1986年冬，大屯镇营坊村出土。

### 螭首兽面形带钩

春秋时期，长6厘米，宽2.1厘米，高1厘米。钩首为螭首，钩身为方柱条形，端部为兽面纹，钩纽在尾部，为凸起的圆形纽。1989年10月，虎什哈镇梨树沟门古墓群出土。

### 螺旋纹带钩

春秋时期，通长4厘米。钩首为鸟形，眼睛刻划清晰可辨。尾呈蜗牛壳形，中间半浮雕圆，背为铆钉形纽，钩身为四棱柱，略弯曲。1989年10月，虎什哈镇梨树沟门古墓群出土。

### 鸟形带钩

春秋时期，通长4厘米，宽1.4厘米，高0.9厘米。钩首为鸟首形，钩身呈三角形，表面略鼓，饰几何纹。背面内凹，有一铆钉形纽。属小型带钩，为山戎服饰品。1989年10月，虎什哈镇梨树沟门古墓群出土。

**螭首形兽面纹带钩**

春秋时期，通长9.7厘米，宽2.2厘米，通高1厘米。鸟首，钩部方形，钩身较长，扁四棱体。螭尾。圆雕式，面凸，兽面纹，背内凹，有一铆钉纽。1989年10月，虎什哈镇梨树沟门墓群出土。

**三角形几何纹方形带钩**

春秋时期，通长3.6厘米，宽1.4厘米，高0.8厘米。呈马头琴形，尾为长方形，面饰交叉三角形纹、几何纹，背为圆形纽。1989年10月，虎什哈镇梨树沟门古墓群出土。

**图案云纹琵琶形带钩**

春秋时期，通长7.2厘米，宽1.3厘米。琵琶形带钩，钩首为鸟形。钩尾半椭圆形，面饰卷云纹，背有圆形大纽。1989年10月，虎什哈镇梨树沟门古墓群出土。

**螭首兽面带钩**

春秋时期，通长6厘米。螭首，四棱条形钩身，尾为兽面形，铆钉形纽。钩纽的尾部为凸起的圆纽。1989年10月，虎什哈镇梨树沟门古墓出土。

**镶嵌雷纹环形双脐纽带钩**

春秋时期，通长5.2厘米，宽3.5厘米。首为龟伸脖回首形，四棱条形身，钩尾圆形透雕式，面略鼓施云雷纹。中有一椭圆形孔，孔缘均匀分布四个小嵌孔。孔内镶宝石珠（现已脱落），背面内凹。有铆钉形纽。1989年10月，虎什哈镇梨树沟门古墓群出土。

### 兽面形带钩

春秋时期，通长3.1厘米，宽2.4厘米。螭形，首为蝎尾上翘形态，尾部为蝎身，上饰兽面纹，两夹子前伸，一头残，皆有铆钉形纽。1989年10月，虎什哈镇梨树沟门古墓群出土。

### 镶嵌兽面纹带钩

春秋时期，宽1厘米，高1.5厘米。钩纽部为兽面形，左耳残，双目凸柱孔，孔内镶嵌宝石珠，（已脱落）背面为铆钉形纽，钩身短。1989年10月，虎什哈镇梨树沟门古墓群出土。

### 兽首双螭形环带钩

春秋时期，通长5.6厘米，宽2.5厘米，高1厘米。钩尾为双螭连尾环身，二螭头反向，半浮雕式，呈心形，螭身有小连珠纹。背面内凹有一铆钉形纽。钩身较短，四棱形。1989年10月，虎什哈镇梨树沟门古墓出土。

### 螭纹带钩

春秋时期，通长6厘米，宽1.8厘米，通高0.8厘米。钩首为鸟首，钩身略长，四棱形，钩尾呈圆环形，为一单螭团身造型。半浮雕式，螭身饰连珠纹，背面凹，有一铆钉形纽。为山戎服饰品。1989年10月，虎什哈镇梨树沟门古墓群出土。

### 螭首勺形带钩

战国时期，通长9.8厘米，宽2厘米。首似鹤首形，钩尾为勺形，凸面饰螭纹，背面为钉帽形纽。钩身近尾部为半圆柱形，中部至钩尾部为四棱柱形，为山戎人服饰品。1978年5月，虎什哈镇炮台山墓群出土。

### 螭首勺形带钩

春秋时期，长9.8厘米，宽2厘米。首似鹤首，钩为勺形，钩尾饰螭纹。钩尾背面铆钉形纽，钩身细长，四棱形。钩尾部锈蚀严重。1978年5月，虎什哈镇炮台山墓群出土。

### 鎏金龙首兽面纹琴式带钩

战国时期，长17厘米，宽3.2厘米，厚0.2厘米。扁体弓形，钩头为龙首形，钩身两端为兽面纹，中部为鎏金凸起二弦纹，钩身背面有一圆钉柱纽。带钩为北方草原民族腰带钩，春秋战国时代传入中原，此带钩为战国中原式带钩。1977年10月，金沟屯镇砖厂出土。

### 龙首琵琶形带钩

战国时期，长10厘米，宽2厘米。钩为琵琶形，钩头为龙首形，钩纽为圆钉柱形。1977年12月，大屯镇窑上村出土。

### 螭首镶嵌图案琵琶形带钩

战国时期，长10.6厘米，宽1.7厘米，通高1.3厘米。钩首为螭形，带钩呈琵琶形，扁平体，钩身有阳刻动物纹图案，内有圆钉形纽。1980年8月，虎什哈镇北白旗砖厂出土。

### 螭首镂空螭纹匙式带钩

春秋时期，长8厘米，宽3厘米。带钩呈仰置汤勺形，钩头为螭首形，正面饰阴刻三角形纹和勾云纹，尾部呈半球形，正面镂空动物纹，钩体另一背面有圆柱形纽。1977年，巴克什营镇古城川出土。

### 螭首兽面形带钩

春秋时期，长9厘米，宽2厘米。钩头为螭首形，钩体中部饰五组弦纹，每组三道，将钩体分为三部分，钩头部分为素面，中间和钩端部分有几何纹，钩尾为兽面纹。背面钩体

另一侧为园钉形柱纽，1977年，滦平县文管所从金沟屯镇供销社废铜中拣选，其后收藏在文管所。

### 螭首粟纹匙式带钩

春秋时期，长3.8厘米，宽2厘米，通高0.8厘米。钩头为螭首形，钩体为长方形，钩尾为动物形纹，钩尾背面有园钉柱纽，为山戎人装饰品。1986年，县文管所文物普查时，在金沟屯镇公社收购站征集。

### 螭首条形带钩

战国时期，长13厘米，宽1厘米。钩首为螭首形，钩身为条形，圆柱形纽。1977年12月，大屯镇营坊村出土。

### 螭首琵琶形带钩

春秋时期，长5.8厘米，宽1厘米，通高1.2厘米。钩首为螭首形，钩纽在尾部背面为圆柱形，钩身四棱条形。为山戎装饰品。1980年9月，大屯镇小城子砖厂出土。

### 鸟形带钩

春秋时期，长3.4厘米，宽1.3厘米，高1厘米。钩首为鸟首形，钩身饰波纹表示羽毛，钩尾下垂，背面有圆柱形纽，整体似一鸟站立，回首观望。1977年12月，大屯镇窑上村出土。

### 人面形坠饰件

春秋时期，通长7.2厘米，宽2厘米，厚0.1厘米。饰件顶端人面的五官是由三个凹坑形成的双眼和口，两侧外凸部分的小孔为双耳，长条状的鼻子微凸起，背有桥形竖纽，下部为窄条形。1989年10月，虎什哈镇梨树沟门古墓群出土。

### 云形环纽雷纹地三角云纹三足敦

战国时期，直径16.5厘米，高21厘米，底纽高4厘米，圆纽长1.7厘米。通体浑圆，盖顶三鸟形环纽，上饰斜三角雷纹，盖身自上而下以三角雷纹地组成宽带纹一周，宽带纹之上又以云雷纹组成的三角形图案一周，顶中为交叉式云雷纹图案。敦上下体以子母口相扣，下体花纹与盖基本相似，口部左右首环耳各一，底有鸟首形环足立。1978年5月，虎什哈镇炮台山墓群出土。

### 铜 敦

战国时期，通高22厘米，口径16.5厘米，盖高10厘米，耳高5厘米，足高5厘米。通体浑圆，纹饰皆以红铜镶嵌。盖顶三鸟环纽，饰阴线斜三角雷纹，盖顶部三线圈，组成二组环带环，内环带饰朵云纹，外环带饰波线纹，外圈一周比较均匀地连接八个花蕾形纹，盖中部镶嵌三虎纹，分布在三纽区间。盖体以子母口相扣，口部两侧各一环耳，下体前后各自与上盖雷同的二虎纹，底足与纽相同。1977年8月，虎什哈镇白旗村出土。

### 贝纹双身兽面纹铃

春秋时期，通高8.5厘米，口长5.5厘米，口宽4.5厘米。铜铃呈半个扁椭圆柱形，顶为弧形，上有半环形纽，铃双面对称饰贝纹、兽面纹图案。属车马用具。1978年5月，虎什哈镇炮台山墓群出土。

### 镂空桃形圆环纽圆铃

春秋时期，通高8.9厘米，口径5.9厘米，环纽高1.5厘米。通体形似馒头，顶有环圆形纽，中部两侧凿出三角形套桃形透孔，素面，铃口为圆形，铃内有一横梁悬挂一圆铃实。圆铃属于车马用具。1978年5月，虎什哈镇炮台山墓群出土。

### 镂空三角形环纽圆铃

战国时期，通高7厘米，直径6厘米。通体形似一馒头，顶上有环形纽，体两侧凿出三角形透孔，铃口为圆形，铃内中有一横梁悬挂一铃实。属车马用具。1978年5月，虎什哈炮台山山戎墓群出土。

### 贝纹双身兽面纹车軎

春秋时期，通高7.5厘米，底径6.5厘米，口径4.2厘米，底厚1.3厘米，辖长6.5厘米，宽1.5厘米。軎为筒形，一端细，一端粗，呈圆台形。细端上部饰一周凸起的贝纹，下至粗端有一内素面环带。中间饰兽面纹，圆台厚1.5厘米，内径4.5厘米，辖为方条形，一端为兽面纹，方形帽，辖6.2厘米，帽宽1.2厘米，在长筒与粗筒结合部横穿于筒中。軎为车轴两长头的套筒，用以加固轴头，軎套于轴头上，再将辖穿在軎与轴上，防止车轴脱出。此軎为一对，为山戎人车马具。1978年5月，虎什哈镇炮台山南侧出土。

### 双鹤首形扁环镳

战国时期，通长17.2厘米，孔外径4.4厘米，内径2.1厘米，厚0.5厘米。青铜镳两端呈双鹤首形，中部作扁环状，环部各有二周弦纹，在鹤头部位有穿孔，刻有嘴和眼纹饰。1978年5月，虎什哈镇炮台山戎墓群出土。

### 粟纹地鸭首方形策

战国时期，长9.2厘米，宽5.5厘米，通高2.7厘米，方孔长5.5、宽4.2厘米。策为方形，两侧长边铸有长嘴鸭首形，一侧尖嘴，一侧圆平嘴。1978年5月，虎什哈镇炮台山山戎墓群出土。

### 虎型牌饰

春秋时期，长9.6厘米，宽4厘米，厚0.2厘米。虎头前倾，通体略呈条形，圆雕式，耳直立，前腿向前伸直，后腿向前伸直腾起，做奔跑状，尾自然下垂，尾尖贴于后腿。全身有六处穿孔，用于镶嵌绿松石，面皆内凹，中有一长方形纽。虎形牌饰佩戴于死者胸前。1976年，兴洲苟子沟门山戎墓群出土。

### 马形牌饰

春秋时期，长4.6厘米，宽2.5厘米，厚0.2厘米。马形，半浮雕式。低头姿势。眼以方形孔表示，张口，头顶沿脖颈至腰部为凸棱表示马鬃，马身前倾，双腿前曲做蹦跳状，额、鼻、脖、臀、双蹄上各有一圆环，背面内凹，有二系纽。1977年12月，大屯镇营坊村出土。

### 虎形缀饰

春秋时期，直径2.5厘米，厚1厘米。虎作团状，似卷曲睡觉，虎头、虎尾相连，两脚一上一下，脊背刻有齿轮纹。1978年，滦平镇东街村北山出土。

### 桥纽盏顶"齐□和印"方印

战国时期，长1.5×1.5厘米，高1.5厘米。环状纽，梯形台座，印体较小，印面呈方形，印面刻篆体阳文，私印，"齐"

姓，名首字未辩，尾字"和"。即"齐□和印"。1977年，火斗山乡拉海沟二道沟出土。

### 桥纽盖顶"朱□宗印"方印

战国时期，长1.8×1.8厘米，高1.5厘米。桥形纽，印体较薄，印面呈方形，篆体阴文，私印，朱姓，梯形方台座，各首字未辩，尾字宗，即"朱□宗印"。1977年12月，大屯镇营坊村出土。

### 虎形衔环饰件

春秋时期，通长8.7厘米，通高2.6厘米，环直径4.7厘米，虎长5.5厘米。由一虎形和一铜圆环组成，两耳直立，腰凹，臀部翘起卷尾。四腿直奔，臀部和前肩部有对称四乳丁纹，虎头口部与铜环连环，环上饰弦纹，虎衔圆孔。1972年，大屯镇小城子村和尚坟出土。

### 连珠纹蛙形圆饰件

春秋时期，直径6.7厘米，厚0.2厘米。圆形、半浮雕式，中间为一写实的俯视蛙象。蛙四足外出，作欲跳跃状。内外圆形边框表面多饰水波纹，背面平，头部设一鼻纽。1982年，滦平镇果园北山出土。

### 桥形纽四乳"家常富贵"镜

汉代，直径7.7厘米，厚0.5厘米。圆形，圆纽，圆纽座，纽座外有二周凸弦纹二周射线纹，纹间为"家常富贵"隶书铭文和四乳环绕。体薄。1977年12月，大屯镇营坊村出土。

### 昭明镜

汉代，直径8.7厘米，厚0.2厘米。圆形，圆纽稍残，纽座外有连弧纹，斜线纹，内区铭文带，文字为："内而青而以昭而明而光而夫而日而月而"再外一周斜线纹。此镜残损，经修复保护。1975年，滦平镇后营子庄头营村出土。

### 瑞兽镜

唐代，直径13.7厘米。圆形，圆纽，圆纽座，宽平缘，外区依次饰曲线锯齿纹、射线纹各一周，内区有四只瑞兽相对奔驰在流云中，为唐代铜镜之佳品。1980年，红旗镇白旗西沟瓦房村出土。

### 瑞兽葡萄镜

唐代，直径13.5厘米，厚1厘米。圆形，直立缘边，镜面光滑略鼓，镜背纹饰由二凸弦纹分为三区，边环区饰飞禽二十只，中环区饰葡萄枝叶纹，中环区饰一周卷云纹，内区有四只瑞兽相对奔跑在流云中。采用高浮雕手法铸造。1975年夏，平坊乡营坊村出土。

### 四兽秦王镜

唐代，直径15.5厘米，厚0.9厘米。圆形，镜面光亮略鼓，背面由二凸弦纹将背面分为三个环区，边环区无纹饰，中环区饰一周文字："赏得秦王镜，持不惜千金，非关欲照胆，特是自明心。"内环区饰半浮雕式四只奔跑的野兽，底纹饰为浅浮雕花草纹，纽座为凸双环纹，圆形纽。1981年，涝洼乡涝洼村出土。

### 四乳八鸟家常富贵镜

唐代，直径9.8厘米，厚0.4厘米。圆形，圆纽，圆纽座，座外为八小组斜线纹，再外为凸状弦纹、射线纹各一周，主体纹饰为四乳和隶书铭文"家常富贵"相对而戏的鸟，其外为

一周射线纹，镜为唐仿汉。1977年，西地乡曹碾村出土。

### 葵花形连珠缠枝花纹镜

辽代，直径13.8厘米，厚0.2厘米。葵花形，小圆纽，圆纽，近纽处饰一周圆珠纹，宽平缘，内区饰四朵缠枝莲花，近边缘处饰一周连珠纹。1981年5月，虎什哈镇梓树下村出土。

### 双鱼纹镜

金代，直径22厘米，厚0.7厘米。圆形，镜面平，背面宽平缘，龟形纽。无纽座。浅浮雕式双鱼纹，无底纹，两条鲤鱼做摆尾展鳍游动状，口略张，鱼目、鱼鳍、鱼鳞十分清晰，鱼体肥大，在缘边刻有亿司官皿（押记）。双鱼镜为金代所流行。1976年11月，大屯镇岑沟村出土。

### 素面大铜镜

金代，直径32.5厘米，厚0.5厘米。圆形，无座，素面，边宽平厚，纽小，镜形较大。1976年11月，大屯镇岑沟村出土。

### 六蝶纹镜

辽代，直径9.5厘米，厚0.2厘米。圆形，小圆纽，葵花形纽座，其外饰六只蝴蝶相对飞舞，镜身薄而亮，呈银白色，中间断裂，现已修复。1977年3月，平坊乡银窝沟辽墓出土。

### 海兽葡萄镜

金代，厚0.8厘米，直径13厘米。圆形，直缘，龟形纽，图案分内外两区，内区饰姿态不同的六个神兽，间饰葡萄，枝叶蔓延。外区饰一周奔跑的海兽，间饰葡萄枝叶一周，缘内饰一周连珠纹。海兽葡萄镜又称禽兽葡萄镜、瑞兽葡萄镜，为唐代典型器物，此镜为金仿唐器物。1984年5月，滦平县土产公司拣选。

### 葵形云龙纹桥形纽铜镜

金代，直径14.3厘米，厚0.3厘米。葵花形，桥形纽，纽外云朵间浮雕一龙，并饰云朵一周。1977年，大屯镇西南沟出土。

### 海马葡萄镜

辽代，直径14.7厘米，厚0.8厘米。圆形，龟形纽，镜背遍饰葡萄纹地，中以凸弦纹为界，分别为内外二区，内区浮雕六神兽，外区在两周连珠纹之间环饰浮雕禽兽蜻蜓、蜜蜂等，连枝花镜边。1985年，陈栅子乡西山根上坎地出土。

### 四兽镜

金代，直径13厘米，厚0.5厘米。圆形，圆形纽，圆纽座。外区依次饰锯齿纹、曲线纹、直线纹，内区饰射线纹一周，四野兽环绕一周。1980年，大屯镇兴州二道营砖厂出土。

### 暗八仙青鸟亚腰桥形纽人物镜

金代，直径8.7厘米，厚0.5厘米。圆形，亚腰桥形纽，镜背面饰有高浮雕式暗八仙，上饰一对飞翔的青鸟，纽两侧为二供养人，供养人两侧为银锭元宝、铜钱，下饰葫芦、荷花、管箫等。出土地点不详。

### 牡丹花纹镜

金代，圆形，小圆纽，花瓣形纽座，纽座雕五朵牡丹花，枝叶相连，花叶茂盛，花叶饰连珠纹一周。宽平缘，镜边缘阴刻押记。1958年，金沟屯镇荒地村出土。

### 鼍龙镜

金代，直径9厘米，厚0.5厘米。圆形，半球形纽，圆纽座。图案分内、外两区，外区为锯齿纹一周，弦纹一周，在弦纹中间为一周铭文"辟去不羊宜古市，长堡二亲私孙子，为吏离宫寿命常青，盖作竟有纪"。在不羊铭文之间铸一方形框，铭文"铜院匠查"。1977年，金沟屯镇供销社废铜中拣选。

### 青盖鼍龙镜

金代，直径11厘米，厚0.5厘米。圆形，圆形纽，圆纽座，外区依次为曲线纹、锯齿纹、直线纹各一周凸起线状、细弦纹各一周，内区为铭文带："辟去不羊宜古市，青盖作竟自有纪，长堡二亲利孙子，为史高官寿命长。"里侧有两鼍龙相对峙。1977年，付营子乡王营子出土。

### 双龙纹镜

金代，直径9.5厘米，厚0.5厘米。圆形，圆纽，圆纽座，外区依次为锯齿纹、曲线纹、直线纹，内区射线纹，二周弦纹，图案为二龙相对峙。1965年，出土地点不详。

### "大定通宝"五子玩莲镜

金代，直径12.3厘米，厚0.7厘米。圆纽，连珠纹纽座，压半纽座有五枚"大定通宝"钱形纹排一周，间饰五童子玩镜，莲花垒压一方形印记，印文不清，童子腰间饰大定通宝钱纹一周，靠近边缘处饰莲珠纹一周，镜边高出。1976年，陈栅子乡陈栅子村出土。

### 缠枝牡丹纹镜

金代，直径19.3厘米，厚0.1厘米。圆形，桥形纽，花瓣形纽座，内饰缠枝牡丹花，枝叶相连，外饰连珠纹一周。1978年，滦平镇北李营东营村出土。

### 双鱼纹镜

金代，直径9厘米，厚0.4厘米。圆形，圆纽，纽两侧各饰一鲤鱼，同向回泳，底衬波浪纹。器物完整，属小形铜镜。1986年，巴克什营镇虎头山村出土。

### 瑞兽葡萄纹镜

辽代，直径17厘米，厚0.8厘米。圆形，龟纽，中以凸弦纹分成内、外两区，内区饰六只姿态不同的瑞兽，间饰葡萄枝叶蔓延。外区饰六鸟、六鹿飞行奔跑，环绕一周，连枝花镜边，斜立高镜缘。此镜为辽仿唐镜，器物完整。1991年，金沟屯镇山后村出土。

### 东源杜二人物故事镜

金代，直径16.3厘米，厚0.3厘米。圆形，桥型纽。纽上方有一长方形框，框内铸"东源杜二"。人物侧望，身披袈裟，盘坐在岩石上，周为草丛。岩石下为层层波浪水纹，其中一山的一侧有一株花。另一侧为一棵椰子树。1991年，金沟屯镇山后村出土。

### 葵花形素面镜

金代，直径10.5厘米，厚0.5厘米。素面，八出葵花形，桥形纽，中凸起弦纹一周。1975年，巴克什营镇铁炉村出土。

### 家常富贵镜

金代，直径15.5厘米，厚0.4厘米。圆形，圆形纽，花瓣形纽座，镜面为连弧纹凸起弦纹一周，弦纹内外为二周射线纹，纹间为隶书铭文"家常富贵"和四乳丁纹环绕。此镜制作完整，为金仿汉镜。1977年，虎什哈镇金台子南白旗南沟出土。

### 四乳家常富贵镜

金代，直径15.5厘米，厚0.3厘米。圆形，圆纽，花瓣形纽座，镜边为连弧纹一圈，凸起弦纹一周，内区有高凸起弦纹一周，弦纹内外为二周射线纹，隶书"家常富贵"和四乳丁纹环绕。1984年，滦平县土产公司拣选。

### 桃形"湖州真石家念二叔照子"镜

金代，长13.5厘米，宽10.8厘米，厚0.2厘米。桃形，素面，圆纽，镜背右侧铸有"湖州真石家念二叔照子"铭文。1975年，大屯镇兴州供销社拣选。

### 海兽葡萄镜

金代，直径15厘米，缘厚0.8厘米。圆形，直缘，龟纽，外高内低，图案分内、外二区，内区饰自然奔跑的五个海兽，间饰葡萄枝叶蔓延。外区饰葡萄枝叶一周，缘内饰花朵一周。1977年，张白湾镇周台子村出土。

### "承安三年"四兽铜镜

金代，直径9厘米，厚0.5厘米。圆形，圆纽，无纽座，用凸弦纹划内、外两区，内区饰四兽相逐一周，外区铸"承安三年上元日陕西东运司官造监造""录任提控运使高款"铭文一周，承安是金章宗完颜景的年号，三年应是1198年，陕西东运司是陕西东路转运司的简称，当时是主管陕西东路赋税，钱谷文库出纳的机构。1973年，巴克什营镇东营子村出土。

### 六鹤同春镜

金代，直径18.2厘米，厚0.3厘米。圆形，圆纽，镜面平，镜背宽边，背面图案半浮雕式纹饰，有六只仙鹤、芭蕉树、竹子、云朵、灵芝组成的图案。上面两只在云朵下翩翩起舞，左右两只在竹下，一只亭亭而立，另一只曲径寻食，下面两只在衔啄灵芝。1978年，金沟屯镇供销社出土。

### 山东东路铸四子玩莲镜

明代，直径13厘米，厚0.2厘米。圆形，镜面平，背面宽平缘，边缘部有连珠纹一周，中间主体纹饰为半浮雕四童子玩莲，镜背左侧为长方形框，铭文"山东东路铸钱所出"。1957年，巴克什营镇出土。

### 鸾凤和鸣镜

明代，厚0.6厘米，直径14.7厘米。圆形，直边，无纽座。近边部有凸弦纹一周，四个凸起的方框，框内阳文楷书"鸾凤和鸣"四字，"鸾"字两侧有长方形框，内楷书"张云开造"，另一侧字迹不清。使用磨蚀痕迹明显。1981年，滦平镇东街村出。

### 鸾凤和鸣镜

明代，直径15.5厘米，厚0.5厘米。圆形，桥形纽，纽外侧四方框内铭文"鸾凤和鸣"，外一周弦纹，缘薄矮。1981年，滦平镇东街村出土。

### 菱花乳丁纹"流芳"铭文铜镜

明代，直径11厘米，通长21厘米，厚0.3厘米，柄长9.5厘米，柄宽2.7厘米。菱花形，无纽，长方柄，镜背主体纹饰为乳丁纹，镜中铭文"流芳"，窄边缘。1979年10月，大屯镇兴州二道沟村出土。

### 鸾凤和鸣镜

明代，直径14.5厘米，长24厘米，柄长9.5厘米，柄宽2.5厘米，厚0.3厘米。圆形，桥形纽，纽外侧四方框内铭文"鸾凤和鸣"，外一周弦纹，缘薄矮。1981年，滦平镇东街村出土。

### 碧鸡山水"天下一菊四义"镜

明代，长9.5厘米，柄宽2.5厘米，直径14.5厘米。镜座圆形，无纽，长方柄，镜背主体纹饰，碧鸡一对，立站一横杆上，山水图案，铭文"天下一菊四義作乎"，缘薄矮。1990年收购。

### 云头形錾灯盏

金代，通高5厘米，长12厘米，宽11厘米，底径5厘米。敞口，口沿有一云朵形錾，腹下部斜收，平底。1987年，长山峪镇碾子沟村出土。

### 忍冬纹三足矮洗

辽金，口径62厘米，通高13厘米，底径43厘米，足高3.5厘米。圆形，宽折沿，大腹斜收，中间略鼓，深腹，平底，底有矮三足，靠底部有二道弦纹，弦纹里忍冬纹图案。此洗大而厚重。1958年，陈栅子乡出土。

### 三矮足洗

金代，口径34.5厘米，底径23厘米，通高7厘米。折平沿，直壁，素面平底，洗底有三个矮形足，中间有一小孔。1990年，金沟屯镇滦河沿乡荒地村出土。

### 桥形纽方印

汉代，长1.7×1.7厘米，通高1.5厘米。方台形体，桥形纽（已残），文为阴刻"衢福印"三字，书体为汉篆。此印为汉代私印，铸造规整。1977年，大屯镇营坊村西山出土。

### 长方纽"副统所"方印

金代，长7.7厘米，厚1.3厘米，高4.7厘米，宽7.7厘米。方形，纽呈短矩形，印面为阳文篆书，二行四字，印文："副统所印"。印背面右侧刻有阴文"副统所印"，左侧刻汉字"宇字号"，纽上刻一"上"字。金代自正隆元年（1156年）始，统一官印，按级别大小确定印之规格。金代三十为一谋克，五谋克为一千户，四千户为一万户，四万户为一副统，两副统为一都统。1972年秋，安纯沟门乡小白旗村出土。

### 长方形纽"都提控所"印

金代，长8.8厘米，厚1.5厘米，高4.5厘米，宽8.8厘米。方形，短矩形纽，印面阳文，汉字篆书二行文字，印文"都提控所印"，印背左侧刻阴文汉字都提控所之印"纽口有一"上"字。1932年，滦平镇北李营双庙杨树沟门出土。

### 长方纽"神字号行军万户所印"方印

金代，长6.7厘米，宽6.7厘米，厚2厘米，高5厘米。方形，矩形纽，正面阳文汉字篆书，三行九字，印文"神字号行军万户所印"。印背面右侧刻汉字"贞佑二年八月"年款。左侧刻汉字"礼部造"，印上侧刻汉字"神字号万户所"，纽上面刻一"上"字。1957年，金沟屯镇曹窝铺村大石沟门出土。

### 鎏金立形菩萨像

北朝时期，通高7.3厘米，宽1.5厘米。头后与腰部各有一铆钉，用于固定背光，背光只有少量残留。此佛像形体较小，年代较早。1978年，西地乡八里庄小窝沟出土。

### 圆形熏炉

辽代，通高10.5厘米，底径9厘米，腹径13厘米。熏炉由两部分组成，上半部分为圆形盖，盖上有一屋顶形纽。有六个两道弦纹相系的梅花形孔。下半部分平卷沿，直口，直腹，平底。1992年，西沟乡马圈子东沟村后出土。

### "南京""皇莆"圆权

金代，通高13厘米，底径6厘米。铜铸，上为方形纽，中部略呈圆形，中上部有一周阴弦纹，中部有阴刻"南京"二字，束腰，圆形底座，束腰部有三凸弦纹，圆形底座有三周弦纹，底略鼓。为金代称重器。1978年秋，西地乡谌营村出土。

### 圆　权

元代，通高9.5厘米，底径4.5厘米。铜铸，上为方形纽，中为圆形，下部束腰，底为圆锥形，近底座处有凸弦纹。此权为元代称重的器物。1991年，滦平镇西台子村南大地出土。

### 皇甫己亥六棱权

元代。通高9厘米，底宽4.5厘米，宽4厘米。铜铸，六棱体，孔为方形，中为六棱梯形，正面一侧阴文"皇甫"，另一侧阴文"乙亥"二字，下部束腰，束腰部有三周凸弦纹，底为六棱台形座，底略鼓。1982年，大屯镇菾青村东沟山洞出土。

### 竹柄莲托缠枝三足蜡台

辽代，通高37厘米，花直径9.5厘米，口直径3厘米，足高5厘米。蜡台由底座、把手、花托台、插桶构成。花托台为莲瓣形，四层莲瓣，每层八瓣，莲花向外翻卷，排列整齐均匀。把手竹节状，为六节，两端分别铆在底座与花托台上。底座为三条支腿，上饰两层卷云纹，中起脊，三腿外侈平踏，尖部饰卷云纹。1992年9月，西沟乡马圈子东沟出土。

### 童子押印

金代，通高4.2厘米，底长2.5厘米，宽1.7厘米。印台立一男童。头纽残缺，圆脸型，双手置于胸前，做拜礼的姿势，两腿直立，印面为长方形，印文为阴刻巴思巴文。1977年，两间房乡新房村出土。

### 童子纽长方押印

金代，通高5厘米，底长2.5厘米，宽1.8厘米。印台立一男童，束发，头顶卷成环纽，圆形脸，浓眉大眼，高鼻梁，两耳凸出，五官紧凑，刻划清晰，身体裸体，左臂弯曲，手心向上托一钵，两腿分开直立。印面长方形，阳刻八思巴文。1977年，安纯沟门乡小白旗庙后沟出土。

### 连身四婴戏饰件

金代，长5厘米，宽5厘米，厚2厘米。二婴连体，姿势雷同，上下看二婴一手臂把自头耳，一手下垂握如意，一腿后抬，一腿直立。左右看，二婴一手抚自头耳，一手握如意，一腿前伸，一腿曲立。二婴均侧视，满脸嬉笑。故称"四喜人"。此饰件为女真人吉祥物。1977年，陈栅子乡大栅子村出土。

### 手把铳

明代，通长37厘米，尾直径5厘米，口径3.8厘米。全身铸五道加固箍，圆形，前部为铳筒，药室隆鼓呈椭圆形，有一引火孔，尾部有銎孔，口外侈。铳为武器，装上火药弹砂用导火索点燃发射。1986年，金山岭长城出土。

### 坐形菩萨像

清代，通高15厘米，底长10厘米，底宽7厘米。盘坐姿势，头带佛冠，面相长方，长眉，眼微睁，高鼻梁，嘴角上挑，面带微笑。耳饰圆形耳环，一耳残缺，胸前佩带项链，右臂高抬，手持宝葫芦，左臂弯曲，手指分开放于胸前，手心向外，束腰，二脚盘坐于莲花座上，二脚心朝上，身披一条飘带。底座略残。1977年，巴克什营镇出土。

### 执钵佛像

清代，通高17厘米，底长8.5厘米，底宽6.2厘米。头戴佛冠，圆形脸，双目微睁，高鼻梁，小嘴圆下颌，大耳垂肩，身披袈裟，衣纹褶皱，二乳突出。二腿盘坐于莲花座之上，右手自然垂放于右腿上，手心向外，左手持钵放左腿上，手心向上，保存完整。1965年，出土地点不详。

### 鎏金坐形菩萨像

清代，高11.5厘米，底长7厘米，底宽5厘米。头戴宝冠，面容饱满，瘦身束腰，端座于莲花宝座之上，双眼微睁，容貌慈祥，双耳饰花形耳环，胸前佩戴花形项链，垂坐姿态，两臂弯曲，双手交错，身披一条飘带，脚部、腰部有花纹饰。通体鎏金。1979年7月，出土地点不详。

### 错金银亭台楼阁小景双耳三足炉

清代，通高23厘米，口径34厘米，腹径37厘米，耳长3.5厘米，足高2厘米。圆台形，口沿平，短凹颈，上腹有对称二个方形錾，腹略鼓，近底斜收，平底，有三个空心足。腹部有两组对称图案。一组由描金阴刻线苹果形与凹角长方形交错组成的图案，苹果形内有小桥流水、亭阁、山、树木、及太阳组成，太阳描金。亭阁屋顶为赤铜色，树冠为描银，凹角长方形内有山、树木、亭阁、流水组成，亭阁屋顶为赤铜色，湖边树冠为描银。另一组图案由阴刻线与扇形图案交叉组成，扇形图案有山和两只帆船，有一山，山上有一桥直通花形图案，花形图案中有桥头，水面上有两只帆船。1966年，金沟屯镇滦河沿西营关帝庙出土。

### 铜印模

清代，边长8.5厘米，宽8.5厘米，厚0.5厘米。篆刻"乾隆御笔"四字，印模为正方形。1977年，西地乡穸览寺内出土。

### 铜鎏金"穸览寺"

清代，穸15×9厘米，览15.3×10厘米，寺15×11.8厘米，厚0.5厘米。1977年，西地乡穸览寺内出土。

### 铜鎏金"性澄觉海"

清代，"性"字28.5×24厘米，"澄"字30×25厘米，"觉"字33×25厘米，"海"字32.5×25.5厘米。铜质，鎏金，楷书"性澄觉海"四字。1977年，西地乡穸览寺出土。

## 第六节 铁 器

### 铁 犁

汉代，长40厘米，銎宽42厘米，通高13厘米。此铁犁，一面平，一面鼓起，横剖面呈等腰三角形，前有尖刃，尖部内收明显，銎孔三角形。有使用痕迹，为汉代时期的农具。1977年，虎什哈镇中学院内出土。

### 铁 镢

汉代，长16.5厘米，銎口7×2.8厘米。正面为长方形，侧面为三角形，从上至下由厚渐薄。上部有长方銎，顶部平，素面，直棱角。双面刃，刃略弧。1979年，虎什哈镇营坊村杨家坟出土。

### 铁 镢

汉代，长13.3厘米，宽7厘米，厚26厘米，銎口7.5×3.2厘米。正面为梯形，侧面为长三角形，从上而下。由厚变薄。上部有长方形銎，銎口有一箍棱，双面直刃。1974年，邓厂乡王营村出土。

### 三股叉

汉代，通长30厘米，叉宽7.5厘米，叉长12.5厘米。銎呈圆形，上粗下细，銎筒与叉顶为煅打连接，叉三股，山字形，中股短细。1977年8月，金沟屯镇滦河沿荒地村出土。

### 长方形铁铲

汉代，长16厘米，宽11厘米，厚0.3厘米。梯形，上窄下宽，偏上部中间有一圆孔，刃部宽，刃部使用痕迹明显。1979年11月，虎什哈镇营坊村出土。

### 铁 锛

汉代，长16.5厘米，宽6.5厘米，銎高3厘米。正面为长方形，侧面为三角形，从上至下，由厚渐薄，长方形銎。刃部残，使用痕迹明显。1979年11月，虎什哈镇营坊村出土。

### 铁 斧

汉代，长12厘米，宽8.5厘米，銎高4厘米。斧为双面刃，近似长方形，上窄下宽，长方形銎，銎口沿周凸起，刃部略宽，侧面为三角形。使用痕迹明显。1979年11月，虎什哈镇营坊村出土。

### 铁 镰

汉代，刃长22厘米，宽6厘米，厚0.5厘米，把长7厘米。镰为弯月形，首部有圆銎，孔拱形，凹形刃。1977年11月，小营乡小营南沟出土。

### V 字形铧冠

北朝时期。通长23.5厘米，宽4.5厘米，厚1.5厘米。铧冠呈"V"字形，刃呈凸形，中间有尖，刃尖附近残损，内侧有凹弧形，有凹槽，使用痕迹明显。1977年，金沟屯镇曹窝铺村十亩地出土。

### 圆肩宽刃铁铲

北朝时期，通长11厘米，宽11厘米，銎高2.8厘米，厚0.5厘米。长方形，銎孔长方形，肩斜圆。体薄，自上而下渐宽，两侧以阴线表现出棱边，刃部宽，两角斜收，平刃，中部因使用磨损而略内凹。1991年，金沟屯镇曹窝铺村出土。

### 犁 镜

北朝时期，长32.8厘米，宽28.2厘米，厚1.5厘米。形体较大，头窄尾宽，头部呈半椭圆形，尾部矩形。中部有四个距离不等的系纽。此器为北朝农业生产工具。1991年，金沟屯镇曹窝铺村十八亩地出土。

### 圆刃单面銎犁铧

北朝时期，长22.5厘米，宽21厘米，銎高6.5厘米。铧尖呈半圆形，銎口矩形，銎深17厘米。单面刃，铧面有间距5厘米的平行小孔，尖部呈半椭圆形。1991年，金沟屯镇曹窝铺村出土。

### 犁铧冠

北朝时期，长10.4厘米，宽21.6厘米，冠宽4厘米，厚2厘米。呈"V"字形，是套在犁铧上的刃，中间为半月形凹槽，进深6厘米，中间起脊。1991年，金沟屯镇曹窝铺村。

### 铁 锤

金代，通高10.3厘米，直径7厘米，腹径9厘米，孔径2.8厘米。鼓形，中间穿圆孔，用以安装木柄。使用痕迹明显，保存完整，但氧化锈蚀严重。安装木柄作为捶打器。1976年11月，大屯镇岑沟村出土。

### 明昌六年亚腰铁权

金代，高11厘米，底径4.7厘米，宽5.5厘米。权呈亚腰状，圆体方纽，中间一系孔，为双面合铸，肩部有一周弦纹，腹部凸起二周弦纹，有阳刻铭文"明昌六年"，底凸起有三周弦纹呈台阶状。1985
年5月，大屯镇大屯村出土。

### 镂空万字形三足暖炉

金代，通高20厘米，口径19.5厘米，腹径
24.5厘米，足高7厘米。上部圆筒形，口微敛，
斜肩，深腹略鼓，下腹内收，平底，矮三柱
足。腹部镂空，排列一周八个镂空"卍"字形纹
饰。腹下部与足上部之间有一凸出的宽平沿，
三足蹄形。1977年，周营子乡偏道子村杨树沟
出土。

### 带柄流匜

金代，通高8.7厘米，通长29.5厘米，直
径23.5厘米，把长14.4厘米，底径20厘米。圆
形，敞口，圆柱形柄，柄裤方形。流呈簸箕
形。底略弧。1986年，虎什哈镇金台子乡马圈
子出土。

### 六錾环底铁釜

金代，通高27厘米，口径42厘米，錾长9
厘米，宽4厘米。铁釜平口，釜沿下有弦纹一
周，上腹有六个等距相对的扁耳，圆底。为煮
饭的炊具。1977年春，虎什哈镇金台子乡石墙
子出土。

### 铁犁镜

辽代，长31厘米，宽25厘米，厚1.2厘米。
不规则椭圆形，镜面略鼓，铸有四个半环形
纽，边有一周凸弦纹。内面略凹，素面。一侧
内凹似鱼张口。铁犁镜为农耕用具。1977年，
五道营乡五道营村出土。

### 有流铁勺

辽代，通高7.6厘米，通长27厘米，
直径21.5厘米，把长16.8厘米，底径19厘
米。圆形勺，有一方形流，腹略鼓，扁圆
形柄，平底，为生活用品，酒器，用途是

从盛酒的容器中挹收酒浆。1979年，虎什哈镇营坊村出土。

### 三角足双耳平底铁釜

辽代，通高23.5厘米，口径37厘米，耳间距41厘米，足高14厘米。平沿，双耳，浅腹，平底，三角足。1985年，金沟屯镇滦河沿荒地村出土。

### 云头形护手熨斗

辽金时期，长39.5厘米，口径20厘米，底径16.5厘米，通高7厘米。口沿外侈，直腹，平底，柄呈椭圆形，柄裤呈方柱形，柄近口沿上有鸡冠形护手。1957年，滦河沿金沟屯镇荒地村出土。

### 铁矛

辽金时期，长28厘米，矛长6.5厘米，宽2.2厘米，銎直径2.5厘米。矛身细长，矛锋三角刃，矛的銎为直筒状，用来安装木、竹等制的柄，矛身有一小圆孔，用来安装固定柄的。1977年，小营乡东沟出土。

### 铁鸣镝

辽金时期，通高5厘米，宽3.5厘米，口径1.5厘米。菱形，三翼，尾部有銎孔，用以安装箭杆，腹部有三孔，三翼自上至下腹斜弯状成三角尖。安装箭杆张弓射出发出声音，亦曰响箭，用以传递信息。1976年，大屯镇兴州村出土。

### 六齿车辖

金代，内径12厘米，外径20厘米，通高5厘米，厚2厘米。圆环形，外环面连铸六个对称长方形齿，有二齿残损。保存基本完整，为车部件。1974年，滦平镇北李营东营村出土。

### 带冠双面鋬铧

辽金时期，长38厘米，宽28厘米，銎高11厘米。铧尖带冠"V"字形，靠近銎部双面都有对称小

孔，銎深14厘米，呈三角形。1977年秋，张百
湾镇周营子乡西沟村西头阳坡根出土。

### 双柄弯刮刀

辽代，长38厘米，宽3.7厘米，厚0.5厘
米，柄长5.5厘米。刮刀呈弓形，两边有长6厘
米的三角条形柄，刃内弧两面磨刃，两侧伸出
手柄。1985年4月，长山峪镇大栅子出土。

### 六鍪铁釜

金代，高27厘米，腹围42.5厘米，口径42.6
厘米，耳长8.4厘米。此铁釜为一次性铸造，半圆
体，形体较大，平口，口沿有四道弦纹，上腹有
六个等距长方形鍪，六耳鍪起支架作用。圆底，
底较厚。1979年，金沟屯镇滦河沿后梁出土。

### 镂空卍字纹宽沿三兽足铁炉

辽金时期，通高20厘米，口径18.5厘米，
腹径27厘米，足高6.5厘米。上筒下盆形，上
筒直口，平唇，斜肩，深腹至盆底，腹环为镂
空"卍"字形纹，下盆折宽沿，腹略深，平
底，底连铸三兽足。此炉即可取暖，同时可煮
饭。1974年4月，安纯沟门乡小白旗村出土。

### 环纽凸弦纹花式口大钟

辽代，通高42厘米，口径46厘米，纽高6.5
厘米。半圆形体，钟顶有环纽，二道凸弦纹。
钟腹部也有两道凸弦纹，弦纹中间有五组均匀
的凸线纹，钟口为花瓣形，钟口为六花瓣形。
钟体厚重，保存完整。有几处氧化锈蚀痕迹。
1986年，滦平镇安乐村出土。

### 双耳三足平底锅

辽代，通高20厘米，耳高3.5厘米，足高12
厘米，直径35厘米，耳宽11厘米，足宽9厘米。
圆形浅平底锅，平口，口沿上有一对称的提
耳。平底下有扁条形三足。1977年，金沟屯镇
滦河沿荒地村出土。

**双箍铁炮**

明代，长38.5厘米，口径17厘米，底径16.5厘米。圆柱形，有两道箍，炮孔圆细，炮底外撇，药室略粗，尾部有一引火孔。属小型火炮。1979年夏，涝洼乡五道梁子出土。

**崇桢十年密镇造号西洋炮**

明代，长170厘米，外径23.5厘米，内径7.5厘米。铁炮阴刻"崇桢十年造"铭文。属长城重型武器。1977年，涝洼乡大古道村出土。

**龙首瓜形墨斗**

金代，长12厘米，宽6.5厘米，通高5厘米。线盒呈方形，敛口，中部略宽，内有线轴，与线盒外摇线把相连，墨斗为瓜形，与线盒连铸，敛口，墨盒出线口为一铁质龙首，线从龙口穿出，铁质龙首与墨盒连铸。1972年，滦平镇北李营双庙村出土。

# 第七节　金、银器

**弧形穿孔金项饰**

春秋时期。直径21厘米，宽4厘米，重量0.019千克。项饰呈弓形，中间略宽，两端圆形略窄，各有一穿孔。薄如纸。1989年10月，虎什哈镇梨树沟门墓群出土。

**银锭子**

清代，通高2.5厘米，长6厘米，宽5.2厘米，重量0.369千克。银锭子呈半圆形，正面内凹刻三个长方形框，框内阳文"德阳县、王裕国泉、二七年匠"。上有小麻点。1977年，陈栅子乡大栅子村出土。

### 银元宝

清代，长7厘米，宽4.4厘米，通高5厘米，重量0.381千克。银元宝又称宝银，马蹄形，元宝正面两个凹长方形框，阳文"山东盐锞、李文汉"。1978年，陈栅子乡大栅子村出土。

### 小银锭

清代，长3厘米，宽2.5厘米，通高1.5厘米，重量0.063千克。馒头形，有小麻点，银锭子亦称锞子。1978年，陈栅子乡大栅子村出土。

## 第八节　木　器

### 瓠种器

金代，通长40厘米，腹径16.5厘米，葫芦高18厘米。全器由一葫芦和一木杆组成。葫芦上部有一圆孔，木杆从葫芦两端穿过，穿过葫芦的后端即为执柄。播种时摆动或敲动木杆，种子即可从木槽中逐一滑落。瓠种器俗称"点葫芦"。1976年11月，大屯镇岑沟村出土。

### 紫檀雕松竹梅岁寒三友嵌春水山玉如意

清代，通长46厘米，宽10厘米，高6.5厘米，厚1.3厘米，玉片8.5×6、5×8、5.5×5.5厘米。赭红色紫檀木柄，柄头、腹尾部分别镶嵌三块不同形状的玉石片，将柄分成前、后两部分。柄前部浅镂空雕刻竹石、莲花图案，后部镂空雕刻竹石、松、槐图案，头部向上卷起，中心镶嵌圆角方形白色玉石，浮雕一只仙鹤立于岸边一棵大树之下，周边饰卷云纹，腹部平面呈长方形，镶嵌椭圆形白色玉石，浮雕仙鹤立于水

中，水中生长数茎莲花，周边饰卷云纹，尾部平面圆形，周边卷云纹，中间镶嵌圆形白色玉石，图案和头部略有不同。2004年，长山峪镇三道梁行家坟出土。

## 第九节　玉石器

### 白玉双节弦纹琮

新石器时期，通高7.6厘米，口径7厘米，腹长7厘米，宽6.5厘米。玉料呈淡黄色，外方内圆，有穿孔，孔为对钻而成，以浅浮雕式刻出上下八组直角凸面，每凸面边沿处以三条横向阴线作装饰，圆孔内壁琢磨光滑，器表高度抛光。古人认为天圆地方，用它来祭天地，祈求风调雨顺、农业丰收。1983年5月，金沟屯镇西村砖厂后台子出土。

### 绿松石

战国时期。通长120厘米，最大块长3.7厘米，宽3.1厘米，最小直径0.3厘米。松石为绿色，大小形状不一，中间有孔，为装饰品。1978年5月，虎什哈镇炮台山墓群出土。

### 玛瑙环

战国时期，外径4.3厘米，内径3厘米，厚0.7厘米。白色闪黄，半透明，环体多棱。1985年，马营子乡曹碾沟战国墓出土。

### 青料云纹璧

汉代，直径4.5厘米，内径2厘米，厚0.2厘米。圆形，双面有对称的勾云纹。1983年，大屯镇小城子村出土。

### 玛瑙管

辽代，长7.2厘米，直径1厘米。圆管形，中有细穿孔，颜色为红色套黑色，半透明。1977年3月，平坊乡银窝沟辽墓出土。

#### 青玉兽面连云纹璏

清代，长8厘米，宽2厘米，厚1厘米。长方形，两端向下弯曲，一端平，一端圆弧，正面刻划兽面连云纹图案，兽眼圆睁，眉呈八字形，背面为长方形穿。形制为清仿汉。1973年11月，巴克什营镇东营村东沟门吴国文墓出土。

#### 玛瑙烟壶

清代，通高7厘米，口径2厘米，底3.5×1.5厘米。烟壶为扁圆形，细圆口，口面平，短粗颈，两侧有半浮雕式辅首，壶身下斜收，平底，矮足，椭圆形。1973年11月，巴克什营镇东营村东沟门吴国文墓出土。

#### 刻人物山水水晶烟壶

清代，通高5.5厘米，口径1.8厘米，底3×1.5厘米。扁圆形，平口，短粗颈，斜肩，侧面略弧，底斜收。椭圆形底。侧面浮雕一人物，手持木棍站在桥边，人物身后为山草树木，桥后两处房子，房后有一棵松树。1973年11月，巴克什营镇东营村东沟门吴国文墓出土。

#### 黄料烟壶

清代，通高5.5厘米，口径1.5厘米，底2.5×1.5厘米。扁圆体，细圆口，口面平，短细颈，直身两侧下斜，底呈长方形。1973年11月，巴克什营镇东营村东沟门吴国文墓出土。

#### 翡翠翎管

清代，长6.3厘米，直径1.5厘米。圆筒形，半透明状，孔圆大，一端有一小孔。翎管为清代官员佩戴孔雀花翎的束管。1973年11月，巴克什营镇东营村东沟门吴国文墓出土。

**琥珀朝珠**

清代，长140厘米。朝珠由4颗翡翠珠，102颗琥珀珠组成。珠翠质较好，颜色淡绿透明，琥珀珠橙黄色，光泽柔和。1973年11月，巴克什营镇东营村东沟门吴国文墓出土。

**透雕福寿圆形佩**

清代，直径5.5厘米，厚0.3厘米。圆形，圆棱边框内为透雕图案。中间为方孔圆钱形图案，圆钱阴刻楷书"福全双寿，天下太平"，圆钱上下、左右相对称两蝙蝠，两青桃图案。1978年，陈栅子乡大栅子村出土。

（石器37件，骨器4件，陶器5件，瓷器53件，铜器154件，铁器33件，玉等12件，金银器4件，木器2件。合计：304件）

# 第九章 文物管理、保护与利用

## 第一节 机构与人员

1949年10月，滦平县政府建民教馆，1950年改名为人民文化馆，隶属于县文教科。1953年文化馆下设文物组，副馆长苗济田兼组长。文物组任务，负责县内文物调查、文物征集、文物保护工作。滦平文化馆文物组是承德地区各县最早建立的文物管理机构。在50年代初至60年代中期县域文物工作中发挥了应有作用。

1966年"文化大革命"开始，文化馆被视为"封资修"阵地，文物（200余件）、图书、乐器、剧团服装多被销毁或散失。文化馆解散，人员调离或进"五·七"干校。

1969年县革命委员会建立文化革命室，1973年恢复文化馆，调回部分原工作人员。苗济田任文化馆副馆长分管文物工作。

1976年文化馆重新设立文物组，文物组组长由文化馆副馆长苗济田兼任，雇用王月华为计划内临时工，计2人。文物普查、文物征集、文物发掘工作时，临时抽调文教干部或雇用临时人员协助。1976年10月，在七个公社及其所辖大队（村）建立文物保护领导小组。1977年，滦平县革命委员会成立滦平县文物管理委员会，负责领导、协调全县文物保护工作，县革委会副主任李霞兼任主任、文教委主任张玉山兼任副主任。1977年赵志厚从学校调入文化馆文物组工作。

1978年县政府批准建立滦平县文物保护管理所（以下简称文管所），股级独立核算单位，编制3人，所长苗济田，隶属文教局。滦平文管所是承德地区建立最早的文物保护管理所。1979年文管所增编1人，郭喜民调入文管所工作，计4人。1980年县政府批准成立文化局，文管所隶属文化局，文化局局长苗济田兼任文管所所长，副所长赵志厚主持日常工作，郭喜民调入文化局工作。1981年雇用梁荣为文管所计划内临时工、沈军山从林业局虎什哈林业站调入文管所工作，以工代干。

1983年文管所增编3人，苗楠、马清鹏、张艳萍招录为文管所固定工，计7人。1983年省文物局批准建立滦平博物馆，与文管所实行两个牌子一套编制，赵志厚任文管所所长、兼博物馆馆长，沈军山转为正式干部。

1983年8月，滦平县人民政府批准成立滦平县金山岭长城管理处，主任由县政府办主任周恭才兼任、副主任文化局局长苗济田（兼）、副主任县政府后勤科科长刘云鹏（兼）、副主任文管所所长赵志厚（兼）。下设两个组，即文物保护组、旅游开发组。文物组隶属县文管所，负责金山岭长城保护维修工作，人员4人，组长梁荣。旅游组隶属县政府办，梁荣转为正式干部身份。1985年政府办主任吴占瑞兼长城管理处主任，侯宗祥从电影公司调入文管所工作。1986年4月金山岭试开放，县政府重新成立金山岭长城管理处，隶属政府办，管理处主任陶文祥。县文保所金山岭长城文物保护组成建制划归长城管理处，梁荣、侯宗祥调入金山岭长城管理处工作，苗济田、赵志厚不再兼职管理处职务。1987年赵克军调入博物馆工作。

1988年招录计艳楠为文管所计划内合同工。

1988年12月，苗济田辞去文化局长职务，任博物馆名誉馆长，副研究馆员。

1990年，沈军山任文管所副所长、兼博物馆副馆长。1993年文管所增编一人，编制计8人。

1994年2月，苗济田退休。1994年，高宏珍（计划内合同工）从县剧团调入文管所工作。1995年王立春从教育口调入文管所工作。

1996年6月，因县委县政府有关文件规定赵志厚提前离岗，经县委宣传部批准沈军山任文管所所长、兼博物馆馆长，批准王月华任文管所副所长、兼博物馆副馆长。7月，张艳萍调到图书馆工作。8月，县政府成立滦平县文物旅游局，文管所（博物馆）隶属文物旅游局，沈军山任文物旅游局副局长兼文管所所长、博物馆馆长。11月，王月华、李树彬、王强调到金山岭长城管理处转为干部身份，高宏珍调到金山岭管理处工作。

1998年，文物旅游局苗楠文管所（博物馆）负责人（兼）。5月张艳萍调回博物馆、王强调到文化局工作。

1999年，文化局与文物局合并，文管所（博物馆）隶属文化局、文物局。沈军山任文物局副局长，王月华为文管所（博物馆）负责人。

2003年1月，文物局副局长沈军山兼任文管所所长、博物馆馆长，王月华、王立春任副所长。2005年文管所（博物馆）增编1人，计8人。2011年文管所（博物馆）增编3人，计11人。2013年县政府成立山戎文化研究中心，与文管所（博物馆）一体办公，编制2人，计13人。2014年底，沈军山退休，王月华延迟退休不再担任副所长，张艳萍任文管所所长兼博物馆馆长，计艳波、赵克军、单迎红任副所长兼副馆长。自成立文物管理所以来先后有21人先后从事文物工作。

## 第二节　专业技术岗位评聘

1988年各行业评定职称设立专业技术岗位。苗济田评为副研究馆员资格，

12月，苗济田辞去文化局局长职务任博物馆副研究馆员职务。赵志厚评聘馆员职务，沈军山、苗楠、马清朋、张艳萍、王月华评聘助理馆员职务，1989年沈军山评聘馆员职务，1996年梁荣评聘工程师职务，1998年王立春转聘政工师职务，1999年李树彬评聘政工师职务，2000年赵克军评聘高级工职务，2006年计艳波评聘统计师职务、单迎红评聘助理馆员职务，2007年张艳萍评聘政工师职务，2009年王月华评聘副研究馆员职务，2010年沈军山评聘研究馆员职务，2011年赵克军评聘技师职务，2012年张艳萍转为馆员职务、靳文吉评聘助理馆员，2013年计艳波评聘馆员职务，2013年单迎红评聘馆员职务，2014年张艳萍评为副研究馆员资格、刘禹兴评聘中级工职务。先后评聘正高级职称1人、副高级职称3人、中职11人。

## 第三节 田野调查与文物征集

### 1. 田野调查

1953年文化馆建立文物组，只有一名工作人员。初时，主要进行文物工作学习，文物保护宣传。1956年全国开始第一次文物普查，1957年，全县开始第一次文物普查，发现登记不可移动文物43处，公布县重点文物保护单位11处，上报兴州小城子汉城址为省级文物保护单位，同时重点文物保护单位建立保护组织。1958年，文物组配合开展革命教育活动，对县内革命文物进行重点调查，搞清了日伪统治时期的"天桥沟"、"快活峪"、"姜台"、"万家沟"等惨案，共发现革命遗址九处。1960年，省文物处对滦平县第一次文物调查成果进行复查，省文物处文物专家唐云明等到滦平进行调查工作，同时，县文物组组织全县第二次文物调查，利用两年多的时间，对全县各公社重点区域进行了文物调查，作了大量的文物调查笔记，掌握了许多县内文物分布第一手资料。至20世纪60年代初期共征集文物300余件。滦平文物普查情况受到上级文物部门重视，省文物部门决定在滦平进行考古发掘工作。

1964年全国"四清"运动开始，文物工作处于停滞状态。1966年"文化大革命"开始，破四旧、立四新，大部分文物被砸烂、流失，原征集的300多件文物只保存下来80余件。1968年文化馆人员调出或进五·七干校，苗济田同志调到县文管所工作。文物工作处于瘫痪状态。

1973年恢复文化馆，苗济田同志调回文化馆负责文物工作，文物工作重新开展起来。1974年全县各乡村掀起学大寨、平整土地，大搞农田基本建设高潮。为配合农田基本建设，文物组组织人员经常到农田建设工地进行文物调查与文物征集工作。

1976年，滦平县进行第三次文物普查，此次普查是粉碎"四人帮"后的第一次文物普查，县成立文物管理委员会，建立文物普查领导小组。县文教局举办了一百多人参加的文物考古调查学习班，参加培训的有各公社文教助理、各中学负责人。6月上旬，文化馆文物组4名干部苗济田、高福尊、李崑、陈建华，组成2个小组，对县内7个重点公社进行文物普查。重要发现有兴州荷子沟西周至战国时期山戎氏族墓群。等征集文物150余件。建立了文物保护组织，明确了保护范围，初步整理了文物档案资料。

1976年荷子沟发掘

1977年文物普查工作会议

1977年荷子沟发掘现场

　　1977年，县教育局、文化馆文物组进行第四次县内文物普查，成立5个调查组，共12人，其中文化干部4人、教师6人、亦工亦农2人。分片包干、协同作战。其中李崑、梁荣、赵博安负责金沟屯镇区，王凤根、鲍有利负责西地区，马占东、李振民负责红旗区，高福尊、王保存负责虎什哈区，苗济田、王月华负责巴克什营区。历时四个月，走遍了全县38个公社，350多个大队（全县410个大队）。深入调查、广泛宣传，分别召开公社干部、中小学教师、村民、以及"学究""乡绅"、行宫管理人员后代等各种类型的座谈会，了解文物线索。新发现重要文物有西地下台子遗址、陈栅子村春秋至秦汉时期古墓葬、古城川辽金时期长城、十八盘梁辽驿道等。这次普查后，根据省文物部门要求，上报省、县三级文物保护单位49处。征集零散文物850余件，其中包括虎什哈红旗村战国时期的铜敦、铜剑、陈栅子乡小河北村发现的石雕女神像、大屯岑沟金代窖藏文物17件，其中有一级文物点葫芦，十八盘辽代石刻、元代石刻，明代长城石刻等。同时，调整了保护组织51个、增补了文物档案。

　　1978年7月—1980年10月，县文保所连续三年对县内长城进行了专项调查。1978年7月，首先调查了古北口至司马台一段长城。县文保所苗济田与赵志厚组成调查组，自营盘开始向东至望京楼一段长城进行踏查，发现了建筑奇特、视野开阔、保存最为完整的金山岭长城。8月正值雨季，巴克什营一带发大水，为了摸清这段长城现状，苗济田、赵志厚不顾生命危险，趟过水深至胸部的巴克什营牤牛

1979年炮台山山戎墓发掘工作讲解会

1978年5月滦平县全县文物工作交流会代表合影（右四李霞主任、左三苗济田）

河，沿着被水冲毁的乡村小路，深一脚浅一脚的步行20多里来到花楼沟村，马不停蹄登山调查长城，渴了喝山泉水，饿了吃自带的凉干粮，有时天黑下不了山，就住在长城楼子里面。有一天，在金山楼子附近，赵志厚一脚踩偏造成左脚韧带拉伤。

1979年5月，县两间房公社中学教师李宪章针对古北口一带拆长城砖垒墙或搞其他建筑严重破坏长城的现象，给人民日报写了一封信，题为《不要毁坏长城》，人民日报于6月27日全文发表了李宪章的信，以及国家文物局关于长城的答复。"十年浩劫"后期，驻古北口部队，为节省资金，拆长城砖垒猪圈，美其名曰"少花钱多办事，不花钱也办事"受到上级表彰，准备在古北口开现场会予以宣传推广，不料砸死一名战士，导致现场会未开成。于

调查老牛沟24眼楼

调查四亩地沟南楼时经过周边险地

是，古北口一带毁城之风日趋严重，致使卧虎岭、关门段落长城、涝洼二道梁段长城基础以上全部拆毁。李宪章的信引起了中央领导的重视，先后多位中央领导批示加强长城保护工作。李宪章给人民日报写的信文：

"我反映一件使人痛心的事——古北口长城已遭到、还正在遭到严重破坏。

古北口在北京北一百多公里的燕山中断，是首都天然的北大门也是从北京到承德的捷径，这里地势险要。层峦叠嶂，自古以来就是兵家必争之地。两山对峙，潮河劈山南下，河套宽只一百多米，河两岸到城墙根只十多米，俗称关门，京承柏油公路就由城墙根穿过。长城也就从对面的山脊腾峰越谷，蜿蜒曲折爬向天际。这里内外长城三四道，磅礴壮观，其风貌不亚于居庸关、八达岭。

但是，这段雄关隘口遭到了严重破坏。几年前，我去古北口，亲眼看到几辆大卡车停在长城关口，十几个人手执铁锹钢镐，把这一段长城一拆到底，将砖运走。今日只剩断壁残垣，凄凉的堆在山脊，活像一条被扒皮的蛇趴在那里。去年五月二十八日，我去古北口，又看见有人正在冒雨拆毁路边另一段长城，一大堆城砖被掠。

长城是我国也是世界最伟大的建筑之一，是祖先留给我们的无价之宝。有的外国朋友说：'到了中国，不游览长城，就等于没有到中国。'希望有关部门采取有效措施，制止毁坏长城的行为。"

国家文物局关于长城的答复：

"李宪章同志反映的长城被破坏的情况属实。这些年大规模拆毁长城的活动，是由当地驻军开头的，这便助长了社员拆用城砖。据北京市文物管理部门现场调查，从一九七〇年底到一九七四年底，古北口段长城被拆毁达二千米，主要是当地驻军拆的。为了修建营房，有一个营把地面的砖拆光了，还拆挖了埋在土里的墙基础砖。一九七四年他们还被上级作为"就地取材"、"自力更生"修造营房的典型，准备在那里召开经验交流会。后因砸死了一个人，才未开成。据滦平县文物保管所调查，在古北口一带的二寨南沟生产队库房、牲口棚、羊圈和社员的房，几乎全部用长城青砖修建。前几年，涝洼红旗煤矿为修建工人宿舍，竟定价收购长城条砖，形成群众性的拆长城卖砖风，使当地二道边关门附近的城墙几乎荡然无存。

关于长城的保护问题，一九七六年粉碎"四人帮"后，即有不少群众写信给文物管理部门和报社呼唤抢救。一九七七年八月，北京市文物管理部门曾派人到古北口一带全面调查，向市领导写了情况汇报，建议加强长城保护工作，但迄未得到批复。一九七七年十二月，中央领导同志对"长城不能毁"的群众来信作了批示后，一九七八年二月，北京市委、市革委会给中央写了《关于长城的毁坏情况和保护长城措施报告》，提出坚决制止毁坏长城的三项措施，经中央批准同意。当时北京市革委会用电话向各县传达了中央领导同志的指示，同时责成北京市文物管理处代市革委会草拟了《关于加强对长城保护管理的通知》，但到目前为止，这个通知尚未下达。

北京市在给中央报告中提出的坚决制止破坏长城的三项措施，设想是很好的。我们已于一九七八年五月在向十四个省市区发出的《加强对长城保护的通知》中抄转各地参考。河北省文物局曾据此要求各县对长城保护情况进行一次全面的调查，并制订保护措施。河北省滦平县及时责成县文物保护所对全县境内的长城进行普查，并广泛宣传国家文物保护政策，采取了保护措施，决定在长城沿线建立和健全保护组织，发展护林员、畜牧员为长城义务保护员，效果较好。为了解中央领导同志关于保护长城批示下达后的情况，我们还派人会同北京市文物部门再次到古北口一带调查过。目前大规模的人为破坏已基本制止，但零星的破坏活动依然存在。我们决定最近召开一次长城保护工作会议，研究提出一些坚决制止破坏长城的措施。鉴于古北口长城是万里长城的重要组成部分，我们认为这段被毁长城应当恢复，建议由原来拆城部队承担施工任务。当地驻军的一位负责人同志曾向前往调查的北京市文物管理部门的同志表示：'我们应当承担修缮任务'。破坏长城是林彪、'四人帮'极左路线造成的

## 不要毁坏长城

我反映一件使人痛心愤慨的事——古北口长城已遭到、还正在遭到严重破坏。

古北口在北京西北一百多公里的燕山中段，是首都天然的北大门，也是从北京到承德的捷径。这里地势险要，层峦叠嶂，自古以来就是兵家必争之地。古北口的长城关口处，两山对峙，潮河劈山南流，河宽只有一百多米，河东岸到城墙根约十多米，俗称关门，京承柏油公路就由城墙根穿过。长城也就从对峙的山脊蜿蜒跃过，简峰峻谷，蜿蜒曲折飞向天际。这里内外长城三道，砖墙壮观，其风貌不亚于居庸关、八达岭。

但是，这段雄关险隘遭到了严重破坏。几年前，我去古北口，亲眼看到几辆大卡车停在长城关口，十几个人手执铁镐钢镐，把这一段长城一拆到底，将砖运走。今日只剩断壁残垣，凄凉地横在山岭，活象一条被扒皮的蛇卧在那里。去年五月二十八日，我去古北口，又看见有人正在冒雨拆毁城边另一段长城，一大堆城砖散掉。

长城是我国也是世界最伟大的建筑之一，是祖先留给我们的无价宝。有的外国朋友说："到了中国，不游览长城，就等于没有到中国。"希望有关部门采取有效措施，制止毁坏长城的行为。

河北滦平县两间房公社中学　李宪章

## 国家文物局关于长城的答复

李宪章同志反映的长城被破坏的情况属实。

这些年大规模拆毁长城的活动，是由当地驻军开头的，这便助长了社员拆用城砖。据北京市文物管理部门现场调查，从一九七〇年底到一九七四年底，古北口段长城被拆毁达三千米，主要是当地驻军拆的。为了修建营房，有一个营把地面的砖拆光了，还拆地二道埋在土里的墙基础砖。一九七四年他们还把上级作为"就地取材"、"自力更生"修造营房的典型，准备在那里召开经验交流会。后因砸死了一个人，才未开成。据滦平县长城保管所调查，在古北口一带的二营里沟生产队库房、在口棚、羊圈和社员的房，几乎全部用长城青砖修建。唐庄红旗煤矿为修建工人宿舍，竟定价收购长城条砖，形成群众性的拆长城卖砖风，使当地二道边关门附近的城墙几乎荡然无存。

关于长城的保护问题，一九七六年粉碎"四人帮"后，即有不少群众写信给文物管理部门和报社呼吁抢救。一九七七年八月，北京市文物管理部门曾派人到古北口一带全面调查，向市领导了情况汇报，建议加强长城保护工作，但迄未得到批复。一九七七年十二月，中央领导同志对"长城不能毁"的群众来信作了批示后，一九七八年二月，北京市委、市革委会给中央写了《关于长城的毁坏情况和保护措施的报告》，提出坚决制止毁坏长城的三项措施，经中央批准同意，当时北京市革委会用电话向各县传达了中央领导同志的指示，同时责成北京市文物管理处代市革委会草拟了《关于加强对长城保护管理的通知》，但到目前为止，这个通知尚未下达。

北京市在给中央报告中提出的坚决制止破坏长城的三项措施，设想是很好的。我们已于一九七八年五月在向十四个省市区发出的《加强对长城保护的通知》中抄转各地参考。河北省文化局曾据此要求各县对长城保护情况进行一次全面的调查，并制订保护措施。河北省滦平县及时责成县文物保管所对全县境内的长城进行了普查，并广泛宣传国家保护政策，采取了保护措施，决定在长城沿线建立和健全保护组织，发展拥护派、畜牧员为长城义务保护员，效果较好。为了解中央领导同志关于保护长城的批示下达后的情况，我们还派人会同北京市文物部门再次到古北口一带调查过。

目前大规模的人为破坏已基本制止，但零星的破坏活动依然存在。

我们决定最近召开一次长城保护工作会议，研究提出一些坚决制止破坏长城的措施，鉴于古北口长城是万里长城的重要组成部分，我们认为这是被毁长城应该恢复，建议由原来拆城部队承担施工任务。当地驻军的一位负责同志曾向前来调查的北京市文物管理部门的同志表示："我们应当承担修缮任务。"

破坏长城事件是林彪、"四人帮"极左路线造成的严重后

国家文物事业管理局　来信

李宪章给中央的信

严重后果之一。但这种情况至今在有些地区仍然没有纠正。作为国家文物管理部门，抓得不紧，措施不力，是有责任的。但也确有一些单位无视国家保护文物古迹的政策法令，抗拒上级决定，坚持错误。对这种情况，文物管理部门也无能为力。希望各级党委支持文物管理部门的工作。对那些明知故犯、任意破坏文物古迹而又坚决不改的，要追究责任，严肃处理。情节特别严重的，应依法惩处。"

1979年7月，国家文物局、省文物局下发了关于加强长城保护工作的文件，县文保所就长城的保护问题向县政府做了详细汇报，县革命委员会发布了《关于加强对万里长城保护的通知》布告，县文保所加紧落实长城保护"四有"工作。县文保所郭喜民、赵志厚、王月华3人组成督查组，深入长城沿线各乡村，张贴县政府保护长城布告，宣传保护长城意义；了解长城保护情况；协助建立公社、大队、小队长城保护组织，聘请义务保护员，先后到巴克什营、营盘、古城川、涝洼分别建立4个公社长城保护领导小组，50个大队、小队长城保护领导小组，聘请义务长城保护员378名。在长城隘口处竖立铁质长城保护标志6个，也在省级

文物保护单位竖立铁质保护标志6块。同时，征集了一些长城文物。根据滦平长城调查和保护工作，苗济田撰写了一份《滦平县长城调查报告》，报送有关主管部门。这份报告很快被上级作为文件印发，1979年8月，国家文物局在呼和浩特召开的全国保护、研究长城的座谈会上，特意邀请苗济田同志发言，介绍了金山岭长城（当时称沙岭口长城）各方面的情况，引起了领导和专家的关注。

1980年5月，县文保所把长城保护工作作为县文保所文物工作的重中之重，决定对县内长城进行全面调查，成立两个长城调查组，一组：苗济田、王月华、赵博安（临时工），二组：赵志厚、庞国军（滦平县文保所）。一组自滦平与密云交界营盘高楼子开始向东至司马台14号楼，二组自滦平与承德县交界涝洼乡大古道村长城向西至司马台14号楼。此次调查用皮尺丈量了长城长度，城墙、敌楼等长、宽、高等，按段落拍了照片、绘制了草图，调查了部分长城段落、敌楼、隘口等名称，所有敌楼自西向东按顺序排列编号，同时，作了较为详细的调查记录。查清全县明长城全长95华里，共有敌楼242座，关隘22个。此次调查，十分艰难，所到之处，皆为高山峻岭。考察队员起早贪黑、跋山涉水、餐风饮露，发扬了不怕苦不怕累的精神。一组在卧虎岭时，山陡路滑，王月华不小心踩空滑坡，滑滚到半坡被小树挡住，胳膊、腿部、脚部受伤。二组成员赵志厚、庞国军在调查涝洼长城"瘦驴脊"、"鬼见愁"段落时，因山势陡峭攀登困难，二人起早上山，用了半天时间方到达山顶。待做完了长城调查之后天色已晚，下山时迷路了，转了两圈找不到下山的路，二人在山顶不断高喊求助，直到天黑时被牧羊人听到，在牧羊人的帮助下二人得以安全下山，回到村部时已是晚上9点多钟。二人饥饿交加，赵志厚看见村部办公桌上有一提壶，提起来嘴对嘴咕咚咕咚就喝了几口，又递给了庞国军，庞接过来喝了几口，又递给赵，赵又喝了几口。之后，二人觉得不太对味，打开壶盖仔细闻了闻，闻出来是柴油。二人没有不良感觉，就去吃饭了（从此，赵志厚胃寒经常泻肚的毛病神奇的好了，早起喜喝凉水而无不适。）。调查组同时对县内古城川长城、北里营长城，进行了踏查。此次调查野外工作用时半个月，室内资料整理约3个月。建立了较为完整的长城档案，描绘整理《滦平境内长城草图》3套、《长城现状统计表册》2份、《长城现状文字记录》2份、《长城现状影集》3套、《长城损坏情况登记表》2份、《长城图谱》1套、《长城立体图》20套、《长城行政档案》和《科技档案》共12本。

1980年7月，县政府召开长城保护工作会议，研究制订长城保护措施，制定营盘、巴克什营、古城川、涝洼4个公社《联合长城保护公约》。加强长城巡查工作，一旦发现破坏长城现象及时处理。每年县政府召开长城保护工作总结表彰会议。

　　同时，县文保所加大金山岭长城宣传力度，1980年12月，中央人民广播电台广播了"河北滦平发现第二八大岭"的消息，国家、省、市、县广播、电台报刊媒体也发表相关消息，金山岭长城受到海内外各界广泛关注。各级领导和专家先后到金山岭长城视察，对该段长城提出了许多建设性意见。县文保所于1981年开始研究制订金山岭长城保护与开发计划，请省规划院制订金山岭长城保护开发规划，招录工程设计人员，绘制金山岭长城蓝图、制订修复方案。由梁荣、沈军山、王月华组成调查小组，到长城沿线农户调查统计长城砖，征集长城文物。四个公社、13个大队，647户，共登记可用长城砖396.266块，征集长城石碑、异形砖、石雷、铁炮、铁弹丸等文物。

　　1981年11月初，县文保所派沈军山、梁荣对金沟屯镇滦河两岸、县内伊逊河流域两岸重点村进行文物调查。调查工作历时8天，此次调查时间深秋，早晚结冰，吃、住、行条件较为艰苦，辗转趟几条冰河水。发现白旗公社牤牛沟辽代遗址、小营乡二道湾元代石狮子地址，征集文物主要有辽代铁犁铧、铁镐、铁锄等文物，调查发现情况在《承德日报》发表。其中铁犁铧经专家组鉴定为国家二级文物。

　　1982年5月，承德地区文保所组织辽驿道调查，抽调滦平、隆化、承德、平泉四县人员组成调查队，地区文保所所长成长福主持，地区文保所石艳枢、隆化县文保所李柏龄、承德县文保所刘朴、李林、平泉县文保所张秀夫、滦平县文保

长城调查档案

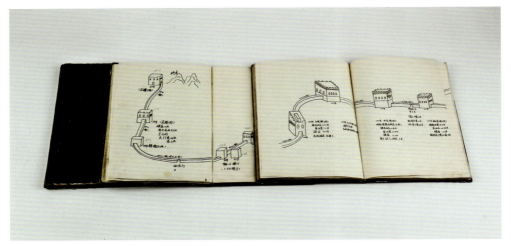

长城调查档案

所先后派梁荣、沈军山参加调查工作。调查工作徒步沿着辽驿道自古北口始边走边调查，历时7个月，5—7月野外调查，8—12月室内整理资料。基本查清了承德地区辽驿道路段、驿馆、中顿所在位置及现状，采集和征集大量标本，还调查了驿道附近与驿道有关的古遗存。查清了滦平县域的驿馆遗址3处，即平坊乡碇厂沟门的新馆遗址、大屯镇窑岭村卧如来馆遗址、红旗镇红旗村房山沟门遗址；中顿3处，即火斗山镇张家沟门村后阳坡中顿遗址、滦平镇西瓜园西大地中顿遗址、金沟屯镇滦河沿村大石头地中顿遗址。成长福、李柏龄执笔调查报告《辽中京至辽南京口外驿道调查》，在《社会科学战线》杂志上发表。

1982年9月，赵志厚、沈军山到金沟屯镇、滦河沿乡征集文物，共征集辽金时期文物30余件，其中有三角足双耳平底铁釜等。

1982年10月，县文保所沈军山、苗楠对伊逊河流域、滦河流域西地公社乡村进行调查，新发现北白旗杨树沟辽代遗址2处、红旗半碇子东沟辽代冶铁遗址及其周围辽金时期遗址三处，小营公社三道湾辽金遗址3处，征集文物50件。11月，王月华、梁荣、苗楠对龙峪口至望京楼一段长城进行巡查，到司马台时开始下雪，巡查组冒雪爬过单坯墙、"天梯"登上望京楼。

1983年5月下旬，县文保所得知金沟屯镇西村砖厂发现古代遗址，县文保所立即打电话向文化局苗济田局长汇报，苗济田及时向县政府作了口头汇报，县政府派专车送苗济田、沈军山二人赶赴西村砖厂取土地点进行调查，发现砖厂用铲土机铲除后台子地表活土时，破坏性发现了罕见的古代遗址，地表暴露房址和灰坑二十余座，赶紧到厂部找到刘汉武厂长，要求立即停止施工，保护现场，等待考古清理发掘。同时，建立砖厂文物保护小组，刘汉武厂长任组长，将小组名单张贴于厂长办公室墙上。刘汉武厂长将他收集的6尊石雕女神像交给县文保所，其中两件鉴定为国家一级文物，其余定为国家二级文物。从西村砖厂现场回所后，县文保所将发现情况向承德地区文保所作了汇报，地区文保所决定由地区文保所组织抢救性清理发掘。

1985年4月，第二次全国文物普查开始，此次普查由各县自行组织。4月21日，承德地区文化局在滦平县举办文物普查培训班，参加人员有各县文物干部，时间七天。5月，县文物普查开始，计划两年时间分期完成，县文保所成立2个调查小组，一组：王月华、马清鹏；二组：张艳萍、苗楠、潘国平（红旗镇文化站）。分别对县东部兴州河、滦河、伊逊河流域13个乡镇、69个村进行调查。新发现古代遗址9处，征集文物94件，其中有：元代龙凤纹铁锈花大瓷罐、铁犁铧、铁锄、铜剑等，采集文物标本326件。1986年4—5月，县文保所成立3个调查组，一组：王月华、李晋章（文化站）、楚志云（文化站）；二组：马清鹏、王维祥（文化站）、梁亚弟（文化站）；三组：张艳萍、郭明岚（文化站）、李卫国（文化站）。每组成员各有文化站干部2人，分别对县西部26个乡镇、223个村进行调查。新发现古遗址8处，征集文物182件，有：战国红陶、灰陶形罐二件、燕刀币、铜剑、元代铁锅等，采集标本182件。

1990年4月，河北省进行全省文物普查，省文物局统一组织，县文保所配合。省派3人到滦平调查，队长王会民（省文物研究所），成员：闫乐耕（青龙县文保所）、王宏启（丰润县文保所）。县文保所参加调查的有：赵志厚、王月华、马清鹏、赵克军、张艳萍、计艳楠、沈军山。此次调查较为全面，县内38个乡镇、400余个村全部走到，新发现古遗址143处、古墓葬15处、烽燧17座，征集珍贵文物17件。同时，对原来调查发现的不可移动文物进行了复查。经此次调查整理，滦平共发现不可移动文物303处（烽燧总算1处），整理不可移动文物档案303份。发现文物有：金代大铁钟、铁犁镜、铜镜、石斧、瓦当等。

1990年始，文化局长苗济田计划调查县境内烽燧。4月，苗济田、赵志厚赵克军、马清鹏，自庄头营进沟爬山至安纯沟门乡李栅子村北山滦平与丰宁交接处调查附近烽燧、及边墙情况。交界处有一古道隘口，可通马车。沿山脊有石器城墙，东西走向，城墙高1—2米左右。附近山头有烽燧数座，调查组登上3个山头烽燧，烽燧大都年久塌落，只剩基础。地表遗物主要是陶器残片，年代为战国至汉魏时期。1991年4—11月期间，苗济田、马清鹏、赵克军等调查县内烽燧，共查出烽燧102处。县内烽燧分布、走向基本调查清楚。

1996年11月10—20日，因滦阳别墅遗址被征集，县文保所派人进行了勘探调查，勘探调查面积15亩，打探眼500多个，挖探沟100米。出土遗物有瓦当、瓦、砖、滴水、石条等建筑遗物。参加调查人员有：沈军山、白瑞杰、张守义、王月华、王立春、赵克军、田富良。

2003年10—11月，配合京承高速公路建设，省文物研究所（以下称省所）、县文保所联合对县内高速公路段进行调查，省所参加人员有：张春长、陈伟、梁亮，县文保所参加人员有：王月华、赵克军、李树斌。2004年4月省所、市局、县文保所联合进行考古勘探，省所参加人员有陈伟、梁亮、常文、王瑞刚、徐国平，市局参加人员有张卫东（宽城所）、李健（平泉所），县文保所参加人员有王月华、李树斌。发现王营子东营墓群、钓鱼台遗址、鞍子岭村行家坟等古代遗存。省所根据发掘任务制订了预算报告，省、县文保所共同与建设单位（承德市高速公路管理处）就发掘资金问题座谈，达成发掘所需资金的协议，为发掘东山墓群、钓鱼台遗址、和行家坟做好了准备工作。同时，请省文物专家组对所占用鞍子岭行宫遗址进行了论证，并考察了桦榆沟行宫遗址，专家组对占用鞍子岭行宫遗址提出避开建议。高速公路建设后期，建设单位未予采纳专家避开建议，于鞍子岭行宫遗址强行建设施工，县文保所得知后，立即到现场勘查，依法行文告知施工单位停工，并向县政府、上级文物部门及省文研所作了汇报。省所没有明确答复，县政府领导同意继续施工，致使鞍子岭行宫遗址被占用破坏。

2008年进行全国第三次文物普查，2008年4月29日，县政府下发滦政通<2008>18号《滦平县人民政府关于开展第三次全国文物普查工作的通知》。成立县全国第三次文物普查领导小组，副县长潘艳红任组长、政府办副主任赵俊海任、文化局局长武永军任副组长各乡镇及发改、民政、财政、国土、建设、交通、水利、林业、统计、民宗、人武部、文化为成员单位，下设办公室设在文管所，文化局副局长兼文管所所长、博物馆馆长沈军山任办公室主任。此次普查，省文物局统一安排部署，调查经费国家安排专项资金、地方补助的办法。普查范围拉网式普查，包括地上、地下、水下所有不可移动文物。规范调查记录，内容包括名称、位置、坐标、年代、类别、保存现状、绘图、照相、采集遗物标本等等。2008年5月8日，省文物局组织的文物普查队9人分三个队进驻滦平，其中一个队是旧石器普查队。5月10日田野普查工作开始，旧石器普查队10天完成田野普查任务，普查旧石

"三普"调查

"三普"调查

器遗址5处，其中新发现3处。另两个组，工作47天，普查了县内11个乡镇，113个村，截止6月27日春季普查告一段落。秋季普查于10月22日开始，4个普查队来滦平普查，加快了进度。工作30天完成了其他10个乡镇、87个村。

"三普"调查

### 2. 二级以上珍贵文物征集

文革前文化馆文物组征集文物三百多件，"文化大革命"期间丢失破坏二百多件。"文化大革命"后期大搞农田基本建设，各乡村多有文物发现，文化馆文物组苗济田经常到农田建设工地征集文物，至1976年底，文化馆文物组共收藏文物313件。其中，1957年文化馆文物组苗济田于巴克什营镇征集一明代"崇祯十年造"大铁炮，重800多斤。该铁炮原在古城川三道沟长城上，1958年大炼钢铁，有人将该铁炮运到巴克什营公社炼铁厂准备炼铁，工人抡锤将铁炮支纽砸下一个，准备砸另一支纽时，有位老工人说："这个铁炮不能砸，它是长城上的武器，当年打退过敌人侵略，它是功臣"。老工人一句话使这件文物幸免于难，被保护下来。经专家组鉴定为国家二级文物。

1958年，苗济田在邓厂公社控家沟征集一件新石器时期石猪圆雕像，经专家组鉴定为二级文物。1975年文物保护员王义在小白旗公社小白旗村征集一件新石器时期石猪圆雕像，经专家组鉴定为二级文物（见图）。1975年平房公社民政助理崔勤将平房公社营房村农田建设会战时出土的唐代瑞兽葡萄镜交到县文化馆文物组收藏，经专家组鉴定为国家二级文物。

1977年，大屯公社营房村村民在营房西山平整土地时，于地表一米多深处发现石雕女神像、石斧、石磨棒等文物。当时县文保所苗济田所长正在该地调查，及时将文物征集，其中石雕女神像经专家鉴定为国家一级文物。

1977年文物普查时，王凤根（老师）、鲍有利（老师）组在陈栅子公社小河北村征集一尊石雕女神像，出土于小河北村新石器时代遗址。经专家组鉴定为国家二级文物。

1977年10月，文物普查时，高福尊、王保存组在金台子公社石墙子村缪国海家征集一件金代六鋬铁釜。经专家组鉴定为国家二级文物。同时，在五道营子公社五道营子村征集一件辽代铁犁镜，经专家组鉴定为国家二级文物。

1978年县付营子公社凡西营村猪场修下水管道时，村民岳树在施工时发现一绿釉大瓷缸，内装雀蓝釉龙凤罐、玉壶春瓶、酱色鸡腿瓶等元代文物，县文保所得知消息后，立即派王月华赶赴现场将文物征集县文保所收藏。其中雀蓝釉龙凤罐造型美观，存世品罕见，经鉴定为国家二级文物。

1979年秋，虎什哈营房村村民张志奇在营房村西300米处平整土地时于地表一米深处发现一蛙面石人，同时出土的还有石斧、石磨棒等。此处为夏家店上层遗址，1960年春季文物普查时发现，同年7月，省考古队唐云明领队与县文化馆文物组联合在此试掘。1984年县文保所赵志厚在营房村文物调查征集时，张志奇将收藏的十余件文物交于县文保所收藏。蛙面石人属中国考古重要发现，经专家组鉴定为国家一级文物。

1980年县文保所文物代购站收到一件祖传清代天球瓶，1982年代购站撤销时，承德市文物商店来接收文物时，赵志厚要求将这件天球瓶及其他几件文物留于县文保所收藏，承德市文物商店同意了。此天球瓶个头大、造型美观、保存完整，经专家组鉴定为国家二级文物。

1982年秋，县文保所代购站赵志厚到金沟屯镇收购流散文物，在供销社门市部设收购点，在街道繁华的地方张贴了宣传广告，多有卖传世掸瓶、瓷罐、瓷碗的。曹窝铺村民焦玉文于赵志厚同村，拿一个瓷碟、一个瓷碗来卖，赵志厚接过来仔细察看，像是近期出土的，就问："这个碗是从土里挖出了的吧？"焦玉文回答说："去年秋天在丁营平整土地时发现的，碗扣在一油瓶上，油瓶碎了，我把这个碗拿回来了。"赵志厚向他讲了文物政策，无偿将碗征集所里收藏。

1985年8月17日，县公安局将没收金沟屯镇东营村焦克明非法收购的玉仕女、翠青蛙、翠烟嘴、玉印章、玉花盆等文物移交县文保所收藏。

1988年7月，金沟屯镇西村砖厂推土机司机将在后台子遗址推土时发现的一件玉琮交到县文保所，时值中午休息时间，沈军山在所加班整理展览资料，及时将文物征集收藏，并于第二天与赵志厚所长到现场调查，玉琮出土于后台子遗址北部，因取土而形成高3米多的土坎，在塌落的黄土中捡到一残石雕女神像下半身，明显是被铲土机铲断的，另一半没有找到。玉琮在中国北方地区考古极为罕见，经专家鉴定为国家一级文物。

## 第四节　考古发掘

1958年5月，承德钢厂建厂房，在施工中发现一战国贵族墓，承德专属文教局、滦平文教局、承德离宫博物馆组织了清理小组，进行了调查与清理。县文化馆苗济田参加了发掘清理工作。出土一组陶器，有的已破碎，经复原完整的共计19件，皆为陶仿战国礼器。按着周礼只有帝王、卿大夫方可按规定使用礼器。此墓随葬了多件陶仿青铜礼器，是战国时期礼崩乐坏的表现。此次发掘是滦平文物部门以及承德地区文物部门首次考古发掘。因滦平没有文物保管条件，出土文物全部送到承德离宫博物馆收藏。

1960年，河北省文化局文物工作队在滦平县虎什哈镇十里长渠附近发现一处面积达三万平方公里以上的古代遗址。随即省文物工作队、县文化馆联合进行了清理和试掘。从水渠沟掘土中采集到辽金时代的砖瓦、磁瓦、陶杯、铜镜、玛瑙珠子和宋代"元祐""皇宗"铜币、汉代绳纹陶片和战国时代的燕陶片等遗物。发掘5×5米两个探方，根据文化层的叠压和包含遗物的不同，可以较清楚地分出上、下两个不同的文化层。上层发现了一个长方形的似如房基遗迹1座、2个灰坑，出土的陶片多为绳纹细泥灰陶及燕红陶片。器形也比较复杂，从残片辨认出有豆、罐、甑等，出土的完整器物有扁形石斧、陶豆、陶纺轮、陶罐、战国刀币等。下层与上层有明显不同，出土的陶片全部是夹砂粗陶，素面，均为手制，器形简单，制造粗糙。还发现一处圆形直径2.3米左右的似如居住址的灰坑。坑内有灰堆及分布均匀的烧土橛，并布满炭屑末和少量骨块。从坑内出土的遗物有完整的半月形双孔石刀、穿孔角椎和骨制装饰器等。根据遗物遗迹分析，该遗址下层属夏家店上层文化，或即山戎文化，当与近邻的梨树沟门山戎墓群有关。参加发掘的有省文物工作队唐云明、县文化馆苗济田等。

1976年9月，县兴州公社苟子沟村平整土地时发现苟子沟山戎墓群，省文物研究所副所长郑绍宗在承德地区进行考古调查，得知消息及时赶到现场调查，决定由省文研所、承德地区文保所、滦平县文管所联合进行考古发掘。同时，考虑承德各县文博事业的发展，就此举办承德地区考古培训班，为各县培养文物干部。此墓群发掘先后用了3年时间，包括小城子西山战国至汉代古墓群的勘探、发掘，共发掘古墓葬178座，其中山戎墓葬115座，战国至汉代墓63座。郑绍宗根据76年和77年山戎墓群考古发掘资料撰写新闻报道，题为《河北滦平县发现山戎墓葬群》，于《光明日报》1977年12月9日发表。郑绍宗根据苟子沟考古发掘资料首次提出山戎文化说，发现了已经消失二千多年的山戎文化，填补了中国古民族考古文化的空白，将以往多混为一谈的古代民族山戎、匈奴、东胡文化区别开来，从而推动了北方民族考古文化研究的深入开展。同时，为承德市、县培养了多名文物干部，各县参加发掘的人员回各县后大都担任了文物部门领导职务，推动了各县文物事业的发展，使承德各县文物事业从无到有、从小到大迅速地开展起来。分期发掘情况：

（1）1976年10月至11月，用一个多月的时间对苟子沟门古墓群进行发掘清理，发掘古墓16座，出土文物521件。参加发掘清理工作的人员：苗济田、林荣贵（承德市）、黄守志（承德县）、滦继龙（围场县）、石砚书（围场县）、张秀夫（平泉县）、王云瑞（青龙县）、郑绍宗（省文研所）、李昆（滦平）、成常福（地区文保所）、孙慧君（隆化县）、张双秋（承德市）。

（2）1977年4月—5月末，省、地区、县文物部门和训练班学员继续对苟子沟古墓群进行考古发掘，发掘墓葬42座，出土文物1988件。参加发掘清理工作的人员有：郑绍宗（省文交所）、苗济田、成常福（承德地区）、李春华（承德市）、袁南征（承德市）、白俊如、赵博安（滦平县）、刘朴（承德县）、王月华、赵志厚（滦平县）、耿志强（宽城县）、布尼阿林（围场县）、石砚枢（围场县）、孙慧君（隆化县）、庞国军（隆化县）、张双峰（兴隆县）、王保存（滦平县）、张汉英（丰宁县）、张秀夫（平泉县）、王云瑞（青龙县）。

（3）1977年4月小城子和尚坟西山墓群，发掘清理古墓8座，出土文物49件。

（4）1978年6月初，用时一个月，发掘苟子沟山戎墓葬10座，发掘小城子西山墓群7座，共出土文物93件。参加发掘清理的人员：曹伟丽、张景满、韩东宁、张双秋、张秀夫、芮山、成长福、孙国华、王月华、田淑华、苗济田、赵志厚、王保存、赵博安。

（5）1978年10月初至10月30日，在苟子沟发掘清理山戎墓葬23座，出土文物1154件。发掘小城子西山古墓群48座，出土文物69件。参加发掘的人员有：王月华、师力军、赵志厚、田淑华、成长福、苗济田、张华、王保存、赵博安。

（6）1979年4—5月在苟子沟发掘山戎墓24座，出土文物1194件。参加发掘人员有：赵志厚、朱恩保（虎什哈教师）、刘福山（省所）、赵博安、王保存、苗济田、张双秋。

1977年3月，滦平县银窝沟大队社员取土时发现辽代石椁墓一座，因现场已被破坏，县文保所做了简单的清理。墓葬位于白土沟门黄土窑，为长方形土坑石椁墓，随葬器物有马蹬壶、铁剑等18件。赵志厚、王月华撰写清理简报于《文史资料丛刊》年第10期（1985）发表。参加清理人员有：赵志厚、王月华。

1977年8月21日，县果园整地，发现两座汉墓，县文保所苗济田、王月华、梁荣进行了抢救性发掘清理工作，墓皆长方形土坑竖穴、木棺木椁。随葬品有陶罐、五铢钱等。

1978年5月，在滦平县虎什哈公社炮台山西坡平整土地时发现古墓两座，出土了一部分铜器和陶器，省、地、县文物部门当即到现场进行了调查，分期进行了发掘。

（1）1979年5月，省、地、县文物部门联合在此发掘了35座墓葬。虎什哈墓群出土遗物，包括山戎文物遗存和燕文化遗存，以山戎文化为主导，为山戎族墓群。其年代为春秋末到战国初期。此墓群反映出春秋后期至战国初期山戎文化逐渐衰落被燕文化同化的现象。参加发掘的人员有：苗济田、赵志厚、成常福、郑绍宗、刘福山、王月华、褚杏花、赵博安、王保存。郑绍宗撰写的《滦平县虎什哈炮台山山戎墓地的发现》一文，在《文物资料丛刊》发表（1983年7期）。

（2）同年10月，县文保所又于炮台山发掘山戎墓17座，出土文物481件。在虎什哈营房村黄土坎发掘山戎墓7座，出土文物108件，出土文物有：带钩、青铜短剑、贝币等。参加发掘人员有：赵志厚、王月华、褚杏花、张志奇。

（3）另外，在炮台山山戎遗址试掘6×6米探方2个，弄清了地层关系，房址和灰坑形状，出土文物有：蚌镰、陶豆、贝币、鹿角骨等，为研究山戎文化遗址的研究提供了重要资料。参加发掘人员有：赵志厚、刘福山。

1982年10月，滦平兴州驻军与兴州东沟部队院内挖暖气沟时发现金代墓群，县文保所及时进行了抢救性清理发掘，4座皆瓮棺葬，墓穴较小，只用一陶罐装骨灰。随葬品只有一两枚金代铜币。参加发掘人员有：王月华、苗楠、沈军山、梁荣。

1983年5月初，河北滦平县金沟屯镇西村砖厂用推土机清除后台子耕地表土时，发现一处重要的新石器时代遗址。地表暴露出古代房址、灰坑等30余座，以及大量的陶器碎片、石器、石人雕像等遗物，遗址破坏严重。县文物部门闻讯后，即派人到现场进行调查，并对地表暴露的遗物和流散文物进行了清理和征集。5月下旬至6月上旬，承德地区文保所、滦平县博物馆联合对该遗址进行了抢救性发掘。后台子遗址主要存在上、下两种不同类型的有叠压关系的古文化遗存。属赵宝沟文化；上层属夏家店上层文化。下层出土的妇女石雕像，是我国新石器时代考古学和原始艺术史上的重要发现。近年来，辽西地区东山嘴遗址与牛河梁遗址先后出土了妇女陶塑像和泥塑像，但早期石雕人像一直发现甚少。后台子遗址出土的早期妇女石雕像，数量多，形体较大，在我国尚属首次，填补了中国新石器考古空白。沈军山撰写《河北滦平县后台子遗址发掘简报》于《文物》1993年4期发表。参加调查和发掘人员有：苗济田、沈军山、赵志厚、成长福、石艳枢、袁立萍（围场）、刘朴、张汉英、苗楠、王月华、闫乐耕（青龙）、黄守志（承德县）、李柏龄（隆化）、王峰（兴隆）、陈烈（宽城）。

1986年9月，县文保所派马清鹏、张艳萍负责清理金山岭长城西峪楼、东方台等地段塌落堆积，用时7天，出土隆庆四年石碑、石弹丸、铁弹丸、陶脊兽、麻将等遗物。

1988年5月，地区文保所与县文保所联合对红旗镇半砬子东沟渤海冶铁遗址进行了抢救性发掘，同时调查了周围遗址遗物。半砬子东沟村渤海冶铁遗址的发现，对于辽渤海冶铁的研究、以及地方冶铁历史的研究提供了十分重要的资料。此次只发掘了一座破坏较严重的冶铁炉，半砬子东沟冶铁遗址的分布情况及与此有关的其它问题，还有待于今后做进一步的考古调查。参加调查发掘人员有：石砚枢、苗济田、赵志厚、田淑华、沈军山、马清鹏。田淑华撰写的《河北滦平辽代渤海冶铁遗址调查》于《北方文物》1989年第4期发表。

1988年7月下旬，河北省滦平县平坊乡村民取土时，发现一座辽代砖室墓，出土了一部分瓷片和鎏金马饰件。文物管理所进行了抢救性清理。银窝沟村这座辽墓为双室砖结构，前室已被村民挖过，后室系早期被盗。因年久积水，券顶已坍落。墓中出土遗物除部分马辔饰外，经过整理修复尚存几件瓷器。年代属辽中晚期。赵志厚、王月华撰写《河北滦平县发现辽代石椁墓》于《文物春秋》1991年第4期发表。参加发掘人员有：苗济田、王月华、赵志厚、沈军山、孙德月、赵克军。

1988年10月虎什哈镇政府为发展扎根经济，将营房村西500米处的梨树沟门山坡地辟为经济林，栽植苹果树。于1988年秋和1989年春两次动土，先后暴露破坏墓葬200余座，出土文物840余件。地、县文保所配合整地进行了抢救性的清理发掘工作。先后两次共发掘完整墓8座，清理残墓18座。并进行了文物收集工作。梨树沟门墓群是继虎什哈镇炮台山山戎墓地后的又一次相同文化类型的重大发现。出土器物非常丰富，鲜明地展示了北方少数民族所固有的文化面貌。为进一步确认承德地区及相邻区域的文化性质，探讨与中原文化和以内蒙古鄂尔多斯为代表的草原文化的相互关系，研究史载春秋时期生活在我国北方燕山地区、老哈河、大凌河、滦河及潮白河流域的山戎民族生活习俗及经济状况，提供了珍贵的实物资料。石砚枢、赵志厚撰写发掘简报《河北省滦平县梨树沟门墓群清理发掘简报》，于《文物春秋》1994年第2期发表。发掘人员有：赵志厚、沈军山、石砚枢、田淑华、张志奇、孙得月。

　　1991年3月，河北滦平县平坊乡银窝沟村农民张占祥在自家院内取土时，发现一座辽代砖室墓。县文物管理所闻讯后，迅速派人前往现场调查。到达现场时，墓葬已被群众掏挖掉一半，部分随葬品已被群众拿走，县文物管理所初步清理了残存部分，并在当地政府的配合下追回全部文物。该墓大部分已被破坏，墓葬为单室砖结构，圆形。墓道为青砖砌筑，墓门为拱券形，墓室为呈穹隆顶。出土器物主要有：鸡冠壶、白瓷碗、唾盂、玛瑙管、骨刷把等。银窝沟辽墓位于辽驿道新馆附近，根据墓葬位置和出土的遗物分析，墓主人的身份是有一定社会地位的人物，可能与辽新馆有关。该墓葬的发现，为研究本地辽代葬俗砖室墓以及辽代历史提供了的实物资料。马清鹏、赵志厚撰写的《河北滦平县银窝沟辽墓》于《北方文物》1997年第3期发表。

　　1993年春季，因修建虎丰铁路途径梨树沟门山戎墓群，县文保所配合建设工程进行了抢救性清理发掘，时间一个月，清理山戎墓葬30多座，出土文物400余件。参加清理人员有赵志厚、马清鹏、张志奇。马清鹏、赵志厚合写清理《河北省滦平县梨树沟门山戎墓清理简报》于《考古与文物》1995年第五期发表。

　　2002年6月18日，市局专家组根据县平坊乡荞麦沟恐龙足迹自然破坏日益严重情况，来滦平召开现场论证会，建议将恐龙足迹化石有代表性的取回博物馆收藏。市局专家组有王立平、刘玉文、田淑华、张占生。7月2日，县文保所组织人力于荞麦沟进行切割。用发电机一台、切割机两台，成功取回恐龙化石脚印5

恐龙足迹

恐龙足迹

块。参加人员有县文化文物局长张惠东、文物局副局长沈军山，县文保所王月华、赵克军、计艳波、王立春、张艳萍、李树彬。

2004年6月18日—8月3日，河北省文物研究所、承德市文物局、滦平县文保所组成联合考古队，配合京承高速公路京冀界至承德市段，对东营子战国、汉代墓地进行了抢救发掘。发掘工作由东向西分为三个发掘区，共计清理墓葬48座，获取文物45件。这批墓葬，没有出土具有明确纪年的文物，仅能依据墓葬形制、出土文物进行推测。第一区的墓葬应形成于战国中晚期至西汉前期，第二区和第三区的年代，可能在战国中晚期。本次发掘领队张春长，参加发掘人员有陈伟、梁亮、齐瑞普、李楠、王瑞刚、张守义、韩利、曲红阳、李剑、王晓强、王月华、李树彬、赵克军等。张春长、齐瑞普、陈伟、梁亮合写《东营子墓地发掘简报》收录于《河北省考古文集3》。

2004年5—6月，为了配合京承高速公路建设，受河北省文物局的委托，河北省文物研究所会同承德市文物局和滦平县文物保管所，对滦平县行家坟墓地进行抢救性考古发掘。此次清理开5×5米探方7个，揭露面积175平方米，共清理墓葬5座，行家坟墓地出土玉、银、铜、瓷器及石构件共计53件。滦平行家坟墓地，出土了精美的镶玉如意、"养老"铜牌饰、酱釉瓷罐、黑釉瓷碗、黑釉灯盏、酱釉敞口碗、鎏金银簪等文物20余件及清"康熙通宝""乾隆通宝""嘉

行家坟发掘现场

庆通宝"等铜钱34枚。墓葬分布相对集中，墓向一致，M1碑刻保存完整，上有"嘉庆拾伍年陆月初捌日毂旦"的确切纪年，因而这批文物可为研究这一地区清代墓葬的葬俗、葬式及为相同器类确立标尺提供了实物资料。本次发掘由张春长领队，赵克军绘图，梁亮照相，先后参加发掘工作有沈军山、王月华、李树斌、李剑、常文、张卫东、陈伟。陈伟、梁亮、王月华合写《滦平行家坟墓地发掘简报》收录于《河北省考古文集3》。

2006年9月，果园山建职教中心发现汉墓三座，县文保所得知消息及时赶到现场，进行了抢救性清理发掘墓葬一座，另两座县政府指示不再发掘。发掘时间15天，出土铁剑、铜盆等文物20余件。参加发掘人员有：王月华、张艳萍、王立春、李树彬、单迎红、靳文吉、计艳波、冯晓军。

2011年4月20日—9月30日，因修建张承铁路，河北省文物研究所、承德市文物局、滦平县文物保管所再次对滦平县小城子西山墓群进行了主动发掘。除夏家店上下层遗存外，还清理西汉时期墓葬50座。夏家店下层墓葬出土文物有：陶折肩鬲、折肩罐、簋形豆、尊及玉羊、金臂钏、水晶管饰件、绿松石镶嵌饰件等器类，其中鬲、罐、尊器表均有彩绘纹饰。年代为夏、商时期。汉墓出土文物有：球腹罐、高领罐、瓮、折腹碗、鼎，还出土有铜印章、铜带钩、铜镞、铁剑、铁矛头、铁镞、铁农具锸、刀及铜钱等，另出遗物有漆器残片、纺织品等。

参加发掘人员有：省文研所许海峰（领队）、张晓仓、李树林、张喜章、李瑞林、马春普、县文保所李树彬。

## 第五节　文物修复

### 1. 不可移动文物维修

1983年6月14—17日，国家文物局在滦平召开全国长城保护工作会议，出席会议的有我国著名长城及古建筑专家罗哲文、国家文物局副局长沈竹、顾问陈滋德、河北省文物局负责人李晓东，和全国各省、市、自治区的文物专家。会议期间，国家文物局副局长沈竹、顾问陈滋德、省文物局主要负责人李晓东等，与滦平县政府有关领导商定由国家文物局逐年拨款维修金山岭长城，并派国家文物局文物专家朱希元代表国家文物局监管金山岭长城维修工作。7月国家文物局首次拨维修款10万元。朱希元到金山岭长城举办维修绘图培训班。同年，试修墙体52米，坚持一清理、二归安、三排险、四维修的原则。朱希元试修技术工作，赵志厚、梁荣、沈军山分别负责管理、施工、后勤工作。

1984年9月1日，邓小平同志向全国提出"爱我中华、修我长城"的伟大号召，在滦平县很快掀起了整修、保护和开发金山岭长城的热潮，1985年6月，滦平县成立"爱我中华，修我长城"指导委员会，办公室设在文化局文管所，工作人员有赵志厚、沈军山、王月华、侯宗祥。文管所负责赞助资金的管理和使用。7月15日至8月15日为全区"爱我中华、修我长城"宣传活动月，许多单位和个人积极捐款，为修复金山岭长城添砖加瓦，共收到捐款金额约4万元，为保护维修金山岭长城做出积极贡献。

全国长城会议

河北长城联保会议

1984—1986年，国家局拨款108万元对砖垛子关至大金山的12座敌楼，一个指挥所，2座关隘（砖垛子关、沙岭儿寨），2050米墙体，马道进行修复。国家文物局朱希元监管维修技术工作，赵志厚、梁荣、沈军山负责施工及后勤管理工作。

2000年9月20日，"JTP"中国旅行社捐款35万，维修东五眼楼之大壶顶楼。

2002年7月，庆成寺因大雨后殿屋顶后坡、后墙塌落，椽檩折断，砖瓦残碎。县文保所向省争取资金40000元，进行抢救性修缮。当地7个村捐树木130棵，出义工117个、雇工110个。修复后殿后墙、屋顶；前殿屋顶倒垅；修整庙前月台石栏板、地面等。修复工程负责人王月华，参加修复工作人员：梁荣、赵克军、张艳萍、李树彬、计艳波。

2004年，国家局拨款450万元，对沙子楼至东五眼楼五座敌楼，部分墙体马道加固，增筑，补砌。负责人郭中兴。

2007年4月，日本交通公社中国分公司"JTP"中国旅行捐资64万元，对丫鬟山寨西侧坍塌墙体70米进行抢险加固。负责人张惠东。

2007年5月10日—6月20日，省文物局拨专款维修穹览寺。承德市文物局古建队负责维修工程，维修项目包括：山门前墙坍塌部位按原样修复；山门东山墙因沉裂严重，拆除按原貌修复；山门屋顶坍塌渗漏、椽檩损坏，重新倒垅修复；山门正脊、北侧垂脊加固维修。古建队负责人付云生，县文保所负责维修人员沈军山、赵克军、李树彬。

2008年8月—10月，省拨专款20万元维修兴州行宫观音寺东配殿。此殿七

维修金山岭长城冰道沟楼

骡马运料

维修金山岭长城花楼—拐角楼马道　　　　　维修东五眼楼

间，面宽21米。因年久失修，靠北三间屋顶塌落，大部分椽檩糟朽折断。施工设计落顶重新修复主要建筑结构（除彩绘门窗）。施工单位为滦平皂沟村古建队，法人代表褚志忠。县文保所负责人沈军山、施工监理梁荣。

2009年3月，国家局拨款150万元，对金山岭丫髻山寨东侧墙体马道进行加固，局部修复。2010年3月，由承德古建处承担施工任务，7月完工。负责人张惠东。

2009年8月，滦平县磁源公司杨玉锡捐款50万，对砖垛楼进行修复。负责人张惠东。

2010年4月—6月，省拨专款修复兴州行宫观音寺墙、山门。围墙按青砖虎皮石砌筑，长100余米；山门一间，面宽3、进深5米。青砖青瓦到顶。施工单位滦平皂沟村古建队，法人代表楚志国，县文保所负责人沈军山、施工监理梁荣。

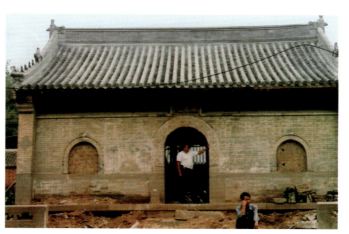

庆成寺维修

东配殿维修前

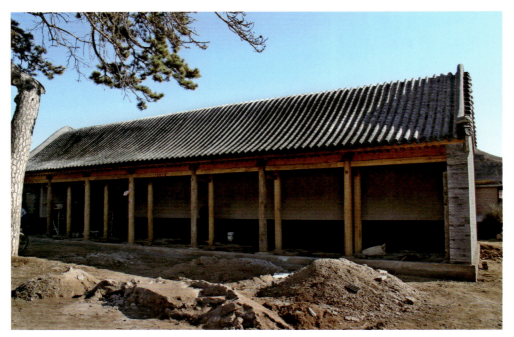

东配殿维修后

维修兴州行宫

　　2010年8月—10月，县文保所筹集资金7万元，修缮兴州行宫垂花门。垂花门年久失修门殿顶坍塌渗漏，此次落顶重新修缮。施工单位滦平皂沟古建队，法人代表楚志国，县文保所负责人沈军山、工程监理梁荣。

维修星龛岩寺

2011年4月—2012年10月，红旗镇星龛岩寺旅游区承包人柴永，筹资60万元修建，星龛岩寺护坡，钢筋混凝土结构。投资15万元修建宿舍7间。2013年，出资9万元，修建汉白玉护栏93米。2014年，出资30万元，于月台前用红砂岩雕刻500罗汉。同年，出资100万元，重修星龛岩寺正殿三间、东西配殿各三间。

**2.馆藏文物修复**

县馆藏青铜、铁质珍贵文物二百余件，锈蚀日益加重，多件有残损。2009年县博物馆请故宫博物院文物保护中心做了修复方案，国家文物局拨付修复资金70万元。2010年9月，县馆与首都博物馆文物保护中心签订保护修复协议，由首都博物馆保护修复中心负责修复工作，并为县馆培养修复人才。自2010年9月开始，至2011年9月完成，分春、夏、秋季，七次对县馆藏青铜、铁质文物进行了修复，共修复青铜、铁质文物272件、陶器10件。残损文物得以修复、锈蚀文物得以保护。修旧如旧，可谓变腐朽为神奇。既使

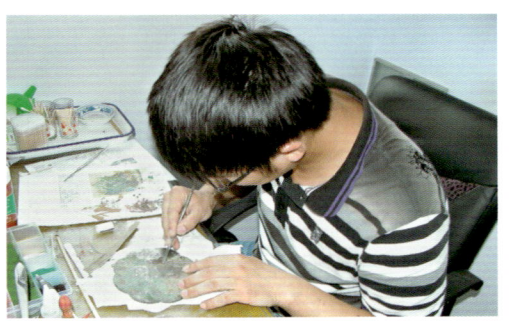

可移动文物恢复

文物得到了科学保护，又提高了收藏文物质量。圆满地完成了修复任务，得到了国家文物局领导好评。修复工作完成后，国家文物局拨修复报告专著专款，由何海平、沈军山、张艳萍为主编，倪炎、李树彬、黄学文为副主编的《河北滦平博物馆金属文物修复报告》于文物出版社出版发行。该修复项目负责人沈军山，技术实施负责人何海平、黄学文、王月华。首都博物馆参加修复工作的人员有：黄学文、倪炎、康涛、李瑾、王坤雪、李想、胡媛媛、赵立辉、马小龙。县馆参加修复工作的人员有：王月华、李树彬、单迎红、靳文吉、张艳萍、计艳波、刘禹兴、王海涛。

## 第六节　文物利用

### 1. 金山岭长城开发旅游

1983年6月，全国长城会议结束后，国家文物局开始投资维修金山岭长城，同时，县政府开始于金山岭长城建设旅游服务设施。金山岭长城管理处下设旅游组，管理处副主任刘云鹏兼组长，成员赵学月。1983年—1985年，旅游投资修筑了巴克什营镇至金山岭长城道路，包括巴克什营至花楼沟公路桥一座。1985年始—1986年，县文保所筹集资金，赵志厚、梁荣、马清鹏负责，于沙岭口与砖垛口川沟交汇处西侧修建长城博物馆，古建四合院形式，一进院，门房3间，正房5间，东西配房各3间，抄手回廊一周环接。建成后改用售票口，后出租他用。

1986年金山岭长城对外开放，试运营。正式成立金山岭长城管理处，正科级自收自支事业单位，编制15人，主任陶文祥，人员有：梁荣、谭树义、杜桂华、程富、石桂平、于树田、孙本效、林全国、薛海英、计正权、侯宗祥、张宝忠、苗润泽、李再利、杨小茹、王宝心、李振国、高红珍、王长余、朱瑞贤、李明德、刘克清、侯金明、杨奎元。1987年省公安厅批准建立滦平金山岭长城派出所。1988年建设古建式游人餐厅564平方米，1989年建设古建式宾馆25间，约50个床位。旅游收入：从1987年年收入3万余元，逐渐增加到1996年97万元。每年接待游客约4—10万人。

1997年县政府成立文物、旅游局，局长高福尊、副局长沈军山。金山岭长城管理处隶属文物、旅游局，主任马占东，新进人员张建平、白凤华。加大宣传力度，于北京设旅游接待处。旅游收入125万元。年接待游客10万人左右。

1998年金山岭长城管理权有偿出让承德光大公司（承德市财政局所属企业），成立承德金山岭长城旅游发展有限责任公司，隶属承德光大公司。原长城承建制划入，法人代表应占义，金山岭长城经理郑文光、副经理郭中兴、侯宗祥。2002年经理郭中兴、副经理裴华、张志君、李成林。企业管理后，加大基础设施建设。自1998—2005年，新建度假屋一处，46个床位、新建四合院一处，28个床位。建设观光索道一条长750米，速降索道一条350米（后拆除），夜长城全长3500米（后拆除）餐厅装修改造等。旅游收入翻倍增加到340余万元，年接待观众12万人左右。2004年7月承德市政府、承德军分区将金山岭长城命名为市级国防教育基地。

2005年县政府根据国家文物局意见，将金山岭长城管理权有偿收回。长城管理处主任张惠东，副主任郭中兴、高兴旺。编制26人。2012年长城管理处主任殷江，常务副主任郭中兴，副主任高兴旺。2005年12月，国家旅游局将金山岭长城定为4A级旅游景区。2005—2014年期间，改建服务设施、增加服务项目。建

宾　馆

宾馆房间

宾馆会议室

餐厅雅间

大餐厅

检票大门

索　道

游客中心

游客中心内商品服务　　　　　　　　　砖垛沟卫生间改造后

砖垛沟卫生间改造后

综合办公楼一处，1500平方米；为居民建商品房23间；新建售票处，餐饮、宾馆、重新翻修增建；开辟长城旅游东入口，建游客中心1600平方米，停车场6000平方米；长城参观正门修建游客中心2200平方米，商业用房34间，生态停车场10000平方米等。旅游收入翻倍增长，2014年旅游综合收入1.408.3万元，接待游客27万人。

### 2. 馆藏文物陈列

1977年6月，县文保所举办《滦平历史文物展、苘子沟出土文物专题展》。地点：文化馆展示厅，展出文物700余件，展览面积300平方米。第一展厅展出内容：从石器时代至明清时期历史文物；第二展厅展出内容：苘子沟发掘出土文物。此次文物展为滦平首次文物基本陈列，内容与形式设计苗济田、李崑。布展人员有苗济田、李崑、李善文、王海臣、高福尊、贾可、王月华、常秀霞。展出时间自1976年5月—1987年8月，博物馆搬迁新馆时撤展。

1989年5月，县馆争取资金10万元，举办《滦平历史文物陈列》展览。此展览为新建滦平博物馆基本陈列，展览分为两个部分，七个单元。部分标题为"滦平历史沿革与文物""金山岭长城风光与文物"。七个单元为原始社会时期、夏

1989 年博物馆开馆基本陈列

县领导参观展览

满族文史展

满族展览

商周至战国时期、秦汉三国两晋南北朝时期、隋唐五代时期、辽金元时期、明清时期、金山岭长城风光与文物。展览面积500平方米，展出文物700余件。布览负责人赵志厚，陈列内容与形式设计沈军山，文物修复整理王月华，布展负责人沈军山。参加布展人员有：赵志厚、沈军山、王月华、何银生（文化局）、李少中（学校）、孙小拂（教育局）、李恩福（学校）、杜文礼（文化馆）、杨兴瑞（文化馆）、马清鹏、张艳萍、赵克军等。展览受到省、地文物部门领导和专家好评，认为达到省内县级馆一流水平。省文物专家郑绍宗、承德地区文化名人布尼阿林等领导专家为博物馆开馆写贺词。观众踊跃，县直机关、工厂、学校大都组织了集体参观，年接待参观人数1—3万人。

1991年10月，滦平县委县政府决定于县博物馆举办《滦平满族文史展》。由县委宣传部负责，成立文化、民宗、广播、文联、教育等部门参加的展览筹备组，组长沈军池。下设两个小组，即：文史资料组、文物征集组，文史资料组成员有宣传部沈军池、博物馆沈军山、民宗局马修智、文联李崑、广播局高福尊；文物征集组成员有苗济田、赵志厚、沈军山、王月华、马清鹏、张艳萍。爱新觉罗溥杰为该展览题名，展览内容与形式设计沈军山。展览分七个单元，即：清代滦平满族源流、清朝新时代的黎明、满族经济文化的发展、开拓者的丰功伟绩、满族儿女英雄传记、源远流长的风俗习惯、清代滦平大事记。展出文物近200件。布展负责人何银生，参加布展人员有赵志厚、沈军山、李少忠、杜文礼、杨兴瑞、王月华、马清鹏、张艳萍、赵克军等。展览时间3年，年参观人数3—5万人。

八旗军官与士兵蜡像

1993年9月，经国家文物交流中心联系筹办，县馆藏长城砖5块到日本舞鹤市红砖博物馆展出。12月苗济田与省文物局博物馆处李霞赴日本舞鹤市红砖博物馆交接文物。时间3年，后延长6年。2010年后将长城砖从北京交流中心运回县馆。

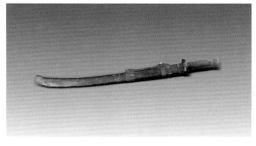

虎门展览展品刀

1994年，县委县政府号召县直各机关单位搞创收补助经费不足。县馆成立博达公司，法人代表沈军山。沈军山与丰宁县文管所白瑞杰联手，经朋友介绍到广东虎门林则徐博物馆洽谈文物有偿展览。二人详细地介绍了承德县区博物馆文物资源丰厚、经费不足状况，争取到林则徐博物馆的支持。签订了清帝木兰秋狝文物100件、5个官服蜡像为主要内容的展览，年展费12万元、二年24万元的协议。经与滦平、丰宁、隆化、围场、平泉5县馆所，商定共同举办《清帝木兰秋狝秘史文物展》。陈列内容与形式设计沈军山、白瑞杰，送展及布展人员有沈军山、白瑞杰、赵志厚、张汉英、彭立平、姜振利、武装警察一人。展览时间二年，结束后由5个县馆所派人将该展览移至佛山市博物馆，展览时间一年，佛山市博物馆承担各县馆所人员到广东参观学习的费用。一年后，各县馆所派人到佛山博物馆接运文物，并组织了就地参观考察。该展览为河北省首次国内商业外展，为各县解决了部分经费，得到了省文物局好评。省文物局在国家文物局主办的《文物通讯》上发表文章，予以宣传推广。

1995年7月，县馆与丰宁博物馆在避暑山庄博物馆联合举办《清帝北巡御道行宫文物珍品展》，地点避暑山庄畅远楼。主要展品有滦平清吴国文墓出土文物、御道沿线征集清代服饰品、八旗军盔甲八套，展品98件。展期6个月。形式与内容设计沈军山、白瑞杰，布展人员赵志厚、沈军山、王月华、张汉英、白瑞杰。

2004年5月，县馆在避暑山庄博物馆正宫区东所举办《中国考古重要发现——滦平发现远古石雕像、山戎人体装饰展》，主要展出滦平后台子遗址出土石雕女神像等、山戎墓出土人体装饰品，展品100余件，展出时间6个月。内容与形式设计沈军山，版面制作承德红三角广告摄影公司。参加布展人员有沈军山、王月华、张艳萍、王立春、赵克军、计艳波。该展览参观人数较多，社会影响较大。市文物局研究员田淑华写评论文章《悠长的滦河、古老的文明——荡气回肠的滦平文物精品》在承德日报发表（2004年11月24日）。

　　2005年9月，县馆改陈，基本陈列题为《灿烂的滦平古代文明》。分两部分，部分标题为："多彩的历史文物""神秘的山戎文化"。展出文物700件。展览面积500平方米（博物馆二楼展厅）。内容与形式设计沈军山，版面制作承德红三角广告摄影公司。参加布展人员有沈军山、王月华、张艳萍、赵克军、王立春、

2005 年博物馆改陈照片

2005 年博物馆改陈照片

单迎红、靳文吉。该展览将山戎文化作为专题展，突出了地方特色。质量大有提高，观众十分踊跃，成为本县精神文明窗口，参观人数3—6万人。

2011年7月，承德市政府将滦平博物馆命名为市级爱国主义教育基地。

2012月3月，县委县政府大力弘扬地方民族历史文化，筹建山戎文化博物馆。为迎接滦平召开的国家级山戎文化研讨会，县博物馆基本陈列改陈，博物馆二楼500平方米展厅展示山戎文化、一楼东展厅200平方米展示历史文物。内容与陈列设计沈军山，版面制作由承德红三角摄影广告公司承担；展厅装修、灯箱、蜡像等复原陈列制作由北京天宇装潢广告公司承担。展览分两个部分，第一部分标题：《神秘的山戎文化》；第二部分标题：《滦平文物精品》。展出山戎文物800件，滦平文物精品展出文物200余件。本次改陈以山戎文化为主，采用一些复原陈列的手法，如楼梯间以灯箱形式营造出蓝天白云、草原森林、牛马成群的自然景象，展厅蜡像、展厅以蜡像、灯箱复原山戎人家庭生活、草屋，以及远景灯箱反映山戎半地穴式房屋村庄、河流的自然景象；地面铺设人造草坪，进入展厅有来到草地的感觉。参加布展人员有沈军山、王月华、张艳萍、赵克军、单迎红、靳文吉、计艳波、刘禹兴、王海涛。4月，滦平县政府召开山戎文化研讨会，各省市文博专家50余人参加会议，参观山戎展览后一致认为滦平山戎文化丰富，具有鲜明民族特色，需建立专题山戎文化博物馆，可与滦平博物馆两个牌子一套人马。该展览受到各级领导、及广大观众一致好评，机关单位、学校多组织集体参观。同时，博物馆每年举办临时展览4—10个，每年参观人数6—8万人。

山戎生活场景

2012 年博物馆改陈照片

学生参观展览

学生参观展览

学生参观展览

2012年8月，山戎文化博物馆破土动工，建筑面积8000平方米。

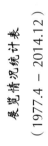

## 展览情况统计表
### （1977.4 – 2014.12）

| 办展时间 | 展览地点 | 展览名称 | 展览类型 | 展览面积（m²） | 展览主要内容 | 展览设计 | 备注 |
|---|---|---|---|---|---|---|---|
| 1977年4—10月 | 滦平县文化馆 | 滦平出土文物展 | 方志 | 300 | 县出土文物700件。 | 苗济田 李坤 | 1987年9月撤展 |
| 1981年5—8月 | 滦平县文化馆 | 长城文物图片展 | 专题 | 300 | 展出长城图片60幅。 | 赵志厚 | |
| 1987年8—9月 | 滦平博物馆 | 滦平改革开放成果展 | 专题 | 300 | 展出滦平县经济、文化、教育、工业农业、交通、卫生等方面实物与图片。 | | 1987年9月撤展 |
| 1987年10—11月 | 滦平博物馆 | 承德地区摄影书画展 | 图片 | 500 | 展出承德地区摄影爱好者和书法爱好者的作品164件。 | | 1987年11月撤展 |
| 1989年5月 | 滦平县博物馆 | 滦平历史文物展 | 通史 | 500 | 县馆藏文物700余件。 | 沈军山 | 2005年改陈 |
| 1991年10月 | 滦平县博物馆 | 滦平满族文史展 | 专题 | 200 | 滦平满族文物200件、生活用品、服饰、生活习俗文物、文字图片等。 | 沈军山 | |

续 表

| 办展时间 | 展览地点 | 展览名称 | 展览类型 | 展览面积（m²） | 展览主要内容 | 展览设计 | 备注 |
|---|---|---|---|---|---|---|---|
| 1993年8月 | 日本舞鹤市乡砖博物馆 | | 文物借展 | | 县馆藏长城文字转5块。 | | 2012年撤展 |
| 1994年4—7月 | 广东东莞林则徐博物馆 | 清帝木兰秋狝秘史文物展 | 专题外展 | 500 | 五县联合办展滦平出土的清代文物100件。 | 沈罕山白瑞杰 | 1996年7月撤展 |
| 1995年7—8月 | 避暑山庄博物馆 | 清帝北巡御道行宫文物珍品展 | 专题外展 | 400 | 滦平、丰宁二县清代文物98件。 | 沈罕山 | 1997年8月撤展 |
| 1997年3—8月 | 滦平县博物馆 | 铁血筑长城——河北人民抗战图片展 | 专题图片 | 260 | 河北省抗战纪实，图片巡回展，40个图片展板。 | | 1999年8月撤展 |
| 2004年7—10月 | 避暑山庄博物馆 | 中国考古重要发现滦平远古石雕女神像山戎人体装饰 | 专题外展 | 500 | 滦平出土的11尊石雕女神像、山戎族人体服装、装饰品、生活用具200件，图片20幅，说明文字1000字。 | 沈罕山 | 2004年10月撤展 |
| 2005年9—10月 | 滦平县博物馆二楼 | 灿烂的滦平古代文明展 | 方志 | 800 | 滦平出土精品文物。展览分两半部分：多彩的历史文化、山戎族文化。共展出文物580件，图表4幅，图片70幅。 | 沈罕山 | 2012年重新改陈 |
| 2010年7—10月 | 文化场、乡镇广场、学校 | 中国传统节日图片展 | 专题图片 | | 中国传统节日文字介绍，图片。 | 单迎红 | 2011年10月撤展 |

续 表

| 办展时间 | 展览地点 | 展览名称 | 展览类型 | 展览面积（m²） | 展览主要内容 | 展览设计 | 备注 |
|---|---|---|---|---|---|---|---|
| 2011年4月 | 各乡镇文化广场 | 滦平精品文物图片展 | 专题图片 | | 选22件滦平出土文物精品图片附说明文字，制作20块展板。 | 王月华 单迎红 | |
| 2011年4—7月 | 辽宁博物院 | 辽河寻—中华文明探源成果系列特展 | 文物借展 | | 滦平博物馆三件一级文物白玉双双节弦纹琮、石雕女神像两作文物参展。 | 计艳波 单迎红 | 2011年8月撤展 |
| 2012年3月 | 滦平县博物馆 | 神秘的山戎文化，滦平出土文物精品展 | 专题 | 800 | 展出山戎族文物及各历史时期精品文物共1000件，图片80幅，文字3000字。 | 沈军山 | |
| 2012年4—9月 | 滦平及各乡镇文化广场 | 滦平山戎文物图片展 | 专题图片 | 800 | 展出460余件精品文物图片，说明文字1000字。 | 单迎红 | 2012年9月撤展 |
| 2013年9月 | 滦平县博物馆 | 滦平县首届民间工艺美术品展 | 图片 | 200 | 展出125件民间工艺美术家作品，图片30幅，文字介绍200字。 | 单迎红 | 2013年10月撤展 |
| 2014年5—10月 | 滦平县博物馆 | 刘天英国画花鸟展 | 图画 | 200 | 国家级美术家刘天英美术作品38幅。 | 单迎红 | 2014年10月撤展 |
| 2014年6—7月 | 滦平县博物馆 | 滦平县非物质文化遗产图片展 | 专题 | 200 | 滦平五个非遗项目的介绍（展板17块），17幅图片。 | 单迎红 | 2014年7月撤展 |

续 表

| 办展时间 | 展览地点 | 展览名称 | 展览类型 | 展览面积（㎡） | 展览主要内容 | 展览设计 | 备注 |
|---|---|---|---|---|---|---|---|
| 2014年7—8月 | 滦平县博物馆 | 滦平县首届酒文化节——酒类篇 | 专题 | 200 | 个人收藏各地特产酒200种。 | 张艳萍 单迎红 | 2014年8月撤展 |
| 2014年8—9月 | 滦平县博物馆 | 伟大复兴之路图片展 | 图片 | 200 | 展出60幅挂图包括百年巨变、峥嵘岁月，中国新生、改革新局，世纪跨越、复兴伟业六部分。 | 单迎红 | 2014年9月撤展 |
| 2014年9—11月 | 滦平县博物馆 | 滦平县首届集藏美术作品展 | 图片 | 200 | 展出滦平县画家杜文礼36幅作品。 | 单迎红 | 2014年11月撤展 |
| 2014年11—12月 | 滦平县博物馆 | 滦平县首届奇石艺术精品展 | 专题 | 200 | 展出奇石协会10余位会员的180块精品石。 | 单迎红 | 2014年12月撤展 |

# 第十章　文物研究

## 第一节　论文摘选

### 河北滦平县后台子遗址发掘简报

承德地区文物保管所　滦平县博物馆

1983年5月初，河北滦平县金沟屯镇西村砖厂用推土机清除后台子耕地表土时，发现一处重要的新石器时代遗址。地表暴露出古代房址、灰坑等30余座，以及大量的陶器碎片、石器、石人雕像等遗物，遗址破坏严重。县文物部门闻讯后即派人到现场进行调查，并对地表暴露的遗物和流散文物进行了清理和征集。5月下旬至6月上旬，承德地区文保所、滦平县博物馆联合对该遗址进行了抢救性发掘。

**一、地貌和文化层堆积**

后台子遗址位于燕山中麓，滦平县北部，坐落在滦河北岸馒头山阳坡第二台地上，当地人称其为"后台子"。这里地势平缓，土质肥沃、水源充足。遗址东距金沟屯镇西村砖厂250米，西约1000米处是金沟屯镇砖厂，南距滦河1200米。遗址为沙黄土，北高南低，高出附近地面约15米，南北长150、东西宽100米左右（图一）。经铲探调查，古代居住址、灰坑等多分布于遗址中部平坦地段。北部坡度较大，遗迹稀少；南部和东南约50米处发现春秋战国时期的墓葬10余座。这里主要有上、下两层文化遗存，且存在着叠压关系。

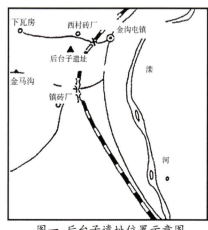

图一　后台子遗址位置示意图

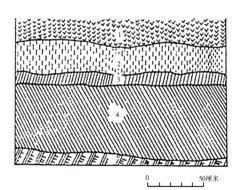

图二　T8F4 北壁剖面图
1.耕土 2.上文化层 3.扰土层
4.下文化层 5.生土

发掘工作在遗址被破坏的部分进行，依南北方向布方，先在暴露的房址、灰土圈上布方5个，又在推土机铲过的地面上布方4个，共发掘5×5米探方9个，面积约300平方米。发现属于下层遗存的半地穴式房址5座（T3F1、T4F2、T6F3、T8F4、T5F5），属于上层遗存的圆形窖穴式房址1座（T7J1）和灰坑7个（T1H1、T5H2、T4H3、T4H4、T8H5、T8H6、T6H7）。下层遗存中房址被压在上层或上下两层下，打破生土层。上层房址和灰坑皆开口于上层遗存中，打破下层或生土层。下层遗物主要有石器和陶器，石器有斧、盘状磨石、磨棒、磨盘和大量细石器，陶器主要有之字纹筒形罐、敛口碗等。上层遗物中，石器有穿孔锤斧、穿孔石刀、石杵、石饼等，陶器有鬲、豆、罐、纺轮等，另有个别属于夏家店下层文化的陶片。

文化层堆积以T8北壁为例（图二）。F4位于T8北部，为新石器时代半地穴式房址，地面耕土已被铲掉，现为上文化层堆积之残留部分。房址东北角被上文化层筒形灰坑（T8H5）打破，西南角也有一筒形灰坑（T8H6）打破F4。灰坑开口于上文化层中。

第1层：耕土层。从遗址北部铲探调查的结果，厚25—30厘米，黄色沙黏土。

第2层：黄色沙黏土，质较松软，含素面磨光夹沙红陶片、陶鬲足、器耳等。厚约25～35厘米，另有属于夏家店下层文化的绳纹陶片、鬲足，T8H5、T8H6开口于本层中。

第3层：黄褐色沙黏土，土质较硬，遗物较少，出土素面磨光夹沙红陶片、之字纹陶片等。厚10—15厘米。

第4层：黑褐色沙质土，土质松软，厚50～70厘米。含有少量炭屑，发现较多的陶片和石器。陶片以夹沙褐陶占多数，泥质灰陶、夹砂灰陶次之。陶片带纹饰的多、素面陶较少，纹饰有之字纹、篦纹、弦纹、戳刺印纹、网格纹、人字纹、指甲纹、划纹等。主要器种有筒形罐、敛口碗、深腹杯、陶球等。石器有盘状磨石、砧石、网坠、斧、铲以及细石器等。

以下为生土层。

根据地层叠压关系及遗物特征，表明第4层为下文化层，第2层为上文化层，第3层为上下层之间的扰土层。

## 二、下文化层遗存

### 1. 房　址

房址直接挖在生土上，多呈不规则的圆角矩形，属于半地穴建筑，边长一般为4.5×5.5米左右。T4F2东北边发现一宽1.4米的门道，其余未有明显的门道痕迹，但多数于东或南边有断壁现象，推测房门开于东或南边。各房址四边与中间都有柱洞，柱洞的数量或间距不等。柱洞底为圆或尖形，有的填陶片或细石器。室内地面皆有灶坑或火塘，旁边一般放有陶器或陶片。地面多铺红烧土，有的红烧土上铺一层炭屑，炭屑上再铺一层烧土，然后用细泥抹面，烧成砖青色或红褐色，以利防潮。

T4F2（图三），半地穴式，平面呈不规则矩形，南北长6.3、东西宽4.3米，南北向，偏西10°。开口于铲后地表下20厘米，残壁高20—25厘米，大部分硬壁面已脱落。东北角门道处被上层H4打破，东面南部被上层H3打破。东南角早期扰乱，地表为五花土。室内地面比较平坦，铺一层细泥土，用火烧干，颜色不匀，呈黑灰色或红褐色。

房址四周和室内共发现柱洞30个，四周柱洞较小，分布不均。东、南边似应有柱洞，因地面被H3和H4破坏，无明显柱洞痕迹。室内发现大柱洞4个，其中北部靠门道的2个旁边各有3个小柱洞。门道南边近门口处发现一个大柱洞，其西侧还有2个小柱洞。小柱洞基多尖形，大柱洞基多圆形，有的用陶器碎片或细石器垫底，这种作法与半坡方形建筑、河北三河县孟各庄遗址一期文化方形建筑的做法相同。小柱洞口径10、深15厘米左右，大柱洞口径在25—40、深20—40厘米（图四）。

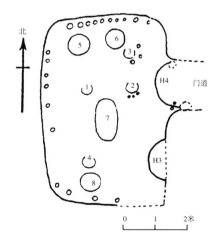

图三 T4F2平面图 1—4.柱洞 5.8.灶

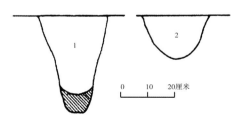

图四 T4F2的1、2号柱洞剖面图

室内北部有两圆形灶面，皆与地面平。西侧灶面有一长方形石磨盘（T4F2：19）。室内西南靠近大柱洞处也有一圆形灶面，附近有一组陶器碎片和残石磨盘（T4F2：18），紧靠大柱洞有一河卵石板。室内中间有一长方形火塘，长106、宽74、深17厘米。火塘面略低于地面，边为红烧土，内有草木灰烬、山核桃皮。火塘西北角有一之字纹直腹敞口筒形罐（T4F2：4），罐下半部埋在灰烬中，内有少量灰烬，推测为保存火种用器。地面遗物还有石斧

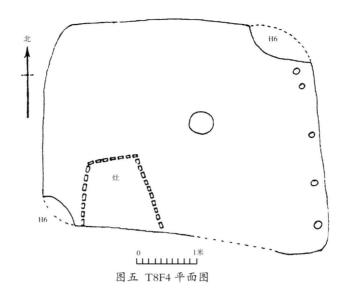

图五 T8F4 平面图

（T4F2：11）、石凿（T4F2：6）、石铲（T4F2：7、8、5）、戳印纹夹沙灰陶筒形罐（T4F2：1）、之字纹夹砂灰陶筒形罐（T4F2：10）、泥质灰陶圈足碗（T4F2：14）等，共出土较完整器物15件。

T4F2房址，室内以几个大中心柱作为构架骨干，四周辅以小柱，屋顶似四角攒尖式，门道发现柱洞，很可能有人字形顶盖。

T8F4（图五），方形半地穴式，东西长5.2、南北宽4.3米。东北角被上层T8H5打破，西南墙被上层T8H6打破。南墙有断壁现象，可能开口于南边。房址地面以上有上、下层文化堆积。上层文化堆积残厚15—20厘米，扰土层20厘米左右。下层文化堆积较厚，黑褐色土，厚50—70厘米。地面平坦，红烧土铺垫，分上、下两层，上层厚2厘米，呈红黑色，斑驳不均，下层与生土相连，厚约2.5厘米，室内西侧与北侧地面，红烧土上面再抹一层细泥，以火烧干，呈青灰色，坚硬如陶，据此推测，房址北侧与西侧为居住面。

房址东边发现小柱洞5个，口径16、深20厘米左右。室内中心有大柱洞1个，口径33、深45厘米，柱洞基以细泥红烧土铺垫。南偏西边有石块砌成的火塘1个，梯形。地面遗物较少，中心处发现泥质灰陶球1个（T8F4：17）、线条纹褐色夹沙陶器底片1件。

T8F4房址地面以上发现同时期的文化遗物有石砧、石网坠、之字纹陶片等。

2. 遗　物

主要有石器、骨器和陶器。下面介绍的包括部分采集品。

（1）石器。包括细石器、打制石器、磨制石器、石雕像、玉器，其中细石器数量较多，磨制石器次之，玉器只发现1件。

细石器96件。多用燧石、玛瑙石、碧玉、沉积岩等制成。颜色多呈橘黄、暗红、青绿、灰白色等。加工方法采用间接或直接打制法，有些器物经二次加工。器种有镞、尖状器、石叶、刮削器、石核等。

镞17件。分扁体三角形、三棱锥形二种。扁体三角形长短不一，有的尖锋利，两侧有刃，一面平，一面起脊。T4F2：21长3.8厘米（图六：1；八：9）。有的底部一侧打出豁口（图六：2、3、5；八：8）。三角棱锥形，细长，尖锋利，截面呈等腰三角形（图六：4；八：2）。

尖状器15件。均为扁体三角形。T4F2：26，底部呈弧形，一侧斜直，另一侧打出凹槽，尖锋利（图七：2；九：4）。

刮削器16件。分梯形、菱形和扇形三种。梯形体积较小，正面起三脊，中部较厚，背面平，弧形单面刃（图七：7）。菱形为三面开刃，背面平，正面

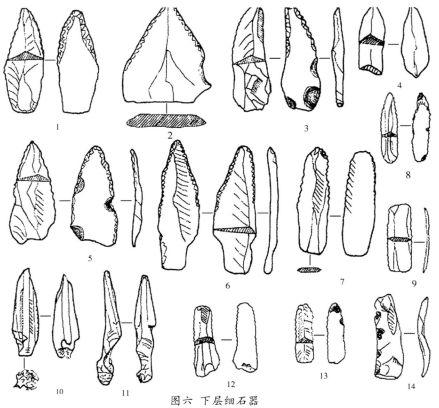

图六 下层细石器

1—5.镞（T4F2：21、采：51、T4F2：20、T8F4：15、T5：8）6—9、12—14，石叶（采：4、5、10，6—9）10、11，石核（采：13，50）

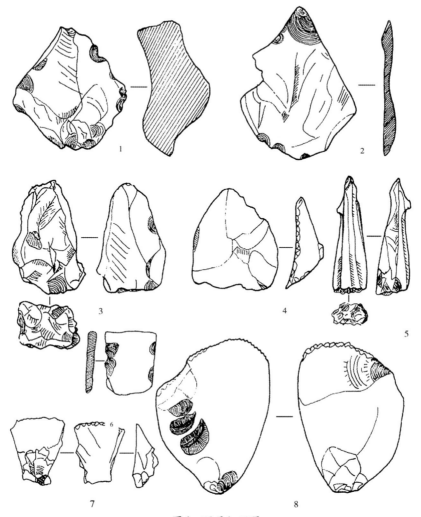

图七 下层细石器

1、4、6～8刮削器（采：49、T4F2：28、T8F4：1、T6F3：2、采：48）2.尖状器（T4F2：26）
3、5.石核（采：12、56）

四或三脊相交，截面呈三角形（图七：1、4；九：2）。扇形为弧形单面刃，
中部较厚，一侧剥出三个指甲形凹坑，以便于攥握（图七：8；九：5）。另一
件（T8F4：1）为页岩，片体，矩形，锯齿状单面刃。（图七：6）。

石叶25件。长短不一，体皆薄，截面呈梯形或三角形。一般两侧开刃的打
成锯齿状（图六：6—9、12、13；八：1、3—7）。个别的呈刀形，在一侧两面
磨刃（图六：14）。

石核11件。多为不规则棱台体（图七：3；九：3），个别为束颈多棱锥

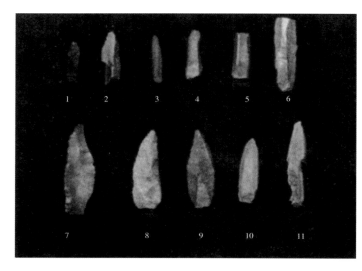

图八 细石器
1.3 — 7.石叶（采：8、
10、7、6、5、4）
2.8、9 镞（T8F4：15、
T4F2：20、21）
10、11，石核（采：13、
50）

图九 细石器
1、3.石核（采：56、12）
2、5.刮削器（T4F2：
28、采：48）
4.尖状器（T4F2：26）

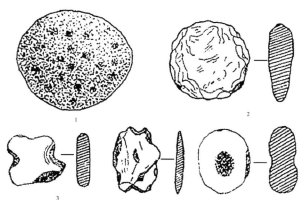

图一〇 下层打制石器
1.敲砸器（采：25）
2.盘状器（T4F2：15）
3、4.网坠（T8F4：5、
T4F2：10）
5.砧石（T8F4：8）

形；棱锥形。束颈多棱锥形尖锋利，尾部打出凹槽成颈，以便绑捆（图六：10、11；八：10、11）。棱锥形周体顺长，尖部锋利（图九：1）。

打制石器13件。有网坠、盘状器、敲砸器、砧石。

网坠4件。质料有青灰色岩石和河卵石两种，多呈长方形，两侧边打出缺口。T8F4：5，河卵石。长8.5、宽7厘米（图一○：3；一一：3）。T4F2：10，沉积岩质。长10、宽9厘米（图一○：4；一一：6）。

盘状器6件。有闪长岩与河卵石质两种，扁圆体（图一○：2）。

敲砸器1件（采：25）。辉绿岩质，球体，器表有凹坑与磨蚀痕。直径15厘米（图一○：1）。

砧石2件。椭圆形河卵石制成，两面中部凿出凹坑。T8F4：8长径9.5、短径7.2厘米（图一○：5；一一：1）。

磨制石器71件。器种有斧、铲、凿、勾磨石、盘状磨石、磨盘、磨棒、球等。

斧18件。双面刃，除顶部的打制痕不精磨外，其余部位皆磨光。两侧多磨出棱面。分2式。

Ⅰ式13件。平面似矩形，体有宽窄薄厚之分，弧刃。采：57，残，闪长岩质，中下部有一小窝，与砧石凹坑相似。残长8.7、宽8.2厘米（图一二：2）。T8F4：7，角闪石质，顶残。残长8.6、宽7.2厘米（图一二：5）。采：58，完整，花岗岩质，石质细腻坚硬，长方扁平体，除顶部外皆磨光，弧形。长12.2、宽8厘米（图一一：5；一二：6）。采：59，完整，闪长岩质，梯形中部略凹。长12.5、宽6.7厘米（图一一：5；一二：1）。

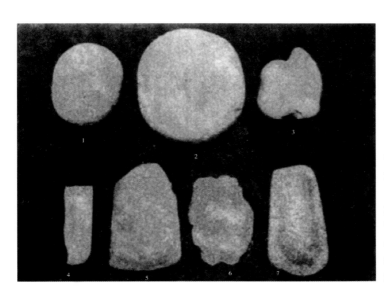

图一一 石器
1. 石（T8F4：8）
2. 盘状磨石（采：61）
3、6. 网坠（T8F4：5、T4F2：10）
4. 凿（T4F2：6）
5、7.Ⅰ式斧（采：58、59）

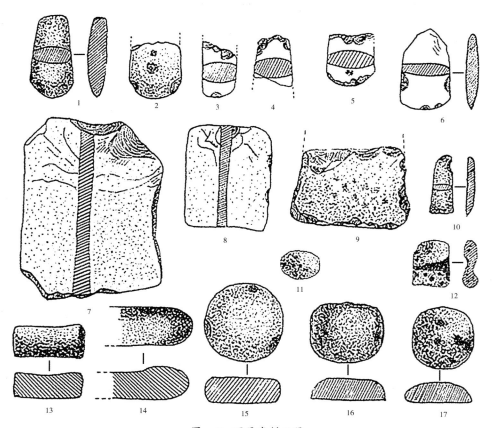

图一二　下层磨制石器

1、2、5、6.I式斧（采：59、57，T8F4：7，采：58）3、4.II式斧（采：40、41）7、8磨盘（T4F2：18、19）9.铲（采：43）10.凿（T4F2：6）11.球（T7：10）12.勾磨石（T4F2：14）13、14.磨棒（T4F2：9、采：31）15—17.盘状磨石（采：61、T8F4：2、3）

　　II式2件（采：40、41）。皆残，厚条形，顶与刃略窄，截面近长方形，质坚硬，磨制精细，刃略弧（图一二：3、4）。

　　铲2件。残1件。采：43，砾石质，呈褐色。梯形，扁平体。三边有刃，腹部略加磨制。长18、宽12厘米（图一二：9）。

　　凿1件（T4F2：6）。花岗岩质。条形，两面磨刃，一面坡度较大，另一面略加磨制。长8.5、宽3厘米（图一一：4；一二：10）。

　　勾磨石1件（T4F2：14）。绿泥石质，方形，两面已磨成沟槽（图一二：12）。

　　盘状磨石21件。多采用河卵石或扁平石块制成。有泡形和圆饼形两种。T8F4：3为泡形，河卵石质周边有削痕，一面磨制。直径10.5、厚3.7厘米

（图一二：17）。采：61为圆饼形，通体磨光，周边外弧。直径13.5、厚4厘米（图一一：2；一二：15）。T8F4：2为圆饼形，一面磨光，边呈斜坡状。直径11.5、厚4厘米（图一二：16）。

磨棒6件。皆残，琢或磨制。截面呈半圆形，有的因长期使用磨蚀，中间扁细，两头粗圆。T4F2：9，火山沉积岩质，琢制，残长10、直径5.5厘米（图一二：13）。采：31，角闪石质，棒身因长期使用磨蚀，截面呈扁圆形。残长12、径7厘米（图一二：14）。

磨盘2件，残1件。皆为不规则矩形，一面磨制。T4F2：18残，砾石质，黄褐色。端部略厚，有打制痕，中部内凹，底面打制后未精加工。残长32、宽25.5厘米（图一二：7）。F4F2：19完整，变质岩制成，磨面较粗糙，底部未细加工。长57、宽43厘米（图一二：8）。

石球12件。天然河卵石制成（图一二：11）。

石雕人像6尊（残2尊），及兽雕1件。质料有辉长岩、混合岩和辉绿岩，皆采集，多系西村砖厂推土机手在铲土时发现，依其造型特点，暂归入下文化层介绍。

采：14，完整。辉长岩质，琢制。体表略加刮磨，雕法简单。裸体孕妇形象，蹲坐姿，光头，眉粗隆，鼻略凸，呈三角形；耳外凸，眼睛以一阴刻线表示，微睁；吻部略隆，闭口。曲肘，手抚腹，二乳，腰腹宽肥，小腹与后腰隆鼓。臀部与尖形小石座相连，腿向内曲、脚相对。通高32.7、肩宽23.5厘米（图一三：1；三○）。

采：15，完整。辉绿岩质，端坐式，裸体孕妇形象，通体磨蚀较严重，面部右侧有铲痕。头、身与采：14相似。两手相对抚腹，手指已磨蚀不清。大腿平直，小腿自然下垂。通高34、肩宽17厘米（图一三：2；三一）。

采：16，残。1989年夏，西村砖厂工人于遗址西北角取土时发现。辉长岩质，上半身残缺。曲肘，手抚腹，小腹粗隆，腿曲，脚相对。琢制痕明显。下半身与采：14相似，亦是裸体孕妇形象。残高19、腹宽18.5、厚13厘米（图一三：7）。

采：17，辉长岩质，胸、腹、脸部及右耳残损。为裸体孕妇形态，表现手法较采：14趋近写实。体修长，头无发，眉粗隆，与鼻梁相连，鼻残。眼睛以柳叶形沟槽表示。耳长圆，耳间刻一柳叶形沟槽。体表磨光，面部精磨，肌肤感较强。倒圆台形座。通高32.5、肩宽16厘米（图一三：4；三四）。

采：18，头残缺。辉长岩质，裸体孕妇形象，蹲坐姿，雕法写实。体端正，比例适中。颈后部有一条凸起的发辫，以人字形阴刻线表示辫花，辫长5、宽2厘米。乳隆，腰腹粗肥，曲肘，手指伸直上下交错抚腹。阴部有凹坑，臀部发达，大腿平伸，小腿下垂略向内曲，两脚皆残，背脊有沟槽。体磨光，制作精细，肌肤感很强。座为圆柱形，未经细磨。残高20、肩宽8.5厘米（图一三：3；三五）。

采：19，完整，1988年于遗址东侧发现，质料为变质岩。裸体女性，端坐式。无发．眼部内凹，颧骨略凸，小口微张。胸腹较平略内凹，阴部刻划出竖沟。两臂自然下垂，手扶膝。无底座。通高9.5、肩宽5.5厘米（图一三：5；三七）。

采：20，为石兽雕，辉长岩质，蹲坐式。兽面，竖耳上刻阴线网格纹。额凸，目圆鼓，口微张。腹隆，呈怀孕状。通高7.5、厚3.3厘米（图一三：6；三六）。

另外，采集玉琮1件（采：22）。完整，1989年秋于遗址西北侧发现。白色，有土蚀痕。磨制精细，孔大壁薄，器表四面中间皆由竖凹条带分隔，并由中腰横凹条带分成3节，从上而下分别有三、一、一、三周阴刻线。通高7.7、内径6.5厘米（图二五）。

（2）骨角器。有锥形器、条形器、镞，计7件。

锥形器3件。分2式：

I式1件（T3F1：1）。鹿角骨制成。制作简单，将角尖一侧削磨成锋刃。长12.5厘米（图二八：3）。

Ⅱ式2件。猪棒骨制成。粗制，棒骨劈开后，一端削成锋尖，刃部呈三角形。T6F3：3刃部一侧与锋尖使用磨蚀痕迹明显，推测其为刻划工具。长8、宽2.4厘米（图二八：4）。T8F4：23锋尖较短，长10.5、宽2.9厘米（图二八：1）。

条形器3件。鹿角骨制成。T3F1：3有三棱，两端有一面刃。长9.4、宽1.5厘米（图二八：5）。T3F1：2扁平，一端略窄，横刻凹槽以便拴系。器表纵刻一浅凹槽。长9.5、中间宽2．2厘米（图二八：6）。

镞1件（T3F1：4）。鹿角骨制成，菱形。长4.1、宽1.4厘米（图二八：2）。

（3）陶器。可辨器形的83件（包括部分采集晶），其中完整或可复原的26件。器多规整，皆手制。陶质以夹砂陶居多，泥质陶较少，夹砂陶有夹粗砂与细砂之分，个别的夹滑石粉。陶色以褐色为多，其次为灰、黑色，少量泥质陶呈橘红色。纹饰以之字纹为大宗，形式有横竖之分，手法为压印与刻划两种。其他有戳印纹、篦纹、网格纹、叶脉纹、指甲纹、压抹条纹、弦纹等（图一四、二九）。器种主要有筒形罐、圈足碗、饼形器等。

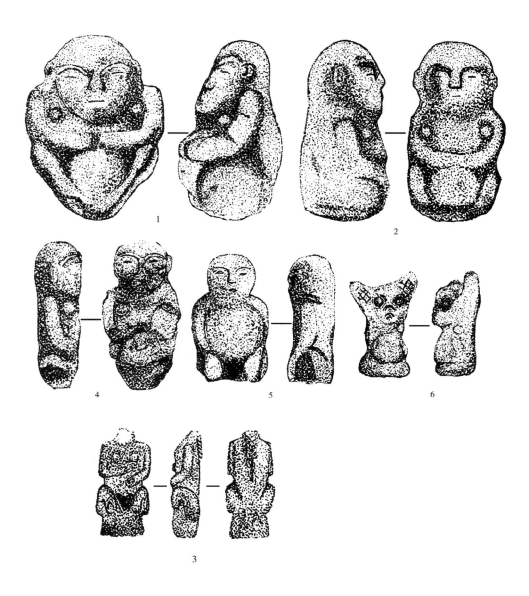

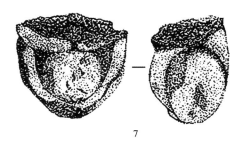

图一三 下层石雕像

1—5、7.妇女雕像（采：14、15、18、17、19、16）6.兽雕像（采：20）

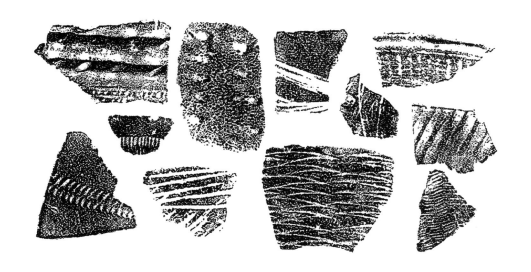

图一四 下层陶器纹饰拓片

筒形罐16件，较完整的4件。大口深腹，干底或微内凹。陶质较硬，除一陶片夹滑石粉外皆夹砂。陶色有灰、褐、红等，红褐陶器内壁多为黑色。器表多有纹饰。T4F2：1，夹砂灰陶，口微敛，圆唇，弧腹，平底。器表饰平行线形戳印纹，器底有编织物印痕。口径18.5、高19厘米（图一五：2）。T4F2：2，夹砂灰陶，敞口圆唇，斜直腹，平底。厚胎，器表粗糙，饰横之字纹。口径22、高19.5厘米（图一五：1）。T4F2：3，夹砂灰褐陶。圆唇，弧腹，平底。器表饰箆纹为地的双线几何纹。口径9.5、高11厘米（图一五：18）。T8F4：12，器底与口沿残片，夹砂黄褐陶，内壁呈黑色。直口，圆唇，直腹。器表饰双划线折线纹（图一五：3）。T1：1，底与口沿残片，形状同T8F4：12，器表饰似用细箆条划成的竖线纹，口沿戳印指甲纹（图一五：4）。

碗10件，较完整的3件。T4F2：13，夹砂灰褐陶，陶色不匀。口微敛，弧腹，矮假圈足。底径8、高7.7厘米（图一五：10）。T4F2：33，泥质灰陶，口沿饰四条平行凹弦纹。口径8、高11厘米（图一五：13；二六）。T4F2：14残，泥质灰褐陶，陶色不匀。敛口，弧腹，小矮圈足。口径14、高10厘米（图一五：12）。T8F4：11，口沿残片，夹砂褐陶，内壁呈黑色，器表戳印指甲纹（图一五：7）。

盂仅有口沿残片。T8F4：16，夹砂红褐陶，平唇，腹略弧。口径约10厘米（图一五：6）。

钵残片16件。T4F2：29，口沿残片，夹细砂，黑褐陶，器表呈黑色。敛口，圆唇，斜收腹。口沿饰压印横之字形箆纹，腹饰压印竖之字形箆纹。口径约16厘米

（图一五：8）。T1：3，底残片，夹砂黑灰陶。腹饰压印之字形折线纹。底径约8.5厘米（图一五：5）。T4F2：30，直口，腹略弧，饰横、竖之字纹（图一五：9）。

深腹杯5件，复原1件。T1：2，夹砂褐陶，内壁呈黑色。直口尖唇，平底。器表经拍打，凹凸不平。口径11、高8.5厘米（图一五：11）。

饼形器8件。多用陶片打制而成，边缘一般未细加工，直径5～7厘米。T8F4：10，椭圆形，表面有压印人字形纹，长径5.6、短径5厘米（图一五：17）。

球3件。泥质灰褐陶，分球和半球两种。T8F4：17，半球形，直径4厘米（图一五，14）。T8F4：18，球形，直径4.2厘米（图一五：15）。

弹丸1件（T7：7）。夹砂红褐陶，表面粗糙。直径1厘米（图一五：16）。

## 三、上文化层遗存

### 1. 遗 迹

上文化层受到严重破坏，仅存7个筒形、袋形灰坑和1个居住址。

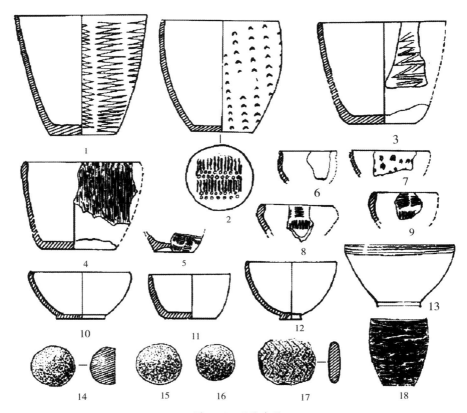

图一五 下层陶器

1—4、18.筒形罐（T4F2：2，1，T8F4：12、T1：1，T4F2：3）5、8、9.钵（T1：3，T4F2：29、30）6.盂（T8F4：16）7、10、12、13.碗（T8F4：11，T4F2：13、14、33）11.深圆杯（T1：2）14、15.（T8F4：17、18）16.弹丸（T7：7）17.饼形器（T8F4：10）

T1H1，袋形灰坑，上部被破坏。残深0.5、口径2.2、底径2、3米。打破下文化层，直至生土层。坑内堆积有素面夹砂红陶片、陶器耳、石饼、兽骨等（图一六）。

T8H5，筒形灰坑，开口于表土层下0.3米处，直径2.1、深0.7米。坑内堆积有磨光夹砂红陶片、鬲足、方形耳等（图一七）。

T7J1，窖穴式住址，开口于表土层下0.3米处，呈不规则圆形。口、底径基本相同，直径2.3、深0.8米。打破下文化层。西北侧有一宽0.8米的豁口，可能是门道。地面北、东、南侧各发现柱洞1个，直径0.16、深0.2米。东半部地面以红烧土铺垫，厚0.05米，可能为居住面。室内堆积有石网坠（T7J1：5）、石器残块及夹砂红陶片等遗物（图一八）。

2. 遗　物

遗物多属夏家店上层文化，个别陶片为夏家店下层文化。

石器多残损，主要有斧、锤斧、杵、网坠、环形器、饼等。

斧3件，1件完整。T6H7：6，角闪岩质，长方体，截面为椭圆形。略经磨光，边缘有打制痕。残长8.2、宽6.5厘米（图一九：4）。T3：2，完整，变质岩质。器身窄短，刃部较宽，近钺形。

锤斧2件。皆残。采：24，扁方棱锥形体，上部残，中心穿孔，为两面对钻而成。残高10、腰宽13厘米（图一九：1）。

刀4件。皆残。分半月形和长方形两种。T3：1，残，砾石质，半月形。中间及边缘各有一孔，对钻而成，通体磨光。残长？、厚1厘米（图一九：5；二三：1）。T3：7，残，灰绿色，扁平长方形，打制后略经磨光，残边近中部穿孔未透，刃部打制。残长6.5、厚0.7厘米（图一九：8）。

杵1件（采：23）。花岗岩质，圆柱体。下端较粗，有研磨面。顶部打制未细加工，其余部位琢制。长8.5、研磨面径5.5厘米（图二〇：2；二三：4）。

网坠6件，4件完整。一种为玛瑙石，椭圆体。通体磨光，中有凹槽。另一种为河卵石，椭圆形片状，两长边打出豁口（图一九：6、9、10；二三：2、3、5）。

环形器1件（T1H1：4）。残，中间穿孔，一面平，另一面略孤，通体磨光。厚1.5厘米（图一九：7）。

饼6件。多用扁体河卵石打制而成。T6H7：7，径7.5、厚2厘米（图一九：3）。

石人雕像1件（采：37）。采集，根据形制特征暂归入上文化层。滑石质，蹲坐姿，上身前倾眉粗隆，目外凸，周有三道阳线纹。尖下颌，口、鼻不清楚，两耳外突。细腰，背有一桥形纽。平肩，臂下垂，左手抚膝，右臂与右腿残。臀与股特别发达。头后部、臀与股均匀地刻有阳线纹。通高6厘米（图二一、三二、三三）。

骨器主要有棒形纺轮、镞、脊椎形器、关节器，计8件。

棒形纺轮1件（T6H7：10）。牛骨制成，中心对钻穿孔。长8.5、宽4.5厘米（图二二：1；二四：2）。

镞1件（T6H7：11）。三棱形，有短翼，圆柱形铤，铤端扁平。长9.5厘米（图二二：3；二四：4）。

脊椎骨器4件。皆以牛脊椎骨制成。T6H7：8将脊椎孔壁刮磨光滑，骨叶略加磨制。孔壁磨蚀严重，似长期使用所致，其用途不明（图二二：4；二四：1）。

关节骨器2件。皆以半个牛关节骨制成。T6H7：9中间截断处磨成光滑的弧面，凹槽处也磨光，关节棱两侧刻划出条线纹（图二二：2；二四：3）。

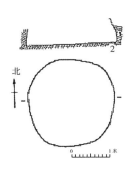

图一六 T1H1 平、面剖面图
1. 下文化层
2. 生土

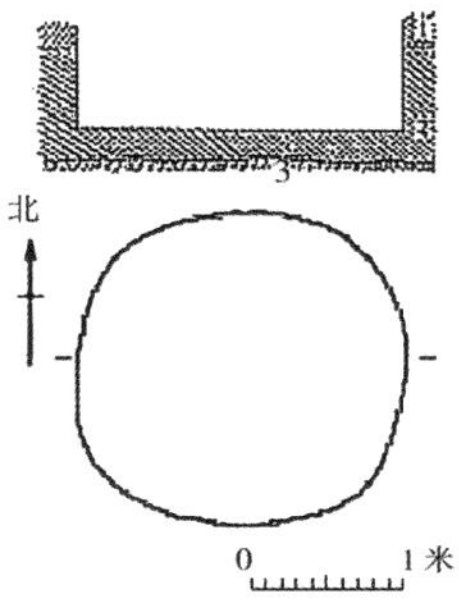

图一七 T8H5 平、面剖面图
1. 扰乱层
2. 下文化层 3. 出土

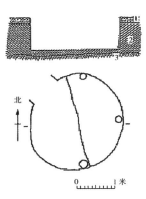

图一八 T7J1 平、面剖面图
1. 扰乱层
2. 下文化层 3. 出土

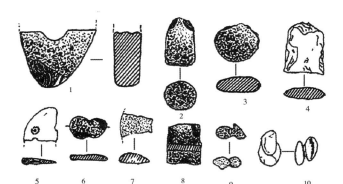

图一九 上层石器

1. 锤斧（采：24）
2. 杵（采：23）
3. 饼（T6H7：7）
4. 斧（T6H7：6）
5、8. 刀（T3：1、7）
6、9、10. 网坠
（T6H7：5、
T1H1：3、T7J1：5）
7. 环形器（T1H1：4）

陶器多为残片，完整器少。以夹砂红、褐陶为主，不见泥质陶。质地粗糙，火候不高，颜色大多不纯。皆手制，大型器为泥条盘筑，小型器为捏制。多素面磨光，有刮抹痕，个别有附加堆纹。带耳器较多，有瘤状、桥状和方形耳。器种有罐、直领圆腹罐、鬲、甑、豆、钵、壶、圈足器、勺、纺轮、刀等（图二〇）。

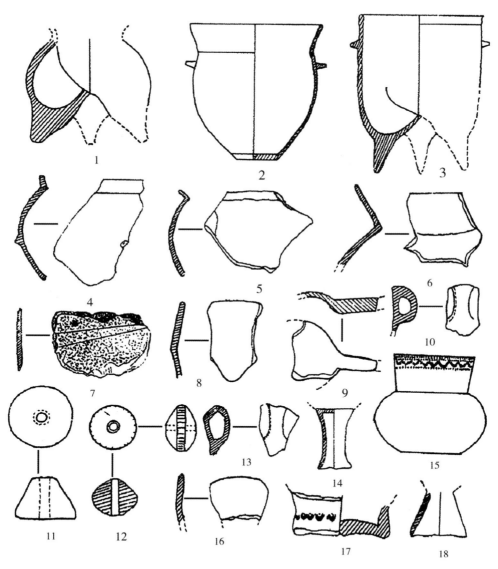

图二〇 上层陶器

1.甗（T8H5：25）2.I式罐（T6H7：30）3.鬲（T8H5：28）4、5.II式罐（T6H7：18、23）6.II式罐（T8H6：6）7.刀（T4H4：1）8、16.钵（T6H7：16、22）9.勺（T6H7：15）10、13.壶（T6H7：21、T8H6：27）14、18.豆（T6H7：19、17）15.直领圆腹罐（T1：8）17.圈足器（T4H3：39）

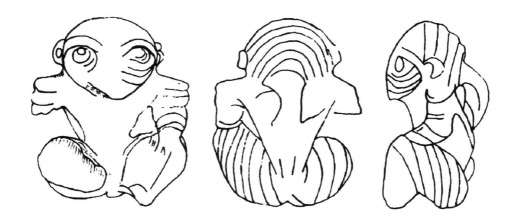

图二一 上层石人雕像（采：34）

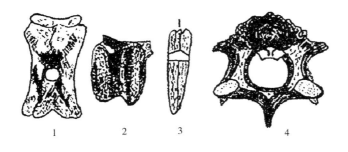

图二二 上层骨器
1.棒形纺轮（T6H7：10）2.关节器（T6H7：9）
3.镞（T6H7：11）4.脊椎器（T6H7：8）

图二三 上层石器
1.刀（T3：1）
2、3、5.网坠（T7J1：3、T1H1：3、T6H7：5、T6H7：4）
4.杵（采：23）

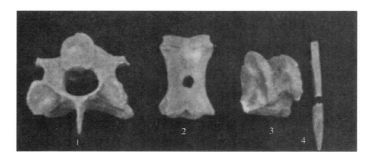

图二四
1. 脊椎器（T6H7：8）
2. 棒形纺轮
（T6H7：10）
3. 关节器（T6H7：9）
4. 镞（T6H7：11）

图二五　玉琮（采：22）　图二六　陶碗（T4F2：33）　图二七　陶直领圆腹罐（T1：8）

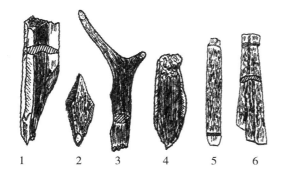

1　　　2　　　3　　　4　　　5　　　6

图二八　下层骨角器
1、4. Ⅱ式锥形器（T8F4：23、
T6F3：3）
2、镞（T3F1：4）3、Ⅰ式锥形器
（T3F1：1）
5、6. 条形器（T3F1：1）

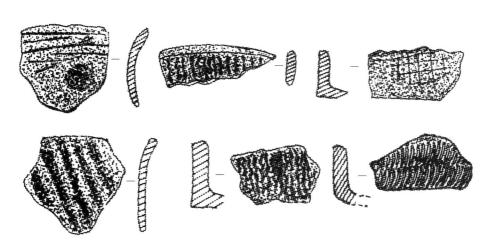

图二九　下层陶器纹饰

图三〇 妇女石雕像（采：14）

图三一 妇女石雕像（采：15）

图三二 石人雕像（正面）（采：37）

图三三 石人雕像（背面）（采：37）

图三四 妇女石雕像（采：17）

图三五 妇女石雕像（采：18）

图三六 石兽雕像（采：20）

图三七 妇女石雕像（采：19）

另有几件属于夏家店下层文化的鬲足、罐沿和腹残片等。

## 四、结　语

后台子遗址的调查与发掘，无疑是冀北地区考古工作的又一重要收获。它为揭示我国北方地区古文化早期面貌增添了新内容，尤其为研究燕山中麓地区与东北地区、燕山南麓地区早期文化的密切关系提供了具有重要价值的资料。

据调查发掘资料，后台子遗址主要存在上、下两种不同类型的有叠压关系的古文化遗存。下层遗存是以筒形罐、敛口碗、妇女石雕像、长方形无足石磨盘、细石器为典型器物，属赵宝沟文化[1]；上层遗存分别以绳纹鬲足、绳纹陶器腹片与素面夹砂褐陶罐、甗、鬲、穿孔锤斧、双孔石刀为典型器物，属夏家店上层文化。上下层既有叠压关系，也存在打破关系，文化层均较厚，其间有隔离层，当不存在直接发展继承关系。这种叠压关系与沈阳新乐遗址相近，但新乐遗址上层文化（第二期）没有发现属夏家店下层文化的遗物。

下层遗存中的生活用具、生产工具及居住址的特征，表明当时人们过着定居生活，经济以农业生产为主，兼有渔猎和采集业。

居住址分布较密，面积较大，平面呈圆角方形，地面经火烘烤，房址内均发现石器、细石器、陶器等。房址周边与地面皆发现柱洞，个别门道亦有柱洞痕迹，推测其建筑形式与半坡类型方形房址较为接近[2]。

陶器皆手制，器型较规整。多夹砂陶，泥质陶极少。陶色多种，有的火候很高。纹饰种类较多，以之字形线纹为主，没有彩陶。

磨制、打制石器与细石器共存，石斧两侧多磨出棱面，有的石器运用了切割技术。细石器以石叶为主，石片成器者次之，石核也占一定比例。石叶第二次加工限于正面，未见两面加工的。

骨器较少，有的使用痕迹明显，似刻划陶器的工具。

妇女石雕像，是我国新石器时代考古学和原始艺术史上的又一重要发现。近年来，辽西地区东山嘴遗址与牛河梁遗址先后出土了妇女陶塑像和泥塑像[3]，但早期石雕人像一直发现甚少。后台子遗址出土的早期妇女石雕像，数量多，形体较大，在我国尚属首次发现。

这些石雕像，造型多为裸体孕妇形态，皆为坐或蹲坐姿势，显得更加稳重，这种姿势可能与当时人们的传统习俗有关。石人像下部多连柱形座，以便立于土中。体态多显笨拙，表面多存琢制痕，颇具原始性。由于遗址破坏严重，石雕像放置情况不明，有待今后考证。编发石人的出土，是我国编发习俗最早的见证，对于研究这一习俗的源流具有一定意义。玉琼，是燕山以北地区新石器时代考古的一个新发现。

后台子厂层遗存与河北三河县孟各庄遗址[4]、北京平谷县上宅文化（含北埝头遗址）[5]、沈阳新乐遗址下层[6]等有许多共性，与内蒙古敖汉旗赵宝沟文化相似。如陶器以夹沙红褐陶为主，有竖之字形篦纹而无彩陶，直壁圆唇深腹筒形罐、敛口碗、敛口钵、球等；细石器中的石叶、镞；石器中的磨盘、磨棒、砧石、网坠等。

赵宝沟文化的年代，经中国社会科学院考古研究所$^{14}$C实验室测定，树轮校正年代为6870±120年（4920BC）。因此，后台子遗址下层遗存的年代亦应与之相当。

上层遗存破坏较严重，遗址地表是该遗存的残留部分，发现一处圆形窖穴式房址和七个灰坑。据上文化层堆积分析，很可能有直接建筑在地面上的房址被破坏掉了。圆形窖穴式房址有柱洞和红烧土，特征与赤峰夏家店上层文化[7]的圆形窖穴式房址相似。灰坑有袋形、筒形两种，形状也基本与夏家店上层文化的相似，但坑壁未见以石块垒砌，筒形灰坑也不见埋人现象。

遗物分两类，一类是以绳纹鬲足、绳纹陶器腹片等为代表，但数量很少；另一类以磨光夹砂红褐陶罐、鬲、穿孔石锤斧、双孔石刀为代表，数量较多。它们分别属夏家店下层和上层文化。

另外，蹲坐式小石人，与滦平营坊村出土的蛙面石人[8]有相似之处，当与宗教崇拜有关。

后台子遗址上层遗存的年代，上限至商代，下限可到战国中早期。

本文曾得到中央美术学院汤池教授、原承德地区文保所所长成常福先生的指点，部分石器质料经滦平县矿山局工程师桑国庆同志鉴定，部分骨器经滦平县畜牧局李学忠先生鉴定。参加清理发掘的还有承德地区各县文保所的同志，在此一并致谢。

发掘：石砚枢、苗济田、赵志厚、苗楠、王月华、沈军山

执笔：沈军山

复原：王月华

绘图：赵克军

摄影：马清鹏

〔1〕中国社会科学院考古研究所内蒙古工作队：《敖汉旗小山遗址》，《考古》1987年第6期；《内蒙古敖汉旗赵宝沟一号遗址发掘简报》，《考古》1988年第1期。

〔2〕刘敦桢：《中国古代建筑史》第24页，中国建筑工业出版社1984年。

〔3〕郭大顺、张先举：《辽宁省喀左县东山嘴红山文化建筑群址发掘简报》，《文物》1984年第11期；辽宁省文物考古研究所：《辽宁牛河梁红山文化"女神庙"与积石冢群发掘简报》，《文物》1986年第8期。

〔4〕河北省文物管理处、廊房地区文化局：《河北三河县孟各庄遗址》，《考古》1983年第9期。

〔5〕北京市文物研究所、北京市平谷县文物管理所：《北京平谷上宅新石器时代遗址发掘简报》，《文物》1989年第8期；《北京平谷北埝头新石器时代遗址调查与发掘》，《文物》1989年第8期。

〔6〕沈阳市文物管理办公室：《沈阳新乐遗址试掘报告》，《考古学报》1978年第4期。

〔7〕中国科学院考古研究所内蒙古工作队：《赤峰药王庙、夏家店遗址试掘报告》，《考古学报》1974年第1期。

〔8〕赵志厚：《河北省滦平县营坊村出土兽面石人》，《文物》1985年第2期。

# 河北滦平县石佛梁遗址调查

承德市文物局文物科
滦平县文物管理所

〔摘要〕石佛梁遗址位于河北省滦平县城西12公里的石佛梁，遗址保存基本完整，遗物丰富。采集到的遗物主要有石器及陶片，从调查的初步判断，这是一处具有一定规模、文化内涵较为丰富、带有鲜明地方特色的新石器时代早期聚落遗址，它的发现为燕山中麓地区新石器文化早期阶段的研究提供了新资料。

2000年4月，滦平县东山村石佛梁小村村民朱怀林在石佛梁发现一处新石器时代遗址，并将在地面捡到的遗物交到了县文物管理所。县文物管理所立即派人进行了初步调查，之后，又与承德市文物局文物科联合对该遗址进行了调查，河北省文物研究所也派人到实地进行了考察。我们先后在遗址地面采集到很多石器及少量的陶片等遗物，通过对遗物的分析，认为该遗址内涵丰富，特点明显，年代较早。现将调查情况报告如下。

〔关键词〕滦平县；石佛梁；新石器时代遗址；考古调查

## 一、地理位置

该遗址位于滦平县城西12公里的大荞麦沟石佛梁。石佛梁呈南北向，北高南低，南100米为石佛梁小村，东面梁下800米为东山村，西面梁下1公里为双栅子村，北150米为山丘。遗址背坡向阳，地势平坦，黄土深厚，宜种植玉米、谷子、大豆等作物。遗址距河流较远，但东侧坡下30米处有一山洼，常年有水，从未干涸。遗址东西宽150米，南北长200米左右，保存基本完整（图一）。

## 二、遗　物

发现的遗物大多数为石器，按种类可分为细石器、打制石器、磨制石器、琢制石器。陶器无完整器物，只有数件陶器残片。

### （一）石　器

1、细石器，共21件。质料有石英石、玛瑙石、燧石等。颜色有白、黄、紫、灰、暗红色等。器类有石核、石片、刮削器、尖状器。加工方法采用直接或间接打制法。

刮削器，8件。分扇形和不规则梯形二种。扇形7件，皆弧刃，有的通体较平，一侧略厚，边呈平面或斜面，有的顶部一侧打出凹槽，便于攥握，有的刃呈锯齿状（图二：1～4、7～9）。不规则梯形1件，一侧边为刃，刃呈曲状，长4.5厘米（图二：5）。

尖状器，7件。分扁体三角形、扁体菱形和三棱锥形三种。扁体三角形3件，顶部略厚，有棱面。1件两侧斜弧刃，上近顶部两侧打出豁口。长4.8厘米（图三：4）。1件顶部一侧打出豁口，便于攥握，尖锋利长5.9厘米（图三：7）。

另1件一侧较厚，有棱面，便于攥握，另一侧斜直刃，尖锋利。长6.1厘米（图三：2）。扁体菱形2件。1件顶部略厚，两侧边斜直刃，尖锋利。长3.4厘米（图三：11）。另1件一侧下边部较厚。长6.5厘米（图三：3）。三棱锥形2件，顶部呈三角形，棱边为弧形或直边刃，尖部使用痕迹明显，磨损严重。1件长5厘米，另1件长2.5厘米（图三：9、10）。

石片，2件。体甚薄。1件侧视呈弧形，正视为不规则矩形，上下两边乎，两侧有刃，刃呈锯齿状。长3.4厘米（图三：6）。1件上宽下窄，一侧直边有棱面，一侧弧边至下端斜刃，形似树叶。长4厘米（图二：6）。

石核，3件。分不规则多棱锥形和棱台形两种；多棱锥形1件，顶部为平面，截面略呈圆形，棱柱形体，底部一面削刃，刃部使用痕迹明显。长2.5厘米（图三：5）。棱台形2件，1件略大，体多棱面，顶部略厚，截面为多边形，底部略尖。长7.6厘米（图三：1），另1件略呈三棱台体。长3.9厘米（图三：8）。

2、打制石器，186件，其中完整器49件。多以凝灰岩、火山沉积岩、砂岩等打制而成。器型有铲形器、锄形器、盘状器、耜、刀、砍砸器等。

图一　石佛梁遗址位置示意图

图二　细石器
1—5、7—9、6.石片

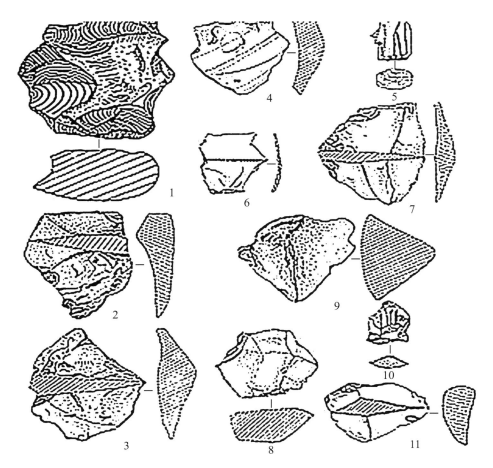

图三　细石器

1、5、8. 石核 .2 — 4、7、9 — 11. 尖状器 6. 石片

铲形器，6件。器体较薄，形状大小不一，边缘多不齐整，个别边刃有磨制痕。依刃部和形状不同，可分为三型。

A型1件。标本39，亚腰形，边缘略加；磨制，顶宽6.5厘米，腰细部宽6厘米，刃宽；11厘米，长15.5厘米（图四：4）。

B型2件。不规则梯形，器体扁平，顶圆凸，边缘交互打制或略加磨制。标本45，顶部尖凸，两面侧边略弧，交互打制后略加磨制，无棱面，刃弧形，有磨蚀痕。刃宽14.5厘米，长19.5厘米（图四：1）。标本44，顶端圆凸，一面剥薄以便攥握，两侧边斜直，交互打制成锋刃，底刃较宽，两面打制，使用痕迹明显。刃宽19厘米，高15.5厘米（图四：3）。

C型3件。梯形，扁体，上窄下宽。标本46，顶部平，中间打一豁口，便于攥握，两侧较直，交互打制，薄如锋刃，底刃略宽，平直，两面交互打制，使

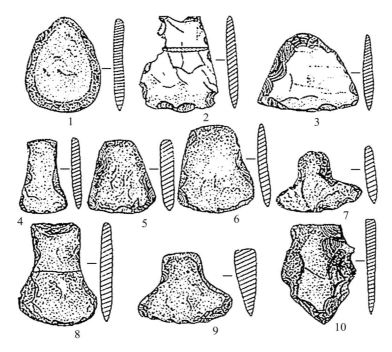

图四　打制石器

1—6铲形器（标本45、46、44、39、42、43）7、9锄形器（标本48、40）8、10耕形器（标本47、41）

用磨痕明显；顶宽5.5厘米，刃宽19厘米，高15.5厘米（图四：2）。标本42，顶部及两侧边有交互打制痕，有棱面，刃弧形，两面打制后略加磨制。顶宽5.5厘米，刃宽14.5厘米，长15厘米（图四：5）。标本43，顶与两侧交互打制，较薄，无棱面，中间略厚，刃弧形。顶宽7厘米，刃宽15厘米，长19厘米（图四：6）。

锄形器，2件。器形扁宽，宽肩，柄与器身两侧夹角近于直角。标本48，柄部弧形，周边及刃交互打制，刃略弧，长20.5厘米，宽24.5厘米（图四：7）。标本40，柄部顶端较平齐，边缘交互打制，较光滑，刃宽略弧，有使用痕迹。长15厘米，宽20厘米（图四：9）。

耕形器，3件。标本41，扁平体，有肩，尖状刃，上部两侧斜打，以便于攥握或绑捆木柄，肩部两侧边向下斜直至尖部，交互打制成锋刃，有使用痕迹。长21厘米，肩宽15厘米（图四：10）。标本47，器体扁平，束腰，上窄下宽，顶端略平直，顶与两侧交互打制，无棱面，宽弧刃。顶端宽12.5厘米，腰细部宽11.5厘米，刃宽19厘米，长23.5厘米（图四：8）。

石刀，15件。器体形状、薄厚、大小不一，刃有直刃、弧刃、宽刃和窄刃之分，个别刃部略经磨制，依刃部和形体可分为四型。

A型2件。扁平体，呈不规则矩形。标本66，顶边平直，周边有交互打制痕，刃略弧，两面剥打而成。长15.5厘米，宽7.5厘米（图五：10）。标本67，顶端平直，有棱面，顶部一面削剥略薄，两侧斜打，上窄下宽。宽弧刃，一面磨制，使用痕迹清晰。长12厘米，宽7.5厘米（图五：4）。

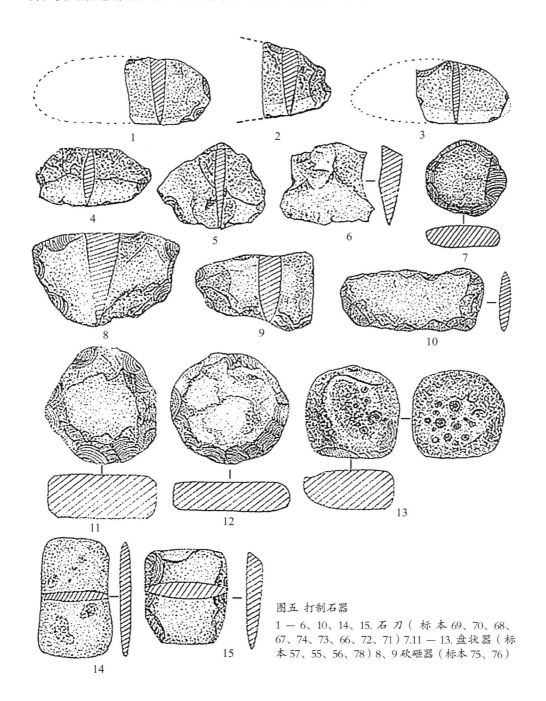

图五 打制石器

1—6、10、14、15.石刀（标本69、70、68、67、74、73、66、72、71）7.11—13.盘状器（标本57、55、56、78）8、9砍砸器（标本75、76）

B型3件。扁平体，平面呈半月形。标本68，薄形体，背弧形，周边有打制痕，直刃，一面剥削而成，使用痕迹明显。残长0.5厘米，宽7.5厘米（图五：3）。标本70，器体略厚，背弧形，截面三角形，周边有交互打制痕迹，刃微弧，两面皆有磨制痕迹。残长8厘米，宽9厘米（图五：2）。标本69，器体略厚，背较平直，直刃，两面略加磨制。残长10厘米，宽7.5厘米（图五：1）。

C型3件。长方形体，直刃。标本71，系利用石斧改制而成，器身光滑，顶部平直，打成斜面再经磨制，一侧边打制，刃为两面磨制。长8.5厘米，宽7.5厘米（图五：15）。标本72，薄形体，顶端微弧，两侧边直，两面剥刃，略加磨制，使用痕迹明显。长11厘米，宽6.5厘米（图五：14）。标本73，中上部厚，平面近似方形，截面呈柳叶形.两侧剥打成刃边。底刃平直，呈锯齿状，较锋利。长7.5厘米，宽7.5厘米（图五：6）。

D型1件。标本74，平面近似三角形，体较薄，两边一侧较厚，拇指握处打成凹面，以便攥握，另一侧剥打成齿，底刃较宽，弧形刃，使用痕迹清晰：长10厘米，刃宽12.5厘米（图五：5）

砍砸器，2件。器体上厚下薄。顶边为弧形，两侧边一侧厚，另一侧剥打成刃，底刃略内凹，使用痕迹均很明显。标本75，略大，长12厘米，宽7.5厘米（图五：8）：标本76，长9厘米，宽6.5厘米（图五：9）

盘状器，21件。多呈不规则圆形，大小薄厚不一，有的以天然石块于周边打制而成，有的利用石磨盘残块略经打制而成，一面保留原石磨盘光面，一面有凹坑。标本55，呈不规则圆形，长径14.5厘米，短径13厘米，厚5厘米（图五，11）。标本56，略呈圆形，直径14厘米，厚3.5厘米（图五：12）。标本57，半边剥打较薄，直径8厘米，厚边2.5厘米，薄边1厘米（图五：7）。标本78，略呈圆形，光面略凹，直径11.5厘米，厚4.5厘米（图五：13）。

3、磨制石器，357件，其中完整器56件主要为加工工具和容器，生产工具较少。种类有石斧、斧形器、石锛、石凿、磨石、石容器等。石质有安山岩、花岗岩、变质花岗岩、大理石等，质地一般坚硬细腻。

石斧，11件。有条形、矩形两种，刃分单面和双面两种，依形状可分为二型。

A型5件。器体平面呈矩形，除顶部打制痕不精磨外，其它部位皆磨制光滑。一般两侧磨出棱面，双面刃，略弧。标本12，扁体长方形，中部略鼓，两侧有棱面，刃部有使用磨蚀痕。长11厘米，宽7厘米，厚2.5厘米（图六：1）。标本13，残，扁体，截面近似椭圆形，刃部磨损痕明显。残长8厘米，宽7.5厘米，厚2.5厘米（图六：2）。

B型6件。条形体，上窄下宽，顶端弧形。有的两侧磨出棱面，有的两侧无

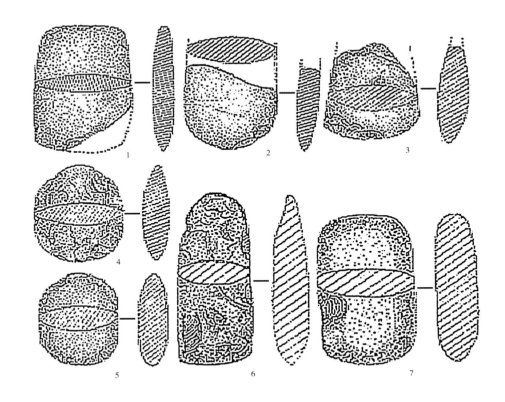

图六 磨制石器

1—3、6.石斧（标本12、13、14、16）4、5、7.斧形器（标本80、79、57）

棱，截面为椭圆形。皆单面磨刃。标本16，窄条形，两面有打制痕，刃较平直，单面磨，有使用痕迹。长15.5厘米，宽6厘米，厚2.5厘米（图六：6）。标本14，扁条体，中部以上残缺，刃弧形，使用磨损痕迹明显。残长9厘米，宽7厘米，厚2.5厘米（图六：3）：

斧形器，6件。扁圆体，平面呈不规则矩形或椭圆形，截面为椭圆形。标本57，圆边长方体，两面磨制光滑，四周打制后磨出圆边。长7厘米，宽3.5厘米，厚2厘米（图六：7）。标本79，不规则矩形体，两面微鼓，通体磨制，上下两边打磨成弧刃，两侧磨制成圆边。长8.5厘米，宽6厘米，厚2.5厘米（图六：5）。标本80，椭圆形体，两面略加磨制，周边交互打制呈弧刃。长9厘米，宽6.5厘米，厚2厘米（图六：4）。

石锛，4件。扁体长方形，石质坚硬，通体磨制精细，单面刃。标本2，顶端微弧，两侧边面平直，刃略斜，使用磨蚀痕迹清晰。长4厘米，宽3厘米，厚0.7厘米（图七：2）。标本3，顶端与两侧边面平直，刃平直锋利。长4.5厘米，宽3厘米，厚0.5厘米（图七：3）。标本4，顶部略弧，两侧边面平直，刃平直锋利，使用痕迹明显。长5厘米，宽2.7厘米，厚0.5厘米（图七：5）。标本53，略呈梯形，上边略窄。两侧边面斜直，刃微弧，锋利，长5厘米，上边宽2.7厘米，刃宽3.7厘米，厚0.7厘米（图七：4）。

石凿，3件。条形体，石质坚硬细腻，单面刃。标本1，两面微鼓，顶部略窄，两侧边面平直，刃弧形。长5厘米，宽2厘米，厚0.7厘米（图七：1）。标本7，面呈长方形，顶与两侧边面平直，两侧前后各边面又用锐器刮出小斜

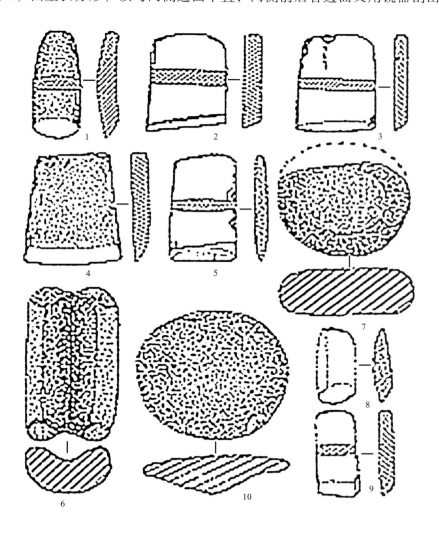

图七　磨制石器

1、8、9.石凿（标本1、9、7）2—5.石锛（标本2、3、53、4）6.勾磨石（标本6）7、10磨石（标本81、58）

面，刃平直，使用痕迹清晰。K4厘米，宽1.5厘米，厚0.5厘米（图七：9）。标本9，不规则长方形，顶端平，两侧边面平直，背面打制痕未经磨制，刃斜弧形。长3.5厘米，宽1.5厘米，厚0.7厘米（图七：8）。

磨石，2件：扁圆形体。两面平，周边圆滑。标本58，一面打残，一面光平，磨蚀痕迹明显。直径11厘米，厚4厘米（图六：10）。标本81，残，体较厚，一面打磨平整，另一面为磨面，有使用痕迹。直径8厘米，厚4.5厘米（图七：7）。

勾磨石，1件。标本6，半圆柱形体，一面为凹槽，截面略呈凹形，凹槽有磨蚀使用痕迹，除两端打制外，余皆磨制光滑。长7厘米，径3.5厘米（图七：6）。

石雕筒形罐，完整器2件，口沿及器底23件，残碎片300余片。石质多为云母变质花岗岩，滑石质较少。口沿多刻纹饰标本35，直口平唇，口沿一周阴刻竖线纹，之下浮雕一周双股绳索纹。斜弧腹，素面磨光，平底，口与底为椭圆形。

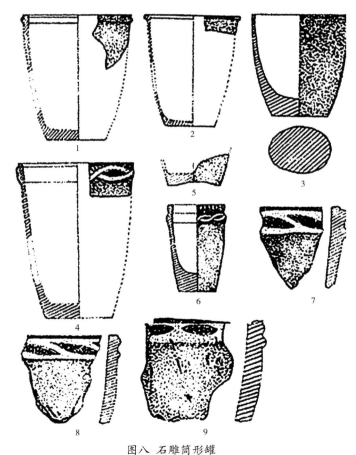

图八 石雕筒形罐

1—9（标本 38、27、82、30、36、35、28、29、37）

高8.5厘米，口长径6.5厘米，短径5厘米，底长径4.5厘米，短径3厘米，腹壁厚0.5厘米（图八：6）。标本82，变质花岗岩质，口微敛，平唇，斜弧腹，素面，口与底为椭圆形，上大下小。口长径10厘米，短径9厘米，底长径5.5厘米，短径4.5厘米，高10厘米（图八：3）。标本38，口沿残片，口沿外浮雕圆棱纹，器形较大，壁厚2厘米（图八：1）。标本37，口沿残片，变质花岗岩质，平口微敛，口沿部浮雕几何纹（图八：9）。标本29，口沿残片，滑石质，口沿浮雕几何纹，腹表光滑（图八：8）。标本30，口沿残片，变质花岗岩质，平唇，口沿部浮雕双股绳索纹（图八：4）。标本27，口沿残片，变质花岗岩质，口沿外有凸棱（图八：2）。标本28，口沿残片，收口平唇，口沿部浮雕几何纹（图八：7）。标本36，器底残片，底内凹（图八：5）。

4、琢制石器，26件。主要是磨盘、磨棒及凹坑石，石质皆为砂岩。

磨盘，16件，其中2件完整。有薄厚之分，背面一般不细琢磨，无足。厚者造型多不规整，但磨面内凹，当为经常使用磨蚀所致；薄者比较规整，薄厚均匀，磨面较光平，使用痕迹明显。标本59，长方形体，磨面平整，略内凹，

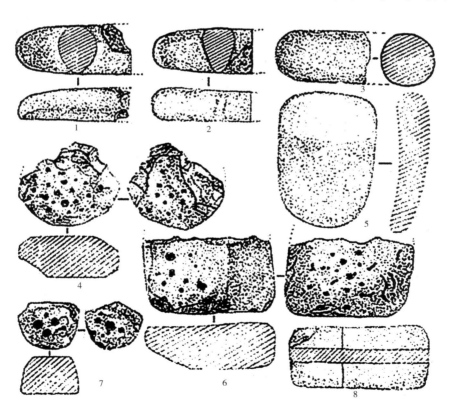

图九 琢制石器

1—3 磨棒（标本50、5、52）4、6、7.凹坑石（标本84、85、86）5、8.磨盘（标本83、59）

背面平整，未经琢磨。长45厘米，宽22厘米，厚4．5厘米（图九：8）。标本83，长方形体，体厚重，磨面占三分之二，内凹，另二分之一略厚。背面略鼓，有琢制痕迹，两端略弧，两侧平直。长44厘米，宽31厘米，厚11厘米（图九：5）。

　　磨棒，7件。皆残，圆柱或三面圆棱柱体。标本5，三面圆棱柱体，一面为背面，有琢磨痕，略弧，另两面为磨面，磨蚀严重，端部略细，圆棱光滑。残长12厘米，背面宽4.7厘米，两侧磨面宽7厘米（图九：2）。标本50，椭圆柱体，端部略细，光滑，磨面弧形，磨蚀严重，背面有琢制坑。残长16厘米，长径9厘米，短径6.5厘米（图九：1）标本52，圆柱体，一端光圆，表面有使用痕迹，磨蚀较轻。残长13厘米，直径8厘米（图九：3）。

　　凹坑石，6件。皆利用磨盘残块于两面钻凹坑而成，凹坑为上圆下尖形，一般直径1至2厘米，深1厘米左右（图九：4、6、7）。

　　（二）陶器

　　陶器皆为残片，发现不多。均为夹砂陶，质地疏松，烧制火候不高，表面

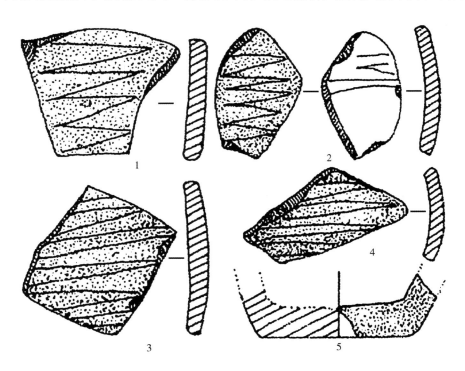

图一○　陶器残片
1 — 3. 器壁残片（标本 60、61、62、59）5. 器底残片（标本 63）

粗糙，呈灰褐或黄褐色，内壁较细腻，皆呈黑色。陶片表面有纹饰，皆划刻连续弧线纹。器底平，无纹饰（图一〇）。

## 三、结 语

石佛梁遗址未经深层动土破坏，保存较好，调查工作仅限于地表遗存和地理环境等方面，由于没有进行发掘，地表以下文化内涵不得而知，现仅就所掌握的调查资料谈几点认识。

### （一）遗址的特征与属性

石佛梁遗址地势较高，距河流较远，地势平坦，土地肥沃，北面靠近深山密林区，附近树种有柞树、山杏、松树等。当时人们在选址时，似乎更看土地资源。在地表采集的遗物中，农业生产粮食加工工具很多，种类比较齐全，从石铲、石斧、石耜、石锄、石刀、磨盘、磨棒等器物可以看出，他们已经掌握了春耕、夏锄、秋割的一般技术，农业生产已向成熟阶段发展，且在经济生活中占据重要地位。其次，遗址地处深山密林区，野兽众多，狩猎活动是必不可少的。在地表采集的遗物中，有很多大小不一的盘状器、细石器等，表明狩猎生产仍占有很大比例。另外，遗址附近野生果树种类很多，如山核桃、山杏、榛子、橡子等，为采集生产提供了有利条件。但是，从地表发现的生产工具、生活用具的质量来看，打制石器为大宗，生产工具多是打制的，简单笨拙；磨制石器多为小型器，种类少，一般不能用于农业生产；生活用具中，陶器烧制火候不高，制作粗糙，表明当时的生产生活还是非常原始的。因此可以初步判断，石佛梁遗址是一处具有一定规模、文化内涵较为丰富、带有鲜明地方特色的新石器时代早期聚落遗址，经济生活以农业为主，渔猎生产占有相当比重，兼有采集生产等多种因素构成。

### （二）遗物的共性与个性

据地表采集的遗物，从宏观上看，打制石器、磨制石器、琢制石器共存，以打制石器为主，伴有细石器，打制石器大型器多为农业生产工具，打制方法多采用交互打制；陶器多夹砂陶，外表为黄褐色，内壁为黑色，刻划连续弧线纹等方面，与内蒙古东南部、辽宁西部的兴隆洼遗址[1]、查海遗址[2]及本县区域内的药王庙梁遗址[3]一致。从微观上看，在器物的种类和形制方面，分别与上述遗址有程度不同的共性。打制石器中的有肩锄形器、束腰铲形器、盘状器及各型石刀，琢制石器中形体厚重的磨盘，磨制石器中的石斧、斧形器及细小的石锛、石凿等，与兴隆洼遗址的器物大同小异。在药王庙梁遗址上述器物均有少量发现，形体相似。在查海遗址只有束腰铲形器、磨盘、石刀等少量器物雷同。平顶尖刃、平顶束腰弧刃石耜与药王庙梁遗址所出相同。

石雕筒形罐具有鲜明的地方特色，有的口沿部浮雕双股绳索纹、几何纹等，生动自然，特点非常突出。这种石容器在燕山南北地区偶有发现，如药王庙梁遗址发现3件，内蒙古白音长汗遗址[4]发现1件，但在一个遗址发现几十件大小不一、薄厚不等、造型多样的尚属首次。平顶尖刃、平顶弧刃石耜颇具地方特色，兴隆洼、查海遗址皆未见。凹坑石是一新发现，在磨盘残块上多钻有一些凹坑，据了解，与滦平相邻的平泉等县在新石器遗址普查时也发现了与之相似的凹坑石，当非随意钻刻的，其用途有待进一步研究。值得注意的是。打制石器中的梯形或近似长方形铲形器、三磨面的石磨棒，兴隆洼、查海遗址皆未见，而与白音长汗遗址所出的造型颇相似，只是后者石铲皆为磨制。在内蒙古东南地区的赵宝沟遗址[5]，也发现了与石佛梁遗址打制石耜雷同的磨制石耜。石佛梁遗址与白音长汗、赵宝沟遗址还存在一些共同点，所不同的是前者石器以打制为主，后者以磨制为主，他们之间应有发展关系。总之，石佛梁遗址与兴隆洼遗址有一定的共性，而与药王庙梁遗址的共性则更多一些，当属同一地域、同一时期的文化遗存。因此，石佛梁遗址大体可划入兴隆洼文化范畴，但有明显的地方特色，与兴隆洼遗址当为同一文化、同一时期的两个地方类型，与白音长汗、赵宝沟遗址则存在着直接或间接的发展关系。其类型和准确年代，有待于今后考古发掘资料予以考证。

### （三）遗址的发现与意义

滦平石佛梁遗址的发现，为燕山中麓地区新石器文化早期阶段的研究提供了新资料。河北北部在新石器时代与内蒙古东南、辽西地区同属一个文化体系，滦平县地处河北北部燕山中麓的浅山区，直接受中原文化影响，是中原与北方草原的过渡地带，在中原文化与北方草原文化相互影响或冲击发展过程中，往往起着纽带或桥梁作用。近年来，在内蒙古东南、地区发现了一些新石器早期阶段的文化遗存，如兴隆洼、查海、白音长汗、赵宝沟、新乐遗址[6]，还有以前发现的红山[7]、富河文化等[8]，在燕山南麓发现了上宅[9]、北埝头[10]、孟各庄遗址等[11]，以及中原地区发现了河北磁山[12]、河南裴李岗文化[13]等。虽然在燕山中麓发现了偏早时期的后台子遗址[14]，也发现一些以打制石器为主，磨制石器、细石器共存的新石器早期遗存，但是始终期待着新石器早期阶段的重要考古发现。所以，石佛梁遗址的发现，以及今后做进一步考古发掘，对于深入揭示燕山中麓地区新石器早期阶段的文化内涵，及其与中原文化、内蒙古东南和辽西地区及周边地区考古文化的相互关系，具有重要的意义。

参加调查的人员有：张守义、赵克军、李树彬、王立春、王月华、张艳萍、计艳波、沈军山等

执笔：沈军山、王月华、张艳萍

绘图：赵克军

摄影：赵克军

〔1〕中国社会科学院考古研究所内蒙古工作队：《内蒙古放汉旗兴隆洼遗址发掘简报》，《考古》1985年10期；中国社会科学院考古研究所内蒙古工作队：《内蒙古敖汉旗兴隆洼聚落遗址1992年发掘简报》，《考古》1997年1期。

〔2〕辽宁省文物考古研究所：《辽宁阜新县查海遗址1987—1990年三次发掘》，《文物》1994年11期。

〔3〕河北滦平县博物馆：《河北滦平县药土庙梁遗址调查》，《考古》1998年2期。

〔4〕内蒙古自治区文物考古研究所：《内蒙古林西县白音长汗新石器时代遗址发掘简报》，《考古》1993年7期。

〔5〕中国社会科学院考古研究所内蒙古工作队：《内蒙古敖汉旗赵宝沟一号遗址发掘简报》，《考古》1988年1期。

〔6〕沈阳文物管理办公室：《沈阳新乐遗址试掘报告》，《考古学报》1978年4期。

〔7〕〔8〕〔12〕〔13〕中国社会科学院考古研究所：《新中国考古发现与研究》，文物出版社，1984年。

〔9〕北京市文物研究所、北京市平谷县文物管理所上宅考古队：《北京平谷上宅新石器时代遗址发掘简报》，《文物》1989年8期。

〔10〕北京市文物研究所、北京市平谷县文物管理所北埝头考古队：《北京平谷北埝头新石器时代遗址调查与发掘》，《文物》1989年8期。

〔11〕河北省文物管理处、廊坊地区文化局：《河北省三河县孟各庄遗址》，《考古》1983年5期。

〔14〕承德地区文保所、滦平县博物馆：《河北滦平县后台子遗址发掘简报》，《文物》1994年3期。

〔《文物春秋》2004年第4期〕

# 滦平县虎什哈炮台山山戎墓地的发现

河北省文物研究所承德地区文化局滦平县文物管理所

1978年5月，在滦平县虎什哈公社炮台山西坡平整土地时发现古墓两座，出土了一部分铜器和陶器，省、地、县文物主管部门当即到现场进行了调查，并于翌年春季在这墓地发掘了三十五座墓葬。

炮台山位于虎什哈南面，比现地面高出80—100米。墓群位于炮台山梁西侧。山北有潮河，潮河南去流入白河。山脚较为开阔（图一）。炮台山居高临下，形势险要，山上有战国时期烽燧遗迹（图二），群众因以称之"炮台山"。南坡分布夏家店上层文化遗址，靠近山北的营房村，村东南有春秋战国时期遗址一处[1]。

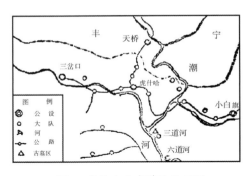

图一 虎什哈山戎墓地位置图

图二 虎什哈炮台山战国烽燧遗址

这次发掘的墓葬分布在西坡，皆土坑竖穴墓，二十五座为东西向，十座为南北向。多以木棺为葬具，单人，仰面直肢。杀牲殉葬的只有五座。绝大部分出土一、二件陶器，还多见北方式小件青铜器。共出土遗物五百六十一件。现以M6、M28和最初发现的两座古墓为代表作如下报道：

**M6**

M6是一座长方形竖穴式土坑墓，头向西偏北35度，地表以下20厘米见墓口，墓穴长2.87、宽1.40、深1.6米，四壁内收。棺木狭小，长方形，尚保存棺壁和棺底部分残木。棺长2.10、宽0.60米。骨架一具，男性，在骨架上和棺底发现皮革痕迹。

遗物全部放在棺内，基本可分两组；头部和右上侧为一组，为装饰品与佩用器物。另一组分布在左下肢下侧，以马具和一部分礼器为主（图三）。现将主要随葬器物分述如下：

铜敦一件。通体浑圆。盖顶三鸟形环纽，上饰斜三角雷纹。盖身自上而下以三角雷纹地组成宽带纹一周。宽带纹之上又以云雷纹组成的三角形图案一周，顶中为交叉式云雷纹图案。敦上下体以子母口相扣。下体花纹与盖基本相似。口部左右有环耳各一，底有鸟首形环足三。通高20.6、腹径16.5、口径15.4厘米。（图四）

铜剑一件。为扁茎直刃式。截面近长方形、无首，茎两侧有凹入之榫槽，剑格中部隆起下部作倒八字形，刃平直，中起脊，通长45.3，刃长37.5，茎长8，刃宽4.6厘米（图五：1）。

铜锛一件。单面范铸，纵剖面作楔形，刃弧、銎长方，一侧凸起，饰宽带一周，正面有乳钉二，通长12.2，銎长3.8，宽2、刃长3.5厘米（图五：3）。

铜削一件。凹背环首式，削柄背宽，断面成楔形，柄首一椭圆形环。通长25.4，柄长9.4，刃长16厘米（图九）。

铜凿一件。扁体式体一侧有一长圆形钉孔，方銎，内装有用圆木削成方楔的木柄，柄上原用麻绳缠绕。通长21.4、凿体长12.3、銎长2、宽1.4、刃宽1.1厘米（图五：2）。

铜带钩四件。分二式。

I式二件，勺形，钩端为一鸟首，长9.6—9.8厘米（图五：4）。

II式二件。钩体长曲，钩端为鸟首形，长9.6—9.8厘米（图五：5）。

铜车軎二件，一残。近毂部凸出，中穿透孔，内一长辖钉，辖钉首部作兽形。通长7.8、管銎处径6.5、内径4.2厘米。

铜策二件。大小各一，形相近。大者为方环形，两侧长边铸出长咀的鸭首形辖各一，长5.8、宽4.2、通长9.4厘米（图五：7）；小者只一侧铸鸭首形辖一，长5.3、宽3.2厘米。

甬钟一件。下口钟身有个三角形透孔。通高13.4，上口直径7.2、下口直径9.2厘米（图一三）。

铜铃三件。形制相同。通体如一高脚馒头，铃口为圆形，体中铸个三角形透孔，内中上一横梁悬一铃实。通高7.9—9.2厘米。

铜镳二件。形制相同，中部作扁环状，环两端做成长嘴鸭首形。通长17.2、环径4.5厘米（图五：6）。

铜马衔二件。形制相同，衔部有麻花纹，通长23.3—24.1厘米（图一五）。

图三 虎什哈炮台山 M6 棺内遗物分布图

1. 绿松石扁珠 2、64. 骨珠 3. 铜敦 4、5、6. 铜铃 7. 铜甬钟 8. 铜锛 9、10. 铜车軎 11、25. 骨管 12—14、19、22、23、28、29 骨镳 15. 铜车辖 16、20、21、34. 铜环 17. 陶豆 18. 铜镳 24、30. 铜马衔 26、27、47、63 骨环 31. 骨牌 32. 铜剑 33. 铜削 35. 骨哨 36、37、53. 麟趾金 38、43、44、49. 铜带钩 39、40. 磨石 41. 狗下颌骨饰件 42. 带孔骨饰件 45. 铜管 46. 砺石 48、54、66. 铜泡 50. 玛瑙环、珠 51. 木锥 52. 铜针 57. 铜策 55、56、58、59、60、65. 骨节约 61. 骨坠 62. 骨镞 67. 铜凿

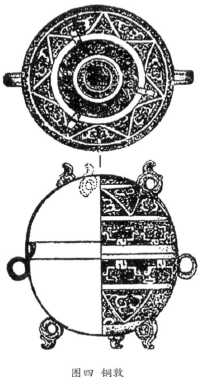

图四 铜敦

骨镳四副。每副二件。大者二副用兽骨雕制而成曲角状，角端锯平，中部雕长方透孔，在两个透孔之间有明显的皮革磨损痕迹。通长19.5—21、径2.6、孔径0.8—2、两孔间距3.5厘米。其和两副铜马衔应为一套（图五：8）。中者一副用兽骨管雕成，上粗下细，横剖椭圆，中有一方形或圆形透孔，通长10.8，直径1.6—2.6厘米。根据中间透孔部位有穿革带的磨损分析，此种骨镳，很可能是狗用皮勒骨镳。小者一副用曲骨做成，左右刻出角叶状花纹，中部刻出"目"形纹，如一兽面，体中有一方形透孔，通长7.2、方孔径1厘米，也是狗用骨镳。

麟趾金多残碎，一件可复原。体圆、中部隆起泡状，以坚硬的石灰质一类物质作成。上面贴一层金箔，金箔表面皆压漩涡状纹饰，底微凹入，直径4.9—5.3、厚0.6厘米。这种形制的麟趾金在西汉墓中较为多见。

陶豆一件。高足，圆腹，上有带捉手的半球形盖，通高31、腹径185厘米（图五：11）。

其他器物尚有：铜环，扁铜管，铜针，铜泡，骨节约、骨管、骨坠、骨哨、骨珠、骨镞、白玛瑙环、绿松石珠（图一四）、砺石、木锥等。

**M28**

位于炮台山墓群东南角。为一长方形竖穴式土坑墓。墓顶封土早年流失，方向（以头向计算）东偏南30°。耕土层以下30厘米即见墓口。墓圹长2.25、宽1.25、深1.9、墓底长1.9、宽0.70米，有二层台。墓内填土为黄白色。

在填土中发现有两层杀牲后解肢殉葬的情况。第一层为狗，第二层为牛，狗。在墓口以下30厘米处墓室填土中央发现狗头骨四个，头部向东，按顺序排列，间距70厘米。在墓口以下120厘米处发现第二层杀殉，有牛头骨和四肢表示全牛的骨骼一具，狗头骨五个。牛头骨在墓室东部棺盖之上的正中位置。狗头骨在牛头骨的两侧，头皆向东。

墓底有人骨架一具，已腐朽，头东脚西，仰面直肢。遗物多分布在项下和右侧肱骨和肋骨之间（图六）。

主要随葬器物有：

铜削一件。为凸背式坏首刀，柄细，刃部凹入。通长19.2、柄长7.2、刃宽1.9厘米（图八）。

铜带钩二件。形制相同，皆为琴式，钩体扁方，是早期带钩形制。长8.2—8.9厘米（图五：16）。

铜镞十四枚。分三式：I式七枚，为三翼式，前锋作三棱形，翼锋较长，中嵌木挺，长4.3—7.6厘米（图五：10左）。II式六枚，形与I式近，唯体小，短翼，关部较长，通长2.9—3.9厘米（图五：10中）。III式二枚，为双翼式，长4.8厘米（图五：10右）。

此外小型器物尚有；铜环，双连管形小铜饰、骨镞（图七：1）、蚌镞（图七：2），骨哨（图七：3）、骨珠、玛瑙珠、贝、磨石等。

在M28之北，有东西向长方竖穴式两座土坑墓，二墓前后错列，在平整土地时被破坏，从残迹看，长宽在2.5×1.5米左右。结构及葬具情况不清楚。两座扰墓共出铜、陶器五十六件，共中有的器物和上述两典型墓有相似处。主要器物有；

铜剑二件。一件为圆茎直刃式，出上时柄首脱落，柄中有圆形项轮三，剑格成菱形，双刃平直，中起脊。通长47.5、柄存长7.5、刃宽4.6厘米（图一二）。一件茎扁，柄身连铸，无剑格，通长33.5、刃宽3.9、柄宽4.6厘米（图一一）。

铜戈二件。一件为三穿方内，内援通长21.5、援长13.?、胡长11.2厘米。一件为鸡尾式内三穿戈，内援通长17.2、援长10.2、胡长8.3厘米（图一六）。

铜削三件。方柄首凸背式一件，柄首有三角形鼻，通长22.2、柄长9.3厘米。

方柄凹背式一件，刃部翘起，存长16.4厘米，柄中有三角形穿。环首刀式一件，弧背，扁长柄，首部一环，残存长14厘米（图一〇）。

铜锛一件。长楔形，背平直，弧刃，銎长方，两侧有对穿钉孔二，通长8.9、刃宽5.4、銎长4.6、宽2.4厘米（图五：14）。

铜凿一件。扁长楔形，通长10.2、刃宽1.4、銎氏2.0、宽1.8厘米（图五：13）。

铜锥二件。一件完整长8.6，一件残长5.2厘米。

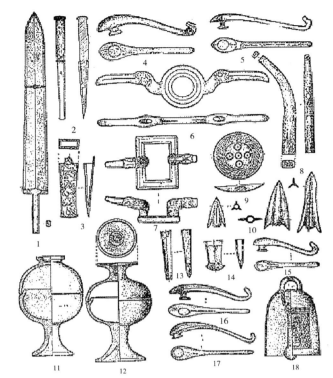

图五 1. 铜件 2. 铜凿 3. 铜锛 4、5、15、16、17. 铜带钩 6. 铜镰 7. 铜策 8. 骨镳 9. 铜泡 10. 铜镞 11、12. 陶豆 13. 铜凿 14. 铜锛 18. 铜铃

铜带钩二件。勺形，钩体扁方，其形与M6所出同。长6.6—8.8厘米（图五：15、17）。

铜铃二件。扁筒形，前后铸出兽首和飞凤纹饰，首部一半环纽，甬内系铃实。通高8、甬径5.5厘米（图五：18）。

铜镞二十二件。分为三式：I式十七件，三翼式，长3.6—5.5厘米（图七：5）。II式四件，铜铤短关三翼式，翼短、关铤连铸，长4.2—5.3厘米（图七；6）。III式一件，双翼式，两翼较长，收为前锋，脊两侧铸出勾连的云雷纹，关圆而长，通长9.6厘米（图七：4）。

陶豆一件。圆腹式高足豆，盖中一捉手，上饰凸弦纹两周，腹盖子母扣，柄部饰凸弦纹，器表原涂白垩一层。通高31、腹径19.5厘米（图五：12）。

此外小型器物尚有：吊环形马具，绚纹铜泡（图五：9）等。

## 结 语

虎什哈炮台山墓葬和中原地区发现的一般战国时期墓葬是不完全相同的，而和临近这一地区的属于夏家店上层文化遗物有一定的联系。

一、虎什哈墓群出土遗物，基本包括两个系统，一为表现中原春秋以来蒸国

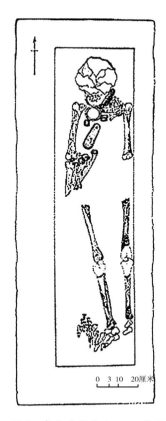

图八、九、十 铜削

图六 虎什哈炮台山 M28平面图
1.铜环 2.贝 3.骨珠 4.玛瑙珠 5.绿
松石 6.铜饰件 7.磨石 8.骨鸣
镝 9.铜削 10.小铜环 11.大骨珠
12.铜带钩 13.铜镞 14.骨镞

图十一、十二 铜剑　　　　图十三 铜钟

图七 1.骨镞 2.蚌镞 3.骨哨 4、5、6.铜镞　　　　图十四 绿松石珠等

图十五　铜马衔

遗物的作风，如对口式坏纽西瓜敦，陶豆、麟趾金、三穿铜戈、环首刀、圆茎首直刃剑等，在燕山以南战国时期燕国早期墓葬中是比较多见的。而其它遗物如扁茎直刃剑、方柄首曲刃小刀、斧、凿、带钩、各种车马饰如嘼、铜铃、铜衔镳，骨镳、骨雕刻器、项饰、镞、鸣镝，辔饰等铜器都属于北方系统。属于中原系统中的敦，豆等礼器为一组，和燕山以南燕国墓中常见配套礼器出现的情况又不相同，反映了这里墓葬中出土的遗物是以北方系统为主的。敦、豆的形制都属于春秋晚到战国初年的作风。在和M6相距1米的M21中出土了战国时期燕国流行的尖首刀一枚，是这几座墓葬断代的下限依据。M6出土的六枚麟趾金又叫金饼，是冥器，过去据《汉书·武帝纪》推断，认为出自西汉武帝时期，实际麟趾金至迟在战国早期即已出现。这里出土的随葬文物有许多共同点，时代也接近，初步推断其时代当在春秋末到战国初年。

二、关于葬式的分析。虎什哈墓群皆土坑竖穴式墓，以木棺为葬具，墓内没有合葬现象，也没有战国时期中原常见的屈肢葬。在葬俗上，最突出的一点是杀牲殉葬普遍。如M13、23殉三狗；M3殉四狗；M20殉四狗一马；M28殉九狗一牛，而且都是解肢后分一层或两层埋入填土之中，这种以牛、马、狗等解肢殉葬的现象在古代北方少数民族墓葬中是比较多见的，也是古代游牧民族特有的一种葬俗。它和中原地区周墓中出现的以车马殉葬的性质截然不同，这是当地民族文化和风俗习惯的一种反映。解肢杀牲殉葬的例子也出现在早期匈奴墓[2]、山戎墓和晚期的鲜卑墓中。在葬俗方面反映了某些共同性的东西。再如内蒙桃红巴拉山早期匈奴墓中所出弧背凹刃式方柄铜刀、带扣、斧、凿等；怀来北辛堡战国早期墓[3]内所出北方式铜衔镳、骨镳、骨夹形器、铜铃等在虎什哈墓中也见到。较虎什哈墓为早，但在葬俗，遗物等方面都接近的例子有滦平县苟子沟发掘的百余座山戎墓[4]，时当西周——春秋时期。在葬俗方面，虎什哈墓葬很显然是苟子沟墓葬的发展，如两地都是单人土坑竖穴式墓，以狗、马殉葬。在遗物方面，苟子沟墓群主要是以北方青铜器为主，如短剑、削，虎、蛙形等动物牌饰，胸前挂有大量繁缛地的铜、玛瑙、玉、石制成的佩饰品，而在虎什哈墓葬中，这种情况有递减现象，出现了早期青铜和陶制的敦、豆等礼器，尖首布，麟趾金等中原系统风格的文物。

三、虎什哈墓葬和老哈河流域发现的数以百计的夏家店上层文化遗址和墓葬（如赤峰红山后石棺墓、夏家店、宁城南山根[5]、平泉东南沟[6]等）的关系也值得注意。老哈河流域的这类墓葬可早到西周——春秋时期，虎什哈出土的铜器、遗物有些特征和夏家店上层有明显的承袭关系，但在葬俗上却有一些差别。老哈河特别是大凌河流域以狗、牛、马杀殉的情况是比较少见的，但在老哈河以西的滦河包括潮白河流域、张家口地区的怀来、宣化等地则较为普遍，这不仅反映了地域的不同而且可能和族属有关。

春秋战国之际，在河北北部大体分布着两种不同类型的墓葬，一种是燕国贵族墓葬，如滦平县滦河镇燕国贵族墓[7]，以成套周代礼器随葬。另一种是土著民族奴隶主墓葬，如宁城县南山根墓、怀来北辛堡、虎什哈M6，以北方方式青铜器为主要随葬物。这两种墓葬所反映的情况正是西周初以来召公奭封于北燕时期，当地的土著氏族如大凌河以东的东胡族，老哈河、滦河、潮白河流域的山戎族依附于周燕，而又保持其民族文化特色，反映了内地燕文化和北方少数民族文化的交流情况。

滦平一带周属山戎，进入战国以后，在燕境的山戎族逐步同化，在燕境东北者则并入东胡。初步推断，虎什哈的墓葬基本属于燕境内的山戎遗存。因为夏家店上层文化不完全属于东胡文化。

发掘者：苗济田、赵志厚、成常福、郑绍宗、刘福山

执笔者：郑绍宗

〔1〕郑绍宗：《河北长城区域原始文化类型的讨论》，《考古》1962年第12期。

〔2〕田广金：《桃红巴拉的匈奴墓》，《考古学报》1976年第1期。

〔3〕河北省文化局文物工作队：《河北怀来北辛堡战国墓》，《考古》1966年第5期。

〔4〕河北省文物管理处：《滦平发现山戎氏族基地》，《光明日报》1977年12月9日。

〔5〕李逸友：《宁城南山根出土铜器》，《考古》1959年第6期；昭乌达盟文物工作站、中国科学院考古研究所东北工作队：《宁城南山根石椁墓》，《考古学报》1973年第2期。

〔6〕河北省文物管理处：《河北平泉东南沟夏家店上层文化墓葬》，《考古》1977年第1期。

〔7〕承德市离宫博物馆：《承德市滦河镇的一庄战国墓》，《考古》1961年第5期。

〔《文物资料丛刊》1983年第7期〕

# 河北省滦平县梨树沟门墓群清理发掘简报

承德地区文物保护管理所　滦平县文物保护管理所

梨树沟门墓群位于滦平县虎什哈镇北500米处的山坡耕地中（图一）。村民在耕地时经常发现陶片和小铜饰件等、县文保所经调查确认是一处墓地，并采取了保护措施。1988年该镇政府为发展扎根经济，决定将此耕地辟为经济林区，栽植苹果树。于是村民按所分担任务，于1988年秋末和1989年春两次动土，每隔2.5米左右挖宽1米、深1.5米的水平沟一道，俗称撩壕。因此，先后暴露墓葬七八十座。出土大量陶器和青铜器。为此，地、县文保所配合整地进行了抢救性的清理发掘工作。尽管大部分墓葬已被破坏，但收获还是很大的，现将发掘情况报告如下：

## 一、墓地情况

墓地是一黄砂土丘，坡度为10—20度。墓群就分布在扇形坡地中。南北长140米，东西平均宽130米。承德至丰宁县公路从东向西再折向北，环绕墓地南端和西侧，潮白河从东向南流去。南距三道营村炮台山山戎墓地3.5公里[1]。东南与营坊遗址相毗邻[2]。埋葬布局中部统一为横向排列，中上部的东西两侧，也因坡势水平横向而葬，因此头向不统一。中部和中下部最集中，墓中发现的遗物也多，可能为身份较高者，但均已被破坏，只是在撩壕壁上规律的露灶；残存骨架或墓穴痕迹。我们对墓地中上部的东西两侧进行了发掘。在西侧将村民要挖的撩壕做为探沟，从上到下共四道，仅在全长30米的第二道探沟中，就发现12座墓。但因水土流失，耕土层较薄，多数墓被扰乱，东侧坡度较大。可土层较厚，保存稍好。先后共发掘完整墓八座，清理残墓十八座。

## 二、墓葬形制及葬式

墓葬皆为长方形竖穴土坑墓，只有一座为象征性的石椁墓，多以木棺为葬具。现以以M3、M5、M6、M8四座为代表分述之。

M3长方形竖穴土坑墓，墓圹长2.1、宽0.75米，棺已朽成木灰，骨架腐朽，仰身直肢，头向北偏西。距地表0.5米深处发现马头骨1个、牛蹄骨4只、狗头骨3个，西北与东南方向依次排列。其下面0.3米处为骨架；遗物分布可分三组．颈胸部一

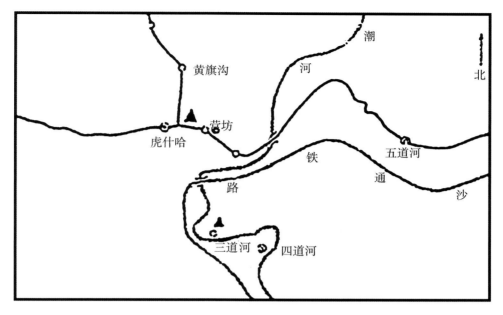

图一　墓地位置

组是骨管和铜泡佩饰品，腰部一组为青铜短剑、削刀和带钩，右股骨和腓骨一组是铜镞和骨镞（图二）。

M5长方形竖穴上坑墓。墓长2.1、宽0.6米．头向北偏西，仰身直肢，足骨因挖沟不存。不见牲殉。遗物散落全身。头颈部有耳环、小铜泡、玛瑙珠、穿孔骨片和骨珠，左肋处放一铜戈。铜凿和中型铜泡散落于腹部，骨盆左侧置短剑、削刀各一把，两股骨间有一铜锥。左腓骨外力4只铜镞（图三）。

M6牲殉竖穴土坑墓，墓长2.15、宽东0.6米，西0.45米，墓圹被扰乱，墓深1米。单人葬．骨架已朽。除棺的南侧外，在棺的东、西、北三面离地表0．4至0.6米处的填土中分别殉葬马头、牛头和狗头。遗物均出在腰、腹和腿部，有短剑、削刀、带钩及砺石各1，铜镞7、骨镞10、双马首形饰35个（图四）。

M8象征性的石椁墓，这种石棺只是在墓口上距地表深0.5米处用不规整的自然块石砌成长3米、宽1.5米的一层棺盖，下面即是竖穴地坑。长2.1、0.6、深1.4米，头向东偏北，仰身直肢单人葬。西南侧填土中有狗头3个。出土遗物有耳环2件、铜凿、铜泡、铜剑、削刀及角饰各1件、三马首联体形铜饰85个，铜镞和骨镞各5件（图五）。

### 三、出土遗物

墓群共出土遗物840余件，有陶器、铜器、金器、松石、玛瑙和骨角器等，但是大部分均系从施工村民手中现场征集的，为方便起见将经发掘出土和征集的文物按器物分类和形制一并叙述。凡器物号前冠以"L"的为梨树沟门墓群征集的以示区别。

（一）陶器，共12件

1. 壶（L：1706）细泥灰陶，高领直口，深腹，微环底，素面。领上施六道弦纹，肩部对称二系，器形不太规整，表面有制作时留下的指印痕。通高25.5、口径10.4、最大腹径17、底径8.5厘米（图六：1）。

2. 罐，分八式

I式（L：1758）细泥灰陶，侈口，方唇，广肩，肩略斜留。环底，肩部环绕一道弦纹。弦纹下至环底通施竖绳纹和交错绳纹。轮制，烧制火候较高。通高24、口径14.4、腹径23.8、底径10厘米（图六：2）。

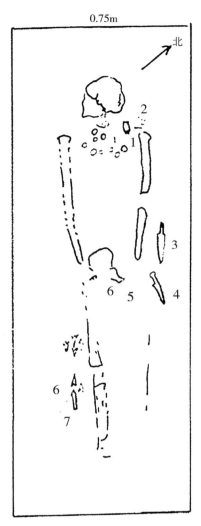

0.75m

北

图二 M3平面图
1. 铜泡 2. 骨管饰
3. 铜剑 4. 削刀
5. 带钩 6. 铜镞
7. 骨镞 8. 马牛狗骨

II式（L：1658）夹细砂红褐陶，侈口，平底稍内凹。颈部施附加堆纹一圈，素面，胎质疏松。器形不规整。高16.7、口径12.5、腹径15.7底径8.5厘米（图六：3）。

III式（L：1655）细泥红褐陶，高领，侈口，鼓腹，平底素面。胎质较疏松。高16、口径10.8、腹径15、底径7.4厘米（图六：4）。

IV式（L：1841）细泥夹砂红褐窍，侈口，双耳、大腹，小底，手制，胎质疏松且粗糙，素面，高19.2、腹径18、口径13.8、底径8厘米（图六：5；图版一：5）。

V式（L：1681）：细泥夹砂灰黑陶，小口，口沿外翻，矮直领、园腹，小平底，素面。高9.7、最大腹径21.6、内口径7.5、底径10厘米（图六：6）。

Ⅵ式（L：1752）细泥灰陶，侈口，方唇，折肩，腹向下内收成小底。肩部一道绳纹。肩棱下饰一周压划的竖短线纹。高19.8、底径6.3、口径11.5厘米（图六：7）。

Ⅶ式（M4：1762）细泥夹细砂红陶，侈口垂腹，平底素面。高15.6、腹径18、口径12.3、底径9厘米（图六：8）。

Ⅷ式（L：1845）夹砂红褐陶，大侈口，颈部施一周附加堆纹且抹平，大腹，小底素面，制作粗糙。高19.2、腹径19.5、口径14、底径9厘米（图六：9）。

**3.钵，分二式**

Ⅰ式（L：1705）细泥红褐陶、口微向内收，斜壁，壁形底。制作粗糙。高8.4、口径15.2、底径8.5厘米（图六：10）。

Ⅱ式（L：1654）细泥灰陶，方唇，口沿外翻，壁内收，微环底。口沿下通体施交错绳纹。高12.3、内口径13.5、沿宽2.5厘米。（图六：11）。

**4.缸形鼎**（L：1653）夹细砂灰黑陶，直口鼓腹，环底，三锥足为实心，两环耳对称施于肩上。腹部环绕三圈竖指甲纹。通高13.2、腹径14.2、口径10.2厘米（图六：12）。

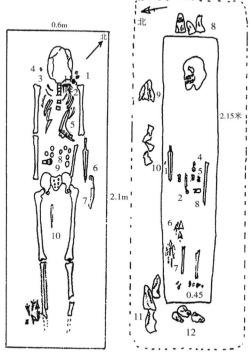

图三 M5 平面图
1. 穿孔骨片 2. 耳环
3. 玛瑙珠 4. 铜泡 5. 铜
戈 6. 铜剑 7. 削刀 8. 中
形铜泡 9. 铜凿 10. 铜锯
11. 铜镞 12. 骨珠

图四 M6 平面图
1. 剑 2. 削刀 3. 砺石 4. 带
钩 5. 双鸟首形饰 6. 铜镞
7. 骨镞 8—12. 马牛狗头
骨

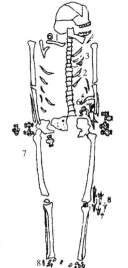

图五 M8 墓坑上石块
左 M8 平面图
1. 耳环 2. 铜凿 3. 铜泡 4. 铜
剑 5. 削刀 6. 角饰 7. 鸟形
饰 8. 铜、骨镞

（二）铜 器

1.铜剑15件，分五式

I式（L：1797）蟠龙首式直刃剑，剑首为一条双首龙盘绕而成呈双环。龙身两线间密排"人"字纹，长条形扁茎，茎正面饰三对卷云纹。剑格两端稍下斜，呈翼状，直刃，中起线状脊，"圭"形剑锋。剑身剖面呈菱形。全长30.3、剑身19、茎8.3厘米（图七：1）。

II式（L：1805）双球首式。剑首并排双球，球面饰葵

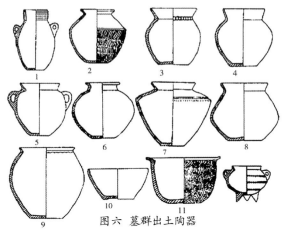

图六 墓群出土陶器
1.（L：1706）壶 2 — 9.（L：1758，L：1658，L：1655，L：1841，L：1752，M4：1762，L：1845）
1 — VIII，10 — 11.（L：1705，L：1654）1 — I式钵
12.（L：1653）形鼎

花纹。扁茎，茎两面均在二道对称的锯齿纹间施连珠纹，翼形格。剑身剖面呈菱形，中起脊。锋残。残长27.5、茎长10厘米（图七：2）。

III式（L：1652）"触角"式首，长条扁茎，两侧起柱棱，翼形格。剑身为柱状脊。曲刃，"圭"形剑锋。全长49.8、剑身38、茎11.8厘米。（图七：3）IV式共7件。

A型2件（L：1829、L：1661）有格，喇叭首，扁条形茎，茎面有木纤维痕迹。菱形剑格，直斜刃。剑身剖面呈菱形，中起柱状脊较高。L：1661首残。（图七：4、5）

B型5件（M3：1721、M8：1767、L：1664、L：1820、L：1821）喇叭首、两侧有铸痕，扁条形茎，剖面呈凌形，无格。剑身巾脊起棱较高，两侧有血槽，直刃。M3：1721、L：1664剑首残。（图七：6—10）

V式5件（M4：1760、M5：1727、M6：1778、M7：1813、L：1688）均无格。M6：1778、L：1688叶本两侧有缺口。剑身剖面呈菱形，中起线状脊；M7：1813为扁茎，并从剑身分界处至茎端渐窄，形成二肩。茎上浮看皮革和木纤维，剑身中起线状脊（图七：11—15）。

2.铜戈3件，分三式

I式（M5：1728）锋端呈等弧边"圭"形，上刃平直，起脊。援剖面呈椭菱形。长胡，长方形四穿。内稍向上斜翘且残，也有一长方形残穿残长16、援长12.5、胡长5.6厘米（图八：15）。

II式（L：1716）前锋呈等边"圭"形，上刃于直并与内之缘近平略向上。

援中间起脊、剖面呈菱苇冲胡长方形穿三个。有上下齿，长方形内世有一穿。全长19.6、援长2.6、内长7、胡长5.9厘米（图八：2）。

III式（L：1800）銎首"圭"形戈。援呈等边"圭"形。中起脊，剖面菱形。锋和下刃稍残。无胡无内，椭长方形銎首。銎首有铸痕且两面分别有坠形和不规则的三角形孔。通长10.5、援长7.5銎长3厘米（图八：3）。

3、削刀21件，分三式

I式（L：1791）三角孔首刀。柄稍弯且宽厚，在两面中间的菱形纹两侧，对称施以人字纹。微弧刃。尖上翘，尖残。刀身剖面呈楔形，全长21厘米（图八：4）。

II式4件（L：1830、L：1634、L：1734），凸齿柄刀，形制大小基本相同。弧背短柄，平首。柄下缘有凸齿，弧刃。不同的是下缘凸齿数不等L：1830为3个，L：1634是2个且两齿间有一圆孔。L：1734为1个齿。另宋集的一个靠近弧背处施一道凹坑点纹（图八：5—8）。

III式16件（M3：1722、M5：1729、M6：1779、M7；1814、L：1822、L：1834、L：1798、L：1755、L：1795）为环首刀，形制基本相同。环首，宽弧背，微弧刃，M5柄部有一棱：M7柄部有二棱。尖均残。L：1822直刃，刀身后宽前窄，尖上翘（图八：9、10、14、图九：11、12、13、15、16、17）。

4.铜斧（L：1669）长方形，侧视楔形，两侧有铸缝。扁圆形銎口，双面对称有椭圆钉孔，弧形刃。表面呈孔雀兰色。残长6.7、宽4厘米（图九：18）。

5.铜凿5件，分三式

I式2件（M5：1730、L：1834）器身均为长条形.銎口长方形并有凸弦纹一道。微弧形刃、正背两面有一对称孔。长分别7.8、7.4厘米。L：1834无弦纹（图九；19）。

II式2件（L：1670、M8：1773）器身正视为锥形，侧视长条状，椭长方形銎，侧弧形刃，L：1670靠銎口有凸弦纹一道。正面有一钉孔，M8为双面钉孔。长分别9.6、3.8厘米（图九：20）。

III式（L：1835）器身柱状，椭圆形銎口.侧视刃部较圆钝。残长0.5厘米（图九：21）。

6.铜锥6件（L：1833、L：1825—②、M5：1732、M7：1818）形制相同大小不一，皆扁长条状，一端为圆锥形，另一端系窄的扁形刃。锥体剖面呈长方形均由一铜条锤打而成（图十：1—3）。

7.马衔4件，分2式

I式2件（L：1668—①）为两节直棍式，两边皆有园形大环。中间有两个小环相套、其中一个小环近似方形，与大环垂直，另一为大小环平行（图十：4）。

Ⅱ式2件（L：1668—②）两节直棍式，中间仍为两个小环相套，但在衔两端之环外，附有一个长方形环纽，马镳和缰绳可以分别放在不同环内（图十：5）。

8.铜镞共39件，分六式

Ⅰ式28件（M3：1764、L：1816）三翼侧须式，分微弧形刃和直刃，有圆形銎，后锋长短不一，銎侧有孔。最大长6.7、最小的长3.5厘米（图十：6、7）。

Ⅱ式2件（L：1838）直刃三翼式，无后锋，圆形銎，銎侧有小孔（图十：8、9）。

Ⅲ式（L：1801）直刀三翼，后锋短，圆锥形銎向外突出。銎侧有圆形孔。长4.9厘米（图十：10）。

Ⅳ式5件（M7：1816、M8：1772、L：1802）双翼例须式，双面起脊，直刃，圆形銎内妆，銎侧有一条形孔（图十：11—13）。

Ⅴ式2件（M8：1781—①）双翼式且两翼较长，中起脊，镞身剖面呈菱形。关圆而长，知键连铸。全长6.3、铤长2.8厘米（图十：14、15）。

Ⅵ式（M8：1781—②）铜铤短关，三翼，关键连铸。长4.3厘米（图十：16）。

9.带钩，共21件，分12式

Ⅰ式（L：1799）龟形带钩，器身圆形。中有一椭圆孔，孔缘均匀分布四个小嵌孔。面施云雷纹，背有双圆纽上下排列，中有竖梁连接，龟回首形成钩。长5.3厘米（图十一：1）。

Ⅱ式3件。（M7：1815、L：1671、L：1836）蟠龙纹带钩。钩身一端为一条双首龙盘绕而成呈触角式，背有圆形纽。方柱状钩身，尾部形成扁方钩。L：1836为一条单首龙盘绕而成（图十一：2—4）。

Ⅲ式（M3：1723）呈马头琴状，器身一端为长方形，面施交叉十字纹，背圆形纽。长3.7厘米（图十一：5）。

Ⅳ式（L：1689）整体呈等腰三角形，饰波形人字纹，背为圆形纽。长4厘米（图十一：6）。

Ⅴ式2件（L：1824、L：1671）圆形带钩、形制基本相同，器身一端呈半球形，通施弦纹似贝壳，背为圆形纽。L：1824与首钩。（图十一：7、8）

Ⅵ式3件（L：1671、L：1824、L：1840）蟹形带钩器身似蟹子的头部，两个夹子前伸，尾部上翘形成钩。形象逼真。L：1824前伸的夹子残。背有圆形纽（图十一：9）。

　　Ⅶ式5件（L：1796、L：1671、L：1735、L：1824、L：1751）兽面纹带

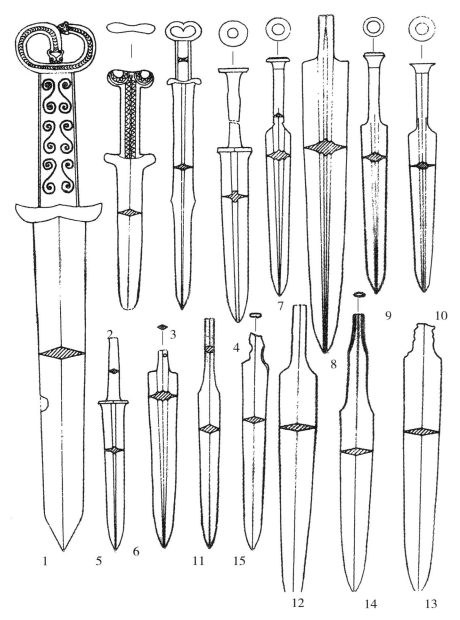

图七　墓群出土铜剑

1.（1979）Ⅰ式剑，2.（L-：1805），3.（L：1652）Ⅲ式剑，4、5（L：1829、L：1661）
Ⅳ式A型剑 6-10、（M3：1721、M8：1767、L：1664、L：1820、L：1821）Ⅵ式B型剑
　　11-15（M4：1760：M5：1727、M6：1778、M7：1813、L：1688）Ⅴ式无格剑

钩。凸起的两耳下与卷云纹耳相连。整体呈饕餮纹形象。背有圆形纽。长方柱状钩身且拉长。扁方钩。钩首为猪嘴状（图十一：10—13）。

Ⅷ式（M4：1761）琵琶形带钩。背有圆形纽，纽前移至器长的三分之一处（图十一：14）。

Ⅸ式（L：1672）棍形带钩。器体细而长，剖面呈长方形，背有圆形纽（图十一：15）。

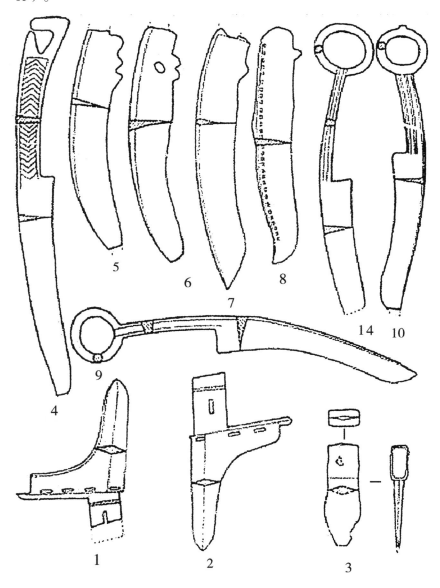

图八　墓群出土铜器

1.（M5：1728）2.（L：1716）3.（L：1800）Ⅲ式戈 4.（L：1791）三角孔首刀 5-8（L：1830、L：1634、L：1734、L：0）凸齿柄刀 9、10、14、（M3：1722、1779、L：1834）环首刀

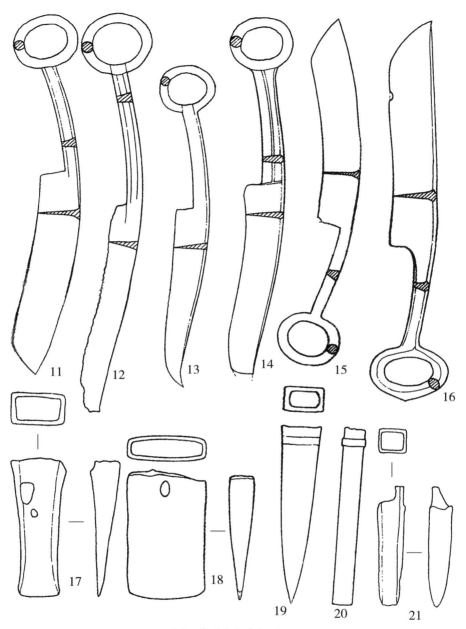

图九 墓群出土青铜器

11.（M6：1779）12.（M3：1814）13.（L：1822）15.（L：1798）16.（L：1755）
17.（L：1795）环首刀 18.（L：1669）铜斧 19.（L：1834）Ⅰ式凿 21.（L：1835）Ⅲ式凿

Ⅹ式（L：1702）三弦琴形带钩，器一端为椭长方形似三弦的音箱。面饰卷云纹，背有圆形大纽，钩呈鸟首形（图十一：16）。

Ⅺ式（M6：1780）梅花形带钩。器身系由四朵梅花组成，背有圆形纽，面

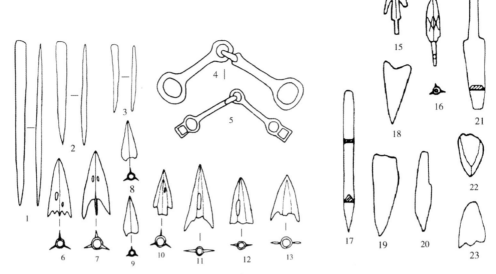

图一〇 墓群出土铜器

1.（L：1833）2.（L：1825—①）3.（L：1825—②）4.（L：1668—①）
5.（L：1668—②）马街 6.（M3：1764）7.（L：1816）8.（L：1838）9. 三翼镞
10.（L：1801）三翼镞 11—13.（M7：1816、M8：1772、L：1802）双翼镞
14.（M：1781）15.V 式镞 16.（M8：1781—②）M 式镞 17—23. 骨镞

残（图十一：17）。

VII式（L：1840）象形带钩。钩身呈象首状，两耳外凸，一耳稍残，耳下对称的两个嵌孔为象的双眼，象鼻弯回形成钩（图十一：18）。

10.铜铃（L：1678）呈筒状，圆顶，角上有方形环纽。圆形铃口，铃内上部横穿一棍，以悬铃舌。舌上端为小圆环，被穿在横棍上，下端系圆锤。铃两侧有三角形音孔各一个。高6.8、口径3厘米（图十二：1）。

11.铜饰件

（1）铜管状饰3件，分二式。

I式（L：1823）正方形管状饰，相对两面分别饰虎纹和雷纹。长10、宽1.2厘米（图十二：2）。

II式2件（L：1675、L：1676）长方形管状饰正背两面有花纹，两侧为表面。L：1675施虎纹，L：1823系长方形十字交叉线几何纹。长分别是9.5、9.2厘米（图十二：3、4）。

（2）铃形饰26件，分五式。

I式（L：1694）呈"人"字形，似扁铃，只是没有中间两面，故人字内形

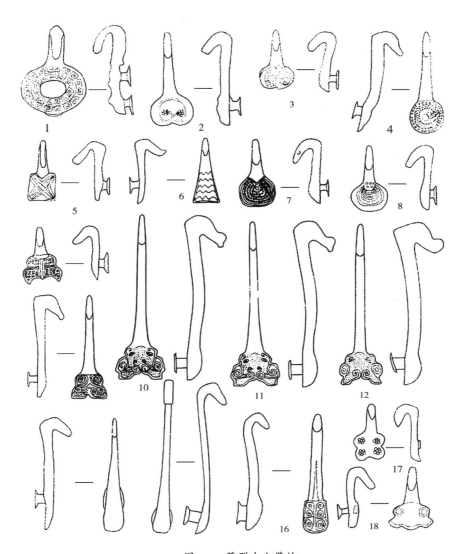

图一一　墓群出土带钩

1.（L：1799）I 式带钩 2—4（M7：1815、L：1617、L：1836）II 式带钩 5.（M3：1723）III 式带钩 6.（L：1689）VII 式带钩，14（M4：1761）VIII 式带钩 15（L：1672）IX 式带钩 16.（L：1702）X 式带钩 17（M6：1780）XI 式带钩 18.（L：1840）XLL 式带钩

成凹槽。上有小环纽。高3.1厘米（图十二：5）。

II式（L：1694）整体呈圆锥形，有对称等腰三角孔，锥尖为环状纽。分圆、椭圆和椭方形铃口。高3.3厘米（图十二：6）。

III式（L：1865）与II式基本相同，但在等腰三角孔底部与铃口间有二道连珠纹。高4.2厘米（图十二：7）。

IV式（L：1854）呈三角形。上为三角形鼻，下近方形，方形铃口两侧凹进

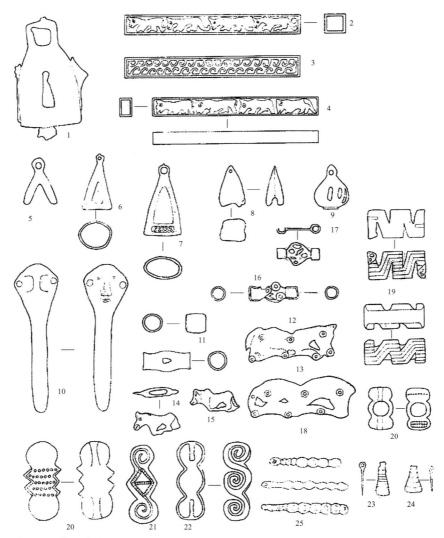

图一二 墓群出土青铜装饰

1.（L：1865）2.（L：1823）I式铜管 3、4.（L：1675、L：1676）II式铜管 5.（L：1694）6.（L：1694）7（L：1865）8.（L：1859）9.（L：1694）I—V式铜铃 10.（L：1691）人面形饰 11.鼓形饰 12—14.I式马形饰 15—18.马形版饰 19.几何纹牌饰 20—22.联珠状牌饰 23、24.椿形饰 25.坠形饰

（图十二：8）。

　　V式（L：1694）球形，上为环状纽，周身镂空，内有铃丸，但大多脱落（图十二：9）。

　　（3）筒形饰（L：1860）圆柱形筒，上有半圆形纽，靠圆口处对称四个小圆孔，嵌钉用。

　　（4）人面形饰（L：1691）其顶端人面的五官是由三个凹坑形成的双眼和

口，两侧外凸部分的小孔为双耳，长条状的鼻子微凸起，背有桥形竖纽。下部为窄条形。长9厘米（图十二：10）。

（5）鼓形饰38件，分两种。其一小堂鼓形，圆腹，两端稍内收。其二：L：1694中部鼓腹、两端内收，沿外翻，似腰鼓，中空（图十二：11）。

（6）乌形饰234件，分二式。

Ⅰ式180件（M8：1770）三乌首连体式，上下两端各有一管状鼻，中间系由三乌首扭曲而成。此为最多（图十二：12）。

Ⅱ式54件（L：1826、M6：1782）双乌首连体饰，两端为反方向的乌首，中间波折纹代乌身。双首背面各有一纽。乌眼、耳、喙均清晰可见（图十二：13、14）。M6：1782乌首消失，背面为条状通纽。

（7）马形牌饰3件（L：1826）马作蹲踞状，四肢屈曲前伸，背下凹。肢体关节部位有小圆嵌孔，蹄也由嵌孔表示。背有双纽（图十二：15、16）。

（8）马形饰共44件（L：1831）马作蹲踞状、为侧面形，四条腿只表现两条。前肢跪状后伸后肢前伸，两蹄相接，头稍向前昂，背下凹，形象逼真，中空为穿孔（图十二：17、18）。

（9）几何纹饰件38件（L：1865）两端为椭方形，正面施方格纹，中间圆环相连，背有二纽（图十二：19）。

（10）联珠状饰31件，分三式。

Ⅰ式8件（L：1678）两端呈圆扣形，正面微形球面，背有纽，中间菱形串珠为锯齿状，面饰圆点纹。长4.7厘米（图十二：20）。

Ⅱ式（L：1675）两端为圆扣状，面施涡纹背有纽。中间菱形，周施圆点纹。长4.7厘米（图十二：21）。

Ⅲ式22件（L：1678）饰件由两个互为S状卷云纹构成，形成三珠相连，两端背有纽。长4.7厘米（图十二：22）。

（11）棒形饰15件（L：1826）为联珠状棒形饰，分大小两种。从下到上，小的是由四个镂刻圆球和三个小圆珠联结而成，大的由六个镂刻圆球和四个小圆珠连结而成，上端有环状纽，便于垂挂（图十二：23、24）。

（12）坠形饰16件（L：1826）整体三角形，上有鼻，下呈铲状，面有横线纹（图十二：25）。

（13）铜环，用铜综卷成，弹簧形，1—3圈不等，大小不一（图十三：1）。

（14）蛙形牌饰3件（L：1838）圆形。周边为环形圈，通施乳丁纹，中

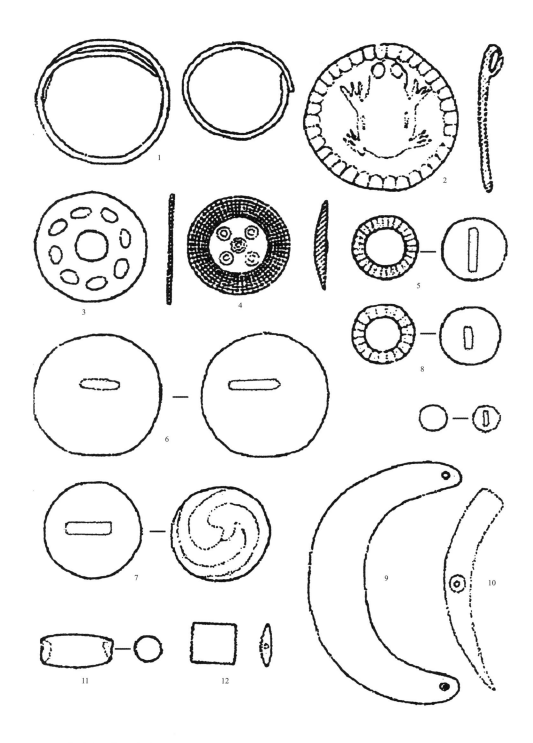

图一三 墓群出土青铜装饰
1. 铜环 2.（L：1838）蛙形牌饰 3.（L：1691）圆形节约 4—8. 铜泡 9. 金形饰 10. 骨管饰
11.（M8：1775）牛角锥 12. 骨块

间一蛙，系镂空而成，前爪和眼凸起，形象生动，背上部有一纽。直径5.7厘米（图十三：2）。

（15）圆形节约（L：1691）又可称轮形节约，周边有圆框，中心为圆孔，孔外框内有八个近似椭圆形孔。直径4厘米（图十三：3）。

（16）铜泡65个，且大小不等，皆球面，卓纽正面分饰短线纹、涡纹、同心圆点纹加圆圈纹也有表面的（图十三：4—8）。

（17）椭长方形小环，面有二道竖线。

（三）金器1件。金璜形饰，弯月形，两端有小元孔。重14克，长18.4、中宽4.1厘米（图十三：9）。

（四）其　他

1.骨镞41件，分五式。

Ⅰ式镞三棱形一锋与铤无明显分界，扁长铤。Ⅱ式镞，锋剖面方形，四面削尖。锋与铤无明显分界，扁长铤。Ⅲ式镞，锋与铤浑为一体，锋三角形，铤剖面呈梯形。Ⅳ式镞，耜形。锋与铤有明显分界，锋剖面梯形。铤为方柱形。Ⅴ式镞，双翼例须式无铤。另有一哨箭头，四面削尖。后有按铤用之圆銎（图十：17—23）。

2.骨管饰（M3：1725）骨管橄榄形一中穿孔很大（图十三：10）。

3.骨角饰（M8：1775）用牛角加工而成，弯锥状，中间对钻一孔（图十三：11）。

4.骨块饰5件（M5：1862）正视方形，一面于、另一面弧形、剖面中穿一孔，（图十三：12）。

5.骨鸣镝（M4：1851）狗的骨节加工制成，圆形舌下有一长条孔，似蛙嘴。出土时在头骨口中含着；另有海贝饰、骨管、骨珠红玛原及绿松石珠等。

四、结　语

梨树沟门墓群是继虎什哈镇炮台山山戎墓地后的又一次相同文化类型的重大发现。出土器物非常丰富、鲜明地展示了北方少数民族所固有的文化面貌。

（一）墓地埋葬布局排列有序，墓葬形制与葬俗，基本都是长方形土圹竖穴墓。以木棺为葬具只发现一座象征性的石椁墓。均为单人仰身直肢葬。从殉牲情况和随葬器物的种类、数量，尤其是金璜形饰的出现，证明墓主人身份的不同和贫富差别。殉牲习俗是该墓群的普遍现象。八座完整墓中就有七座牲殉，但数量不一。在M6填土中就发现马头6个，牛头1个，狗头7个。祭牲主要是马、牛和狗，皆解肢后殉头，牛也有殉四蹄的。大多置于墓圹与木棺外的填土里。M3的牲殉是放在棺上面的填土中，从前到后是按马头、牛蹄和狗头顺序排列。马与狗的吻部均朝前方，牛的四蹄也并排为同一的方向，与下面骨架的头向相一致。这与炮台山山戎墓地、苇子沟山戎墓地[3]，北京延庆县古城村墓葬牲殉特点基本相同。

（二）随葬品一般都是生前用过的器物。陶罐都置于头前或头侧。青铜器大多都分布在头颈及胸前、腰部及骨盆两侧和小腿骨侧三个部位。陶缸为夹砂红陶、红褐陶和泥质灰陶，灰黑陶两个系统。夹砂陶一般胎质较疏松，烧制火候也低、器形多不大规整，手制居多且多无纹饰、完整器物很少。泥质陶则反之。多为素面。手制、轮制兼有。造型多样，仅罐就有抑肩、溜肩、鼓腹、折腹、垂腹，小底，环底等多种形制。连同青铜器基本反映了从西周晚期到战国这一历史时期的文化类型[4]。其中缸形鼎、夹砂红陶罐、凸卤柄刀、三角孔首刀等器形与宁城南山根夏家店上层墓葬出土的同类器风格相同"其年代上限应在春秋以前"[5]，双球形首短剑，虎纹铜筒、铃形饰、人面形饰、蛙形牌饰等又与滦平县苇子沟山戎墓地同类器物相吻合，"时当西周——春秋"[6]类似之器发现还有张家口宣化县小白阳墓地[7]。金璜形饰系出在骨架腹部的位置，当是悬挂于颈下胸前的佩饰。此与辽宁凌源县五道河子战国墓出土的金璜形饰一模一样。[8]因此，梨树沟门墓群上限要早于炮台山墓地，其年代当为春秋前期下限到战国早期。

（三）器物造型繁多，无内銎柄铜戈是在我区第一次出现的新器形，椭长方形銎可安装木柄，似北方常用的镰刀。尤其是带钩形制多样，造型别致，图案新颖，别具一格。有中原常见的琵琶形，鸟首直棍形、蟠龙纹带钩和商代盛行的饕餮纹带钩，只是两眼靠下，且钩身拉长，具有中原长身钩的作风，表现写实的出现了龟形、象首形、蟹形带钩及等腰三角形、三弦琴形和马头琴形带钩。形象逼真，精美绝伦。马头琴形带钩是蒙古族人们在文艺活动中用来拉奏的乐器马头琴的形象，具有浓厚的少数民族特点。这些不仅是实用物，也是古代人们的艺术佳品。所以，梨树沟门墓群的遗物所展现的文化特征，既表现了中原燕文化的风格，又具有北方草原文化的特点，是相对独立、自成体系的一种文化类型，从而越来越鲜明地揭示出承德地区是集中原和草原文化于一身，南北文化相互交融的结合地带，为进一步确认承德地区及相邻区域的文化性质，探讨与中原文化和以内蒙古鄂乐多斯为代表的草原文化的相互关系，研究史载春秋时期生活在我国北方燕山地区、老哈河、大凌河、滦河及潮白河流域的山戎民族生活习俗及经济状况，提供了珍贵的实物资料。

发掘：赵志厚、沈军山、石砚枢、田淑华、张志奇、孙得月

绘图：田淑华、赵志厚、侣庆琪、郑立新

摄影：石砚枢

执笔：石砚枢、赵志厚

注释：

〔1〕郑绍宗：《滦平县虎哈炮乏山山戎墓地的发现》《文物资料丛刊》第7期。

〔2〕苗济田：《承德发现一批新文物》，《河北日报》1960年7月21日。

〔3〕〔6〕河北省文物管理处：《滦平发现山戎墓地》，《光明日报》1977年12月9日。

〔4〕崔学谙、祁国庆：《北京东周山戎部族文化遗有的发现与研究》，《中国文物报》1990年12月27日。

〔5〕刘观民、徐光冀：《宁城南山根遗址发掘报告》，《考占学报》1975年第1期。

〔7〕陶宗冶：《河北宣化县小白阳地墓地发掘报告》，《文物》1987年第5期。

〔8〕李恭笃：《辽宁凌源县五道河子战国墓发掘简报》，《文物》1989年第2期。

《文物春秋》1994年第2期

# 谈山戎族蛙崇拜

沈军山

近年来，在军都山、燕山地区发现了很多山戎文化遗存，出土了一些与原始宗教活动有关的遗物。特别是蛙形牌饰、蛙人石雕像的发现，为研究和探讨山戎氏族图腾崇拜及其发展问题提供了实物资料。本文拟就此问题，谈一点粗浅认识。

## 一、蛙形牌饰与蛙人石雕像

山戎文化中的蛙形牌饰是青铜动物形牌饰的一种，通体圆形、半浮雕式，中间为一写实的俯式蛙像。蛙四足外出，作欲跳跃状，生动自然、活灵活现。内外圆形边框表面多饰水波纹（一称连珠纹），背面平，于头部设一鼻纽。大小不一，大者直径10厘米左右，小者直径在5—7厘米之间。

从山戎墓葬发掘资料可知，蛙形牌饰为人体装饰品，不论男女老少皆有佩戴者。佩戴形式有一定之规，一人只戴一件（包括其他动物形牌饰），位置在胸上项下。牌饰鼻纽孔上往往发现有麻线残留物，可能是以细麻线穿丝，作为佩饰垂挂于胸前的。牌饰形体较大，且在明显位置，既古朴大方，又带有神秘感。多发现于西周至春秋时期的一些墓葬中，春秋战国之际以后迅速递减乃至消失。

蛙形牌饰发现较多，见于报道的有宣化小白阳墓地[1]滦平营坊村梨树沟门山戎墓地[2]，苘子沟山戎氏族墓群[3]宁城南山根[4]等，还有河北北部的丰宁、隆化、平泉、宽城、承德县等地也有发现。

蛙面石人雕像发现于河北省滦平县营坊村山戎遗址[5]，年代为春秋战国之际。石人无沦在造型艺术上，还是雕刻手法上都达到了完美程度。石人以质地细软的滑石质料制成，蹲坐姿式，蛙首人身，双目圆瞪外凸，嘴大宽阔呈半椭圆曲线形。头后部有一高出的平板扁形，刻放射线纹；形似羽状冠，其背面有一桥形纽。身部裸体，宽肩束腰，双手掌抚下颌，手蹼贴于面部；大腿发达，两脚相对。作者很注意用形象来表现物体的性格和属性，对模拟物的形态，习性掌握得恰到好处，把蛙的大口、双目，蹲坐姿态等刻划得栩栩如生，但蛙首轮廓已趋向写意。人与蛙合二为一，人体带有蛙的特征，蛙口刻有人的牙齿，似人非人，似蛙非蛙，既抽象又生动。加之神态威严，令人生畏，以及象征飞禽灵性的羽状冠等，充分表现出物体的半人半神的特定属性。

无独有偶，滦平县后台子遗址夏家店上层文化出土了一件蛙身石人，其石料、形状及大小与蛙面石人皆相似，头部虽有些变形，但身部蛙形态比较明显，背也有一桥形纽。年代为战国时期。

虽然，蛙人石雕像的发现较少，所知道的仅此两件，但其与蛙形牌饰同为山戎人遗物，它们族属相同，年代相近，相互印证，无不体现出山戎人蛙崇拜的存在与发展变化。

**二、山戎氏族以蛙为图腾**

"任何民族，都可发现图腾的痕迹" [6]。山戎是土著族，始终没有走出原始社会的界地，当有漫长的图腾制发展史。蛙形牌饰、蛙人石雕像即是山戎氏族图腾崇拜的具体体现，当然，从其他方面的资料也可以找到依据。

第一，蛙形牌饰佩戴于人体的显要位置，共用意不仅仅是为了美的需要，它应该是一种图腾标记，是宗教意识的反映，因为原始部落的人们往往把关更直接地与生产劳动、社会实践联系在一起，把蛙作为直接的审美对象不太合乎逻辑。图腾崇拜，一般既把图腾作为崇拜的对象，又以其为该族的名称或标记。图腾标记物表现方式很多，如：北美洲印第安人在村前（多在部落首领家）竖立图腾柱，或把图腾绘画在屋子的墙壁上，或在步屋某个位置垂挂图腾标记，或族人文身为标记，而在某种场合或举行宗教活动时，人们多佩戴图腾标记，有的要打扮成图腾模样。我国纳西族至今仍保留着图腾遗俗，巧合的是他们也以蛙为图腾，最显著的特点是用羊皮剪成圆形蛙图案缝缀于上衣后襟上 [7] 他们认为，这样图腾能经常与人在一起，以求神的庇佑。山戎人把蛙形牌饰佩戴于胸上颈下这一重要位置，倍加珍惜，见其虔诚。显然，它是经常佩戴于身上的图腾标记，既标明佩戴者的身份或地位，也乞求每时每刻得到蛙神的保护。至于以其为随葬品，佩戴于死者身上，也是图腾民族崇拜对象物的较普遍的一种方式，叶落归根，他们相信人死后其灵魂将以图腾的世界为归宿。

第二，蛙人石雕像的属性，如果不从图腾制发展的角度考虑，就无法理解它那特有的形制，以及与蛙形牌饰的关系。一般而言，图腾崇拜都有一定的发展过程，以动物为图腾的民族，起初人们崇拜的是动物的自然属性，即崇拜动物本身，这个阶段产生的动物神偶像，绘画或造像都是模仿动物的自然形态。随着社会的发展，动物神的神性扩大，即当崇拜者赋予动物神以社会职能时，例如赋予维护社会道德和政治、经济制度的神力时，同时就会给动物神身上添加入（氏族祖先或首领）的形态，所产生的动物神偶像，则变为人兽合一的形态，学术界把这个阶段称为图腾制的转形期，即人类由图腾崇拜向祖先崇拜发展的过渡时期。如果说，蛙形牌饰是山戎氏族图腾制自然崇拜阶段偶像的话，那么，蛙人石雕像则是图腾制转形期的神灵形象。

　　我国早期半人半神形态的造像发现的不多，但史料记载的神话颇多，《山海经》中描写的半人半神的神灵形态有几十种，世界上所有国家的神话、造像、绘画也都有半人半神形态，如：埃及哈夫拉五金字塔旁的狮身人面像，神话中的墓地神阿纽比斯为豹面人身等。半人半神形态是图腾制发展的必然反映。蛙人石雕像体现得更加突出。蛙面石人头后的羽状冠是图腾崇拜的一个显著特征，以走兽为图腾的民族，希望所崇拜的对象不但有走兽的性能，而且兼有飞禽的飞翔本领，于是在走兽身上出现了飞禽的翅膀或羽毛。蛙面石人头部有些抽象，神态威严，给人以恐惧感，它是氏族的保护神，也是权力的象征，它赋予氏族首领特殊的地位和权力。将蛙人石雕像以线系之提起时向前倾，与平面呈70°角，高挂呈俯视状，平放时呈蹲坐姿势，头略昂。由此推测，它可以悬挂在图腾柱上（或许有图腾柱），也可以垂挂于首领房屋某个地方，或系于首领身上，还可置于几案上，在祭祀、婚姻或某种场合上作为保护神的象征。

　　第三，山戎氏族墓地中发现的动物形牌饰，除蛙之外还有马、羚羊、虎等[8]，每个死者只戴一件，无疑几种动物形牌饰都是图腾标记。但一个氏族只有一种图腾崇拜物，那么这种现象的原因何在呢？我们认为，很可能与婚姻有关，"在图腾社会里有一个相当重要的禁制，即禁止相同图腾的族氏相互结婚或发生性关系"[9]。山戎人保留着婚姻禁制，夫妻不是一个氏族，崇拜不同的图腾，死后却埋在了一个氏族墓地，于是便出现了一个氏族墓地有几种图腾标记物的现象。另外，山戎氏族遵守禁杀、禁食蛙的图腾禁忌，也是完全可能的，就是现在，燕山一些地区仍没有食蛙的习惯。

　　第四，我们还可以从神话传说中找到依据。在滦平县乡村及其他一些地区，流传着一个古老的神话故事：相传在很早以前，这个地方只有几户人家。一天，一个姑娘在河边打水（一说洗衣），一只青蛙从水中蹦到她的身上，后来姑娘有了身孕，生了一男一女，脸作蛙状。长大后他们结成夫妻，生儿育女，后代遍布了这个地方。图腾民族往往把崇拜对象视为本族的祖先，或与本族有血缘关系，没有血缘关系说的，也有曾与本族发生过某种特殊关系的传说，这也是图腾崇拜的必然反映。例如，《诗·商颂》："天命玄鸟，降而生商"，《史记·殷本纪》："殷契、母简狄，有娀氏之女，为帝喾次妃……三人行浴，见玄鸟堕其卵，简狄取吞之，因孕生契。"说明商族当以玄鸟为图腾。山戎无文字，"只用语言相约束"，图腾崇拜问题于文献史料中似无从查考，上述蛙与人有亲缘关系的传说故事，如果确实是当地古代传下来的，很可能与山戎有直接关系。

## 三、山戎蛙图腾崇拜的产生与发展

　　图腾崇拜约于原始社会氏族公社同时产生，相当于旧石器时代的晚期。经过多年的考古发掘与研究，确定了晋、察、冀地区的含直刃七首式青铜短剑文化遗存为山戎文化，"主要集中于伊逊河，滦河、潮河、白河、洋河以及桑干河流域一带，大体包括了太行山脉以北、军都山和燕山周围的整个冀北山地"〔10〕。其年代早到西周，晚至战国初期。进而言之，山戎在两周时期处于北方青铜时代，尽管他们没有跨入文明社会的大门，也到了父系氏族社会阶段，即原始社会公社的晚期。因此，山戎氏族蛙图腾崇拜的产生应该有深远的历史渊源，两周时期已是图腾崇拜的后期阶段。虽然，追溯山戎原始社会氏族公社初时的历史，现在还难于做到，但山戎为西北戎族的一支，由西北东迁至冀北这一点，已为学术界认定。山戎亦称无终，"原分布在今山西太原，后迁河北玉田县西北无终山，因山名得名。"〔11〕一说"戎"在殷代为俨狁、戎、犬戎等，他们原分布在黄河上游及甘肃西北部。如是说，山戎族商以前的历史发生在晋北或西北地区，图腾崇拜的产生也当在那里。值得注意的是，黄河中游地区及西北地区新石器时代的彩陶文化中也发现了蛙图腾崇拜的痕迹。如：仰韶文化半坡型与庙底沟型，马家窑文化马厂型与半山型的彩陶纹饰均有蛙的形象〔12〕。年代较早的半坡型与庙底沟型的蛙纹以写实为主，描绘蛙的自然形态，当是图腾制自然崇拜时期的标记；年代较晚的马厂型与半山型的蛙纹以写意为主，多为变形的蛙纹饰，开始从蛙向人和蛙的混合体转化，再向人纹转变，无疑是图腾制转形期的神灵偶像。蛙崇拜现象在我国其他地区还有发现，在广西左江崖壁画中有蛙形人，阴山岩画中也有这一现象；黎族称铜锣为蛙锣，因其上有蛙像；铜鼓文化中蛙的形象也不少〔13〕。虽然，图腾崇拜对象相同的文化不等于都有源流关系，但山戎东迁之前，曾与黄河中游地区或西北地区的彩陶文化同属一个文化分布区域，其蛙图腾崇拜的渊源，或许与之有一定关系。

图腾崇拜的产生与发展，与社会生产力水平休戚相关。在原始社会生产力水平极低的状况下，对动物所具有的特殊灵性和本领感到望尘莫及，遂以其为神而崇拜之。随着社会的发展、生产力水平的提高，当人们认识到自己比动物高明的时候，便由动物崇拜向祖先崇拜发展。西周末至春秋初期正是山戎强盛时期，即使中原齐、晋，燕等诸侯大国皆不能敌，这在《管子》《左传》《史记》等文献史料中均有记载，如《史记·匈奴列传》："山戎越燕伐齐。"山戎与中原频繁接触，必然要受到中原先进文化的冲击，必然促使社会意识，包括崇拜信仰发生变化，濒临瓦解的图腾崇拜迅速向祖先崇拜过渡。这一点，考古发掘资料与文献史料相一致。蛙形牌饰多发现于早期山戎墓葬，春秋中期迅速递减，春秋战国之际颇为少见，而为半人半兽的蛙人石雕像所取代。另外，从山戎墓葬制度的变化也可看出其崇拜信仰的转变，原始人认为人死后其灵魂是不会死的，所以要让死者在灵魂世界中仍与本部落氏族过去死的成员在一起。图腾民族都有公共墓地，他们相信墓葬方向与灵魂去向确有关，而灵魂要朝向图腾世界，如陕西西临潼姜寨氏族墓地〔14〕，死者头向大体一致。到了图腾制转形期，崇拜对象发生转变，灵魂要到图腾世界去的信仰随之动摇了。山戎早期氏族墓地，如苘子沟山戎氏族墓群死者头皆向东〔15〕，但到了春秋战国时期的山戎墓地，如炮台山山戎墓地〔16〕，死者头向就不一致了。

春秋战国之际有许多图腾民族处于转形期，这在《山海经》中有非常集中的反映。据统计，《山海经》中的神共有454种，其中半人半兽神占约四分之一，如，羊身人面、人面蛇身、人面猪身蛇尾、人身龙首、人面鸟身等等；又如，《大荒北经》说："有犬戎国，有神，人面兽身，名曰犬戎"；《海内经》说："戎，其为人人首三角。"说明除山戎外，还有戎族分支处于转形期。

蛙崇拜在世界上很多国家都很流行，对蛙神的解释多与雨水有关。北美印第安人认为月亮是只肚里装满水的蟾蜍；墨西哥的大女神月亮，是所有水的掌

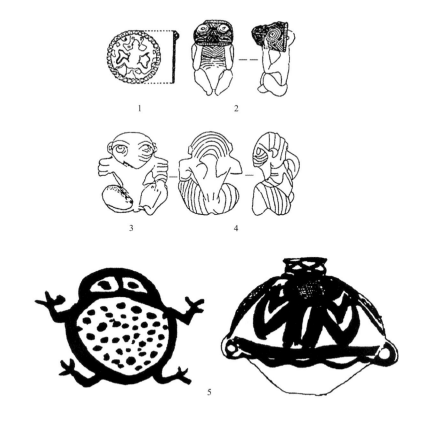

1. 蛙形牌饰：滦平县苘子沟山戎墓出土。2. 蛙面石人：滦平县营坊村山戎遗址出土。
3. 蛙身石人：滦平县金沟屯遗址出土。4. 半坡型蛙纹：陕西临潼姜寨出土。
5. 马厂型变形蛙纹：甘肃兰州出土。

管者，她的化身也是只大青蛙〔17〕。我国壮族的《蚂拐（青蛙）歌》说："青蛙和蚂拐，它妈在天上，名字叫伢雷（雷母），专管风和雨，伢雷将蚂拐派到人间，帮它妈报信，好来定雨睛。"〔18〕纳西族把自己身上所穿的圆形蛙图腾服饰解释为"披星戴月"；《初学记》卷一引《淮南子》云："（嫦娥）托身于月，是为蟾蜍，而为月精。"彩陶文化中的蛙纹多绘于装水用的壶、盆之类器皿上，马厂与半山型的蛙纹或人蛙结合纹的下面绘有水波纹，无不表现出蛙与水的密切关系，而蛙的头或腹部向圆圈纹发展，可能是月亮的象征。山戎的蛙形牌饰也为圆形，边框上的水波纹与彩陶上人蛙纹下面的水波纹非常相似，把蛙、月亮、水连在一体，可见，山戎也把蛙视为雨神而崇拜之。

注释：

〔1〕张家口市文物事业管理所、宣化文化馆：《河北宣化县小白阳基地发掘报告》，《文物》1987年5期。

〔2〕承德地区文管所，滦平县文管所：《河北省滦平县梨树沟门山戎墓群发掘简报》，《文物春秋》（待发）。

〔3〕、〔8〕、〔15〕《滦平县发现山戎墓地》，《光明日报》1977年12月9日。

〔4〕内蒙古文物工作队：《内蒙古文物资料选集》第五编《宁城南山根出土铜器》。

〔5〕《文物》1985年2期。

〔6〕岑家梧：《图腾艺术史》。

〔7〕惠西成、石子：《中国民俗大观》上。

〔9〕弗洛伊德：《图腾与禁忌》。

〔10〕北京市文物研究所山戎文化考古队：《北京延庆军都山东周山戎部则墓地发掘纪略》，《文物》1989年8期。

〔11〕《辞海·民族分册》。

〔12〕《新石器时代的陶器装饰艺术》。

〔13〕宋兆麟：《巫与巫术》。

〔14〕参见《西安半坡》，文物出版社1963年版。

〔16〕河北省文物研究所、承德地区文化局、滦平县文物管理所：《滦平县虎什哈炮台山山戎基地的发现》。《文物资料丛刊》第7期。

〔17〕、〔18〕《阴阳人彩陶壶的萨满教寓意》，《文物天地》1991年3期。

《北京史研究通讯》1993年第1期

# 试谈山戎的人体装饰品

沈军山

近些年来，北方青铜时代考古工作有突破性的进展。先后发现了许多山戎墓地，地点包括河北北部的滦平[1]、平泉[2]、宣化[3]、北京市延庆[4]等。发掘资料中有大量的人体装饰品，它们大都有一定规律地装饰于死者身体的某些部位，具有浓郁的少数民族特色。它对于中国北方青铜时代考古文化的研究，尤其在探索山戎人的生活习俗、审美意识、宗教意识、工艺技能等方面都具有重要意义。本文拟就此问题，试作一些初步的探讨。

**一、山戎人体装饰品的种类及其装饰形式**

上述墓地所出的山戎人体装饰品，原料有青铜、石、骨、贝、金等五种。其中以青铜饰品为大宗，系装饰品中的主要成分，其造型多样，装饰部位全面；石饰品次之，主要用于头饰和项饰；金饰品罕见。

装饰品的种类及其装饰形成，大体可概括为头饰、项饰、腰带饰和缀与佩饰四种。

（一）头饰。头饰品内容简单，但顺延时间长，使用普遍。主要有青铜、绿松石和玛瑙石制品，包括头额饰、耳环与坠饰（图一）。

头额饰是以小铜扣或与绿松石珠相间串联成的带饰。小铜扣圆形、素面、背有一纽，绿松石珠呈扁矩形，顺长有一穿孔。头额饰在早期墓葬中发现较多，从苘子沟墓地、军都山墓地的发掘资料看，饰品自头额至两耳后部，紧贴在头骨上，呈弧形（图二）。应该是直接佩戴于头额部的装饰品。这种装饰当与发式有关，"山戎为编发民族"[5]，头额部梳理平整，佩戴这种细小的带饰是很自然的。

耳环与坠饰，山戎之耳环，呈弹簧形，以铜丝或金丝环绕二至四周制成，直径3厘米左右。山戎不分男女有普遍戴耳环的习俗，从发掘资料看，除幼童外，几乎所有墓葬死者皆有耳环，有的死者耳部各有数只，耳环下面往往附以扁、管形绿松石珠或玛瑙珠之类的坠饰（图二）。金耳环少见，现只发现于延庆军都山墓地的个别大型墓葬中。

（二）项饰。多为串珠项链，包括青铜、各种石质珠、骨珠、贝等几种类型。按其长短可分为小、中、大三种。

小型项链，指戴于脖颈部的项链。多以玛瑙珠、青玉珠、水晶石珠、绿松

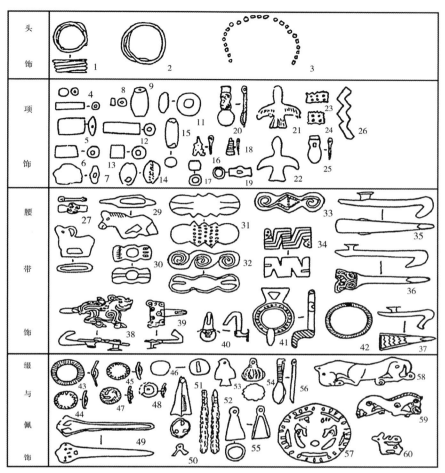

图一 山戎人体装饰品种种类器物群（未注明质地的是铜器）

1、2. 耳环 3. 头额饰 4、5、6、7、8、9、11、12、13. 石质珠 19. 铜珠 14. 贝饰 15. 骨珠 16. 双翼饰 18. 三角形饰 21、22. 鸟形饰 23、24. 矩形饰 20. 勺形饰 25. 联珠饰 26. 锯齿形饰 27. 连体鸟形饰 28. 羊形饰 29. 马形饰 30、31、32、33. 联珠饰 34. 双龙饰 35、36、37、38、39、40. 带钩 41. 带扣 42. 铜环 43、44、45、46、47、48. 扣饰 49. 人面饰 50、51、54、55. 铃形饰 53. 鸟形饰 56. 勺形饰 57. 蛙形牌饰 58. 虎形牌饰 59. 马形牌饰 60. 鹿形牌饰（以上 1.38.41 军都山墓地 2.11.15、17、19、28、30、31、32、33、34、35、36、37、46、50、55 梨树沟门墓地 3、10、21、22、23、24、25、26、53 葫子沟墓地（持公锦资料）；4、5、6、8、12、13、16、18、20、27、29、39、40、42、43、44、45、47、48、49、51、52、54、56、5、58、59、60. 小白杨墓地；7、9、14. 炮台山墓地）

石珠、贝等串联组成。各种石质珠的造型有算盘珠形、橄榄形、扁方形、环形和管形，皆有穿孔。串联时有的单种组合，有的几种混合。一般3—5粒一串，个别数十粒一串。

　　中型项链，即指长至胸部的项链饰，有各种青铜饰品分别串联组成的，也有各种石质珠或骨珠组成的，还有小青铜饰品与各种石质珠混合组成的。青铜饰品的造型主要有扁连珠形、圆珠形、三角形、双翼形、鸟形、长方形等，多于上端设穿孔（图一）；项链自墓主脖颈后部，沿两肩下垂至胸部，弧度较大，饰品呈垂挂状。黑、白石珠或绿松石珠、玛瑙珠等组成的项链，一般顺脖颈两侧长至人体的胸腹之间，或上胸部，石珠多达数百粒（图二）。

大型项链，以青铜扁联珠饰品组成（图一）。饰品片体条形，两侧曲折呈锯齿状，没有鼻，组合时当用线于中间拴系，使之呈水平状态。近200枚组成一串项链，项链下端多以小铃形饰或棒形饰作为垂饰。项链自死者后颈部向前沿胸腹长至大腿之间，是所有装饰品之最大者（图二）。

项链也是山戎人使用比较广泛的装饰品。从上述墓地发掘资料看，各种石质珠组成的中、小型项链饰沿用时间既早又长，西周晚期至战国时期的山戎墓葬均有发现。使用数量有多少之分，一般简单的墓葬死者所戴之项链，只有3—5粒玛瑙珠组成，而有的大型墓葬死者的项链，由数百粒组成。大型青铜项链饰，只在茚子沟墓地的早期墓葬中发现，沿用时间略短，且有一定地域性。中型青铜项链饰，在上述墓地均有发现，以茚子沟墓地、军都山墓地之早期墓葬为典型，

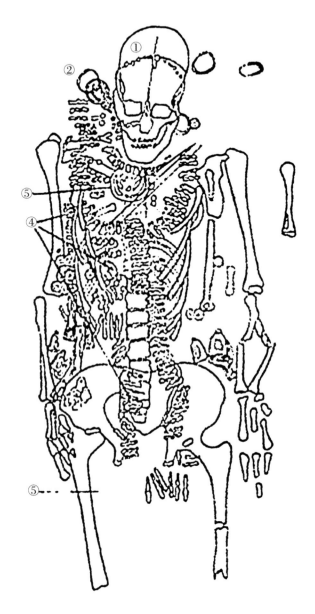

图二　茚子沟墓地M58装饰品示意图（待公布资料）

春秋中期以后有明显的递减现象。大、中型青铜项链，只在个别墓葬中发现，死者往往同时佩戴数种项链饰及其他装饰品，与随葬品（包括装饰品）寥寥无几的一般墓葬形成鲜明的对照。其头部和胸部集中了繁缛的装饰品，可见，项饰是山戎人体装饰品的主要部分。

（三）腰带饰，可归纳为三种，即以动物形饰组成的带饰，直接钉缀于腰带上的饰品，具有实用意义的带钩、带扣和铜环。皆为青铜制品（图一）。

动物形带饰，以马形饰、羚羊形饰、连体鸟形饰等分别串联组成。上述墓地中除年代在春秋战国之际的炮台山墓地外，其他墓地均有发现，以早期墓葬为多。装饰形式，将一或二条带饰拴系于人体腰部，两端顺大腿外侧下垂至膝盖附近（图四）。

直接钉缀于腰带上的装饰品有各种联珠形饰、双龙饰等。饰品的背面有纽以便钉缀（图一）。装饰形式上述墓地未见完整的考古资料，但从邻近地区考古资料看，系成排地钉缀于腰带上（图四）。这种腰带饰在山戎墓地春秋中晚期的墓葬中出现，与动物形带饰可能是继承或发展关系。

带钩、带扣和铜环具有双重作用，既是实用品，又具有装饰作用。上述墓地，除苘子沟墓地外，其他几处均有出土。带钩之造型有兽形、蟠龙形、兽面纹圆形、兽面纹亚腰形、云雷纹琴形、波折纹三角形、琵琶形、勺形、棒形等，其年代分别为春秋至战国时期。带扣发现较少，一般为典型的鸟形带扣，年代当在春秋中晚期。铜环有扁体和圆体两种，早、晚期的墓葬皆有发现（图一）。

三种腰带饰，多为男性死者佩戴，且常与短剑、铜戈、削刀等器物伴出。山戎男性善骑射，着"胡服"。所谓"胡服"当是北方游牧民族骑马打仗时穿的皮甲。所以，腰带饰很可能多是"胡服"腰带的装饰品，或与携带弓、剑等利器有关，或有炫耀武功之意义。但也不是腰带的必需品，尤其前两种类型，只在个别男性墓葬中发现。另外，带钩与铜环，不只是腰带部件，它们也在死者胸部一侧发现；铜环之装饰或使用部位更广泛，在死者胸、腹、腰部均有发现[6]。各种各样的艺术造型，有的生动自然，有的新颖别致，堪为精美的装饰品，应该说它们的装饰作用也是主要的。

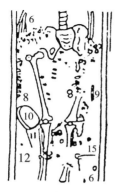

图三 北京延庆军都山东周山戎墓地
　　　M156 腰带饰示意图

图四 毛庆沟墓地 M3 联珠饰示意图

（四）缀与佩饰，即钉缀或佩挂于衣帽上的饰品。

1. 缀饰品有铜扣饰，动物形牌饰等。

铜扣饰是北方游牧民族使用最普遍的小件装饰品之一，上述山戎墓地早晚期的墓葬中均有发现。形状皆球凸形面，面纹有放射线纹、雷纹、涡纹等，也有素面的，背有直纽或桥形纽。其大小不一，直径一般1—5厘米（图一）。其性质与现在纽扣不同，只起装饰作用。铜扣饰在死者的头部、颈部、胸部以至大腿之间均有出现。据考古资料分析，头部的大中型铜扣多是帽子上的装饰；颈部的铜扣可能是衣领上的装饰品；胸腹部的铜扣饰、大腿之间的铜扣饰，有的排列成行，有的比较随便，这是皮革大衣前襟和下边的装饰。铜扣饰是以点缀的形式，装饰在衣服上的不同部位，其存在与发展源远流长，根源何在，尚不清楚。

动物形牌饰属大件装饰品，有蛙、虎、鹿、马、羊形等，手法写实（图一）。动物形牌饰只在西周至春秋时期一些比较讲究的墓葬中发现，春秋末至战国初期的墓葬少见，有明显的递减现象。佩戴形式似乎有一定之规，出土位置皆于死者的脖颈下部，当是上胸部的装饰，一般只佩戴一个（图二）。

2. 佩饰。多为小件品，主要有各种铃形饰、棒形饰、人面形饰、鸟形饰、金璜饰等，以各种铃形饰所占比重大（图一）。佩饰品的特点是在器物上端有圆孔，或上端背面有一纽，钉在衣服上作垂挂状。佩饰在早晚期山戎墓葬中均有发现，一般多在腰部两侧，或胸腹部位，以单个或数个排列钉缀。棒形饰和双翼式铃形饰还作为项链下端的垂饰，这在前面已经提到了（图二）。金璜饰为大件品，片体、弯月形，两端各有一圆孔，是非常少见的装饰品。上述墓地唯有梨树沟门墓地发现一件，其位置在死者胸部，可能是佩挂于胸襟前的[7]。

## 二、山戎人体装饰品的地方特点

山戎人体装饰品与燕或中原文化之装饰品迥然不同，存在着北方游牧部族与中原人在装饰品内容上的根本区别，这种区别显而易见，毋庸赘述。而与文化性质相近的辽西地区以含曲刃青铜短剑为主要特征之一的夏家店上层文化和内蒙古草原地带的鄂尔多斯式青铜文化中的人体装饰品，则主要是北方游牧部族之间在装饰品形式上的差异。这种差异的客观存在，形成了它们各自的地方特点，同时，它使过去多混为一谈的几种考古文化更加清楚地区别开来。

宏观地看，山戎人体装饰品小件品多、大件品少，组合饰多、单体饰少。比如，头饰、项饰、腰带饰上都是组合饰件，其中以头饰和项饰为主要部分。比较而言，辽西夏家店上层文化和鄂尔多斯式青铜文化的单体饰件多一些，且以腰带饰为主要部分[8]，再者，山戎人的垂挂饰所占比重大，而后者均以不同类型的钉缀饰为大宗。垂挂饰具有摆动的特性，而钉缀饰与之恰恰相反，是固定不动的，这在整体上显示出它们各自不同的风格。山戎以垂挂饰品为多，头饰和项饰为重点部位而独树一帜。

从微观上分析，山戎人体装饰品的地方特点在几个种类和形式上均有体现。

在头饰上，山戎人不分男女老少普遍佩戴耳环的习俗，及其头额带饰是相邻地区其他考古文化所未见的。鄂尔多斯式青铜器中的头饰品极少，只发现数件部落王或显贵带的金冠和金耳坠饰，其族人（匈奴）似乎没有传统的头部装饰，特别是带耳环的习俗[9]。辽西地区夏家店上层文化的头饰比较复杂，耳部装饰不普遍，虽在个别墓葬中发现了弹簧形铜丝和金丝耳环[10]，显然不是夏家店上层文化所固有的或（东胡人）传统的耳部装饰。其墓葬死者头部多见的颇具地方特点的联珠饰和铜扣饰[11]，一般认为是帽子上的装饰品，与山戎人的头额带饰判然有别。

项饰品中，大、中型青铜项链饰是山戎项饰品的代表作。特别是大型青铜项链饰，在北方青铜时代文化遗存中是绝无仅有的。鄂尔多斯式青铜器与夏家店上层文化中的项饰，多见石质串珠项链[12]。鄂尔多斯地区还发现金、银、铜项圈[13]。可见，三者的项饰既有共同点，也有不同之处。大、中型青铜项链是山戎项饰的一个显著特点。

腰带饰中，以马、羚羊、连体鸟形饰分别组成的腰带饰，别具一格，为山戎人所独有。它与大、中型项链饰格调一致，这种竖线条的装饰形式，也是构成山戎装饰特点的一个重要因素。其他两种类型的腰带饰，与鄂尔多斯式青铜器及夏家店上层文化中的腰带饰，在种类和装饰形式上比较接近，但饰品的艺术造型各有不同的风格。山戎腰带饰中的几种动物形纹带钩、双龙饰等，具有地方特点。但这些手法介于写实与写意之间的动物纹饰，也是燕或中原青铜器上常见的纹饰，这与山戎近燕有直接关系，是山戎与燕或中原文化交流的一个具体体现。而这种"土洋结合"的产物，给山戎人体装饰品增添了新的色彩。

缀与佩饰中的动物形牌饰和棒形、鸟形、圆铃形佩饰，颇具地方特色。动物形牌饰是中国北方青铜时代考古文化的典型器物之一，它以鄂尔多斯式青铜器中的最精彩。山戎与夏家店上层文化以及鄂尔多斯式青铜器中的动物形牌饰，以往多混为一谈，实际上它们的发展当各有渊源。山戎的动物形牌饰只有一种类型，即写实的单体动物形，蛙形牌饰虽有圆形边框，但特点鲜

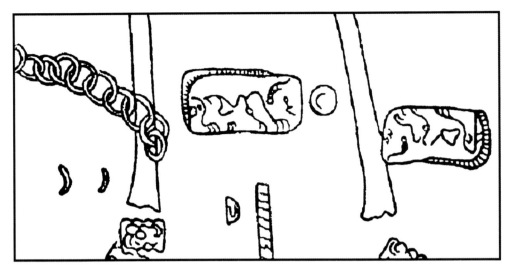

图五 毛庆沟墓地 M5 动物牌饰示意图

明，其装饰部位皆于上胸部。鄂尔多斯式青铜器中的动物形牌饰样式很多，但主要是带有长方形和椭圆形边框的动物形牌饰，一般一端有孔，另一端有钩，其用途与带扣相似，是腰带上的部件或装饰（图5），辽西地区夏家店上层文化中的动物形牌饰之特点，似乎不太鲜明，处于两者之间与鄂尔多斯式青铜器中的共性多一些，多见带边框的腰带饰[14]。所以，一个是写实的单体动物形，装饰在上胸部。另一个是带边框的多组合动物形的腰带饰，两者大相径庭。这种装饰在胸部的写实的单体动物形牌饰：年代偏早，当是山戎的传统装饰品。另外，棒形、人面形、鸟形垂饰，多在山戎早期墓葬中发现，其中棒形饰在鄂尔多斯地区也有发现，以往认为是鄂尔多斯式青铜器特有的器物，现在看来，山戎墓葬的年代较早，装饰部位也非常清楚，因此，它们也当是山戎人的传统装饰品。

**三、关于山戎人体装饰品的几点认识**

山戎人体装饰品是山戎文化遗存的重要内容，其价值不仅在审美活动上，它与山戎社会的生产发展，社会实践有着密切联系。

（一）山戎人体装饰品以各种造型的青铜饰品为主，有的墓葬，死者所佩戴的青铜饰品达四五百件。其时，山戎人正经历着青铜的世纪。然而以大量的普遍金属饰品作为审美对象，并非是青铜时代的人们的一种普遍现象，它只常常发生于边远地区原始部落。其根源很可能有比较复杂的观念上的联系，但是，有一点是不可否认的，那就是他们把美更直接地与生产劳动、社会实践联系在一起，这是人类征服自然中直观自己的一种古老的表现形式。那些繁缛的青铜饰品，恰恰反映出山戎人传统的生活习俗和原始的审美意识。

（二）"原始的艺术同生产劳动、祈祷仪式等具有实际功利目的的活动，往往有着密切的联系"[15]，这在山戎装饰品中表现尤为突出。山戎的青铜工艺比较发达，在山戎社会生产和生活中起着十分重要的作用，这一点，在考古发掘资料中已得到充分的验证。如果说北方青铜时代启蒙于夏家店下层文化的话，那么，使其发展和繁荣的，当首推山戎。因为山戎于西周时期率先兴起，强盛于北方长达数个世纪[16]，最有条件更多地吸收中原技术，以推动北方青铜工艺发展，所以，山戎人应该对青铜具有更多的情感。那么以繁缛的青铜饰品为美，实际上是对青铜工艺的讴歌与赞美，对劳动创造的一种鼓励。再如，具有强烈的装饰和欣赏价值的带钩、带扣、铜环等，也是为了勾挂短剑、削刀之类的兵器或劳动工具的。而那些生动、自然的动物形饰，显然与山戎牧猎生产有关，它们象征着山戎人在生产斗争中所征服的对象，意味着人们对生产丰收的祈求和愿望，显示他们具有战胜自然的意志和力量。当然，动物形饰作为审美对象，有其深远的历史渊源，它是一种图腾标识，反映出山戎人有图腾崇拜的历史。这些图腾形象，经过漫长的岁月洪流冲刷，已逐渐淡化了原先的神秘的信仰意义，而主要作为一种美的形式。但图腾意识，不可能完全消失，山戎人很可能仍保留着图腾遗俗。比如，动物形牌饰当带有宗教色彩，将其戴在身上，祈求神的庇护，使佩戴者也具有神的力量和智慧；而作为随葬品，则祈祷死者的灵魂仍回到图腾的世界里去，这是图腾崇拜的一种普遍现象[17]。所以，动物牌饰是图腾艺术，是宗教意识的反映。

（三）山戎人体装饰品形式美的构成。首先表现在多色彩，红玛瑙珠，绿松石珠、黑与白石珠，晶莹剔透，高贵典雅，又以大量的青铜饰品，构成了青白的主色调，整体观之，给人以纯朴的直觉，再者，于器物的组合或形体结构上，左右对称或均衡，上下偏重竖线条，多样的统一，显示出庄重与稳定以及和谐的优美格调，另外，装饰品以垂挂饰和佩饰居多，造型以动物形、曲线几何形为主，具有声响和流动感。然而，尽管这种美是土色土香的，可并未脱离原始美的范畴，它对自然物（各种动物、青铜）的赞美远远超过了他们自身。

（四）装饰品是山戎人财富和权力的象征，其数量的多寡、质量的高低，是区别山戎人身份或地位的贵贱与高低的标志。山戎传统装饰品的递减现象也是一个值得研究的问题，我们认为，造成这种递减现象的主要原因，是山戎文化由兴盛逐渐走向衰亡的缘故。据史料记载，山戎强盛于西周至春秋中期[18]，这个时期的装饰品，种类全，数量多，具有强烈的民族特色。春秋中期"齐伐山戎"[19]），山戎文化受到了中原文化的巨大冲击，从此一蹶不振。这个时期，山戎传统的装饰品，如青铜项链、动物形牌饰等，明显地减少。到了战国以后，冀北地区完全受燕人控制，山戎与汉人杂居而同化，传统的装饰品大部分荡然无存了。

注释：

〔1〕A.河北省文物管理处：《滦平发现山戎氏族墓地》《光明日报》1977年12月9日。

B.河北省文物研究所、承德地区文化局、滦平县文物管理所：《滦平县虎什哈炮台山山戎墓地的发现》，《文物资料丛刊》7期。

C.承德地区文管所、滦平县文管所：《河北省滦平县梨树沟门山戎墓群发掘简报》，1992年2期。

〔2〕河北省文物管理处：《河北平泉东南沟夏家店上层文化墓葬》，《考古》1977年1期。

〔3〕张家口市文物事业管理所、宣化文化馆：《河北宣化县小白阳墓地发掘报告》，《文物》1987年5期。

〔4〕北京市文物研究所山戎文化考古队：《北京延庆军都山东周山戎部落墓地发掘纪略》，《文物》1989第8期。

〔5〕程朔落：《女真辫发考》，《史学集刊》5期。

〔6〕同〔1〕B。

〔7〕同〔1〕C。

〔8〕田广金、郭素新：《鄂尔多斯式青铜器》，文物出版社，1986年5月版。

〔9〕同〔8〕

〔10〕中国科学院考古研究所内蒙古工作队：《宁城南山根遗址发掘报告》，《考古学报》1975年1期。

〔11〕中国科学院考古研究所内蒙古工作队：《赤峰药王庙、夏家店遗址试掘报告》，《考古学报》1974年1期。

〔12〕同〔8〕、〔11〕。

〔13〕同〔8〕。

〔14〕朱贵：《辽宁朝阳十二台营子青铜短剑墓》，《考古学报》1960年1期。

〔15〕丁枫：《美学浅谈》，辽宁人民出版社1984年版。

〔6〕《史记》。

〔17〕岑家梧；《图腾艺术史》

〔18〕见《史记》、《春秋》。

〔19〕同〔16〕。

《北京文物与考古》1994年第3期

# 东营子墓地发掘简报

河北省文物研究所　承德市文物局　滦平县文物保护管理所

　　东营子墓地位于河北省滦平县付营子乡的王营子—东营子村一线北侧的山坡上，京承高速公路标桩K45＋300～K47＋733之间，地理坐标为北纬40°53.99'，东经117°37.17'，海拔高度525—530米，地属燕山山脉和滦河流域（图一）。2004年6月18日—8月3日，受河北省文物局委托，河北省文物研究所会同承德市文物局、滦平县文保所组成联合考古队，配合京承高速公路京冀界至承德市段，对该墓地进行了抢救发掘。发掘过程中严格执行考古操作规程，进行了精确测量和详尽的影像、绘图、文字记录。墓地由东向西分为三个发掘区，共计清理墓葬48座，获取文物45件，现分区简报如下。

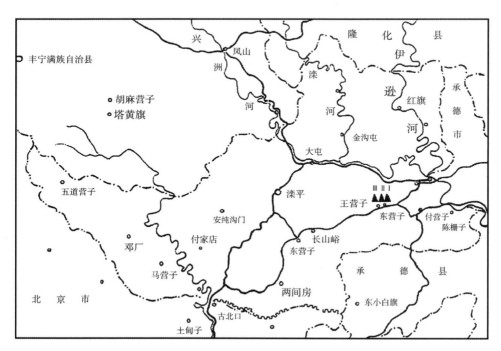

图一　东营子墓地位置示意图

I.东营子墓地第一区 II.东营子墓地第二区 III.东营子墓地第三区

## 一、第一区

### 1. 墓区位置

位于京承高速公路标桩K47+643—K47+733之间，地势北高南低，地表为梯田。依地势布方，在台地的西北方确定基点，布10×10米探方揭取表土，范围覆盖整个台地，南部延伸至台地断崖处，共揭露3268平方米，清理墓葬37座，编号2004LPDIM1—M37（图二；附表一）。

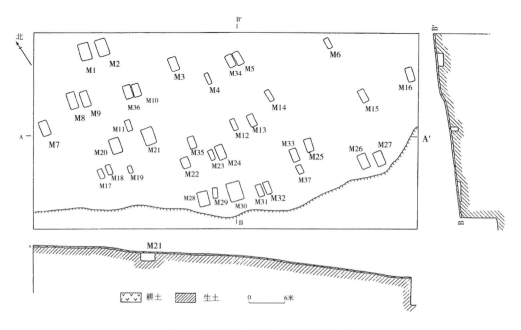

图二 东营子墓地第一区墓葬分布图

### 2. 墓葬形制

墓葬开口于耕土层下，均为长方形竖穴土坑墓。这批墓葬在形制、葬具、葬式、随葬品位置等方面有细微差别。现将各墓择要例举介绍如下，并将各墓数据列表统计附后。

M1方向15°，位于M2西侧1.1—1.3米，形制与M2相似，不同之处有两点：一是没有头龛，二是在墓坑西南角的南壁和西壁上各有3个椭圆形脚窝，宽0.18、高0.1、深0.1米，上下间距0.4米，两壁脚窝上下错开排列，西壁脚窝最下一个距墓底1.1米，南壁脚窝最下一个距墓底1.3米。骨架朽烂成灰，无随葬品（图四）。

M2方向10°，长方形竖穴土坑墓，上口随山坡由北向南倾斜，长3.4、宽2.2、深2.58—3.68米。在北壁有一个长方形头龛，高0.64、宽0.54、深入壁内0.24

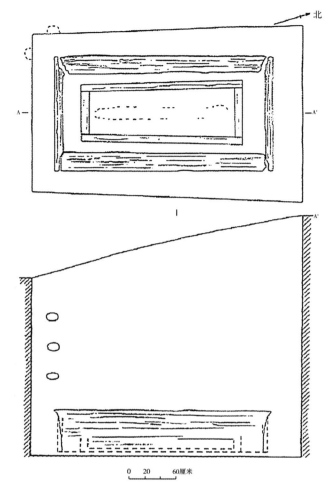

米。葬具为一椁一棺，椁板朽烂成灰，因挤压而下部内敛、上口外展，长2.8—2.92、宽1.54—1.92、残高0.74米，椁板厚0.06米。尚能辨识横向的椁盖板灰。木椁外与墓壁之间有熟土二层台。棺长2.2、宽0.88、残高0.26、板厚0.12米。墓内填土为五花土，经过夯打。北侧椁外的二层台上有一罐两豆，应是从头龛内脱落移位至此。棺内有一具人骨架，朽成粉末，仰身直肢，性别年龄不明。在两胯部位发现两块龙形玉佩（图三）。与此类似的墓葬是M26，在其头龛内随葬2件陶鬲。

M3方向8°，形制基本同于M2，没有头龛和脚窝。椁板灰痕基本能反映椁板原状，椁的南北两端堵板宽出两侧椁板。棺内

图三 东营子墓地第一区2004LPDⅠM1平、剖面图

人架一具，仰身直肢，男性，年龄50—60岁（图五）。此类墓葬有M5、M7、M8、M10、M13、M25和M33。其中M7在骨架左腿内侧出土1个异形铜带钩（图六），M25在骨架左胸处有陶鬲碎片。

M4方向7°，长方形竖穴土坑墓，上口随山坡由北向南倾斜，长2.5、宽0.88、残深0.7—1.16米。葬具为一棺，棺长2.1、宽0.5、残高0.16、板厚0.05米。内填土为五花土，经过夯打。棺内有人骨架一具，仰身直肢，身高1.7米，女性，年龄40左右（图七）。此类墓葬有：M11、M12、M15、M17、M18、M19、M23、M29、M31、M32、M35、M37。均无随葬品。

M6方向10°，长方形竖穴土坑墓，上口随山坡由北向南倾斜，长2.5、宽1、残深0.56—0.86米。葬具为一棺，棺长2.1、宽0.8、残高0.16、板厚0.06米。棺下

有两根东西横向圆形垫木，长度基本与棺宽相同，长0.8、直径0.12米。墓内填土为五花土，经过夯打。棺内有人骨架一具，仰身直肢，男性，年龄35左右。在棺内西南角部位发现有动物骨骼残块（图八）。M34形同M6，棺板堵头长出棺板两侧，类似榫的形制，无随葬品（图九）。

M9方向16°，长方形竖穴土坑墓，上口随山坡由北向南倾斜，长3.2、宽1.66、深2.13—2.8米。葬具为一椁一棺，椁板朽烂，长3、宽1.44、残高0.58、椁板厚0.06米。尚能辨识横向的椁盖板灰，盖板比椁两侧板长而与两端堵板同长。木椁外与墓壁之间形成熟土二层台。棺长2.36、宽0.8、残高0.14、板厚0.1米。在椁底有两根南北向圆形垫木，长3.16米，直径0.1米。墓内填土

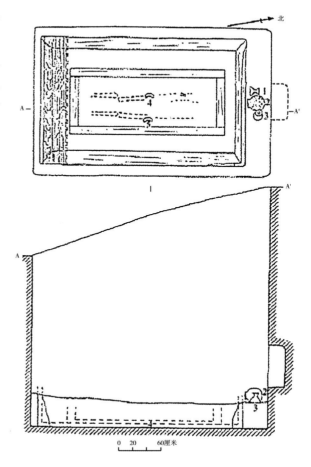

图四　东营子墓地第一区 2004LPDⅠM2 平、剖面图
（1、3.陶豆 2.陶罐 4、5.玉佩）

为五花土，经过夯打。棺内有人骨架一具，朽烂严重，仰身直肢，男性，年龄45—50岁。左胸上及右盆骨外侧各出有1件灰陶鬲（图一○）。此类墓葬有M24和M27。M27，在南壁东侧发现椭圆形脚窝4个，上下间隔0.5—0.6米。在棺外西北侧椁内随葬陶鬲两件（图一一）。

M14方向352°，长方形竖穴土坑墓，墓底比墓口略大，呈覆斗形，上口随山坡由北向南倾斜，长2.64—3、宽1.04—1.26、深1.78—2.1米。葬具为一椁一棺，椁朽烂成板灰，长2.88、宽1、残高0.14、椁板厚度0.06米。棺长2.1、宽0.65、残高0.12、板厚0.08米。墓内填土为五花土，经过夯打。人架一具朽成粉末，仰身直肢，男性，年龄40—50岁。在棺外北侧椁内随葬2罐、西侧有1把铁剑和1个铜带钩，在两罐之间和铁剑的东侧各有一具小动物骨骼（图一二）。

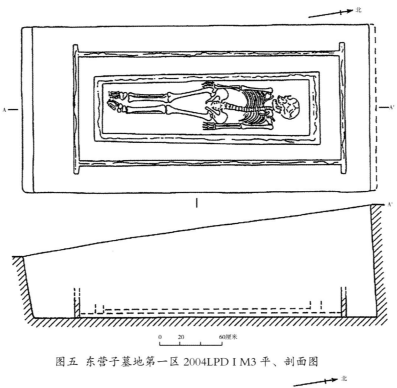

图五 东营子墓地第一区 2004LPD I M3 平、剖面图

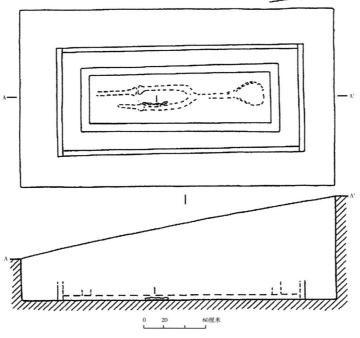

图六 东营子墓地第一区 2004LPD I M7 平、剖面图

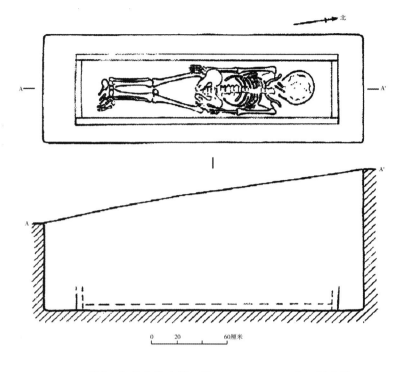

图七 东营子墓地第一区 2004LPD Ⅰ M4 平、剖面图

M16方向7°，长方形竖穴土坑墓，上口随山坡由北向南倾斜，长3.15、宽1.65、深2.93—3.4米。在北壁有一个长方形头龛，距墓底1、高0.48、宽0.4、深入壁内0.3米。龛内随葬2件陶鬲。葬具为一椁一棺，椁朽烂成板灰，长2.6、宽1.28、残高0.52、椁板厚度0.04。木椁外与墓壁之间形成熟土二层台。棺长2.16、宽0.98、残高0.2、板厚0.1米。在椁底有两根南北向的垫木，长2.78、直径0.1米。墓内填土为五花土，经过夯打。人架两具朽成粉末，似为侧身屈肢，东西向面部相对（图一三）。

M20方向13°，长方形竖穴土坑墓，破坏严重，残余墓底，长2.9、宽2.2、深0—0.4米，在墓内西侧有人骨架一具，头向北，仰身直肢，长1.66米，女性，年龄40岁左右。东侧较空，是否原有骨架不得而知。葬具不明。在墓东北角随葬陶罐3件（图一四）。

M21方向15°。形制同于M20，残余墓底，长3.3、宽2.96、残深0.1—1.16米。发现一具人骨架置于墓中部，头向北，仰身直肢，朽烂严重，并经过破坏。有棺灰痕迹，在墓室北端随葬两罐一盆，盆内有兽骨残块（图一五）。

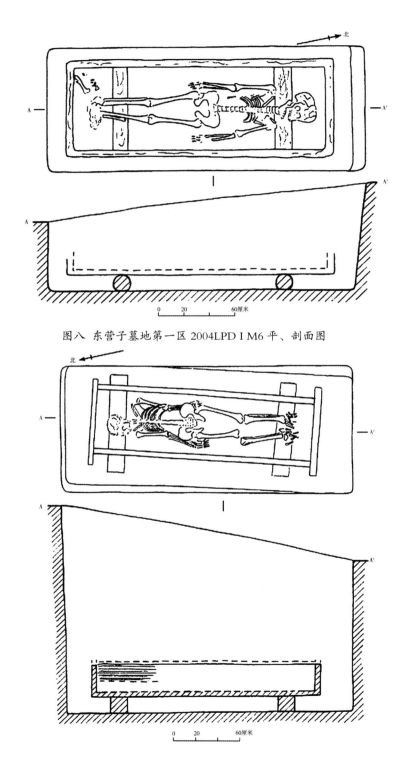

图八　东营子墓地第一区 2004LPD I M6 平、剖面图

图九　东营子墓地第一区 2004LPD I M34 平、剖面图

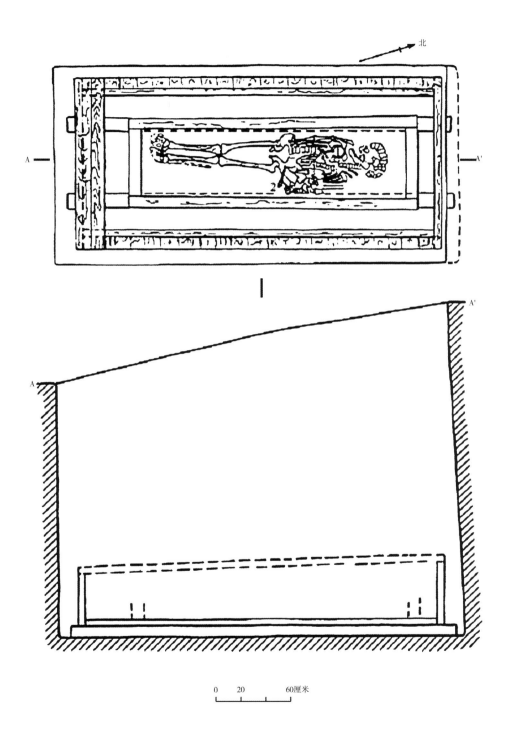

北

图一〇 东营子墓地第一区 2004LPD I M9 平、剖面图
（1、2.陶鬲）

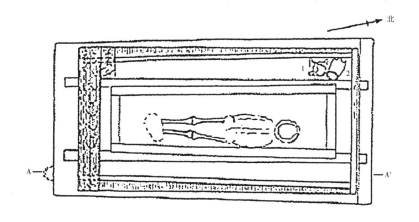

北

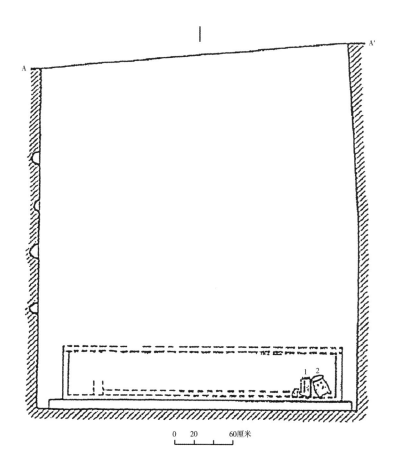

0    20    60厘米

图一一　东营子墓地第一区 2004LPD I M27 平、剖面图

（1、2.陶鬲）

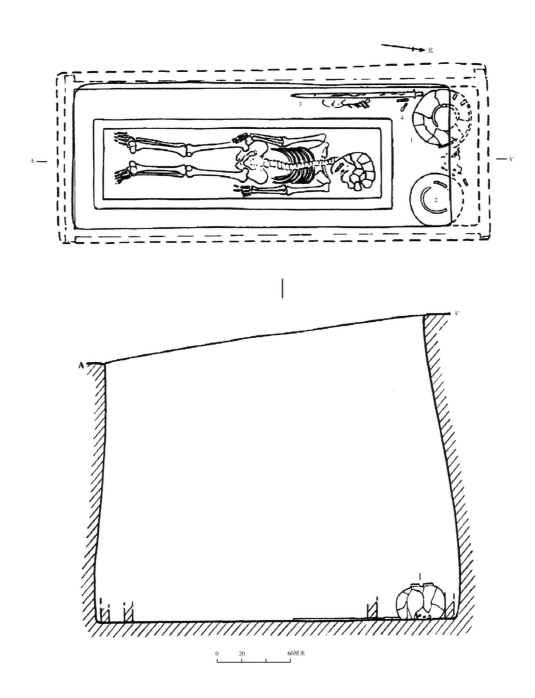

北

图一二 东营子墓地第一区 LPD I M14 平、剖面图
（1、2. 陶罐 3. 铁剑 4. 铜带钩）

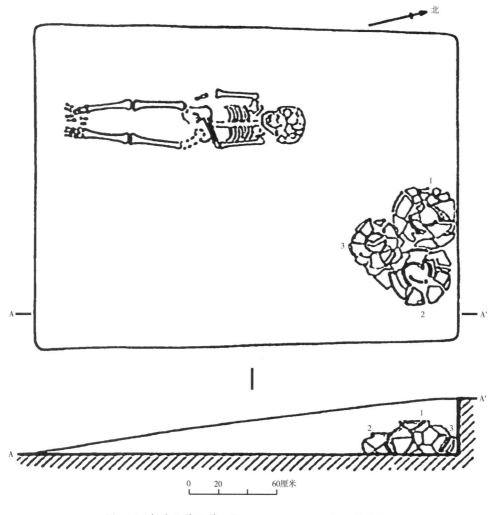

图一三　东营子墓地第一区 2004LPD I M20 平、剖面图

（1 — 3. 陶罐）

　　M22方向9°。长方形竖穴土坑墓，长3.1、宽1.48、深1.58—2.26米，葬具一椁，长2.62、宽1.08、残高0.78米。南北两端堵头长出两侧板0.15米，可辨识横向椁盖板。椁内骨架一具，仰身直肢，朽烂不全（图一六）。M36方向196°，形制与M22相近，仅头向相反，女性，45—50岁。

　　M30方向10°，长方形竖穴土坑墓，残余墓底，长3.8、宽2.8、残深0.11—1.18米。根据灰痕判断葬具有一椁两棺。椁3.24、宽2、残高0.28米。在椁的北端还有一道隔板将椁分为两部分，南面放置两具棺，东棺长2.34、宽0.66—0.76、宽0.28米，西棺长2.34、宽0.66—0.72、残高0.28米。每棺内各有一具人骨架，头

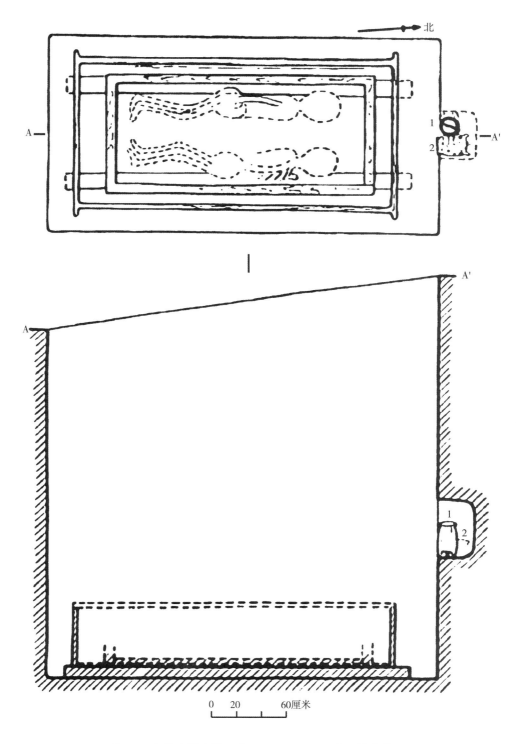

北

图一四　东营子墓地第一区 2004LPDⅠM16 平、剖面图
（1、2.陶鬲）

向北，仰身直肢，朽成粉末。椁北端头箱内放置随葬陶罐4件（图一七）。此类墓还有M28，仅残余头箱，见两具骨架，西侧骨架可能为迁葬，男性，约55岁。东侧骨架残余碎骨不多，随葬陶罐3件（图一八）。

### 3. 随葬品

共出土文物32件，分为铜、铁、玉、陶四类。包括龙形玉佩、铁剑、铜带钩、陶鬲、陶罐、陶盆、陶豆等。

（1）铜器2件。

带钩2件。分为琵琶形和大雁衔龟形两种。

琵琶形带钩1件（M14：4）。素面，兽首形钩首，细长半圆柱状钩颈，钩面弧形素面有厚重感，钩背有一个圆纽。长6.1、宽1.4、厚0.4厘米（图一九）。

大雁衔龟形铜带钩1件（M7：1）。兽首形钩首，钩身呈弧形扁片状，三雁一龟造型。在龟的腹部有一个圆形钩纽，两只大雁平展双翼，头部相向，各自衔住乌龟的头部和尾部，衔住龟尾的大雁尾部又被另一只大雁衔住，该大雁只表现出头部和颈部，其后即为半圆柱状钩颈。衔住龟头的大雁尾部微微上翘即为带钩尾部。龟身圆形，前后伸出头尾，四肢外伸，两眼凸出，纽位于龟的腹部，三只大雁嘴部均呈三角形，颈部有两个凸起装饰。通长25.1、腹厚0.15—0.4、宽4.1厘米（图二〇）。

（2）铁器1件。

剑1件（M14：3）。剑尖微残，剑格为铜制，剑把残，木柄已朽，木质剑鞘已朽。残长91、剑身长85.4厘米（图二一）。

（3）玉器2件。

M2：4，基本完整，夔龙形青玉佩。足尾边缘略有残缺。微透明龙形扁平体，曲身卷尾回首状，吻部较长上卷，造型较为生动，两面身躯饰谷纹，分布均匀排列有序，足、鬃毛饰划、线，边缘水浸呈白色，口部、背部及腹下肘毛部位各有一个圆形穿孔，有一个未穿透的穿孔，说明是用空心管状钻孔器。通长12.9、高6.5、厚0.4厘米（图二二，1）。M2：5形制同上，后足残断，残长11.3、高6.1、厚0.4厘米（图二二，2）。

（4）陶器27件。

豆2件。形制基本相同，均为矮柄深腹豆，泥质灰陶，敞口、唇略斜方、浅圈底、圈足，略有差别。M2：1，豆盘呈碗形，喇叭形圈足。豆盘内、外腹均有明显旋棱、柱形豆柄较矮粗、中空，圈足外观呈饼状，周缘自上而下稍向内收缩且内凹略有弧度。口径13.6、高13.3、底径8.4—9.1厘米（图一九，3）。M2：3，弧腹微有折、豆盘内底有涡纹，柄较前者细，周缘由上而下稍向外撇。口径12.1、高

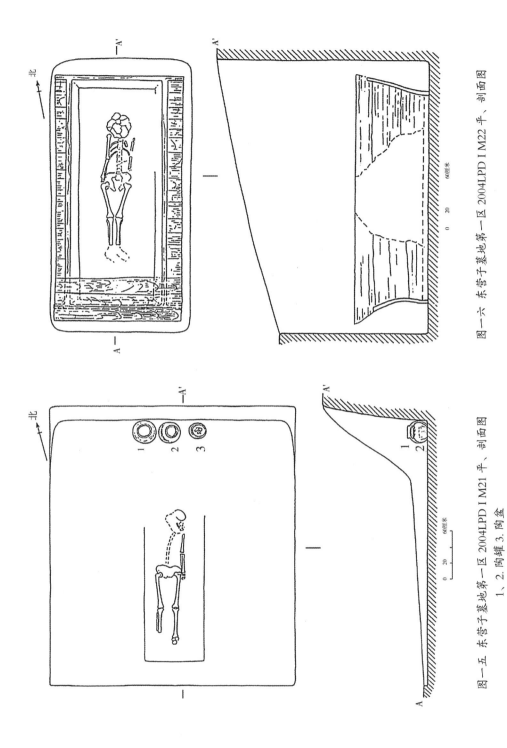

图一六 东营子墓地第一区 2004LPDⅠM22 平、剖面图

图一五 东营子墓地第一区 2004LPDⅠM21 平、剖面图
1、2.陶罐 3.陶盆

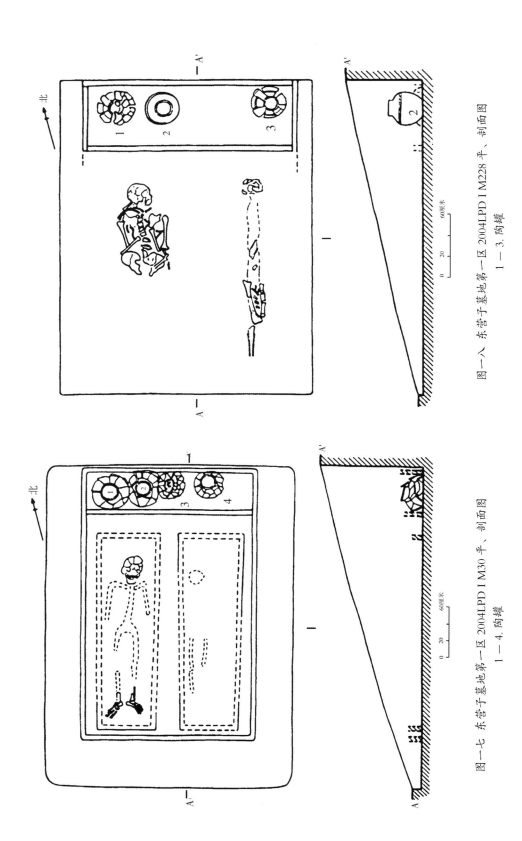

图一八 东营子墓地第一区 2004LPDⅠM228 平、剖面图
1—3. 陶罐

图一七 东营子墓地第一区 2004LPDⅠM30 平、剖面图
1—4. 陶罐

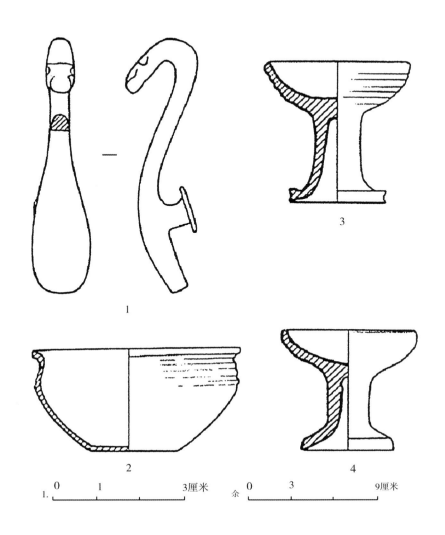

图一九 东营子墓地第一区出土器物

1. 铜带钩（M14：4）2. 铜盆（M21：3）3、4. 陶豆（M2：1、M2：3）

11.5、底径8.2—8.6厘米（图一九，4；彩版三，1）。

盆1件（M21：3）。泥质灰陶，侈口，圆唇，弧腹略外鼓，上腹有瓦棱纹，下腹斜直，小平底。口径19.5、腹径19.2、高9.5、底径8厘米（图一九，2）。

罐15件。可分泥质灰陶和泥质褐胎灰皮陶。分述如下：

M2：2，口部残缺，泥质灰陶，敞口，折沿，束颈，球腹，小平底。外腹及底部饰绳纹，上腹有7周抹纹横断绳纹。口径13.3、腹径22.4、底径11、高21.4厘米（图二三，3）。

M14：1，泥质灰陶罐，平折沿，沿面微上翘，方唇，束颈，圆肩，鼓腹，

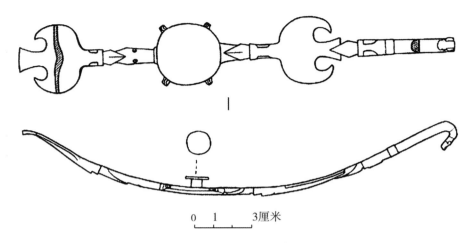

图二〇　2004LPDⅠM7 出土铜带钩（M7 ： 1）

图二一　2004LPDⅠM14 出土铁剑（M14 ： 3）

平底，上腹部饰凹弦纹，深浅不一，粗细不匀，下腹部为横向绳纹，底部为交错绳纹。口径21.2、腹径35.6、底径15.2、高30.5厘米（图二四，1）。M14：2，形制与前者相似，口沿略外翻，下腹部为斜向绳纹。口径19.6、腹径32.8、底径15.5、高31.6厘米（图二四，2）。

　　M20：1，泥质灰陶罐，平折沿，尖唇，口沿内侧有折棱，束颈，溜肩鼓腹，小平底微内凹。肩部有一周压印的方格纹饰带，用略似"米"字形的几何纹间隔，该纹饰带略微高于器表呈浮雕状，下腹部拍印条纹，底部重叠拍印条纹交错呈网格状。口径23.5、腹径37.8、底径14、高31厘米（图二五，1）。

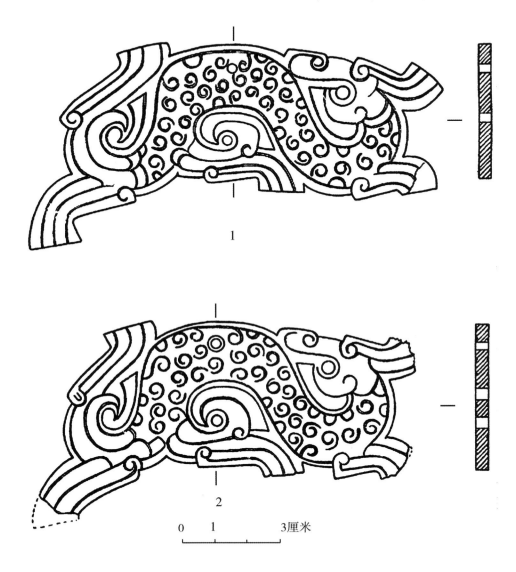

图二二 东营子墓地第一区出土龙形玉佩
（1.M2：4 2.M2：5）

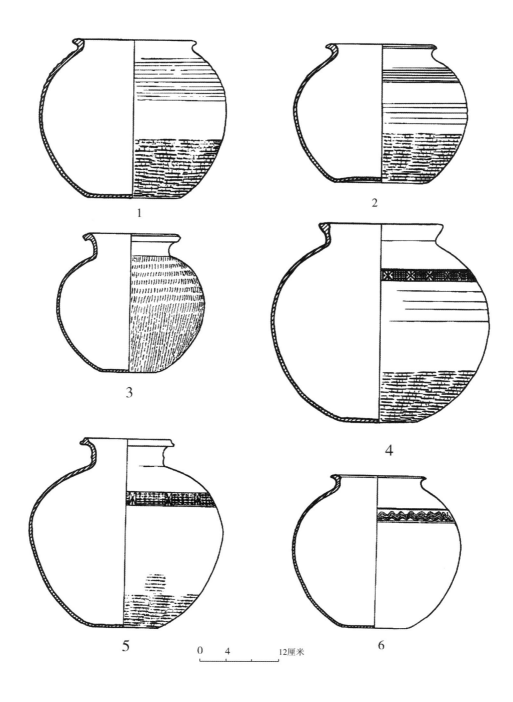

图二三 东营子墓地第一区出土陶罐

（1.M21：1　2.M21：2　3.M2：2　4.M28：2　5.M28：3　6.M28：1）

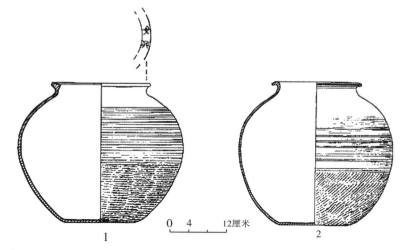

图二四 东营子墓地第一区出土陶罐
（1.M14∶1 2.M14∶2）

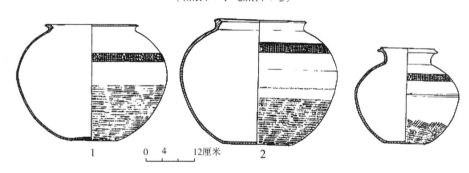

图二五 东营子墓地第一区出土陶罐
（1.M20∶2 2.M20∶2 3.M20∶3）

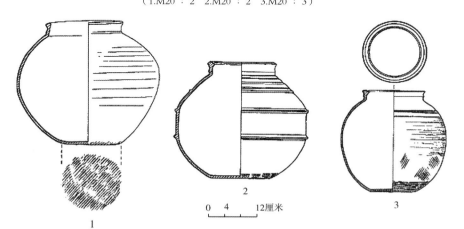

图二六 东营子墓地第一区出土陶罐
（1.M30∶1 2.M30∶2 3.M30∶4）

M20：2，形泥质灰陶罐，颈部略高，沿面凸起，尖唇，内沿及颈与肩交会处有折棱，溜肩鼓腹，上腹微有折，小平底微内凹。肩部有一周压印的略似"米"字形的几何纹间隔的方格纹饰带，纹饰带略微高于器表呈浮雕状，下腹部拍印网纹，中腹有一周似用一条细绳压印的纹饰，腹部和底部均拍印网纹。口径22.8、腹径39.2、底径16.4、高32.6厘米（图二五，2）。

M20：3，泥质灰高领陶罐，折沿尖唇，沿面起凸棱似盘口，溜肩，弧腹，小平底，肩部有一周压印的用略似"米"字形的几何纹间隔的方格纹饰带，弦纹局部不明显。下腹拍印成组网纹，有交错现象，底部重叠交错拍印网纹。口径13.5、腹径26、底径10、高29.4厘米（图二五，3）。

M21：1，泥质灰陶罐，直口、平沿、圆尖唇，束颈，弧腹，平底，肩部弦纹，下腹拍印网纹，底部重叠拍印网纹。口径16.8、腹径26.4、底径13.7、高21.6厘米（图二三）。

M21：2，泥质灰陶罐，直口、平沿、圆尖唇，束颈，鼓腹，平底略凹，肩部有瓦棱纹，下腹及底饰成组网纹。口径18.8、腹径28.1、底径14、高24.2厘米（图二三，2）。

M28：1，泥质灰陶，平折沿，沿面微凸，束颈，圆肩，鼓腹，小平底，肩部两道凹弦纹之间有波浪纹，下腹剥蚀严重，底部重叠拍印粗条纹呈网状。口径14.2、腹径25.6、底径11.5、高23.5厘米（图二三，6）。

M28：2，泥质灰陶，敞口平沿，束颈，球腹，小平底，肩部有一周压印的用略似"米"字形几何纹间隔的网格纹，中腹原有弦纹，其间有剔刺纹，未烧制前即已抹去，底部重叠交错拍印网纹。口径14.5、腹径25.6、底径10、高23.5厘米（图二三，4）。

M28：3，形制与M20：3相同，稍有差别之处是下腹拍印的成组网纹平行分布无交错现象。口径14.5、腹径29.4、底径10、高29.3厘米（图二三，5）。

M30：1，泥质灰陶罐，直口，折沿，沿面凸起略呈脊状，尖唇，束颈，颈部近肩部位有一周不明显的脊棱，球腹素面，平底微内凹，底部拍印粗条纹。口径20、腹径36.8、底径14.7、高32.2厘米（图二六，1）。

M30：2，泥质灰陶罐，直口微敛，沿面呈凸弧形，尖唇，沿面有一周凹弦纹，束颈有一条脊棱，鼓腹有三条凸棱，小平底，底部重叠拍印交错网纹。口径17.8、腹径33.4、底径14.8、高31.1厘米（图二六，2）。

M30：3，泥质褐胎灰皮陶，碎裂为较小的陶片，无法复原，残片上有凸棱纹和粗条纹，形制当与M30：2相似。

M30：4，泥质灰陶罐，直口，平沿，沿面有断断续续凹弦纹两周，尖唇，颈部有一周凸棱，圆肩弧腹，小平底。肩部有两周凹弦纹，局部弦纹呈双线，下腹拍印成组条纹，底部为重叠细条纹交错呈网格状。口径16.3、腹径27、底径12.5、高27厘米（图二六，3）。

鬲9件。均为燕式鬲，质地可分泥质灰陶，夹砂灰陶，夹云母红陶。

泥质灰陶鬲2件。M9：1，泥质灰陶，壁较厚重。斜折沿方唇，沿面较平，垂腹，圆形平底，粘附不规则三柱足，腹饰细绳纹，底部饰交错绳纹，其一足脱落。口径16、腹径16.5、高25.6厘米（图二七，2）。M9：2形制与M9：1相同。

夹砂灰陶鬲1件（M16：2）。壁较厚重，平折沿，沿面中凹，尖唇，垂腹，圆形底部较平略呈圜底，粘附手制三锥足略外撇，腹、底饰粗绳纹，上腹有三道抹痕间断绳纹，最大径在下腹，足部无纹饰。底部绳纹辐凑，不太规范。口径14.4、腹径18.4、高25.1厘米（图二七，1）。

夹云母红陶鬲6件。火候较低，陶质疏松，颜色深浅有差别。M16：1，呈褐色，平折沿、沿面中凹，唇上弧较尖，弧腹，粘附手制三足，均有断后经过磨平的痕迹，较短，底部呈圆角三角形，略内凹，腹饰竖向细绳纹，底为交错绳纹。口径15.2、腹径17.2、残高24厘米（图二七，3）。M27：2，夹云母黄红陶，火候较低，陶质疏松。口沿外折，沿面略凹，方唇，腹壁较直略弧，底部呈圆角三角形，中间内凹，粘附手制三柱足较高较细略向内收，腹饰竖向细绳纹，底为交错绳纹。口径14.6、腹径16、高25.7厘米（图二七，4）。形制与M27：2相同的有3件：M26：1，夹云母褐陶，三足断后经过磨平；M26：2，夹云母红褐陶，三缺足失；M27：1，夹云母黄红陶。另外，M25：1，为细绳纹褐色陶鬲，已碎裂为小块，无法复原。

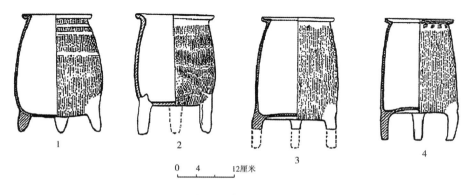

0　　4　　12厘米

图二七　东营子墓地第一区出土陶鬲

（1.M16：2　2.M9：1　3.M16：1　4.M27：2）

## 二、第二区

### 1. 墓区位置

位于K47+148—K47+208之间的山前缓坡上，其东500米为东营子墓地第一区，其西1200米为东营子墓地第三区，其东西两侧有山地冲沟，地势北高南低，地表种植玉米和树木。本区共清理墓葬8座，编号2004LPDⅡM1～M8（图二八；附表二）。开口均在耕土下，因早年该地修整梯田，墓葬开口略有破坏，生土为红褐色或者灰白色，质密、坚硬，包含少量的礓石。

### 2. 墓葬形制

8座墓葬均为长方形竖穴土坑墓，形制分别与第一区同类墓葬相同，墓葬开口长度在2.42—3.72、宽1.21—2.3米。M1～M6为南北向，方向在350°—360°之间，M7、M8为东西向，分别为95°、90°。8座墓葬中各有一具人骨架，M1葬式为侧身屈肢葬，其余为仰身直肢葬。M2无葬具，其余7座都有葬具，其中M1、M3为单棺，M4—M8为一棺一椁，椁上的横向盖板痕迹明显，M8墓底有南北向垫木2根（图二九）。8座墓葬共有随葬器物11件，其中MI陶器1件位于棺内西南角，破碎严重，器类难辨；M5随葬器物2件，1罐1杯，位于棺内北侧；M6随葬陶罐2件，位于棺外北侧椁内的两角部位；M7随葬铜带钩1件，位于骨架右肩部；M8随葬器物5件，除三足陶罐置于棺外北侧椁内，其余4件均在棺内：石片含于口中，带钩和骨环置于右腹部，戈放于左大腿骨外侧。

### 3. 随葬品

共出土铜、石、骨、陶等器物11件，器类有带钩、戈、罐、杯、环等。

（1）铜器3件。

戈1件（M8：2）。基本完整，援尖及阑下端微残。直援上昂，援脊隆起，横断面略呈菱形，锋尖较为圆钝，长胡，有阑，援胡之间夹角较大，直内呈长方形，内中前部一梯形穿，内上角为圆角，内下角有缺成双角，阑侧援根部及胡部共有三个大致呈长方形的穿。通长18.8、宽10.8、厚0.5厘米（图三〇）。

带钩2件。均为琵琶形带钩。

M7：1，方形钩首，细长方形钩颈，钩体呈弧形扁片状，尾端呈圆弧形，钩背近尾端有一个圆纽，钩面装饰有涡纹。长7.4、宽1.4、厚0.1—0.3厘米（图三一，8）。

M8：1，兽首形钩首，圆弧形尾、圆形纽。钩面凸起两条脊棱，形成三个平面，每个平面除接近首部的细长钩颈外，用错金丝和镶嵌绿松石形成"⌐""⌐""⌐""⌐""—"形图案，相互映衬作为装饰。绿松石大部分脱落。通长10.7、宽1.2、厚0.7厘米（图三一，7）。

（2）石器1件。

石含1件（M8∶5）。断裂为四段，青石质。长10.4、宽1.2、厚0.1厘米（图三一，5）。

（3）骨器1件。

骨环1件（M8∶3）。用动物骨骼打磨制成，表面光滑，呈椭圆形，上小下大，两端尺寸分别为2.6×2.6、3×2.6、高1.8厘米（图三一，6）。

（4）陶器6件。器形较小，制作粗糙，均为明器。

罐5件。分夹砂红陶和泥质灰陶两种，火候较低，多残缺或严重碎裂。

M5∶2，夹砂灰陶，侈口，圆唇，束颈，平底，有对称的双耳，已残缺。口径10.6、腹径13.3、高11.3、底径6.8厘米（图三一，4）。

M6∶1，泥质红陶，敞口，斜折沿，方唇，弧腹，小平底。口径6、底径4.8、腹径6、高6厘米（图三一，3）。

M8∶4，泥质红陶，侈口，圆唇，弧腹，三锥状足，有一鋬。口径6，腹径12.9、底径4.8，高14.3厘米（图三一，彩版六，4）。

M1∶1和M6∶2两件均为泥质红陶器，质地与前者同类器物相同，已无法复原。

杯1件（M5∶1）。泥质灰陶，深腹，圈足，平沿。口径10.8、腹径10.8、底径6.3、高8.4厘米（图三一，2）。

## 三、第三区

### 1. 墓区位置

位于K45+300—K45+350之间的山坡上，清理墓葬3座，编号2004LPDⅢM1—M3（图三二；附表三）。

### 2. 墓葬形制

均为长方形竖穴土坑墓。形制分别与第一区同类墓葬相似，在形制、葬具、葬式、随葬品位置等方面有细微差别。

M1方向0°，长3.4、宽1.4、深3米。在墓穴东南角部位的东壁和南壁分别有脚窝1个和2个。南壁上端脚窝距墓口0.35米，与下边脚窝相距0.95米，东壁脚窝距墓口0.9米。脚窝为椭圆形，长0.2、高0.16、深入壁内0.1米。葬具为一具木棺，长2.72、宽0.91—0.98、残高0.1米。棺内骨架一具，侧身屈肢葬，头向北，面向东，朽烂严重，性别年龄不详（图三三）。M3，方向355°，形制与M2相同，长2.45、宽0.9、深0.9—1.5米，没有发现脚窝，棺长1.98、宽0.6—0.7、残高0.1米。骨架为仰身直肢，身长1.72米，女性，30—40岁。

M2方向5°，墓坑长3.2、宽1.85、深3.08～3.4米，在墓坑东南部位的

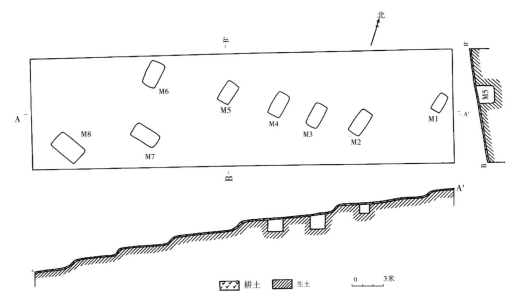

图二八 东营子墓地第二区墓葬分布图

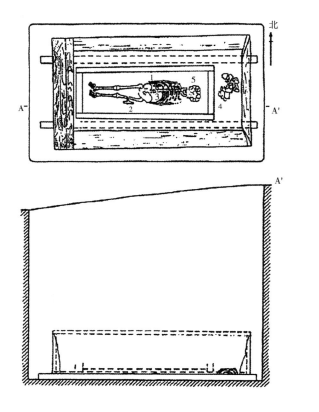

图二九 东营子墓地第二区 2004LPD II M8 平、剖面图
（1.铜带钩 2.铜戈 3.骨环 4.三组陶罐 5.石合）

东壁和南壁上各有脚窝1个和2个，东壁脚窝距开口0.7米，南壁脚窝距开口0.9、下端脚窝距开口1.6米，脚窝为椭圆形，长0.2、高0.16、深入壁内0.1米。葬具一棺一椁，均朽烂严重，椁板灰痕变形，长2.66、宽1.4、残高0.06米，棺长2.2、宽0.8—0.92、残高0.12米。人架为男性，仰身直肢，头向北，身长1.72米，年龄50岁左右。头骨下随葬陶鬲一件，已碎裂而无法复原（图三四）。

## 四、结 语

### 1. 年代分析

这批墓葬，没有出土具有明确纪年的文物，仅能依据墓葬形制、出土文物进行推测。第一区仅有M2、M7、M9、M14、M16、M20、M21、M25、M26、M27、M28和M30座墓葬内有器物出土，且分布分散。M2内出土的两件陶豆，M2：1与燕下都Ⅶ式矮柄深腹豆相似，M2：3与燕下都Ⅱ式矮柄深腹豆相似。矮柄深腹豆在燕下都遗址沿续时间很长，从战国早期到晚期都有出土，变化不大[1]。M2出土的龙形玉佩，与1977年平山三汲中山王磐（公元前327—前313年在位）墓出土的夔龙形黄玉佩和龙形青玉佩[2]，以及洛阳市中州中路东周墓出土的战国中期龙形玉佩[3]，在造型、装饰技法和纹样上十分相近。据上述器物对比来看，M2应在战国中晚期左右。M9、M16、M25、M26、M27出土的燕式鬲与燕下都出土的战国晚期同类器物非常相似[4]，M14出土的陶罐口沿上有两个战国时期篆字"母戴"，应为人名。这几座墓葬的年代可能在战国晚期。其他墓葬出土的陶器从器形和纹饰上分析应为西汉前期。因此，第一区的墓葬应形成于战国中晚期至西汉前期。

第二区M8出土的铜戈与战国中山王磐墓的金樽铜戈CHMK2：14-1[5]及易县燕下都贯城村采集的Ⅲ式燕式戈，在形体和尺寸方面非常相近，胡部缺角与武阳台村采集的带有"郾王喜造光垂戈"的Ⅳ式燕式戈相似[6]，与章丘绣惠女郎山一号战国中期大墓出土的B型戈[7]，洛阳市中州中路东周墓出土的战国中晚期Ⅱ式戈也很相近[8]。第二区出土的陶器均为较小的明器，M8出土的铜带钩，也具有战国时期特征。第三区仅出土有陶鬲残片，与燕式鬲陶质相同。在墓葬形制方面，第二区和第三区墓葬与第一区同类墓葬相同。据此推测第二区和第三区的年代，可能在战国中晚期。

### 2. 墓地性质

第一区墓葬，均为长方形土坑竖穴墓，除M16为屈肢葬外均为仰身直肢葬，除M16、M30和M28为二人合葬、M20和M21破坏不明外，其余均为单人葬。除

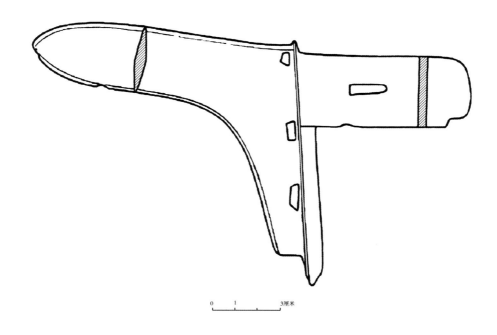

0   1        3厘米

图三〇 东营子墓地第二区出土铜戈（M8：2）

M36为头向南外，均为头向北。根据形制、葬具、葬式可分为如下几类：第一类，单棺墓或单椁墓17座。其中单棺墓有13座：M4、M11、M12、M15、M17、M18、M19、M23、M29、M31、M32、M35、M37；单椁墓2座：M22和M36。单棺且墓底有垫木的墓葬1座：M6；单椁且墓底有垫木的墓葬1座：M34。此类墓葬无随葬品。第二类，一棺一椁墓共16座。墓壁和墓底无头龛、脚窝、垫木等其他现象的有8座：M3、M5、M7、M8、M10、M13、M25和M33；仅有头龛的2座：M2和M26；仅有脚窝的1座：M1；仅在椁底有两根南北向的垫木的墓葬有2座：M9和M24；既有脚窝又有垫木的1座：M27；口小底大略呈覆斗形的墓葬1座：M14；有头龛且两具人骨侧身屈肢的墓葬1座：M16。第三类，一椁两棺的合葬墓2座：M28和M30。另外，因破坏严重而葬具不明的2座：M20和M21，这两座墓葬根据发掘情况判断有可能属于第三类。

东营子墓地的三个分区相距较远，从随葬器物上看，第一区多为实用器而第二区的器物多为较小的明器，所以各区分别有自身特征，应是单独的单元。第一区墓葬较多，没有明显的排列规律，骨架大部分腐烂呈粉末状，出土器物较少，距离较近者也没有充分证据说明是夫妻异穴合葬，时代稍有差别的墓葬也错列分布，第二区墓葬方向也不一致，第三区仅有的三座墓葬中也有一座分布不紧凑，所以各区都有可能不是一个家族，而是当时的公共墓地。

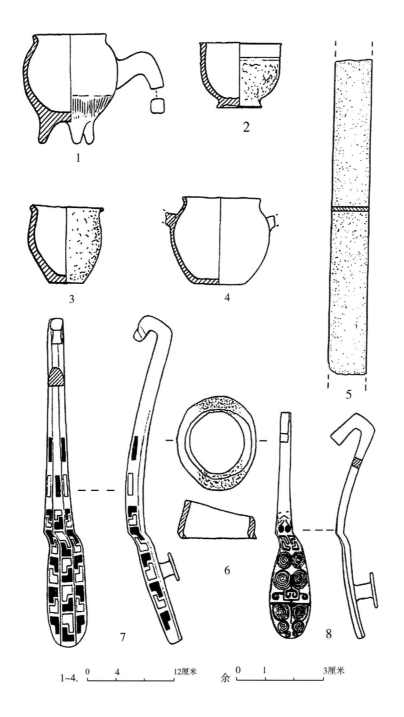

图三一　东营子墓地第二区出土器物

1、3、4.陶罐（M8：4、M6：1、M5：2）2.陶杯（M5：1）5.石含（M8：5）
6.骨环（M8：3）7、8.铜带钩（M8：1、M7：1）

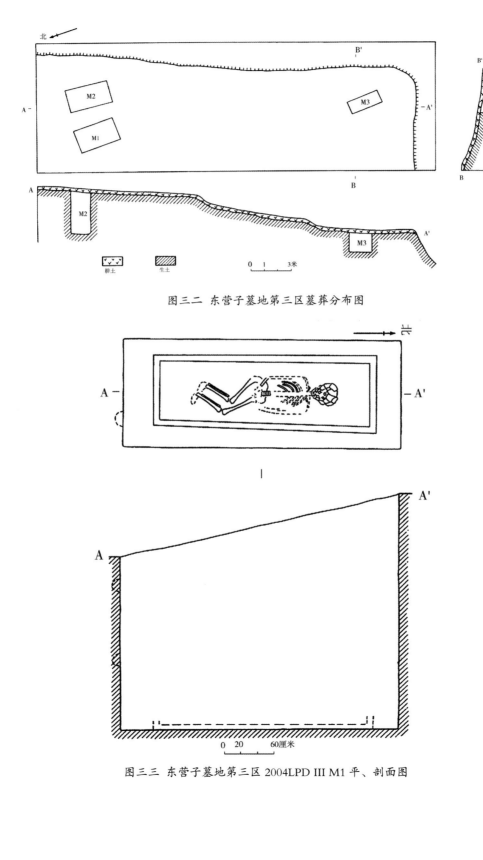

图三二 东营子墓地第三区墓葬分布图

图三三 东营子墓地第三区 2004LPD III M1 平、剖面图

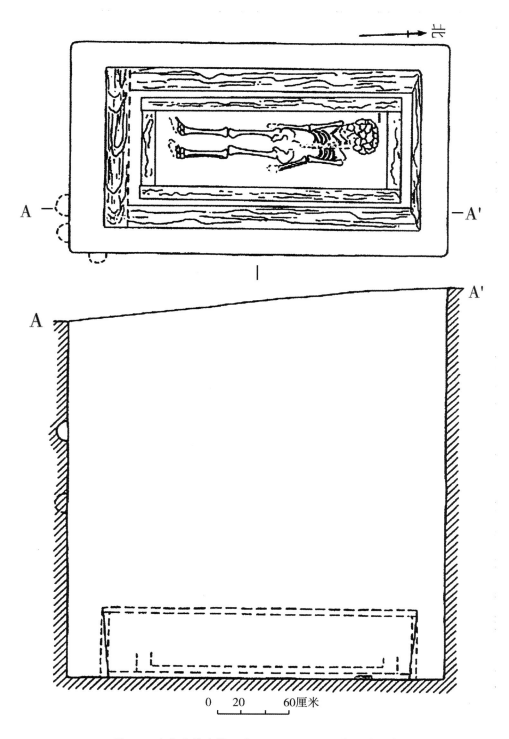

北

A — —A'

A A'

0   20   60厘米

图三四 东营子墓地第三区 2004LPD III M2 平、剖面图

根据出土文物分析第一区第一类墓没有随葬器，无法确定其具体年代。第二类墓葬器物组合有1罐2豆及2玉佩，或2鬲，或2罐1铁剑1带钩，或仅有1个带钩等几种情况，陶器除豆为素面外，纹饰均为绳纹。器物特征反映出的年代为战国中晚期，但没有明确证据表明其确切的早晚关系。第三类墓葬器物组合2罐1盆或3—4罐，陶鬲消失，不见绳纹，陶器下腹饰条纹、网纹，底部交错重叠拍印条纹或网纹，有的陶器上腹饰压印带状网格纹，此类墓葬年代似乎约在西汉前期，晚于第二类。单棺和单椁墓葬没有随葬品，一棺一椁的墓有一部分没有随葬品，反映出了一定的贫富和等级差异。

附记：本次发掘领队张春长，参加发掘人员有陈伟、梁亮、齐瑞普、李楠、王瑞刚、张守义、韩利、曲红阳、李剑、王晓强、王月华、李树斌、赵克军等。插图由郝建文、刘缀生绘制，摄影梁亮、齐瑞普、陈伟、张春长。发掘过程中得到京承高速公路建设部门的大力支持和协助，报告编写过程中得到石永士先生的悉心指导，在此表示谢意。

执笔：张春长、齐瑞普、陈伟、梁亮

注释

〔1〕〔4〕〔6〕河北省文物研究所：《燕下都》，文物出版社，1996年。

〔2〕河北省文物局编：《战国中山文明》，岭南美术出版社，2001年。

〔3〕〔8〕洛阳市文物工作队：《洛阳市中州中路东周墓》，《文物》1995年8期。

〔5〕河北省文物研究所：《墓——战国中山国王之墓》，文物出版社，1996年。

〔7〕山东省文物考古研究所编：《济青高级公路章丘工段考古发掘报告集》之《章丘绣惠女郎山一号战国大墓发掘报告》，齐鲁书社，1993年。

*《河北省考古文集3》*

附表一 东营子墓地第一区（2004LPDⅠ）墓葬统计表

| 墓号 | 方向 | 墓 长 | 墓 宽 | 墓 深 | 棺 长 | 棺 宽 | 椁 长 | 椁 宽 | 葬式 | 年龄 | 性别 | 保存情况 | 身高 | 随葬品 | 年代 | 备注 |
|---|---|---|---|---|---|---|---|---|---|---|---|---|---|---|---|---|
| M1 | 15 | 360 | 220 245 | 250 340 | 214 | 80 | 280 290 | 154 | | | | 成粉末状 | | | | 西南角有脚窝。东110厘米为M2 |
| M2 | 10 | 340 | 220 | 258 368 | 220 | 88 | 280 292 | 154 192 | | | | 成粉末状 | | 陶罐1、陶豆2、玉佩2 | 战国中晚期 | 北壁有壁龛。椁残高74，棺残高26厘米，西110厘米为M1 |
| M3 | 8 | 335 | 166 | 32 112 | 218 | 72 | 262 | 102 | 仰身直肢 | 50 60 | 男 | 较好 | 178 | | | |
| M4 | 7 | 250 | 88 | 70 116 | 210 | 50 | | | 仰身直肢 | 40 | 女 | | | | | 棺残高16厘米 |
| M5 | 3 | 296 | 156 | 104 152 | 218 | 58 | 246 | 130 | | | | 残余腿部 | 170 | | | 椁残高48厘米 |
| M6 | 10 | 250 | 100 | 56 86 | 210 | 80 | | | 仰身直肢 | 约35 | 男 | | | 动物骨骼残块 | | 开口大于墓底，棺残高16厘米，棺底有东西向垫木2根 |
| M7 | 9 | 310 | 180 | 43 104 | 196 | 65 70 | 274 | 110 | | | | 成粉末状 | | 铜带钩1 | 战国—西汉 | 椁残高22厘米 |
| M8 | 11 | 350 366 | 190 | 196 260 | 216 | 68 72 | 261 300 | 112 172 | 仰身直肢 | 0 5 | 女 | 较好 | 160 | | | 墓底大于棺口棺北宽南窄，椁残高80厘米 |
| M9 | 16 | 320 | 166 | 213 280 | 236 | 80 | 300 | 144 | 仰身直肢 | | | | | 陶网2 | 战国晚期 | 椁底有南北向垫木2根，长316，直径10厘米 |
| M10 | 15 | 320 | 150 | 206 256 | 210 | 70 | 270 | 126 | 仰身直肢 | 50 55 | 男 | 差 | 170 | | | 棺残高90厘米 |
| M11 | 13 | 270 | 118 | 70 90 | 210 | 55 72 | | | 仰身直肢 | | | 差 | 160 | | | 单棺北宽南窄 |

| 墓号 | 方向 | 墓 | | | 棺 | | 椁 | | 骨架状况 | | | | | 随葬品 | 年代 | 备注 |
| | | 长 | 宽 | 深 | 长 | 宽 | 长 | 宽 | 葬式 | 年龄 | 性别 | 保存情况 | 身高 | | | |
| M12 | 19 | 245 | 90 | 180 220 | 208 | 66 | | | 仰身直肢 | 30 35 | 女 | 好 | 156 | | | 填土中发现动物骨骼。单棺残高16厘米 |
| M13 | 4 | 282 | 150 | 230 300 | 195 | 65 | 233 | 96 | 仰身直肢 | | | 差 | 160 | | | 椁残高64厘米 |
| M14 | 352 | 264 300 | 104 126 | 178 210 | 210 | 65 | 288 | 100 | 仰身直肢 | | 男 | | | 铜带钩1、铁剑1、陶罐2 | 战国晚期 | 两罐之间和铁剑东侧有动物的骨骼2堆 |
| M15 | 7 | 250 | 104 | 100 150 | 194 | 56 64 | | | 仰身直肢 | 50 55 | 男 | 较好 | 166 | | | 棺北宽南窄 |
| M16 | 7 | 315 | 165 | 293 340 | 216 | 98 | 260 | 128 | 二人合葬 | 侧身面部相对 | | 成粉末状 | | 陶盃2 | 战国晚期 | 墓室北壁有壁龛，内有随葬品，棺残高52厘米，椁底南北向垫木2根 |
| M17 | 16 | 170 | 100 | 0 40 | | | | | 仰身直肢 | 45 | 女 | 脚部缺失 | | | | 墓葬南半部分遭破坏 |
| M18 | 12 | 240 | 96 | 0 70 | | | | | 仰身直肢 | 25 30 | 女 | | 160 | | | 遭到破坏 |
| M19 | 7 | 80 | 90 | 10 | | | | | | | | 头骨残片 | | | | 严重破坏 |
| M20 | 13 | 290 | 220 | 0 40 | | | | | 仰身直肢 | 40 | 女 | | | 陶罐 | 西汉 | 遭破坏 |
| M21 | 15 | 330 | 296 | 10 116 | | | | | | | | 头骨残片 | | 陶罐2 陶盆1 | 西汉 | |
| M22 | 9 | 310 | 148 | 158 226 | | | 262 | 108 | 仰身直肢 | | 女 | 成粉末状 | | | | 随葬有兽骨 |

续　表

| 墓号 | 方向 | 墓 | | | 棺 | | 椁 | | 葬式 | 骨架状况 | | | | 随葬品 | 年代 | 备注 |
|---|---|---|---|---|---|---|---|---|---|---|---|---|---|---|---|---|
| | | 长 | 宽 | 深 | 长 | 宽 | 长 | 宽 | | 年龄 | 性别 | 保存情况 | 身高 | | | |
| M23 | 13 | 250 | 120 | 64 148 | 180 | 56 | | | 仰身直肢 | 35 40 | 女 | 好 | 150 | | | 骨架双手交叉，放置于腹部 |
| M24 | 13 | 360 | 170 | 230 300 | 226 | 76 | 275 | 150 | 仰身直肢 | 40 | 男 | 好 | 170 | | | 椁下南北向长方形垫木2根，长300,宽14厘米 |
| M25 | 12 | 320 | 170 | 294 340 | 200 | 65 80 | 260 | 140 | | | | 成粉末状 | | 陶鬲1 | 战国晚期 | 棺南宽北窄，椁残高60厘米，随葬品在棺内 |
| M26 | 7 | 330 | 180 | 330 310 | 230 | 70 | 260 | 130 | | | | 成粉末状 | | 陶鬲2 | 战国晚期 | 随葬品位于北壁壁龛的填土内，填土中发现兽骨以及铁片 |
| M27 | 10 | 10 | 320 | 180 | 380 400 | 230 | 80 | 292 | 140 | | | 成粉末状 | | 陶鬲2 | 战国晚期 | 东南发现脚窝，椁下有南北向垫木2根 |
| M28 | 12 | 262 | 235 | 70 | | | | | 一次葬 | | 男 | | | 陶罐3 | 西汉 | |
| M29 | 30 | | | 11 118 | 234 | 66 76 | | | 仰身直肢 | 35 40 | 女 | 腿部缺失 成粉末状 | | | | 南部开口暴露于地表，未发现葬具 |
| M30 | 10 | 380 | 280 | | 234 | 66 72 | 324 | 200 | | | | 成粉末状 | | 陶罐4 | 西汉 | 随葬品维语棺椁北部头厢之内 |
| M31 | 12 | 258 | 122 | 156 220 | 220 | 72 | | | 仰身直肢 | 35 40 | 男 | 好 | 170 | | | 右侧40厘米为M32 |
| M32 | 12 | 270 | 104 | 106 170 | 208 | 66 | | | 仰身直肢 | 60 | 男 | 差 | 165 | | | |

续　表

| 墓号 | 方向 | 墓 | | | 棺 | | 椁 | | 葬式 | 骨架状况 | | | | 随葬品 | 年代 | 备注 |
| | | 长 | 宽 | 深 | 长 | 宽 | 长 | 宽 | | 年龄 | 性别 | 保存情况 | 身高 | | | |
| M33 | 13 | 335 | 185 | 342 430 | 200 | 80 | 285 | 130 | | | | 成粉末状 | | | | 椁残高20厘米 |
| M34 | 12 | 260 | 120 | 200 | 210 | 65 | | | 仰身直肢 | | 女 | | 173 | | | 棺残高35厘米，棺下有东西向垫木2根 |
| M35 | 12 | 260 | 106 | 104 136 | 212 | 80 | | | 仰身直肢 | | | 较差 | 166 | | | 填土中有绳纹陶片 |
| M36 | 196 | 320 | 140 | 250 280 | 240 | 95 | | | 仰身直肢 | 45 50 | 女 | 差，腐朽头骨残片 | 156 | | | 棺残高40厘米 |
| M37 | 18 | | | | | | | | | | | | | | | |

附录二　东营子墓地第三区（2004LPDⅡ）墓葬统计表

| 墓号 | 方向 | 墓 | | | 棺 | | 椁 | | 葬式 | 骨架状况 | | | | 随葬品 | 年代 | 备注 |
| | | 长 | 宽 | 深 | 长 | 宽 | 长 | 宽 | | 年龄 | 性别 | 保存情况 | 身高 | | | |
| M1 | 355 | 242 | 121 | 82 100 | 233 | 95 | | | 侧身屈肢 | 30 35 | 男 | 左脚缺失 | 160 | 陶罐1 | | 器物在棺内西南角，破碎 |
| M2 | 352 | 332 | 152 | 54 120 | | | | | 仰身直肢 | | 女 | 差 | 160 | | | 左臂粉末状 |
| M3 | 360 | 310 | 168 | 138 200 | 212 | 75 | 245 | 120 | 仰身直肢 | | 男 | 头骨破碎 | 176 | | | |
| M4 | 352 | 330 | 195 | 90 182 | 185 | 74 | 238 | 109 | | | | 残2 牙齿 | | | | 有药土二层台 |

续 表

| 墓号 | 方向 | 墓 长 | 墓 宽 | 墓 深 | 棺 长 | 棺 宽 | 椁 长 | 椁 宽 | 葬式 | 骨架状况 年龄 | 骨架状况 性别 | 骨架状况 保存情况 | 骨架状况 身高 | 随葬品 | 年代 | 备注 |
|---|---|---|---|---|---|---|---|---|---|---|---|---|---|---|---|---|
| M5 | 350 | 282 | 172 | 130 170 | | | | | 仰身直肢 | | 女 | | | 陶杯1、陶罐1 | 战国中晚期 | 棺外北侧椁内两角部位 |
| M6 | 355 | 310 | 186 | 120 160 | 220 | 80 | 260 | 144 | 仰身直肢 | | 男 | | | 陶罐2 | 同上 | 位于棺外北侧椁内 |
| M7 | 95 | 370 | 212 | 150 180 | 220 | 64 | 266 | 124 | 仰身直肢 | 40 45 | | | | 铜带钩1 | 同上 | 铜带钩位于骨架右肩部 |
| M8 | 90 | 372 | 230 | 310 352 | 222 | 90 | 310 | 186 | 仰身直肢 | | 男 | | | 铜戈1、铜带钩1、陶罐1、铜三足、骨环1、石片1 | 战国中晚期 | 椁下有东西向垫木2根 |

附录三　东营子墓地第三区（2004LPDⅢ）墓葬统计表

| 墓号 | 方向 | 墓 长 | 墓 宽 | 墓 深 | 棺 长 | 棺 宽 | 椁 长 | 椁 宽 | 葬式 | 骨架状况 年龄 | 骨架状况 性别 | 骨架状况 保存情况 | 骨架状况 身高 | 随葬品 | 年代 | 备注 |
|---|---|---|---|---|---|---|---|---|---|---|---|---|---|---|---|---|
| M1 | 0 | 340 | 140 | 300 | 272 | 91 100 | | | 侧身屈肢 | | | 腐朽严重 | | | 战国中晚期 | 东南角有脚窝3个 |
| M2 | 5 | 320 | 185 | 308 340 | 220 | 80 92 | 266 | 140 | 仰身直肢 | 50 | 男 | 骨架碎裂 | 1.75 | 陶罐1 | | 东南角有脚窝3个 |
| M3 | 355 | 245 | 90 | 90 150 | 198 | 60 70 | 245 | | 仰身直肢 | 30 40 | 女 | | 1.72 | | | |

# 兴洲行宫考

沈军山

## 引　言

河北省滦平县兴洲村有一处清代早期建筑，当地村民称之为"行宫"。民国前，它是兴洲皇粮庄头府宅，新中国成立后为兴洲供销社占用。该建筑已有300年的历史，大部分房屋已毁坏，唯前殿、后殿尚存，与门殿前的四个牌坊石柱础、东南百米远处的观音寺以及寺内两棵苍劲挺拔的古松树相互辉映，点缀于依山傍水的兴洲村，古色古香，格外引人注目。

清代，古北口外行宫是清帝北巡举行木兰秋大典，途中"省方驻跸"之所。自康熙二十年（1681年）始，至嘉庆二十五年（1820年）止，凡140年，共北巡105次。前期无固定路线，择捷径而行，选宜处而安。康熙四十年（1701年）之后，国力强盛，清廷于古北口外专门修建了一条通往避暑山庄，再北行至木兰围场的御道及沿途20多座行宫，其中滦平境内有8处，即巴克什营、两间房、长山峪、鞍子岭、王家营、桦育沟、喀喇河屯、蓝旗营行宫[1]，前期北巡所行道路和驻跸之所遂放弃。由此，一提起行宫，人们自然而然地就会想到御道上那一座座金碧辉煌的皇家宫殿，而前期北巡那些名不见经传、又比较简陋的驻跸之所，至今尚是未解之谜。兴洲行宫即是其中的一个。清帝北巡举行木兰秋弥活动，具有十分重要的战略意义，特别是康熙前期北巡，在平定内乱，抗御外侵，加强民族团结，实现祖国统一等方面，都起到了很大的作用，为中华民族历史写下了光辉的一页。所以，那些简陋的驻跸之所，既是北巡历史不可缺少的内容，也是避暑山庄文化研究中的一个重要课题。近年来，我们在满族历史文物普查时，发现了一些有关遗迹和遗物，还搜集了一些口碑资料。现仅就与兴洲行宫相关的几个问题，谈一点粗浅认识。

## 一、地理位置及沿革

兴洲行宫坐落于兴洲村中部，西50米为承丰公路，东300米为兴洲河，水自北至此又东南流。南距清御道20公里，北距古道要塞博罗诺梁5公里，西距滦平县城（鞍匠屯）30公里。这里山青水秀，历史悠久，明代以前，是塞北的政治中心、军事重地和交通要道。清初，康熙北巡曾驻跸于此，在这里留下了不可磨灭的足迹。

两周时期，兴洲属燕之北土，为北方土著山戎人所居。山戎强盛于西周末至春秋初期，尝与齐、鲁、燕、赵等中原诸侯国抗衡，春秋中期齐国中兴，北伐山戎，山戎逐日趋衰弱。兴洲苘子沟曾发现山戎氏族墓地，出土大量山戎遗物[2]。

战国时期，燕将秦开为质于胡（山戎、东胡），归后领兵却胡于千里之外，燕筑长城自造阳北（张家口一带）至襄平（辽阳），这里成为燕渔阳郡（密云）辖地。在兴洲村附近的山上发现自北向南延伸的战国时期烽燧（俗称狼烟墩），还发现战国时期墓葬，出土燕式戈、剑等兵器，表明这里有燕国军队驻防。

汉代，这里成为政治中心和军事要地。兴洲小城子为汉代要阳都尉故城，现尚存部分城址，外城方形，边长约480米；内城矩形，东西长260米，南北宽130米。兴洲小城子西山有大面积汉代古墓群，当与汉城有关。按史料记载，西汉景帝改郡尉为都尉，辅佐郡守并全部军事，此城当建于汉景帝以后。

三国至唐代，北方战争连绵不断，燕北多为东胡族系的乌桓、鲜卑、库莫奚等部族所居。辽代，为辽北安州兴化县辖地。

金代，兴洲为兴化县（隆化）白檀镇，金泰和三年（1203年）改升为宜兴县，隶属兴州（隆化）[3]。元代"致和元年（1328年）升为宜兴州，以旧有兴州，故称小兴州"[4]，兴洲村因而得名。今村北保存着金、元时期城墙，此城矩形，南北长450米，东西宽300米。宜兴辖境甚广，西起丰宁县上黄旗（此处原有元宜兴与开平的分界石），东抵承德市鸡冠山，东南至承德县上板城一带[5]。

明初，蒙古族常骚扰京师，自洪武元年（1368年）始修东起辽东、西至嘉峪关的万里长城；洪武四年（1371年）废兴州，改立兴州五卫，宜兴州（滦平兴洲）改为宜兴守御千户所。永乐元年（1403年）卫、所全部移人内地[6]。

同时，明政府于洪武三年（1370年）徙顺宁（今宣化）、宜兴（滦平兴洲）二州之民，入北平诸州县屯戍，计93878人，后又从宜兴等地收集溃散元遗民900余户。洪武四年（1371年）又迁"山后"居民197000余人，分散于北平及其附近各处屯种。小兴洲为这次移民的集散点，集散人数在50万人以上[7]，致使"小兴州、大兴州等地……以永乐弃大宁，俱沦沙漠"[8]，长城以北二百华里之地，划为中立地带，两族（蒙、汉）人皆不得居住"[9]，荒寂了240年之久。

清初，满族人先后到古北口外圈地开发。兴洲一带为皇家内务府圈占的一个皇粮庄园，有土地4000亩，内务府派满族人于马司任庄头，另派壮丁15人，"兴洲行宫"即是庄头府宅。是时，滦平是清帝北巡的必经之地，地理位置十分重要。所以，雍正以前滦平直接归清廷管辖，雍正元年（1723年）属热河厅，十一年（1733年）属承德州，乾隆七年（1742年）建县级机构，即喀喇河屯厅（治所在今滦河镇）。乾隆四十三年（1778年）改喀喇河屯厅为滦平县[10]。

### 二、历史背景与传说

康熙前期是个多事之秋，朝廷内部鳌拜专权，外部三藩叛乱，漠南蒙古布尔尼与昭乌达盟奈曼部王扎木山举兵造反，噶尔丹逞强于漠西，以及沙俄入侵东北领土等，给刚刚建立不久的大清王朝蒙上了一层阴影。康熙皇帝雄才大略，深谋远虑，铲除鳌拜、平定三藩之后，马不停蹄立即着手解决北部安定问题，采取了"肆武绥藩"的战略决策。康熙二十年（1681年），在北部蒙古各部落之间设置了木兰围场，每年亲率王公大臣及八旗官兵北巡绥抚蒙古，并举行木兰秋狝活动。滦平是北巡主要通道。是时因形势所迫，一般沿战国、汉或辽、金时期的古道而行，因此形成了几条北巡路线和沿途临时驻跸之所：(1)出古北口往西逆潮河而行，经滦平、丰宁、多伦至围场。(2)出古北口过十八盘梁走鹌鹑沟（滦平安纯沟门村），经丰宁至内蒙古，再往东到围场。(3)出古北口经鞍匠屯（滦平镇西街）至兴洲，再向北过博罗诺梁到丰宁，再北行至围场。(4)出古北口走辽驿道至红旗镇，逆伊逊河经隆化至围场。(5)出古北口经喇嘛洞沿滦河东行，再逆伊逊河或伊马图河至围场。自京城出喜峰口或张家口的北巡路线，这里不再赘述。康熙四十年后，国家统一，天下太平，进入"康乾盛世"，而木兰秋狝活动仍"岁频举行"，参加人员少则数千，多则万余众，于是开始修建御道和行宫。乾隆帝曾对建行宫起因作过说明："命发内府，修建行宫数字，以省驼载之劳，""驼载为劳，故建行宫，以息物力。"[11]随着御道和行宫的建成，帝王北巡就只走一条固定的御道了。

虽然康熙前期北巡未见有行宫记载，但在一些地方发现有相当于行宫之类的驻跸之所，如喀喇河屯、鞍匠屯、兴洲等。喀喇河屯行宫是于康熙四十三年（1704年）在原"滦阳别墅"基础上修建的。"滦阳别墅"修建于顺治七年（1650年），是年摄政王多尔衮有疾出猎塞外，驻跸喀喇河屯，并于此修建"避暑城"，后称"滦阳别墅"。康熙帝于康熙十六年（1677年）、四十一年（1702年）、四十二年（1703年）北巡时驻跸于此[12]。鞍匠屯是康熙前期北巡驻跸最多的地方，自康熙二十二年至康熙三十六年，康熙北巡出古北口皆于此驻跸，多则三日，少则一日，来往共达19次之多。康熙二十四年（1685年）北巡，曾于鞍匠屯举行第一次雅克萨之战胜利的庆典。鞍匠屯后街北山坡下为一处清早期建筑遗址，地表暴露残砖碎瓦，原有一废墟堆，当地居民称之为"宫堆子"。传说过去有行宫，康熙于此住过，现为郭姓满族承包地，其祖上为鞍匠屯驿站千总。遗址附近建有村民住宅，唯此地至今闲置，问之答曰：皇帝住过的地方，建房子不好。据此分析，此遗址当是康熙前期北巡的驻跸之所。

康熙驻跸兴洲只有两次。第一次在康熙二十八年（1689年）八月，是年七月初十皇贵妃佟氏崩，康熙悲痛过度，积劳成疾，在众大臣力劝下北巡调养。康熙于八月十一日起驾，十二日驻跸古北口，十三日驻跸鞍匠屯，"是日赏驿男妇幼童共、百七十九口人，各银二两"[13]，九月初从蒙古回銮时驻跸兴洲[14]。第二次于康熙三十一年（1692年）七月，命皇长子胤禔、皇三子胤祉、皇四子胤禛、皇五子胤祺、皇七子胤佑、皇八子胤禩随驾，九月初八回銮时驻跸兴洲[15]，驻跸之所即兴洲皇粮庄头于马司府宅。据于马司十二代孙于文义及其家人口述，庄头府宅前殿不得他人入内，西间屋内有一楠木床，称"卧龙床"，是皇帝和"于娘娘"专用的，解放初期，于家被扫地出门后不知去向。当地流传有康熙皇帝的一段风流佳话：当年康熙皇帝驻跸兴洲，与当地大户于姓姑娘邂逅相遇一见钟情，于姑娘奉命"伴驾"，一夜之后成了"于娘娘"。康熙国事繁忙，日理万机，走后就把这段情缘忘了。临走时留下一件信物，一杆"盘龙枪"（经调查此物于"文革"时期丢失），还与"于娘娘"共同栽了四株牡丹花，红、黄、白、粉四株四色。康熙一走了之，而"于娘娘"不能再嫁，她望眼欲穿地等待皇帝再次临幸，一直等到满头白发，最后含怨郁郁而死。到了乾隆四十九年，此事让乾隆皇帝知道了，于是下诏为"于娘娘"建了贞节牌坊，还亲手题额"石固松青"四字。至今那株白色牡丹仍然活着，于家也因此而飞黄腾达，成为远近闻名的显赫大户。攀龙附凤者上至直隶总督，下至州府、县衙，无不接踵而来。在于家的前殿、门殿内所挂匾额，大都为总督、知府、知县文保所赠，多达几十块，可惜的是这些历史遗物皆于"文革"期间毁于一旦。于家的产业，先发展到怀柔四海冶，后又发展到丰宁。前几年，有人盗掘丰宁凤山于家的祖坟，出土大量金、银器物，此案侦破后，收缴了数十件文物，现藏于丰宁县文管所。

### 三、建筑规模及年代

兴洲行宫包括三部分，即贞节牌坊、"宫区"和观音寺，贞节牌坊和观音寺为后建。

贞节牌坊位于"宫区"门殿前3米远，建筑形式为三孔四柱，南北向，面阔16.6、高约6米。柱础为方柱形，边长0.9米，深埋于地下，地表部分高1.2米；中孔宽2.5米，两侧孔宽1.7米，中孔正对殿门，上有蓝地金龙纹饰匾，上书满、蒙、汉三种文字的"圣旨"2字；横匾为御书题额"石固松青"4字。

"宫区"南向，平面略呈方形，东西长105、南北宽94米。四周以河卵石砌虎皮墙，高2.8米，东、南各有一门。"宫区"可分宫殿区与花园区。宫殿区占东南部分，平面为矩形，东西长75、南北宽62.5米，四周为虎皮墙与房屋相连呈封闭式。"宫区"西部与北部相连呈直角形，为花园区。整个"宫区"坐北朝南，前宫后园，为传统的宫苑布局特点。宫殿区为三进二院，正门南偏东，门殿宽近4米，门额曰"广粮门"，两侧各有耳房3间。入此门偏西斜对垂花门，此门建筑考究，做工精细，彩绘龙凤和如意纹，门匾额曰"乐善步捐"。入垂花门内为前殿院，前殿5间，面阔19.3、进深9.5米，硬山顶，前后出廊，内皆楠木隔墙，中厅前后有门可通后院。楹曰"保稼堂""纯良吉美"等。

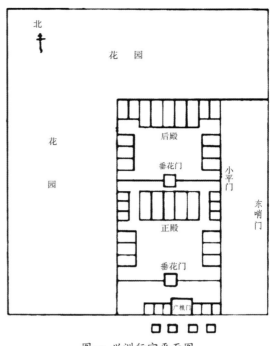

图一 兴洲行宫平面图

前殿有东西配房各3间，东西顺山各有小房3间。院内多植花草，唯牡丹倍受关照存活时间最长，"文革"前后有人挖走3株移植未活，现只剩一株白色牡丹。前殿为处理公务的地方，唯西间屋原为"于娘娘"居室，"于娘娘"逝后一直闲置不用。前殿院落为封闭式，后为虎皮墙，中有垂花门，与前垂花门相对，同在中轴线上，建筑形式、大小皆同。过此垂花门即后殿院。后殿5间，与前殿大小及形式基本相同；东西各有耳房2间，东耳房为厨房，西耳房供神龛、祖宗牌位；正房与配房皆为寝室。后殿院东南角有一小门，曰：小平门，出此门外为宫墙内胡同，长61、宽15米。东墙中间即为宫区东大门，曰：东哨门，胡同北墙有一小门通后花园（图一）。

观音寺位于"宫区"东南约100米处，占地3亩，南偏西设山门。前院有钟、鼓二楼，前殿3间，内供关公像。两侧东西配房各2间，为僧人居室。后院中有古松2棵，后殿3间内供观音菩萨像，两侧各有耳房3间；东西配房各7间，东配房供九神像，西配房供十阎王像（图二）。

兴洲行宫的建筑年代没有明确的记载，于家所有的带有纪年的证物，或毁于战乱，或毁于"十年浩劫"，只能从以下几个方面予以分析：首先，从兴洲皇粮庄园建立时间上看。按史料记载，清圈占土地自顺治八年（1651年）始，至康熙年间热河已有皇粮庄园138个，其中滦平县24个，至乾隆十五年（1750年）减为136个，不久又减为135个，至嘉庆时减为134个[16]。民国5年8月5日热河都统发布取消庄头名誉时仍为134个，其中滦平仍是24个[17]。可见，热河皇粮庄园于康熙年间全部建成，尽管以后稍有变动，但滦平无增无减。

又据民国滦平县公署档案材料，滦平24庄中有15个为"老圈"（康熙以前），其中包括兴洲庄头于允生（于马司第10代孙），另外9个为康熙八年（1669年）以后圈占[18]。因此，兴洲皇庄应在康熙八年以前圈占。清代皇庄归内务府统管，其土地亩数、管理人员等都是统一的。即每庄派庄丁10人（后增至15人），选堪用者1人为庄头，给地300垧，另场院、马场4垧，牲畜、房屋等一部。也就

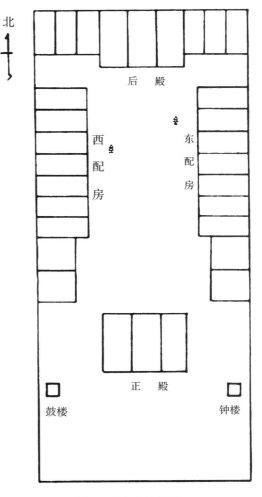

图二 观音寺平面图

是说，庄头府宅是由内务府建造的，与庄园圈占的时间相同。那么，兴洲行宫最早建筑年代当在顺治八年（1651年）至康熙八年（1669年）之间。其次，从于家最早来滦平的时间分析。于姓始祖于马司，祖籍山东登州府，逃荒至东北沈阳，编入八旗，后"随龙入关"，被内务府派到兴洲皇庄任庄头。于马司属绿营兵（汉八旗），率先被派往口外管理皇庄是符合当时情况的。今兴洲村村民于长江为于马司12代孙。道光十三年（1833年）粥厂绅士于德溢曾为粥厂立匾额"急公好益"，此匾现藏于滦平县博物馆。于德溢为于马司第7代孙，道光为康熙第5代孙。由此推测，于马司与多尔衮（顺治叔父）为同时人，随多尔衮入关后，被派往兴洲任皇粮庄头当不会有误。第三，从兴洲行宫的建筑分析。"宫区"的建筑无论从布局上，还是建筑形式上，都具有清代行宫的建

筑特点，如"前殿后苑"，"前宫后寝"、"三进二院"、门额、殿楹以及封闭式的四合院、考究的垂花门等。这里需要指出的是，庄头的地位并不高，待遇都是一样的，滦平24个庄头，唯兴洲庄头府宅如此富丽堂皇，说明它不是内务府首次建筑的庄头府宅，而是后来增建或重建的。那么后来又是谁建造的呢？我们认为有两种可能，一是康熙赏赐于家大量银两，由于马司重建的；另一是在内务府选定为驻跸之所后，予以重建或增建的。后者可能性更大一些。那么，第二次重建当在康熙二十八年（1689年）前后。至于乾隆皇帝下诏建立的贞节牌坊，无疑是后建的，其位置因已临街道而紧靠门殿。观音寺也当属后建，内务府在给庄头的待遇上没有建寺庙一说，从建筑形式与内容分析，当建于乾隆早期，为自建家庙。

## 四、结　语

综上所述，归纳以下几点：

1．关于兴洲行宫说的认定。所谓行宫，辞典是这样解释的："供帝王出京后居住之用而建筑的宫殿，也指帝王出京后临时寓居的官署或住宅。"康熙前期北巡未建专门的宫殿，原因在于当时的国情不允许。漠南蒙古布尔尼与漠西蒙古噶尔丹先后举兵叛乱，对大清江山震撼很大，北巡是康熙的英明之举，其目的有两个，一是要平定叛乱，二是要绥抚蒙古诸部，如果在北巡途中建豪华宫殿的话，会被认为是在游山玩水，则将失去北巡的意义。但是，北巡一去数月，行程数千里，且道路崎岖，没有一些较为舒适的驻跸之所也是不可能的。这些临时的驻跸之所，其实际作用与后来的行宫相比较毫不逊色，甚至远远超过后者。史料上没有将这些驻跸之所名之为行宫，是因为它们多是地方官署或府宅的缘故。所以，我们认为兴洲行宫之说是成立的。为了与后来兴建的专门行宫相区别，可在前面加上"早期"二字。

2．早期行宫与晚期行宫的关系。早期行宫在康熙前期北巡举行木兰秋活动中发挥了重要作用，为建立后来的御道行宫从理论与实践上奠定了基础。可以说早期行宫与晚期行宫之间是继承和发展的关系。从晚期行宫的作用看，建立的时间已临太平盛世，其实际作用，多半是为帝王休闲养性、游山玩水而已。

3．关于兴洲行宫的称谓。兴洲的"洲"字由"州"字演化而来，兴州始称于元代，因小兴州而得名，直至清代仍沿用。兴洲河因兴州而得名，史称大要水，"州"字与"洲"字相近，演化为兴洲河。称谓是地方历史的缩影，也是历史文化的组成部分，当保持其历史的真实性。所以，应将现村名更正为"兴州村"，河名更正为"兴州河"，行宫自然应该称为"兴州行宫"。

4．关于兴洲行宫的保护与利用问题。兴洲行宫是古北口外唯一幸存的清代早期行宫，具有很高的历史研究价值、文物价值。目前，所存建筑大部分已受到严重破坏，需要进行抢救性修复。修复时要尽可能地保留原建筑，按原貌恢复。兴洲行宫本身也具有很好的开发利用价值，修复后可作为遗址博物馆向社会开放。

**参考文献**

〔1〕〔10〕《承德府志》。

〔2〕《滦平县发现山戎墓地》，《光明日报》1997年12月9日。

〔3〕《金史·地理志》。

〔4〕〔5〕〔6〕〔8〕《热河志》。

〔7〕魏连科：《明初小兴州移民考》，《河北地方志》1990年第7期。

〔9〕《河北省县旗事情》。

〔11〕《热河志·行宫》。

〔12〕〔13〕〔14〕〔15〕《康熙起居注》。

〔16〕《滦平县志》。

〔17〕〔18〕《滦平县民国五年档案》。

《文物春秋》2000年第3期

# 滦平县西山墓地与遗址

西山墓地与遗址位于滦平县大屯镇小城子村西北400米处，南临和尚沟，东距河北省重点文物保护单位小城子汉城遗址及112国道420米，东距滦河支流兴洲河1200米，遗址及墓地地处山丘岗坡地（当地俗称"西山"），属燕山山脉中段北麓，海拔高程514米。地理坐标：东径117°21'56.9″、北纬40°59'40.3″。

西山墓地及遗址根据地块现状分为三个区发掘（分别编号为Ⅰ、Ⅱ、Ⅲ区），共清理西汉时期墓葬50座、夏家店下层文化时期墓葬1座及夏家店上层文化时期遗址1处，发掘面积2000平方米。

## 一、夏家店下层文化时期墓葬

墓葬（编号ⅡM11）位于第Ⅱ发掘区中部偏东处，地处坡地。竖穴长方形土圹墓，填土为红胶土夹杂灰褐土、黄土，土质致密坚硬，在填土中发现少量板灰，推测为一椁一棺，椁板灰与墓圹壁间为熟土二层台。墓圹依地势修筑，上口西高东低，高差约0.30米。墓圹东西长3.38米、南北宽1.56米、深1.20—1.56米，壁不规整，东壁呈斜坡状，西壁略呈袋状，南北壁较直；椁南北最大长2.24米、东西最大宽1.10米、残高0.16米。棺痕无存，形制无可考，人骨仅见零星粉末，葬式不清，根据随葬品出土位置推断头向朝东，方向96°。椁内出土有陶折肩鬲、折肩罐、簋形豆、尊及玉羊、金臂钏、水晶管饰件、绿松石镶嵌饰件等器类，其中鬲、罐、尊器表均有彩绘纹饰。

## 二、夏家店上层文化时期遗址

遗址与墓地处于同一位置，仍按分区发掘，遗址内没有发现文化层堆积，主要遗存是表土层下发现的灰坑，且灰坑大多被西汉时期的墓葬所打破，共发现25个灰坑，坑口平面有近圆形、椭圆形和不规则形三种，坑体结构有直壁平底、斜壁平底、斜壁圜底三类，除个别为人工有意挖掘的坑外，余皆为自然形成的浅坑或低洼地。灰坑出土物有陶、石、骨器等类。

灰坑举例：

ⅡH1：开口于耕土层下。平面近圆形，斜壁，底较平。填土为黑灰土，含大量红烧土颗粒、炭粒、草木灰、腐殖质及少量碎石子等，较硬。口径2.6—2.9米、最大深0.26米。出土有陶、石、骨器等，陶器质地有夹砂红褐陶、夹砂灰褐陶两类，以夹砂红褐陶为主，可辨器形有鬲口沿、鬲裆、鬲足、甗腰、豆座及罐、盆、瓮口沿等，石器有穿孔石刀，骨器有骨笄、骨锥、骨针、骨镞及鹿角等。

IH8：开口于耕土层下。平面略呈椭圆形，斜坡状壁，底被M4打破，结构不详。填土为灰褐土，含少量红烧土粒、炭粒等，较致密坚硬。口径（南北最大）3.25米、口径（东西最大）2.15米，深无可考。出土有夹砂红褐陶、夹砂灰陶器残片，可辨器形有鬲、罐等。

IIH7：开口于耕土层下。平面略呈椭圆形，直壁、平底，壁、底皆较规整。填土为灰褐土，含少量红烧土粒、炭粒等，略硬。口径（东西最大）1.94米、口径（南北最大）1.58米、深0.30米。出土有夹砂红褐陶、夹砂灰陶器残片，可辨器形有鬲口沿、罐口沿、甗腰及豆残片等。

IIH11：开口于耕土层下。平面呈不规则形，口部由北向南倾斜，斜壁，底略平，其中西北部、东北角分别被M14、M15所打破，东端与一残土坑灶相连。填土为灰褐土，含较多红烧土颗粒、炭粒、草木灰等，土质较致密、坚硬。南北残长1.86米、东西残宽1.70米、最大深0.24米。出土三件可复原夹砂红褐陶敞口、斜腹、粗柄、喇叭形高圈足簋形豆。

该时期文化遗物以陶器为主，另发现少量石器和骨器。陶器除三件簋形豆为完整器外，余皆为器物残件。陶器以夹砂红褐陶为主，有少量夹砂灰陶，陶器火候普遍低，多数为素面。可辨器形有叠唇鬲口沿、直口罐口沿、鬲粗锥足、甗腰、豆粗柄、豆盘口、方形鋬耳及各种器物腹片等。石器有长方形扁平穿孔刀等；骨器有笄、锥、针及三棱状镞等，另发现少量鹿角残段。

### 三、西汉时期墓葬

西汉时期墓葬皆为小型长方形土圹一椁一棺墓，除两座为同穴合葬墓外，余多数为并穴合葬墓。以南北向墓葬居多。墓葬均开口于耕土层下，墓口依地势倾斜，墓壁皆修筑粗糙，多数墓壁向下外张，呈袋形。墓内填土多经粗夯，坚硬。出土物以陶器为主，另有铁、铜、漆器等。

墓葬举例：

IM1：墓口呈长方形，东西向。墓圹壁向下外张呈袋形，表面粗糙。填土为红胶土夹杂黄砂土，经夯打致密坚硬，夯层厚薄不匀。墓圹底部置一椁一棺，因受力挤压变形，仅存板灰痕。人骨保存极差，朽烂成粉末。在椁内东北角随葬一件泥质灰陶球腹罐，棺内发现一件铜带钩。墓口长2.98米、宽1.20米，墓圹底长3.64米、宽1.52米、深4.34米，椁长3.60米、宽1.18米、板灰残高0.42—0.78米，棺长2.44米、宽0.68米、板灰残高0.36米。

IM4：同穴合葬墓。南北向。墓口平面略呈圆角长方形，墓圹壁向下外张呈袋形，表面不规整。填土为红胶土夹杂黄褐土、白砂土堆积，致密坚硬，内含少量夹砂红褐陶片。墓圹底部置二椁二棺，椁棺皆余板灰，多处受力变形塌陷，其中东侧椁棺系迁葬。人骨保存较差，仰身直肢，头骨均已碎裂。椁北端随葬两组四件泥质灰陶罐，人骨处发现一件铜印章、长方形镂空铜片及纺织品残留等。墓口长3.08米、宽2.12米，墓圹底长3.76米、宽2.60米、深3.44米。

IIM5：墓口略呈长方形，南北向。墓圹壁较直，表面较规整。填土为红胶土夹杂黄砂土堆积，较致密坚硬，含极少量夹砂红褐陶片。墓圹底部置一椁一棺，椁南北两端紧贴墓圹壁，棺置于椁中部偏南处，人骨保存较差，大多朽烂成粉末，从残迹推断为仰身直肢。椁北端随葬一件泥质灰陶球腹罐。墓口长2.72米、宽0.84米，墓圹底长2.74米、宽0.84米、深1.40米。

IIM19：墓口略呈圆角长方形，南北向。墓圹壁向下外张呈袋形，表面不规整。填土为红胶土夹杂黄砂土堆积，较致密坚硬，含少量夹砂红褐陶片。墓圹底部置一椁一棺，椁南北端紧贴墓圹壁，挤压变形，棺置于椁中部偏南处，棺底发现两根南北向垫木，椁北端随葬两件泥质灰陶罐及若干动物遗骸。墓口长2.34米、宽0.94米，墓圹底长3.10米、宽1.20米、深2.76米。

ⅢM3：墓口略呈长方形，平面不规则，南北向。墓圹南壁略向下外张呈袋形，其余壁较直。填土为红胶土夹杂黄砂土堆积，致密坚硬，含零星炭粒、烧土粒。墓圹底部置一椁一棺，椁板灰紧贴墓圹壁，变形。人骨呈粉末状，葬式不清。椁北端随葬两件陶壶、一件陶鼎，皆彩绘。墓口长3.12米、宽1.38米，墓圹底长3.36米、宽1.20米、深4.52米。

ⅢM5：墓口平面呈长方形，南北向。墓圹壁向下外张呈袋形，表面不规整。填土为红胶土夹杂少量黄绵砂土，较致密坚硬。墓圹底置一椁一棺，椁棺板灰挤压塌陷一起，从残迹观察椁紧贴墓圹壁。人骨保存较差，多已碎裂残缺不全，从残迹观察为仰身直肢。椁北端随葬两件泥质灰陶瓮。墓口长2.56米、宽0.86米，墓圹底长2.98米、宽1.02米、深3.58米。

该批墓葬随葬品以陶器为主，除一件为泥质红褐陶质外，余均为泥质灰陶质。器形有球腹罐，基本形态为侈口卷沿圆唇、束颈、溜肩、球腹，平底或略内凹，肩部饰数周凸棱，腹及底部饰横向或交错细绳纹；高领罐，直口折沿方唇、高领、溜肩、弧腹、小平底，肩部饰数周凸棱，下腹及底部饰篮纹或不规则细绳纹；折肩罐，直口、鼓肩微折、下腹斜收、平底，肩部饰一周不规则细小戳刺纹；瓮，侈口窄折沿厚方唇、束颈、肩微折、球腹、圜底，下腹及底部饰不规则细绳纹；折腹碗，直口、上腹硬折、下腹斜直、平底，素面。壶，敞口方唇、沿面有一周凹槽、细颈、溜肩、球腹、矮圈足略内折，弧面形盖，器表绘红、黑、白彩图案，纹饰大多脱落，模糊不清；鼎，子口、浅弧腹、圜平底、细长扁蹄形足，弧面形盖，口部有插削式双扁平附耳，器表绘白彩、红彩、黑彩图案，可辨纹样有卷云纹、网格纹等。除陶器外，还出土有铜印章、铜带钩、铜镞、铁剑、铁矛头、铁镞、铁农具锸、刀及铜钱等，另出土有漆器残片、纺织品等。

滦平县小城子西山墓地发现的夏家店下层文化时期墓葬，是本地区所不多见的，其文化属性归大坨头文化，该文化遗存以往皆发现于燕山以南地区，此次在燕山以北首次发现该文化墓葬，不仅拓展了大坨头文化遗存的分布范围，而且对于更全面认识该文化性质意义重大。

西山墓地与遗址中发现的夏家店上层文化遗存是承德地区发现的为数不多的夏家店上层文化典型遗存之一，具有该文化遗存的鲜明特征，与内蒙东部、辽西山地夏家店上层文化核心区文化面貌基本一致，是研究夏家店上层文化内涵与分布格局的重要资料。

西山墓地发现的汉代墓葬，从形制特征及随葬品推断属西汉早期，从分布格局来看，应属几个单元的平民家族墓葬。呈袋状的墓圹形制较为独特，随葬品中有大量动物遗骸，也是其一大特色。该批墓葬既具有中原同时期中小型汉墓的共性，又表现出较为浓郁的地域风格，是研究中国北方地区西汉时期葬制葬俗的重要实物资料。

执笔：许海峰（河北省文物研究所）（此报告尚未发表）

墓地发掘现场

玉羊（夏家店下层文化）

前排：彩陶鬲、彩陶尊　　后排：陶罐、彩陶尊（夏家店下层文化）

弦纹陶罐（汉）

陶罐、陶壶（汉）

铜带钩（战国）

铜带钩（战国）

## 第二节 文集、专著简介

### 一、《滦平历史钩沉》

该书出版于2009年8月，远方出版社出版发行，沈军山、王月华主编。全书383页，26万多字。内容为近年报纸杂志上发表的关于滦平历史与考古方面的文章选编，集文凡57篇，以文物考古文居多，以文章内容年代早晚排序。作者有国家、省、市文物考古专家，也有本县新老文物工作者，还有其他行业的史学者。有些成果分别获省部级、市级科研成果奖，在学术界有一定影响。如：承德地区文化局辽驿道调查组成常福、李柏龄同志执笔的《辽中京至南京口外驿道调查》，获河北省社会科学科研成果三等奖；承德地区文物保护管理所、滦平县博物馆联合发掘的后台子遗址，由沈军山同志执笔的《河北省滦平县后台子遗址发掘简报》，获河北省社会科学科研成果三等奖；沈军山同志撰写的论文《谈山戎族蛙崇拜》获河北省博物馆学会首届科研成果（1987—1994年）佳作奖等。该书于2010年7月获承德市社科联科研成果三等奖。

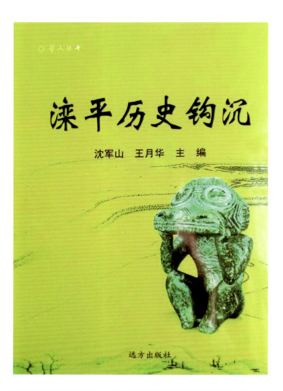

### 二、《滦平博物馆馆藏文物精华》

该书出版于2012年2月，中国文联出版社出版发行，沈军山、王国平、单迎红主编，薄铜板纸，大16开，209页。内容为滦平博物馆馆藏三级以上300件珍贵文物图录与简

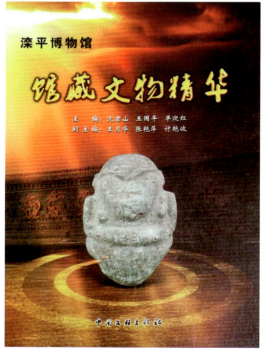

介。该书图文并茂，以文字简单介绍了滦平博物馆馆藏精品来源与保存现状，彩色照片清晰地反映出滦平馆藏精品文物之精美特征。全书分六部分，即：史前时期、先秦时期、秦汉时期、两晋—隋唐时期、辽金元时期、明清时期。

### 三、《滦平历史与考古》

该书出版于2014年3月，文物出版社出版发行，沈军山主编。薄铜板纸，16开，285页，约36万字。内容分六章十五节，第一章石器时代，第二章夏、商、周时期，第三章秦、汉、三国、两晋时期，第四章南北朝、隋、唐、五代十国时期，第五章辽、金、元、明、清时期，第六章滦平考古论谈。较为全面地介绍了滦平解放以来考古工作成果，依据考古资料研究阐述了滦平各个历史时期政治、经济、文化发展概况。同时，为了方便读者了解滦平历史与文物考古，此书各章节前面简要介绍了中国各朝代历史沿革，将滦平历史与中国历史紧密结合起来，是一部普及性地方历史与考古专著。

### 四、《河北滦平博物馆金属文物修复报告》

该书出版于2014年3月，文物出版社出版发行，何海平、沈军山、张艳萍主编、倪炎、李树彬、黄学文副主编。铜版纸，16开，265页。该书介绍了2008—2010年期间滦平博物馆与首都博物馆联合修复滦平博物馆铜铁器文物工作的方法、步骤及经验体会。全书分六章十七节。第一章金属文物保护方法与步骤，第二章滦平博物馆铁质文

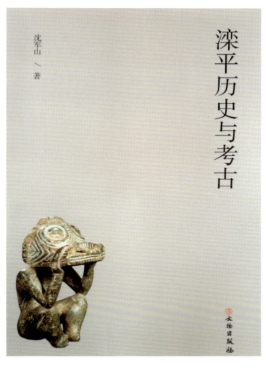

物保护与修复，第三章青铜文物保护修复，第四章文物保护修复档案，第五章金属文物修复设备、工具与材料，第六章结语。该书受到国家文物局文物处重视，为地方博物馆首部文物保护修复专著。

五、《金山岭长城》

该书出版于2011年10月，华夏出版社出版发行，主编高兴旺、王国平、贾海林、林全国。16开，288页。该书收录了一些金山岭长城调查资料、有关长城史料，以及长城文化旅游等方面一些活动的记载。全书分六章二十六节。第一章中国历代长城概览，第二章长城建筑形式及作用，第三章明代长城防御与军备，第四章"长城九镇"之蓟镇，第五章万里长城之精粹——金山岭长城，第六章金山岭战争回忆。

# 第十一章　人　物

## 苗济田

　　苗济田，男，汉族，1932年2月8日生人，原籍河北省武安县，生于滦平，1949年毕业于热河第三师范学校。并于滦平县参加工作。1947年8月—1948年5月在滦江中学读书。1948年8月—1949年2月在北京热河临时中学读书。1949年3月—1949年12月在热河省第三师范读书。1949年12月—1950年4月在滦平县金沟屯镇读完小学。1950年5月—1952年11月在滦平县第一区人民政府任文教助理。1952年12月—1968年12月在滦平县文化馆任副馆长。1969年1月—1971年在滦平县"五七"干校学习。1971年9月—1973年9月在滦平县城建房管所任会计。1973年10月—1979年2月在滦平县文化馆任副馆长。1979年3月—1980年3月任滦平县文物保护管理所所长。1980年3月—1988年3月任滦平县文化局局长。1988年3月—1994年12月在滦平博物馆任名誉馆长、副研究馆员。1995年12月16日因病去世，享年63岁。

　　20世纪五六十年代，苗济田任文化馆副馆长主管文物工作，他把文物工作作为文化馆工作的主要任务之一，常抓不懈。每次文化工作及其他工作下乡，总是不忘文物工作，走到哪里就把文物政策、法规宣传到哪里。每到一地随时了解文物线索，征集文物，经常做田野调查工作，发现古遗址、遗迹及时做笔记。真正做到了三勤，既腿勤、手勤、口勤。几十年如一日，走遍了全县的大小村落，县内的山山水水，掌握了大量的田野调查资料，亲手征集了一千余件文物。

　　1957年，他利用文物普查征集到的文物，举办文物普查成果展览，既宣传了文物，又加强了群众文物保护的意识。

　　1958年修建承德钢铁厂时发现战国贵族墓，他及时赶到现场与承德市文物部门的同志一起进行清理发掘工作，出土文物有鼎、豆、殷等陶仿青铜礼器20余件，由于滦平没有文物库房，又没有运输工具，决定将文物就近送到避暑山庄管理处收藏，将这批珍贵文物保存下来。

　　1960年春，在考古训练班结束之后，旋即参加了省统一组织的文物复查队，同省文物工作队熬成隆、陈文儒等同志，在围场、丰宁、滦平等县对各级保护单位及水库施工将被淹没的区域内进行了文物复查。在滦平县文物普查工作中，发现了虎什哈十里长渠段中营房村西遗址。为了配合大渠工程，省文物考古队与滦平文化馆文物组联合进行了试掘，苗济田参加主持了发掘工作。此次发掘是承德市县首次进行的主动文物发掘。发掘工作结束后，苗济田撰写了《滦平营房遗址发掘简报》于报刊发表。

1973年调回文化馆重任副馆长兼文物组长职务，立即配合农村农田基本建设，在全县范围内开展了文物调查与征集工作，深入各乡村农田基本建设工地调查，及时征集出土文物。1977年组织领导全县规模的文物普查工作，抽调人员集中培训，历时四个月走遍了全县36个公社，调查了35个大队，征集文物850多件，在这次普查中，有许多新的重要发现。

1976～1979年10月，他与省文研所郑绍宗考古学家主持小城子西山、虎什哈炮台山、营坊村北遗址考古发掘工作，同时举办了"承德地区文物考古训练班"，承德地区各县派一名文教系统干部参加培训。考古发掘连续6期，1976年10月，通过对尚子沟门墓群的发掘，首次发现了我国古代先秦时期已经消失了两千多年的山戎文化，揭开了考古文化的一个千古之谜。1978年至1979年春秋两季对小城子西山战国至汉时期古墓发掘；对滦平虎什哈炮台山山戎墓群发掘，共清理发掘墓葬237座，出土文物6216件。取得了巨大成果，同时，为市县培养了文物保护管理人才。

为适应文物工作的发展，他积极呼吁设置文物专门机构，县政府于1978年设置了滦平县文物保护管理所，成为承德地区各县中第一个文物保护管理机构。同年，他任职县文物管理所所长，出席了"河北省文博图工作学大庆座谈会"，以县文管会的名誉执笔写了《在斗争中长期坚持开展文物工作》的典型材料。又执笔写了《关于探讨文管所性质、任务、规律、工作方面》的文章，受到与会者好评。

自1978年后，根据上级部门指示精神，他把长城调查、研究、保护及利用工作作为县文保所主要工作。1978年夏天，县文保所成立长城调查组，他身先士卒，带领一个小组自县域西段开始徒步调查长城。他背上挎包和照相机，挂上手杖，每天早出晚归，风餐露宿，跋山涉水，不畏艰难险阻。沿着长城爬上爬下，披荆斩棘于高山之巅，渴了就喝一口山泉水，饿了就啃几口随身带的干粮和咸菜，有时下山晚了就住在长城楼子里。走到哪个村都召开长城座谈会，了解长城历史、传说故事、征集长城文物、宣传长城保护的意义。一连十多天，他沿长城走了30多千米，走遍了县域大部分长城地段。这次调查他发现了金山岭长城，面对雄伟壮观的金山岭长城，兴奋不已。他认为金山岭长城是祖先留下的一笔不可多得的财富，保护研究利用好这段长城是他的神圣职责。他身体不好，有心脑血管疾病，家人和单位几次打电话催他回来休息，他全然不顾地回答说："不把这段长城调查清楚不回家。"他回到县城后，根据亲自调查的结果，撰写了一份《滦平县长城调查报告》，在报告中着重介绍了金山岭长城，同时介绍了古北口一带长城破坏的情况，及时报送有关部门。国家文物局在《人民日报》（1979年6月27日第四版）《国家文物局关于长城的答复》一稿中，引用了他的调查报告内容。1979年7月，他出席了国家文物局在呼和浩特召开的《长城保护研究工作座谈会》，在大会上，就长城保护工作作了大会发言。他的发言引起了国家文物局领导和专家的高度重视，散会后国家文物局罗哲文、陈滋德等几位领导和专家绕道来到滦平金山岭长城考察，领导和专家惊叹不已、喜出望外，全国政协委员长城专家罗哲文说："这段长城太好了，我从事长城工作几十年没有见过这么好的长城。"国家文物局文物处处长陈滋德立即召开记者会，说："现在党中央实行改革开发政策，形势很好，我希望各位记者，为促进这段长城开发利用大造舆论，向各媒体写稿进行宣传。"很快河北广播电台、中央广播电台新闻联播播放了"河北滦平县发现——第二八达岭长城"。随后很多媒体转发消息，滦平发现第二八达岭长城消息不胫而走，传遍天下。1982年9月河北省文物工作会议上，他作了《依靠领导，发动群众扎扎实实的搞好长城保护工作》的典型发言，发言材料作为典型经验典在全省文物系统印发。由于他的努力和滦平长城保护工作所取得的成就，国家文物局、省文物局于1983年6月分别在滦平县召开了全国和6省市《长城保护工作座谈会》。国家、省文物部门对滦平长城保护工作给予充分肯定，国家文物局决定拨专款维修金山岭长城，拨专款修建滦平博物馆。自1983年开始，他领导金山岭长城保护维修、合理开发利用工作，多次到金山岭长城研究制定保护维修、旅游开发规划。金山岭长城保护维修、旅游开发工作得到上级部门表彰与奖励。总之，他在金山岭长城的保护、研究、宣传和开发利用等方面做了大量工作，立下了丰功伟绩。他是金山岭长城的发现者，滦平博物馆的创始人。

1988年底，他辞去文化局长职务，任县博物馆名义馆长、副研究馆员职务。老当益壮、勇挑重担，不辞辛苦地调查县境内烽燧。县域烽燧多为战国至汉代所建，皆建于群山之巅。几年的时间他爬了一百多座高山，查到了103座烽燧，作了大量调查笔记，为后来的烽燧调查研究提供了很多基础资料。

40多年来，他脚踏实地，深入研究，撰写了数十篇研究文章。从五十年代开始，在报纸杂志上发表文章。主要有：《承德发现一批新文物》（《河北日报》1960年7月21日）、《河北滦平发现一批古代文物》（《人民日报》1960年12月5日）、《谈谈文管所工作的几点体会》（国家文物事业管理局《文物通讯》1980年第3期）、《古道山关十八盘》（《承德群众报》1980年10月29日）、《滦平发现金代瓠种器》（《光明日报》1980年2月26日）、《古北口附近的金代长城》（"华北通往东北古代道路考察学术讨论会"会刊《河北省公路参考资料》第40期，《辽宁省交通史志资料》第7期专号）《河北滦平县岑沟金代窖藏》（《文物资料丛刊》1983年第8期）、《金山岭长城与戚继光》（《古建园林技术》1986年第3期）、《明代长城的精萃——金山岭》（《文物春秋》1993年第4期）。

1985年被河北省文化厅授予"三十年以上文化工作者"荣誉证书。1991年被评为河北省"先进文物工作者"，省政协授予"文史资料十年优秀奖"。

他曾兼任中国长城学会理事、中国博物馆协会会员、中国辽金史学会会员、河北省文物考古学会理事、金山岭长城研究会副主任委员。

他被收入《河北群众文化人物录》一书及《当代河北高级专业技术人才大辞典》。被人们誉为"长城赤子""长城卫士"，滦平县文物工作开拓者、创业人。

# 附　录

## 滦平县域国家、省、县级重点文物保护名单

### 滦平县国家、省、县级文物保护单位一览表

（其中：国保1处、省保12处、县保78处，共91处）

| 序号 | 级别 | 类型 | 名称 | 时代 | 地址 | 公布时间 | 使用单位 |
|---|---|---|---|---|---|---|---|
| 1 | 国家级 | 古长城 | 金山岭长城 | 明 | 巴克什营镇南8公里处 | 1988.2 | 金山岭长城管理处 |
| 2 | 省级 | 古长城 | 明代长城 | 明 | 巴克什营镇南8公里处 | 2013.05.03 | 涝洼乡、巴克什营镇 |
| 3 | 省级 | 古长城 | 北李营长城 | 汉代 | 滦平镇胡家沟刘印沟一带 | 2013.05.03 | 滦平镇胡家沟村委会 |
| 4 | 省级 | 古长城 | 古城川长城 | 金代 | 古城川西台村至火斗山乡龙潭坡 | 1982.07.23 | 古城川乡、火斗山乡 |
| 5 | 省级 | 古城址 | 小城子城址 | 汉 | 大屯镇小城子村 | 1982.7.23 | 大屯镇小城子村委会 |
| 6 | 省级 | 古城址 | 兴州古城址 | 金元 | 大屯镇兴州村 | 1982.7.23 | 大屯镇兴州村委会 |
| 7 | 省级 | 古墓群 | 小城子西山古墓群 | 春秋 | 大屯镇小城子村 | 1982.7.23 | 大屯镇小城子村委会 |
| 8 | 省级 | 古遗址 | 后台子遗址 | 新石器 | 金沟屯镇西村砖厂 | 1993.7.15 | 金沟屯镇西村砖厂 |
| 9 | 省级 | 古遗址 | 炮台山遗址 | 夏家店上层 | 虎什哈镇虎什哈村南2公里处 | 2001.3.5 | 虎什哈镇虎什哈村委会营坊 |

| 序号 | 级别 | 类型 | 名称 | 时代 | 地址 | 公布时间 | 使用单位 |
|---|---|---|---|---|---|---|---|
| 10 | 省级 | 古建筑 | 庆成寺 | 清 | 金沟屯镇下甸子上甸子村 | 2001.3.5 | 金沟屯镇下甸子村委会 |
| 11 | 省级 | 古建筑 | 兴州行宫 | 清 | 大屯镇兴州村内 | 2001.3.5 | 大屯镇兴州村委会 |
| 12 | 省级 | 古遗址 | 石佛梁遗址 | 新石器 | 平坊东山村石坡子村北100米 | 2008.10.23 | 平坊乡东山石坡子村委会 |
| 13 | 省级 | 古遗址 | 滦平铁路隧道遗址 | 1937年 | 拉海沟梁等地隧洞14座 | 2008.10.23 | 火斗山乡 |
| 14 | 县级 | 古遗址 | 砖瓦窑梁遗址 | 战国 | 虎什哈镇虎什哈村北700米 | 1991.5.10 | 虎什哈镇虎什哈村委会 |
| 15 | 县级 | 古遗址 | 棋盘地遗址 | 辽代 | 虎什哈镇虎什哈营坊村东500米 | 1991.5.10 | 虎什哈镇营坊村委会 |
| 16 | 县级 | 古遗址 | 东梁遗址 | 夏家店上下层 | 虎什哈营坊村东100米 | | 虎什哈镇营坊村委会 |
| 17 | 县级 | 墓葬 | 天桥沟烈士墓 | 1941年 | 虎什哈镇七道河村东北1000米 | 1991.5.10 | 虎什哈镇七道河村委会 |
| 18 | 县级 | 古墓葬 | 营坊古墓群 | 战国 | 虎什哈镇虎什哈村西北500米 | 1991.5.10 | 虎什哈镇虎什哈村委会 |
| 19 | 县级 | 古墓葬 | 梨树沟门墓群 | 春秋 | 虎什哈镇虎什哈村西500米 | 1991.5.10 | 虎什哈镇虎什哈村委会 |
| 20 | 县级 | 古墓葬 | 水泉沟墓群 | 商代 | 虎什哈镇虎什哈村北800米 | 1991.5.10 | 虎什哈镇虎什哈村委会 |
| 21 | 县级 | 古墓葬 | 虎什哈炮台山墓群 | 战国 | 虎什哈镇营坊村南1.5公里 | 1991.5.10 | 虎什哈镇营坊村委会 |

| 序号 | 级别 | 类型 | 名称 | 时代 | 地址 | 公布时间 | 使用单位 |
|---|---|---|---|---|---|---|---|
| 22 | 县级 | 古墓葬 | 西坡顶墓群 | 春秋 | 滦平镇东街村北700米 | 1991.5.10 | 滦平镇东街村委会 |
| 23 | 县级 | 古遗址 | 西瓜园遗址 | 辽代 | 滦平镇西瓜园村西200米 | 1991.5.10 | 滦平镇西瓜园村委会 |
| 24 | 县级 | 古遗址 | 转山沟遗址 | 金 | 滦平镇安乐村西南1000米 | 1991.5.10 | 滦平镇安乐村委会 |
| 25 | 县级 | 古遗址 | 后梁遗址 | 东周 | 张百湾镇周营子村西北 | 1991.5.10 | 张百湾镇周营子村 |
| 26 | 县级 | 古建筑 | 大老虎沟天主教堂 | 1856年 | 张百湾镇周营子大老虎沟村西 | 1991.5.10 | 张百湾镇大老虎沟村委会 |
| 27 | 县级 | 古遗址 | 碾子地遗址 | 金 | 长山峪村碾子沟村南20米 | 1991.5.10 | 长山峪乡碾子沟村委会 |
| 28 | 县级 | 古墓群 | 黄土坎古墓群 | 战国 | 长山峪二道营村东100米 | 1991.5.10 | 长山峪二道营村委会 |
| 29 | 县级 | 古遗址 | 西台遗址 | 金 | 长山峪三道营村西侧 | 1991.5.10 | 长山峪三道营村委会 |
| 30 | 县级 | 古遗址 | 鞍子岭行宫遗址 | 清 | 长山峪鞍子岭村东南200米 | 1991.5.10 | 长山峪鞍子岭村委会 |
| 31 | 县级 | 古遗址 | 长山峪行宫遗址 | 清 | 长山峪镇长山峪村 | 1991.5.10 | 长山峪乡长山峪村委会 |
| 32 | 县级 | 古遗址 | 十八亩地遗址 | 战国 | 金沟屯镇曹窝铺村北300米 | 1991.5.10 | 金沟屯镇曹窝铺村委会 |
| 33 | 县级 | 古遗址 | 马家坟遗址 | 辽、金 | 金沟屯镇曹窝铺村北800米 | 1991.5.10 | 金沟屯镇曹窝铺村委会 |

| 序号 | 级别 | 类型 | 名称 | 时代 | 地址 | 公布时间 | 使用单位 |
|---|---|---|---|---|---|---|---|
| 34 | 县级 | 古遗址 | 沙窝地遗址 | 辽、金 | 金沟屯镇曹窝铺村北400米 | 1991.5.10 | 金沟屯镇曹窝铺村委会 |
| 35 | 县级 | 古遗址 | 荒地遗址 | 辽、金 | 金沟屯镇荒地村东侧 | 1991.5.10 | 金沟屯镇荒地村委会 |
| 36 | 县级 | 古遗址 | 石头地遗址 | 金 | 金沟屯镇荒地村南1000米 | 1991.5.10 | 金沟屯镇荒地村委会 |
| 37 | 县级 | 古遗址 | 房山地遗址 | 辽、金 | 金沟屯镇梁后村西北30米 | 1991.5.10 | 金沟屯镇梁后村委会 |
| 38 | 县级 | 古遗址 | 华洞沟门遗址 | 辽、金 | 金沟屯镇小营村东600米 | 1991.5.10 | 金沟屯镇小营村委会 |
| 39 | 县级 | 古墓群 | 碾子沟果园墓群 | 战国 | 金沟屯镇金沟屯镇村东北2500米 | 1991.5.10 | 金沟屯镇金沟屯镇村委会 |
| 40 | 县级 | 古墓群 | 苘子沟古墓群 | 春秋 | 大屯镇兴州苘子沟村东100米 | 1991.5.10 | 大屯镇兴州苘子沟村委会 |
| 41 | 县级 | 古墓群 | 长垄地墓群 | 春秋 | 大屯镇营坊村西2000米 | 1991.5.10 | 大屯镇营坊村委会 |
| 42 | 县级 | 古遗址 | 石碴地遗址 | 辽、金 | 大屯镇道边村南150米 | 1991.5.10 | 大屯镇道边村委会 |
| 43 | 县级 | 古遗址 | 西台三十亩地遗址 | 金代 | 古城川乡西台村北200米 | 1991.5.10 | 古城川乡西台村委会 |
| 44 | 县级 | 古遗址 | 陈营西棉花地遗址 | 战国 | 巴克什营镇陈营村西 | 1991.5.10 | 巴克什营镇陈营村委会 |
| 45 | 县级 | 古遗址 | 巴克什营行宫遗址 | 清代 | 巴克什营镇巴克什营村 | 1991.5.10 | 巴克什营镇巴克什营村委会 |

| 序号 | 级别 | 类型 | 名称 | 时代 | 地址 | 公布时间 | 使用单位 |
|---|---|---|---|---|---|---|---|
| 46 | 县级 | 古遗址 | 大地遗址 | 战国—金 | 火斗山榆树底下村西北100米 | 1991.5.10 | 火斗山乡榆树底下村委会 |
| 47 | 县级 | 古遗址 | 小梁子遗址 | 辽代 | 红旗镇半砬子东沟村东北400米 | 1991.5.10 | 红旗镇半砬子东沟村委会 |
| 48 | 县级 | 古遗址 | 西沟瓦房遗址 | 辽、金 | 红旗镇西沟瓦房村北 | 1991.5.10 | 红旗镇西沟瓦房村委会 |
| 49 | 县级 | 古遗址 | 房身地小黑沟门遗址 | 辽 | 红旗镇红旗村东500米 | 1991.5.10 | 红旗镇红旗村委会 |
| 50 | 县级 | 古遗址 | 桥头砖厂遗址 | 商 | 红旗镇桥头村西北约100米 | 1991.5.10 | 红旗镇桥头村委会 |
| 51 | 县级 | 古遗址 | 两间房行宫 | 清代 | 两间房乡两间房村东 | 1991.5.10 | 两间房乡两间房村委会 |
| 52 | 县级 | 古遗址 | 清代驿道 | 清代 | 青石梁一带 | 1991.5.10 | 东营青石梁村委会 |
| 53 | 县级 | 古遗址 | 王营子行宫遗址 | 清 | 付营子乡王营子粮食所 | 1991.5.10 | 王营子粮食所 |
| 54 | 县级 | 古遗址 | 凡西营西城遗址 | 金 | 付营子乡王营子凡西营村内 | 1991.5.10 | 王营子凡西营村委会 |
| 55 | 县级 | 古遗址 | 卧如来馆遗址 | 辽 | 大屯镇西院村西100米 | 1991.5.10 | 大屯镇西院村委会 |
| 56 | 县级 | 古遗址 | 星龛岩寺 | 清 | 小营乡小营村北岩子庙 | 1991.5.10 | 小营乡小营村委会 |
| 57 | 县级 | 古遗址 | 瓦房狮子地遗址 | 辽 | 小营乡瓦房村西1000米 | 1991.5.10 | 小营乡瓦房村委会 |

| 序号 | 级别 | 类型 | 名称 | 时代 | 地址 | 公布时间 | 使用单位 |
|---|---|---|---|---|---|---|---|
| 58 | 县级 | 古遗址 | 二道湾子狮子地遗址 | 辽 | 小营乡二道湾村东200米 | 1991.5.10 | 小营乡二道湾村委会 |
| 59 | 县级 | 古遗址 | 牛角地遗址 | 辽 | 小营乡闫庄村南200米 | 1991.5.10 | 小营乡闫庄村委会 |
| 60 | 县级 | 古建筑 | 静妙寺 | 清 | 小营乡小营村内 | 1991.5.10 | 小营乡小营村委会 |
| 61 | 县级 | 古城址 | 闫庄古城址 | 辽 | 小营乡闫庄村南200米 | 1991.5.10 | 小营乡闫庄村委会 |
| 62 | 县级 | 古遗址 | 清水泉遗址 | 金 | 西沟乡清水泉村内 | 1991.5.10 | 西沟乡清水泉村委会 |
| 63 | 县级 | 古遗址 | 德胜岭辽驿道遗址 | 辽 | 拉海沟乡德胜岭村北至平坊乡十八盘村南 | 1991.5.10 | 拉海沟乡、平坊乡 |
| 64 | 县级 | 古遗址 | 姜台子遗址 | 战国 | 张百湾镇西井沟村东北150米 | 1991.5.10 | 张百湾镇西井沟村委会 |
| 65 | 县级 | 古遗址 | 药王庙梁遗址 | 商 | 张百湾镇河北村西700米 | 1991.5.10 | 张百湾镇河北村委会 |
| 66 | 县级 | 古遗址 | 新馆遗址 | 辽 | 平坊乡平坊村西100米 | 1991.5.10 | 平坊乡平坊村委会 |
| 67 | 县级 | 古遗址 | 银窝沟墓群 | 辽 | 平坊乡银窝沟村西北100米 | 1991.5.10 | 平坊乡银窝沟村委会 |
| 68 | 县级 | 古遗址 | 磨地沟门遗址 | 辽 | 金台子乡南白旗村东南700米 | 1991.5.10 | 金台子乡南白旗村委会 |
| 69 | 县级 | 古遗址 | 烽燧 | 战至汉 | 伊逊河、滦河、兴洲河、牤牛河、潮河两岸的山脊上119座 | 1991.5.10 | 遗址所在地各村委会 |

| 序号 | 级别 | 类型 | 名称 | 时代 | 地址 | 公布时间 | 使用单位 |
|------|------|------|------|------|------|----------|----------|
| 70 | 县级 | 古遗址 | 金牛山遗址 | 战国 | 巴克什营镇虎头山村 | 2003.7.15 | 巴克什营镇虎头山村委会 |
| 71 | 县级 | 古遗址 | 大脑瓜遗址 | 战国 | 拉海沟乡孙营村东 | 2003.7.15 | 拉海沟乡孙营村委会 |
| 72 | 县级 | 古墓群 | 后梁墓群 | 战国 | 西沟乡烧锅村 | 2003.7.15 | 西沟乡烧锅村委会 |
| 73 | 县级 | 古墓群 | 黄土梁大豪沟墓群 | 战国 | 古城川西台村 | 2003.7.15 | 古城川西台村委会 |
| 74 | 县级 | 古遗址 | 孟营子遗址 | 战国 | 五道营乡孟营子村西 | 2003.7.15 | 五道营乡孟营子村委会 |
| 75 | 县级 | 古遗址 | 山嘴遗址 | 战国 | 火斗山乡拉海沟村南1000米 | 2003.7.15 | 火斗山乡拉海沟村委会 |
| 76 | 县级 | 古遗址 | 小西沟门遗址 | 战国 | 金台子小西沟门村 | 2003.7.15 | 金台子乡小西沟门村委会 |
| 77 | 县级 | 古遗址 | 后山遗址 | 辽、金 | 周营子黄营子村北 | 2003.7.15 | 周营子黄营子村委会 |
| 78 | 县级 | 古遗址 | 曹营村黄玉坟遗址 | 战国 | 安匠屯曹营村 | 2003.7.15 | 安匠屯曹营村委会 |
| 79 | 县级 | 古建筑 | 清静寺 | 清 | 张百湾镇张百湾村 | 2003.7.15 | 张百湾镇张百湾村委会 |
| 80 | 县级 | 古遗址 | 南林遗址 | 金、元 | 虎什哈镇南林自然村东南 | 2012.7.6 | 虎什哈镇南林村委会 |
| 81 | 县级 | 古遗址 | 戴营子遗址 | 辽、金 | 付家店满族乡戴营子村东 | 2012.7.6 | 付家店乡戴营子村委会 |

| 序号 | 级别 | 类型 | 名称 | 时代 | 地址 | 公布时间 | 使用单位 |
|---|---|---|---|---|---|---|---|
| 82 | 县级 | 古遗址 | 二道沟门南梁遗址 | 战国 | 小营满族乡二道沟门村西 | 2012.7.6 | 小营乡二道沟门村委会 |
| 83 | 县级 | 古遗址 | 刘营东遗址 | 战国 | 大屯镇刘营村东 | 2012.7.6 | 大屯镇刘营村委会 |
| 84 | 县级 | 古遗址 | 刘营遗址 | 旧石器 | 滦平镇刘营子村东北 | 2012.7.6 | 滦平镇刘营子村委会 |
| 85 | 县级 | 古遗址 | 头道河遗址 | 汉 | 西沟满族乡山咀村头道河组 | 2012.7.6 | 西沟乡山咀村委会 |
| 86 | 县级 | 古遗址 | 庄头营遗址 | 辽、金 | 滦平镇庄头营村北100米 | 2012.7.6 | 滦平镇庄头营村委会 |
| 87 | 县级 | 古遗址 | 东营遗址 | 汉 | 滦平镇东营村 | 2012.7.6 | 滦平镇东营村委会 |
| 88 | 县级 | 古遗址 | 东园子西遗址 | 辽、金 | 巴克什营镇东园子自然村西南 | 2012.7.6 | 巴克什营镇东园子村委会 |
| 89 | 县级 | 古遗址 | 三道湾东台子遗址 | 战国 | 金沟屯镇三道湾村东北 | 2012.7.6 | 金沟屯镇三道湾村委会 |
| 90 | 县级 | 古遗址 | 周营子南遗址 | 战国 | 张百湾镇周营子村南 | 2012.7.6 | 张百湾镇周营子村委会 |
| 91 | 县级 | 古遗址 | 三道营子庙台梁遗址 | 金、元 | 长山峪镇三道营子村北 | 2012.7.6 | 长山峪镇三道营子村委会 |

# 后　记

　　滦平历史悠久，地理位置险要，古代文化遗迹、遗物丰富多彩。中华人民共和国成立后，县委县政府对文物保护工作十分重视，于1953年建立文化馆时，就在文化馆设立了文物工作组，由一名副馆长兼组长专门负责文物工作。1978年县政府建立文物保护管理所，1983年河北省文物局批准建立滦平博物馆。现馆藏文物近六万件，不可移动文物四百多处，属河北省文物大县。滦平新建的山戎文化博物馆，是全国独一无二的中国古代少数民族文化专题博物馆，其规模与质量在河北省县级馆中屈指可数。滦平县文物工作起步早、成效大，在滦平的经济和文化建设中发挥着很大作用。

　　多年来，我们一直想组织人力撰写《滦平文物志》，由于种种原因一拖再拖。2014年初，条件成熟了，文管所（博物馆）确定了专职人员负责。编委们翻阅了大量资料，用了近三年时间，三易其稿，终于付梓出版了。此书共11章、41节，约30余万字，图文并茂，内容翔实。有理有据，言之凿凿。全书以实物资料与史料（包括档案资料）为依据，较为详细地记述了滦平县解放以来文物调查、考古发掘、研究、陈列宣传教育以及文物保护管理、旅游开发等方面工作。为了让人们更好地了解滦平考古文化，在概述和历史沿革部分，按历史年代重点介绍了滦平考古主要发现，根据考古资料和史料概述了滦平历史沿革；用了较大篇幅记述了滦平县文物保护管理体制建设与发展情况和各项工作开展情况。《滦平文物志》是解放以来滦平文物保护与利用工作的全面总结，是滦平文物事业的百科全书。它对滦平文物事业的发展，对地方两个文明建设都具有深远的历史意义和现实意义。

　　《滦平文物志》编纂工作受到县、局领导的高度重视，原文化局局长赵俊海同志亲自主持该书编写的启动工作，并为该书题名。在编写过程中，已退休原文管所（博物馆）所长赵志厚同志根据多年的文物工作经历提供了许多文字资料；已退休原档案局（县志办）局长计俊录同志，是《滦平县志》的总编，曾到沈阳图书馆、北京图书馆、承德市档案馆等地查阅了大量文史资料，对志书编写具有丰富经验。他帮助制定了该书撰写格式，编制了凡例、目录，并提供了许多文字资料。博物馆领导把编写文物志工作当作一件大事来抓，在工作十分繁忙的情况下抽调人力帮助查找资料，李荟、王维、李丽超、王立娟、韩阳等同志帮助查找、打印有关文件资料，金山岭长城管理处副主任高兴旺同志、办公室主任谭树义同志、已退休的梁荣同志等提供了一些有关金山岭长城的资料和数据，金山岭长城管理处主任郭中兴同志、原金山岭长城管理处主任陶文祥同志提供了金山岭长城有关照片资料。在此，对为《滦平文物志》编纂作出过贡献的单位和个人表示衷心的感谢！

　　由于有关资料欠缺，记述内容不能详尽。加之水平有限，谬误之处在所难免，敬请批评指正。

编　者
2017年11月1日